国家社科基金
GUOJIA SHEKE JIJIN HOUQI ZIZHU XIANGMU
后期资助项目

U0823957

危机下的转机：国民政府时期的西北经济开发研究

Development Coming from Crisis: A Study on the Northwest Economic Development during the Period of Nanjing National Government

王荣华　著

中国社会科学出版社

图书在版编目(CIP)数据

危机下的转机：国民政府时期的西北经济开发研究/王荣华著．
—北京：中国社会科学出版社，2015.6
ISBN 978-7-5161-6392-4

Ⅰ.①危… Ⅱ.①王… Ⅲ.①区域经济发展—经济史—研究—西北地区—民国 Ⅳ.①F129.6

中国版本图书馆 CIP 数据核字（2015）第 146986 号

出 版 人　赵剑英
责任编辑　刘志兵
责任校对　李　莉
责任印制　李寡寡

出　　版　中国社会科学出版社
社　　址　北京鼓楼西大街甲 158 号
邮　　编　100720
网　　址　http://www.csspw.cn
发 行 部　010-84083685
门 市 部　010-84029450
经　　销　新华书店及其他书店

印　　刷　北京君升印刷有限公司
装　　订　廊坊市广阳区广增装订厂
版　　次　2015 年 6 月第 1 版
印　　次　2015 年 6 月第 1 次印刷

开　　本　710×1000　1/16
印　　张　21
插　　页　2
字　　数　376 千字
定　　价　78.00 元

国家社科基金后期资助项目

出 版 说 明

后期资助项目是国家社科基金设立的一类重要项目，旨在鼓励广大社科研究者潜心治学，支持基础研究多出优秀成果。它是经过严格评审，从接近完成的科研成果中遴选立项的。为扩大后期资助项目的影响，更好地推动学术发展，促进成果转化，全国哲学社会科学规划办公室按照“统一设计、统一标识、统一版式、形成系列”的总体要求，组织出版国家社科基金后期资助项目成果。

全国哲学社会科学规划办公室

目　录

表格目录

导　　言

第一节　研究区域的界定

"西北"地域概念，形成时间比较晚，并且一直变化，不同时期内涵和外延皆不同。中华民国建立后，西北范围亦无定数。1912年有人以豫、晋、秦、陇为西北。[①] 孙中山在规划西北铁路系统时，所指西北为蒙古、新疆与甘肃一部分[②]，孙中山认为兰州是中国的地理几何中心，是"陆都"，陕西自然不属于西北。这一说法影响较大，后来学者不乏将陕西排除在外者。1918年10月，北洋政府成立西北边防筹备处，掌理西北一带边防事宜，主要指的是蒙古。[③] 1919年4月，徐树铮筹拟《西北筹边办法大纲》，提出设置西北筹边使，"其有境地毗连关涉奉天、黑龙江、甘肃、新疆各省及其在热河、察哈尔、绥远各特别行政区域"[④]。

20世纪20年代对于西北范围的讨论增多，有人认为绥远、察哈尔、蒙古、新疆、青海、西藏为西北[⑤]，有论者视热河、察哈尔、绥远、甘肃为西北[⑥]，从北平出发到绥远或察哈尔游历调查的人，把北平以西皆视为

---

① 参见《西北实业协会缘起》，《实业杂志》第1期，1912年，第1—2页。

② 参见《孙中山全集》第6卷，中华书局1985年版，第361页。张得善亦赞同孙中山的观点，指出："西北之范围，当以何地为标准乎，以现在的谈西北问题，其注意点在陕，甘，青，宁，新，似西北范围为陕甘青宁新数省，吾人以为西北之范围当以总理昭示于吾人者为西北范围。"文见《由美洲开发说到开发西北（续三）》，《新青海》第3卷第5期，1935年5月1日，第17页。

③ 参见北洋政府陆军部编《陆军行政纪要》，1920年，文海出版社1971年版。

④ 《西北筹边使官制》，《政府公报》第1239号，1919年7月19日。

⑤ 参见李士瀛《筹办西北农业试验场意见》，《察哈尔实业杂志》第1卷第2期，1925年，第6页。

⑥ 参见丘咸《西北职业教育问题》，《教育杂志》第17卷第1号，1925年，第2页。

西北。[①] 有人认为应更广大，行政区域上应包括热河、察哈尔、绥远、外蒙古、青海、新疆、西藏、陕西、甘肃、山西等地。[②]

北伐完成后，全国实现了形式上的统一，而西北概念并未因此趋于一致，甚至更为混乱，如有人将新疆、青海、宁夏、绥远四省作为西北[③]，而把甘肃抛诸脑后。水利专家李仪祉眼中的西北则是水利视角的。[④] 王金绂曾言："西北之范围，言人人殊"，"盖所谓西北，第一论其方位，当在中国全境之西北隅；第二目的既在开发，必须中国实力所能达到之地；第三非荒凉不需开发；所开发者，必系地广人稀，经济文化落后之地"。按此标准，则西北"当包括新疆、青海、甘肃、宁夏、陕西及绥远六省区"。[⑤] 这里所谓西北六省只是一家之言。三四十年代，西北范围有从地理上去划界的，有从政治上去区别的，有从自然气候上去分疆的，有从历史沿革上去划分的，于是有大西北与小西北、内西北与外西北，或西北八省与西北六省的分歧意见。[⑥] 陈正祥从名实相符、气候相同、地形类似、界线分明等角度，将西北分为 8 个区域。[⑦] 1947 年 12 月，行政院新闻局印行的《全国各地气象统计》，将全国分为东北、华北、西北等 9 个区，西北区包括陕、甘、宁、青、新五省。[⑧] 这是否是官方对西北范围的第一次明确认定，还有待考订，但可以肯定的是，这一划分并未被社会大众普遍接受，直到国民党退守台湾，对于何为西北之区，仍是见仁见智，王成敬 1949 年出版著作即反映了此一情况。[⑨]

此一时期，社会各界对于西北地域范围的认识差异相当大，就笔者所见，可列表如下。

---

① 参见野涛《西北游记》,《京报副刊》第 10 册，1925 年 9 月，第 247 页；虞振镛《西北屯垦意见书》,《清华周刊》第 11 次增刊，1925 年，第 48—57 页。

② 参见林嘉骏《开发西北与发展国民经济（一）》,《西北周刊》第 15 期，1925 年 5 月 24 日，第 161—164 页。

③ 参见余汉华《西北富源开发与我国之经济建设》,《新亚细亚》第 4 卷第 5 期，1932 年 6 月，第 16 页。

④ 参见李仪祉《西北水利问题》，载李书田等《中国水利问题》上册，商务印书馆 1936 年版，第 156 页。

⑤ 王金绂：《西北之地文与人文》，商务印书馆 1935 年版，第 1—2 页。

⑥ 参见徐旭《西北建设论》，中华书局 1945 年第 2 版，序，第 1 页。

⑦ 参见陈正祥《西北区域地理》，商务印书馆 1946 年版，第 1、4 页。

⑧ 参见中央气象局编《全国气象统计》，行政院新闻局 1947 年印行，第 2 页。

⑨ 参见王成敬《西北的农田水利》，中华书局 1950 年版，第 6—7 页。

表 1　　国民政府时期国人对西北地域范围界定统计

论者	界定范围	注释
尹任先	西北二字，有狭义广义之分，以狭义言之，即昔日称为内蒙古，今日称为热河、察哈尔、绥远之三特别区是也。以广义言之，若外蒙古、甘肃、新疆、青海等处，均偏在西北一隅，故亦属西北范围之内	①
戴季陶等	西北就是甘肃、宁夏、青海、陕西、新疆和蒙古等处	②
大公报社	西北为……陕、甘、青、宁、新五省	③
郭皋	西北察绥新甘宁青	④
张人杰等	西北各省——陇、秦、豫、晋、绥	⑤

① 尹任先：《西北》，载秦孝仪主编《革命文献》第 88 辑，“中央文物供应社”1981 年版，第 215 页。

② 戴季陶：《开发西北工作之起点》，1929 年 12 月 25 日对赴西北工作人员讲演，后收于《西北》一书（新亚细亚学会 1931 年 10 月初版）。其他论者有：叶佩高：《开发西北意见书》，大概于 1931 年出版，第 1 页；席微庸：《西北》，中华平民教育促进会编审委员会 1937 年版，第 2—3 页；张光祖：《开发西北应先建设甘肃》，中央训练委员会西北干部训练团、西北问题研究室编印《西北问题论丛》第 2 辑，1942 年 12 月，第 4 页。

③ 大公报社：《陕西建设事业大纲》，《大公报》1931 年 2 月 20 日第 1 张第 3 版。持此观点的还有：刘镇华：《开发西北计划书》，载秦孝仪主编《革命文献》第 89 辑，“中央文物供应社”1981 年版，第 162 页；薛桂轮：《开发西北的原则》，《西北问题》第 1 卷第 1 期，1934 年 9 月 15 日，第 36 页；倪锡英：《西京》，中华书局 1936 年版，第 14 页；徐盈：《抗战中的西北》，生活书店 1938 年版；佚名：《开发西南西北富源　完成铁路网　湘桂通车　成渝完成在即　川滇、滇缅、宝成积极进行》，《申报》1939 年 1 月 30 日，第 2 张第 6 版；永俊：《重庆开发西北计划的检讨》，《协建月刊》第 1 卷第 3 期，1942 年，第 20 页；张锡昌、陈文川等：《战时的中国经济》，科学书店 1943 年版，第 104 页；李世军：《西北的两大需要——解决水荒与火荒》，《时兆月报》第 1 卷第 5 期，1943 年，第 26 页；马景曾：《从史与地闲话大西北》，《广东妇女》第 4 卷第 10 期，1943 年，第 17 页；王燕浪：《西南与西北》，国民出版社 1943 年版，第 2 页；李季清、王紫星：《交通界人士应如何参加开发西北工作》，《交通建设》第 1 卷第 2 期，1943 年 2 月，第 52 页；徐旭：《西北建设论》，序，第 1 页；赖琏：《题词》，《西北学术》创刊号，1943 年，封二；姚公振：《论西北之农业金融》，《湖南省银行经济季刊》第 1 卷第 3 期，1943 年 4 月 1 日，第 15 页；黎小苏：《西北经济的透视》，《中国边疆》第 3 卷第 3、4 期合刊，1944 年，第 27 页；陈清初：《劳力在开发西北声中之重要性》，《新甘肃》第 1 卷第 2 期，1947 年，第 14 页；才元：《西北工业之展望》，《西北通讯》第 3 卷第 3 期，1948 年，第 12 页；朱惠生：《论西北中国与世界》，《西北世纪》第 4 卷第 3 期，1949 年，第 2 页；缪凤林：《西北问题一夕谈》，新中国文化出版社，出版时间不详，第 2 页。

④ 郭皋：《开发西北河套之计划》，《新亚细亚》第 2 卷第 4 期，1931 年，第 57 页。

⑤ 张人杰等：《由中央与地方建设机关合资开发黄、洮、泾、渭、汾、洛、颍等河水利以救济西北民食案》，《中央党务月刊》中国国民党三届三中全会会议特号，1930 年 3 月。

续表

论者	界定范围	注释
陈方济	西北为陕西、甘肃、宁夏、青海、新疆及绥远与库伦之区域	①
余兆麒、凌普	西北一部，包括陕甘绥宁新青六省	②
喻育之	西北地方，是蒙古、新疆、青海、宁夏及绥远等省	③
秦含章	“大西北主义”所指的范围，包括察哈尔、绥远、宁夏、甘肃、陕西、山西、新疆、青海等八省	④
吴龢	西北包括外蒙古新疆热察绥黑辽宁，及陕甘之一部	⑤
马鹤天	西北包括蒙古、新疆、青海及甘肃、宁夏、绥远诸部	⑥
郭维屏	西北……就行政区划方面言，则包括陕西、甘肃、宁夏、青海、新疆、蒙古、绥远七省区之地……吾人所谓开发西北者，即指这些省区而言也	⑦

① 陈方济：《西北土壤调查初步计划》，《云南建设公报》“西北专号”，1931 年，第 D3 页。另有：竺可桢：《西北气候调查初步计划》，载马大正主编《民国边政史料续编》第 27 册，国家图书馆出版社 2010 年版，第 246 页。

② 余兆麒、凌普：《西北经济概况》，载《民国边政史料续编》第 27 册，第 43 页。另有：霍宝树：《开发西北概论》，《云南建设公报》“西北专号”，1931 年，第 A10 页；梁湛楷：《在世界经济恐慌下底中国的存亡问题与西北屯垦》，《开发西北月刊》第 2 期，1932 年，第 12 页；程振章：《“开发西北与建设农业”的先决问题》，《晨光》第 2 卷第 7 期，1933 年 2 月，第 12 页；张恨水、李孤帆：《西游小记 · 西行杂记》，甘肃人民出版社 2003 年版，第 3 页；王金绂：《西北之地文与人文》，第 2 页；彬：《研究西北开发西北》，《申报》1932 年 7 月 22 日第 3 版；周镇伦：《西北水利初步计划》，《云南建设公报》“西北专号”，1931 年，第 C21 页；张人鉴：《开发西北实业计划》，著者书店 1934 年版，导言；向金声：《西北资源的调查》，《建国月刊》第 14 卷第 2 期，1936 年 2 月 20 日，第 1 页；丁逢白：《论开发西北》，《蒙藏月报》第 6 卷第 1 期，1936 年，第 2 页；倪文新：《开发西北中的林业建设》，《西北农林》创刊号，1936 年，第 1 页；苏麟江讲，王怀顺记：《开发西北应走的路径》，《西农青年》第 1 卷第 2 期，1940 年，第 4 页；李翰如：《西北的水利建设》，《西农青年》第 1 卷第 2 期，1940 年，第 9 页；朱敦春：《我们的西北》，国民图书出版社 1943 年版，第 4 页；张锡昌、陈文川等：《战时的中国经济》，科学书店 1943 年 7 月版，第 104 页；王世重：《西北农业现状及其建设问题》，《财政评论》第 13 卷第 3 期，1945 年 3 月，第 64 页；李茂：《西北农业建设问题》，《西北文化》创刊号，1947 年 5 月 15 日，第 18 页；西北文化月刊社：《本刊征聘通讯员启事》，《西北文化》第 1 卷第 2 号，1947 年 6 月 15 日；顾毓琇：《建设大西北》，《时兆月报》第 1 卷第 5 期，1943 年，第 15 页。

③ 喻育之：《开发西北》，《民鸣杂志》第 3 卷第 3、4 期合刊，1931 年，第 166 页。

④ 秦含章：《中国农业经济问题》，新世纪书局 1931 年版，第 470 页。另有：冯和法：《中国农村经济资料》上，华世出版社 1978 年版，第 140 页，该书初版于 1933 年；梦弼：《西北之垦务》，载秦孝仪主编《革命文献》第 90 辑，“中央文物供应社” 1981 年版，第 380 页。

⑤ 吴龢：《西北铁道系统与殖边》，《新亚细亚》第 1 卷第 5 期，1931 年，第 29 页。

⑥ 马鹤天：《开发西北之步骤与方法》，载《革命文献》第 89 辑，第 142 页。

⑦ 郭维屏：《开发西北谭》，《新西北》第 1 卷第 3、4 期合刊，1932 年 12 月 30 日。另有：孤岛：《谈谈开发西北》，《晨光》第 2 卷第 28 期，1933 年，第 6 页；仇士毅：《西北在国防上之重要性》，《西北文化》第 1 卷第 2 号，1947 年 6 月 15 日，第 12 页。

续表

论者	界定范围	注释
世界杂志	以新疆甘肃青海三省为西北	①
余汉华	西北一语，包括范围甚广，如蒙、新、青、陕、甘等地均属之，但此处所指的西北，仅指新疆、青海、宁夏、绥远四省而言	②
回教月刊	有主持以新疆科布多唐努乌梁海三区，为西北者	③
褚民谊	西北之范围，以陕、甘、绥、宁、青、新各行省全境及外蒙西部、唐努乌梁海、科布多、阿尔泰等处	④
何应钦	"西北"，系包括蒙古高原及秦晋山地而言，就是指蒙古、新疆、青海、甘肃、宁夏、绥远、山西、陕西等地而言	⑤
吴承洛	西北的范围，亦界说不一……在政治区域内包括内外蒙、晋、绥、陕、甘、宁、青以及新疆全部，或及西藏	⑥
陈立夫	西北……系包括陕，甘，青，宁，新，察，绥，蒙古，康，藏等十省区	⑦
张鑫	西北是指新疆、青海、秦、晋、热、察、绥及外蒙古等许多的地方	⑧
刘家驹	西北……包括新、甘、宁夏、青海、绥、察、陕，更及西藏、西康等省	⑨
谢复初	西北……包括晋、察、绥、甘肃、新疆、宁夏、青海诸省	⑩
王述曾	本文所述之西北包括山西、陕西、甘肃、绥远、宁夏、青海、新疆、西康、西藏等省区	⑪

① 王金绂：《西北地理》，立达书局1932年版，第2页。

② 余汉华：《西北富源开发与我国之经济建设》，《新亚细亚》第4卷第5期，1932年，第16页。

③ 王金绂：《西北地理》，第2页。

④ 褚民谊等：《开发西北案》，载《革命文献》第89辑，第8—9页。另有：柳民均：《〈开发西北刍议〉及〈开发西北之计划大纲〉》，载《抗战时期西北开发档案史料选编》，第43页。

⑤ 何应钦：《开发西北的重要性》，《新亚细亚》第4卷第1期，1932年，第13页。

⑥ 吴承洛：《介绍西北工业经济状况之〈西北问题〉》，载《抗战时期西北开发档案史料选编》，第91—92页。

⑦ 陈立夫：《西北文物展览会缘起》，载开发西北协会编《西北文物展览会目录》，出版时间、出版者不详，第1页。另有：杨生彬：《开发西北与垦殖问题》，《开发西北》第1卷第3期，1934年3月，第18页；时伯齐：《开发西北与设计问题》，载《革命文献》第89辑，第219页；开发西北协会：《西北农业计划》，载《革命文献》第89辑，第400页。

⑧ 张鑫：《西北的危机》，《新亚细亚》第6卷第1期，1933年，第61页。

⑨ 刘家驹：《开发西北者应该怎样准备》，《开发西北》第1卷第2期，1934年2月，第25页。另有：陈树人：《西北与华侨》，《西北问题》第1卷第1期，1934年9月15日，第1页；林鹏侠：《西北行》（1936年），甘肃人民出版社2002年版，孙慕迦序，第4页。

⑩ 《行政院秘书处关于推广金融发展西北实业计划致全国经济委员会筹备处笺函稿》（1933年8月），载《抗战时期西北开发档案史料选编》，第61页。

⑪ 王述曾：《开发西北与交通（续）》，《交通职工月报》第2卷第4期，1934年，第1页。

续表

论者	界定范围	注释
蒙民	西北……由地区域分，则西藏西康青海……新疆甘肃陕西……察绥	①
龙鸣	西北，当包括陕西，甘肃，宁夏，新疆，青海，西藏，蒙古而言	②
唐启宇	西北各省，如察哈尔、绥远、宁夏、青海、新疆以及西藏、蒙古	③
鲁珑	西北……分广狭二义，广义的西北，是就陕，甘，青，宁，新，绥，察，蒙诸省而言。狭义的西北，甘，青，宁，新而言，此处所述开发西北之范围，是就广义而言	④
孙延龄	西北，系指陕，甘，青，宁，新，以及内蒙一带而言	⑤
高飞	西北，普通包括陕，甘，青，宁，新，绥，康，藏而言	⑥
李维城	西北范围最广……今所言者，仅为陕甘青宁新绥六省——其实尚须包括内外蒙古和康藏	⑦
刘世仁	西北各省……宁夏，新疆，青海，甘肃，陕西，山西	⑧
罗浔	西北……包含……察哈尔，绥远，山西，陕西，宁夏，甘肃，新疆，青海诸省，及外蒙古在内	⑨
张其昀	西北……可分为三部：近西北，远西北，外西北。近西北为甘肃，陕西，青海，宁夏，绥远五省。远西北为外蒙古唐努乌梁海，科布多，新疆，西藏。外西北则在新疆以西，包括中亚细亚之一部	⑩
邓植仪	西北，乃指山西陕西绥远宁夏甘肃新疆六省范围而言，蒙古青海不与焉	⑪
谭吉华	西北，是包括陕西，甘肃，青海，宁夏，内蒙和新疆，甚至可以包括西藏和西康	⑫

① 蒙民：《开发西北与牧畜》，《开发西北》第1卷第3期，1934年3月，第42页。

② 龙鸣：《开发西北之计划》，《国民外交杂志》第4卷第1期，1934年4月24日，第39页。

③ 唐启宇：《西北农垦计划》，载《革命文献》第89辑，第405页。

④ 鲁珑：《开发西北与警政》，《拓荒》第2卷第6期，1934年9月，第16页；《西北警政现状及其将来》，《拓荒》第2卷第3期，1934年，第50页。另有：金士宣：《西北之主要交通路线》，载金士宣编《中国铁路问题论文集》，交通杂志社1935年版，第364页；胡嗣春：《开发西北问题新检讨》，《边疆》第2卷第1期，1937年，第41页。

⑤ 孙延龄：《甘肃之现状与将来》，《拓荒》第2卷第4、5期合刊，1934年，第126页。

⑥ 高飞：《供献给开发西北的同志们》，《新青海》第3卷第6期，1935年6月15日，第36页。

⑦ 李维城：《开发西北之刍议》，《西北问题》第1卷第3期，1935年5月15日，第22页。

⑧ 刘世仁：《中国田赋问题》（1935年），载《近代中国史料丛刊三编》第88辑，文海出版社有限公司1980年版，第174页。

⑨ 罗浔：《开发西北计划》，《迈进月刊》第1卷第4期，1935年，第4页。

⑩ 张其昀《开发西北之要点》，《西北问题》第1卷第3期，1935年5月15日，第35页。

⑪ 邓植仪：《发展我国西北农业之管见》，《农声》第184、185期合刊，1935年，第1页。

⑫ 谭吉华：《西北开发状况》，《蒙藏月报》第7卷第2期，1937年，第1页。

续表

论者	界定范围	注释
沉底	西北的地理境界……约略包括陕西，甘肃，宁夏，青海，新疆，西康，西藏，黑龙江，吉林，辽宁，热河，察哈尔，绥远等省	①
吕公望	西北为豫陕甘新四省	②
周开庆	这里所说的西北，是指甘肃，青海，宁夏，绥远和新疆五省而言	③
王光玮	西北范围……仅及绥宁陇青陕北等省区	④
汪公亮	本书范围以绥远、宁夏、陕北、甘肃、青海、新疆为主	⑤
段国璋	西北自然应当在西北角的地方，蒙古新疆都应包括在内，但是现在所要开发的西北，却仅指东经九十五度到东经一百零五度，北纬三十四度到北纬四十二度以内的地方，那就是专指绥远宁夏，甘肃青海和陕西五省了	⑥
芬次尔	所谓西北，仅系包括陕西，甘肃，宁夏，青海四省，及四川西康之北部	⑦
西北省市总监督	国民政府在1936年7月施行的《国民大会选举法》中规定的西北地区代表选举总监督共11人，其所代表的西北地域范围为蒙古、西藏、西康、陕西、察哈尔、绥远、宁夏、甘肃、青海、新疆、西京市、山西	⑧
梁寒操	西北乃指绥远，蒙古，宁夏，外蒙，新疆，青海，甘肃，陕西，山西各省	⑨
葛定华	西北一带（内外蒙古、青海、宁夏、新疆、西藏、西康）	⑩

① 沉底：《东方民族运动与中国西北开发——西北开发的重要性及其前程（下）》，《新东方》第3卷第8期，1932年，第80页。

② 吕公望：《开发西北棉纺织业计划书》，《天津棉鉴》第3卷第11、12期合刊，1933年，第18页。

③ 周开庆：《西北剪影》，中西书局1943年版，第4页；李承绪：《西北富藏与平绥铁路》，北平交通大学1935级毕业论文。

④ 王光玮：《西北移民应有之地理认识》，《陕西省地方政务研究会月刊》第2卷第2期，1935年，第76页。

⑤ 汪公亮：《西北地理》，正中书局1936年版，第11页。

⑥ 段国璋：《从自然地理的观点谈开发西北》，《清华周刊》第45卷第2期，1936年，第34页。另有：日生：《西北农村经济的真相》，《西北向导》第15期，1936年8月21日，第275页；任美锷：《西北之地理环境与经济建设》，载任美锷、张其昀、卢温甫《西北问题》，科学书店1943年6月版，第12页。

⑦ 芬次尔：《西北造林建议概要》，《西北导报》第1卷第11期，1936年7月25日，第15页。

⑧ 《国大选举西北省市总监督》，《西北导报》第1卷第11期，1936年7月25日，第32页；西北导报社：《征稿规则》，《西北导报》第1卷第11期，1936年7月25日，封二。

⑨ 梁寒操：《复兴西北与中国之前途》，载倪迥人速记、马国霖编辑《西北情况演讲周演讲集》，西北导报社1937年版，第13页。

⑩ 葛定华编著：《国民经济建设要论》，正中书局1937年版，第110页。

续表

论者	界定范围	注释
董涵荣	西北……依现在各方面的情况看来，显然包括了中国面积三分之二，因为蒙古，西藏，陕，甘，青，宁，绥，都指为西北范围，其实西北当中的陕，甘，青，宁，绥正是中国地理上的中心，真正的西北应当是新疆和蒙古的一部，但这个西北，人家早已替我们经营着，所以我们只好称退一步的西北，国人的注视焦点，也就在退一步的西北或“内西北”吧	①
董汝舟	西北为陕西省、甘肃省、宁夏省、新疆省、绥远、青海、察哈尔各省	②
梅贻宝	西北名词本文中以绥，甘，宁，青为对象	③
埃德加·斯诺	“西北”，则包括如下几个大省，如陕西、甘肃、宁夏与青海	④
黄慕松	西北之范围甚广……可分为近西北，远西北，外西北三部；近西北为甘肃，陕西，青海，宁夏，绥远五省，远西北为外蒙古，唐努乌梁海，科布多，新疆，西康，西藏，外西北为自新疆以西以至中亚西亚之一部	⑤
陈恩凤	西北……本文所指包括青海北部、甘肃河西、宁夏全部、绥远西北部及河套部分，即一般所谓之西北，实则真正西北应为新疆、蒙古诸省	⑥
黄汲清	西北为三大部分：东部是阴山山脉以南，贺兰山以东，“陕西盆地”以北的地域……包括绥远宁夏的一部……中部是六盘山以西，大戈壁（即蒙古高原）以南，昆仑山系（包括秦岭山）以北，玉门关以东的甘青两省……西部就是……新疆省	⑦
高平叔	西北一区，依地理环境来划分，可分为“大西北”与“小西北”。大西北的范围：北界是阿尔泰山脉和蒙古的瀚海，南界是昆仑山脉和东延的巴颜喀拉山脉及秦岭山脉，东界是从北向南流的黄河，即与黄河平行的吕梁山脉，西界约略相当于中国和苏联的国界。小西北则为对大西北而言，也就是大西北中间的一段，它的范围：北界是瀚海，南界是昆仑山脉和东延的巴颜喀拉山脉及秦岭山脉，东界是南北走向的六盘山脉，西界是玉门关	⑧

① 董涵荣：《开发西北者应有之态度与认识》，《新青海》第5卷第4期，1937年4月30日，第18页。另有：樊芾棠：《西北在现阶段抗战的重要性》，《西北研究》第1卷第1期，1938年；汪昭声：《西北建设论》，青年出版社1943年2月版，第3—4页；蒋经国：《西北—赣南》，中华正气出版社1942年9月版，第2页；柴绍武：《伟大的西北》，总动员出版社1945年版，第3页；方镜清：《河西建设之刍议》，《西北通讯》第1卷第1期，1947年6月，第19页。

② 董汝舟：《开发西北农业的几个重要问题》，《建国月刊》第14卷第2期，1936年2月20日；李书田等：《中国水利问题》上册，第155页。

③ 梅贻宝：《燕大与“开发西北”》，《燕大周刊》第7卷第10期，1936年，第6页。

④ ［美］埃德加·斯诺：《斯诺文集》第3卷，新华出版社1984年版，第131页。

⑤ 黄慕松：《西北文物展览会与开发西北》，载《革命文献》第88辑，第185—186页。另有《亟应开发西北之原因》，《广播周报》第92期，1936年，第92页。

⑥ 陈恩凤：《中国西北部之土壤与移垦》，《边政公论》第1卷第5、6期合刊，1942年，第35页。

⑦ 黄汲清：《西北之矿产资源及其开发问题》，《经济建设》创刊号，1942年，第192页。

⑧ 高平叔：《西北工业建设现况及其前途》，《经济建设》第1卷第4期，1943年，第139页。

续表

论者	界定范围	注释
东亚	西北地域……普通所指，是陇海路潼关以西——即甘肃，青海，宁夏，新疆诸省的广大地域	①
卢温甫	西北一名，盖对东南而言，二者之分界，大致自兴安岭，越热河，沿长城，过兰州，缘西藏北境而止于帕米尔高原。包括内外蒙古，新疆、青海……	②
马溶之	本文包括陕西、甘肃、宁夏、青海、新疆及绥西	③
张之毅	西北的地理范围包括青新二省全部，和甘、宁、绥的一部	④
李承三 周廷儒	整个西北约可分为三大部：1. 西北之东部，北界阴山，南界贺兰山，东界陕西盆地，名曰河套区；2. 西北之中部，东界六盘山，北界大戈壁，南界昆仑山系（包括秦岭），玉门关，名曰甘青区；3. 整个新疆为西北之西部，名曰新疆区	⑤
严重敏	西北的范围……包括新疆、青海、甘肃、宁夏四省全部，陕西及绥远省的大部	⑥
陈正祥	西北应指贺兰山、阴山与兴安岭以西，乌鞘岭、祁连山、阿尔金山与昆仑山以北的区域而言，包括新疆与蒙古的全部，甘肃河西走廊，宁夏的大部，绥远与察哈尔的北部	⑦
甘德泽	西北之地理轮廓，东自潼关，西至中苏界址，北自外蒙，南连武都，除外蒙独立外，包括今之陕甘青绥宁新六省幅员，及晋省之一大部	⑧
蔡君启	西北……在行政区分上包括新疆全省，甘肃的西一半，青海的北部，和宁夏的大部分	⑨
黄警顽	西北包括察哈尔、绥远、陕西、甘肃、宁夏、青海、新疆、西藏、蒙古	⑩
马宏道	"西北"，有广狭二义，广义的西北是指陕，甘，宁，青，新，五省而言；狭义的是指新疆而言	⑪

① 东亚著，冲霄译：《重庆经营西北的进展》，《译丛月刊》第5卷第2期，1943年，第40页；另有张先瑾：《如何开展西北的社会教育》，《西北论坛》第1卷第1期，1947年7月，第32页；邓翰良：《十年来之商业》，载谭熙鸿主编《十年来之中国经济》，中华书局1948年版，第586页；宋志伊：《战后工业建设计划》，出版者、出版时间不详；王文萱：《战时边疆移垦问题》，正中书局1939年版，第3页；裴文中：《史前时期之西北》，《西北通讯》第2卷第7期，1948年3月，第8页。

② 卢温甫：《西北之雨量问题》，载《西北问题》，第42页。

③ 马溶之：《西北土壤地理》，《地理》第4卷第1、2期合刊，1944年，第19页。

④ 张之毅：《西北农业的区域研究》，《农业经济集刊》第1期，1944年7月1日，第54页。

⑤ 李承三、周廷儒：《甘肃青海地理考察纪要》，《地理》第4卷第1、2期合刊，1944年。

⑥ 严重敏：《西北地理》，大东书局1946年版，第2—3页。

⑦ 陈正祥：《西北区域地理》，第1页。

⑧ 甘德泽：《西北精神（一）》，《西北通讯》第1卷第2期，1947年7月，第8页。

⑨ 蔡君启：《西北》，生活·读书·新知上海联合发行所1949年版，第10页。

⑩ 马鸿亮：《国防线上之西北》，经纬书局1936年版，黄警顽序，第2页。

⑪ 马宏道：《宗教对于西北边防的重要性》，《广播周报》复刊第60期，1947年，第1页。

表1关于西北地域的统计基本涵盖了当时西北一词的地理所指。笔者之所以不厌其烦地罗列，目的有二：第一，反映了西北范围存在各种各样的见解，并没有统一的认识与官方确认，论者只是就自己的知识所及表达个人观点。第二，更为重要的是，如此众多的划分标准与范围，折射出的是国民政府对西北地区的漠视，尤其是对发展当地经济的漠不关心。之所以会出现这种状况，乃是因为对于“西北情形，国人素不留心”①，即使应该担负最大责任的各级政府特别是中央政府也含糊其辞。国人多不知道西安位于何处，对陕西亦是。② 而“兰州蕞尔小城，僻在边陲，国人忽视之久矣”③。在国家政府层面，出身于南方的当政者，其目光只是一味地投向能为其提供巨额赋税的富庶之区，并不真正关心行政权力尚未实质到达的西北地区（假如他们还承认存在一个西北地区的话），更不关心这块孕育了中华文明，曾经是全国政治、经济、文化中心，而今贫瘠落后的土地上的人民。在他们眼里，西北只是一个地域辽阔、自然条件恶劣、民族混杂、经济落后、文化辉煌不再的地理象征，是征纳不了多少税捐款项的穷乡僻壤。“在过去的若干年代，国人都把目光注视着繁华热闹的中原，对于迢遥的西北边陲，除了少数曾经发生特殊关系者外，可以说：简直就没有关心的！比如人们都很知道：西北幅员广大，但究竟所范围之面积，宽长若干里？良田瘠地之比例为若干亩？森林矿产之蕴藏及实业原料之产量为数多寡？恐怕无一人堪以作详切之答语！甚至即人口数量之增减，及种族之分配稀密，也只有一些模糊的概念罢了。”④“西北这块大地，一向被视为荒凉一片，很少为人注意。”⑤而新疆“以其僻处西北，国人鲜注意之”⑥。朱家骅1941年从西北考察归来后也认为，“西北……后来之所以落后，完全是因为大家忽视了他的原故”⑦。在这里，朱家骅将西北遭到忽视的责任推到了“大家”头上，而

① 汪公亮：《西北地理》，第3页。

② 参见 Francis H. Nichols 著，李国庆整理 *Though Hidden Shensi*，广西师范大学出版社2008年英文版，第183页。

③ 潘益民编：《兰州之工商业与金融》，商务印书馆1935年版，“编者自序”第1页。

④ 恒三：《“开发西北问题”之商榷》，《盐政周刊》“新年号”，1935年，第4页。

⑤ 彭士弘：《开发西北　建设西北》，《西北实业》第1卷第1期，1946年，第3页。梅贻宝在一篇文章里也提到了30年代兴起的开发西北是“物极必反”，是“由全然的淡漠忽然转到极端的热烈”，可见漠视西北的现象是非常普遍的。见梅贻宝前引文。

⑥ 国民外交丛书社编：《新疆问题》，中华书局1929年第2版，第3页。

⑦ 朱家骅：《西北经济建设之我见》，《国民政府资源委员会公报》第1卷第4期，1941年，档案出版社1990年影印版，第94页。

真正的“大家”不言而喻只能是中央政府，因为西北曾经的繁荣正是在中央政府的重视下造就的。

国民政府建立后，并没有对西北予以足够的重视①，甚至发生了某中央大员将宁夏误为青海的笑话，以及“宁夏属东三省”② 之妄语。九一八事变发生后，西北才真正进入当政者蒋介石的视野，而此前在蒋介石的言论中还看不到其对西北的关注。即使在中央政府主政者当中，“并没有几个真懂得西北的专家”③。1928—1933 年大旱灾，数百万人被夺去了生命，即使天天看报纸的南方民众对此也不会十分留心。④

就地方政府而言，似乎更不在乎何地为西北之区，各省官员很少参与到讨论中来。地方政府智识、视野更为狭窄，忽视、漠视当地人民生活的现象亦相当突出。而对参与讨论的普通民众，尽管我们很难确定其籍贯、出身、年龄、职业等，其动机可能就单纯得多，或出于职业，或随波逐流，也许讨论者本身就是一个甘肃籍或陕西籍的西北人，天生对这块土地充满了感情。

西北范围的歧义反映了统治者对西北的忽视乃至漠视，每当西北地区相安无事时，这一偏远、边缘地区毫无疑问淡出了身处中心地带的人们的视野。自宋代以来，西北地区被严重边缘化，结果则是经济、教育诸端落后而缺乏活力，人民生活困苦而无人问津，并且一代一代走向恶性循环。

西北地区在自身发展历程中总会出现或大或小、显性或潜在的危机，一俟危机无法在内部化解，并发展到相当程度时，才会引起中央政府的重视，中央政府通过政策调整、财政投入甚至军事力量介入等方式，使得危机解除或暂时解除。在化解危机的过程中，西北地区相应得到局部开发或发展。而经过一个时期，西北地区相对安定后，则又重被忽视，其结果则是产生新的危机，如因水利失修而导致的大旱灾。新疆游离于国民政府的统治范围等属于显性危机。西北地区之外的外部危机甚或全国性的危机如日本对中国侵略的逐步升级，发展到一定程度也会引起中央政府对西北地区的重视，进而提升西北的政治地位，促进这一地区的开发。

本研究所论述的危机包含西北地区内部危机与外部危机及其互相交织的各种危机，重重危机促成了此次持续十几年之久的经济开发活动，即所

---

① 参见沈云龙访问，陈存恭纪录《刘景山先生访问纪录》，“中央研究院”近代史所 1987 年版，第 100 页。

② 秦晋：《宁夏到何处去》，天津益世报 1947 年版，第 1 页。

③ 光旦：《建都洛阳与开发西北》，《华年》第 1 卷第 3 期，1932 年，第 48 页。

④ 参见张扬明《到西北来》，商务印书馆 1937 年版，第 24 页。

谓的“危机下的转机”，且危机越严重，被重视的程度越高，发展的力度相应也就越大。西北地区没有持续地被重视甚至被长期漠视，没有持续的政策支持，因此得不到持续发展，这是导致西北落后的主要原因，而一旦被重视，则会极大地推动这一地区的快速发展，国民政府时期的西北经济开发就很好地印证了这一点。

表1所列关于西北范围的讨论，还表现出明显的时间性，也可以说明随着危机的日益严重，西北地区被重视的程度明显上升。从20年代初到国民政府成立，很少有人参与到讨论中来，而到了20年代末及30年代，国人对西北范围的讨论明显增多，尤其是九一八事变后，“西北”一词在论著、报刊中出现的频率越来越高，这从所征引文献的发表年代即可看出。这一现象也反映出，随着全国局势的变化和民族危机的日益深重，普通民众对西北愈益关心，而对西北的关注又反映了全国局势的变化，即全国局势恶化时，人们对西北的关注度明显升高，反之下降。这一点中央政府表现得更为明显。

笔者综合时人有较多共识的省域及现在人们所习称的西北区域范围，以国民政府统治下的陕西、甘肃、宁夏、青海、新疆五省为考察对象，至于此一时期陕甘宁边区所进行的经济建设活动，虽然从地域乃至行政区划上属于西北无疑，但由于其不在国民政府统治范围之内，且属于另一个研究专题，故不拟涉及。

鸦片战争后，特别是19世纪七八十年代的边疆危机发生之后，“二千年未有之变局”把中国推到了危险的边缘，严重的西北边防问题摆到了国人面前，如何守住广袤的西北地区成了朝野上下争论的焦点。龚自珍、魏源、林则徐、左宗棠等从各个方面提出治边方策，林则徐、左宗棠等先后至西北，从事开发建设。19世纪中期，尤其是1862年太平军转战西北后，陕西、甘肃回民亦起义响应。1864年，新疆的回族亦揭竿而起。1866年西捻军进入陕西后，“捻回合势”，起义力量更为壮大，危及清廷统治。为了镇压陕甘回民起义及捻军起义，1866年清廷任命左宗棠为陕甘总督，到西北平叛。左宗棠在平定陕甘回民起义和讨平阿古柏反动政权的过程中及平叛结束之后，在西北各省采取了一系列恢复民生、整顿吏治、发展经济、举办教育、改善生态的措施[①]，并在西安、兰州创办机器工厂，揭开了西北地区机器工业的序幕，西北尤其是陕甘两省开始了由传统的经济门类向近代工业的转型，在一定程度上奠定了西北国防安全和长治久安的基

① 参见秦翰才《左文襄公在西北》，岳麓书社1984年版。

础，揭开了近代开发西北的序幕。①

19 世纪 90 年代，孙中山设想在西北屯田修渠，计划到新疆考察，以便“招民开垦，集商举办”②。《实业计划》中有关西北的有“蒙古、新疆之灌溉”“中国北部及中部建造森林”“移民于东三省、蒙古、新疆、青海、西藏”三项。孙中山对扩展西北铁路系统也极为重视，所拟订的 99 条铁路中，通往西北的达 36 条。孙中山鉴于西北地广人稀，还计划向西北移民，整理黄河、渭河等。③

国民政府统一全国后，订立了开发西北的计划，但未能切实执行。随之而来的大旱灾使得国人把目光投向了久被漠视的西北地区，亦引起了国民政府的关注，但此一时期尤其是 1931 年以前，国民政府以救济旱灾为主，甚少有开发经济的举措。九一八事变发生后，外患日益严重，国家危机逐渐明朗化并日渐加深，为了应付此一危机，“便积极的提倡开发西北，以准备作将来大战时的避难所，好延续我们民族的生命”④，西北进而成为国人瞩目的焦点，考察活动接二连三，“自东北沦陷后，国人对于西北之开发倍加注意，前往考察者日多”⑤。研究社团骤增，刊物大量涌现，积极倡言西北及开发西北的重要性。国民政府通过了一系列决议案，设置机构，制定计划，在国人和舆论界的一致呼吁及政府的迎合下，出现了第一次开发热潮。“事实告诉我们：中央党部的委员先生，不断地赴长安古都去观光，是‘九一八’和‘一·二八’事变所激生出来的活动。西京陪都建设委员会的产生，也是‘九一八’和‘一·二八’事变的炮声给震荡出来的。就连前几月中央党部组织的西北调查团，和陇海，平绥，两路所资助组织的西北考察团，视察团，以及山西绥远北平江苏各地人士所组织的开发西北的机关，暨研究西北的团体，也都莫不是东北事变的巨弹所射击而生出的产儿！”⑥ 因此，战前开发西北的热潮并不是凭空兴起的，而是多方面危机促成的。

1937 年 7 月抗战全面爆发后，国民政府逐渐将上海等地工厂迁入内地，随着东南地区陷落，经济中心被占领，内迁工厂更多，迁入西北尤其

---

① 参见马啸《左宗棠在甘肃》，甘肃人民出版社 2005 年版，第 277—279 页。

② 《孙中山全集》第 1 卷，中华书局 1981 年版，第 6—18 页。

③ 参见《孙中山全集》第 6 卷，中华书局 1981 年版，第 252、261—265、361—376 页。

④ 李元璋：《开发西北所应注意的问题》，《政治期刊》第 3 期，1934 年，第 165 页。

⑤ 庄泽宣：《陇蜀之游》，载《中国西北文献丛书》总 133 册，兰州古籍书店 1990 年版，第 143 页。

⑥ 恒三：《“开发西北问题”之商榷》，《盐政周刊》“新年号”，1935 年，第 2 页。

是陕甘两省的相对较多，门类较齐全，极大地带动了工业的发展。随着战争局势的发展，西北地区的重要性日益凸显，1942 年蒋介石提出了“西南是抗战的根据地，西北是建国的根据地”这一口号，使得持续了十几年的呼声更热烈。就经济开发的效果而言，战时交通、农田水利、工矿业、移民垦殖等成果足以令世人称道，甚至在一定程度上奠定了此后西北经济发展的基石。而这些成果的取得，即如蒋介石所言：“若非抗战，其成功未必能如此之速也。”① 蒋介石其实只说对了一半，从表面上看，西北地区因抗战而兴，而其实质则是随着危机的加深，西北的政治地位在中央政府心目中一步步提升，引起了应有的重视，加大了投入力度，经济开发取得了相应的成果。因此，危机及中央政府的重视才是西北得到快速发展的最为关键的因素，才是发生转机的根本原因。这一点从抗战胜利前后西北重要性下降、经济开发的各个领域顿形衰落中亦可得到反证。

第二节　资料状况与研究现状

西北各省区政协委员会文史资料委员会整理出版了各自的文史资料，有的市县也收集出版了本地文史资料，涉及国民政府时期西北经济活动的不在少数。文史资料的收集极大地丰富了西北近代经济史、近代经济开发史的园地，有些还以专书的形式结集出版②，为研究带来了便利。

档案资料方面，中国第二历史档案馆利用丰富的馆藏档案，近年来陆续整理、公布了一批相关档案，对开展研究很有助益③，先后编辑出版了《中华民国史档案资料汇编》④ 和《抗战时期西北开发档案史料选编》⑤ 等资料集，无疑是研究西北经济开发的第一手资料。

中国台湾地区的学者基于对祖国西北的关注，也做了大量的工作。一是资料集的搜集与出版，主要有秦孝仪主编的《抗战前国家建设史料——

---

① 周美华编辑：《蒋中正总统档案：事略稿本》51，“国史馆”2011 年版，第 127 页。

② 参见政协甘肃省委员会文史资料委员会、《西北近代工业》编写组编《西北近代工业》，甘肃人民出版社 1989 年版。

③ 根据中国第二历史档案馆的统计，在其所藏档案中，与民国时期的西部调查、西部情况介绍及西北开发有关的案卷总数有数千卷，以经济方面最多，直接有关西北开发的内容有 3000 余件，近年来二史馆利用《民国档案》这一阵地，先后整理刊发有关西北的档案较多，详见征引文献部分。但与本领域研究材料的需求仍不相适应。

④ 中国第二历史档案馆编：《中华民国史档案资料汇编》，江苏古籍出版社 2000 年版。

⑤ 马振犊主编：《抗战时期西北开发档案史料选编》，中国社会科学出版社 2009 年版。

西北建设》[1]，是研究抗战前西北开发的基础资料。《革命文献》其他专辑也有相关资料，可资研究参考。《西北建设考察团报告》[2] 主要记述了1943年6月至1944年2月间国民政府派遣的西北建设考察团对西北五省铁路、公路、水利等12个部门考察后所形成的报告，具有很高的史料价值。台北"国史馆"陆续出版了《蒋中正总统档案：事略稿本》，对于研究蒋介石在国际国内背景下制定开发西北政策及其演变具有很大的参考价值。

20世纪80年代以来，随着中国近代经济史和西北近代经济史研究的逐步深入，西北开发史的研究也受到了应有的重视[3]，涌现出了一些综合性的研究成果。魏永理主编的《中国西北近代开发史》[4]，全面系统地研究了近代以来开发西北的政策思想和社会经济，是这一领域较早的系统性研究成果。陈舜卿主编的《陕甘近代经济研究》[5] 主要对近代以来陕西、甘肃两省的农田水利、工矿业、金融业及陕甘宁边区的新民主主义经济进行了论述。各省区都各自编写了通史性著作[6]，其中都用相当篇幅论述了民国时期各个省份的经济发展状况。一些学者还从经济史的角度，对所在省区的经济发展轨迹进行了细致的梳理和专题研究，出版了经济史专著，民国经济史作为断代史的一部分，自然是其论述的重点[7]，或专门的民国地方史[8]，或行业史[9]。戴逸、张世明主编的《中国西部开发与近代化》[10] 认为西部开发是中国近代化过程中一个重要的环节。田澍主编的《西北开发史研究》[11] 分专题对历史上的西北开发进行了研究，其中有些章节涉及国

---

① 秦孝仪主编：《革命文献》第88—90辑，"中央文物供应社"1981年版。

② 罗家伦：《西北建设考察团报告》，"国史馆"1968年版。

③ 参见王荣华《1980年以来西北近代经济史研究述评》，《宁夏大学学报》2003年第1期，第100—105页。

④ 魏永理：《中国西北近代开发史》，甘肃人民出版社1993年版。

⑤ 陈舜卿主编：《陕甘近代经济研究》，西北大学出版社1994年版。

⑥ 新疆社会科学院历史研究所编著：《新疆简史》，新疆人民出版社1980年版；陈育宁主编：《宁夏通史》近现代卷，宁夏人民出版社1993年版；郭琦、史念海、张岂之：《陕西通史》民国卷，陕西师范大学出版社1998年版；崔永红：《青海通史》，青海人民出版社1999年版；刘光华主编：《甘肃通史》中华民国卷，甘肃人民出版社2009年版。

⑦ 如：翟松天：《青海经济史》近代卷，青海人民出版社1998年版；徐安伦、杨旭东：《宁夏经济史》，宁夏人民出版社1998年版。

⑧ 如：陈慧生、陈超：《民国新疆史》，新疆人民出版社2007年版。

⑨ 如：玉门石油管理局史志编纂委员会编，张叔岩执笔：《玉门油矿史：1939—1949》，西北大学出版社1988年版。

⑩ 戴逸、张世明主编：《中国西部开发与近代化》，广东教育出版社2006年版。

⑪ 田澍：《西北开发史研究》，中国社会科学出版社2007年版。

民政府时期的西北经济开发。程霖、王昉、张薇《中国近代开发西部的思想与政策研究（1840—1949）》[①]，对近代以来中国开发西部的思想与政策进行了系统研究。宋仲福主编的《西北通史》第5卷[②]比较系统地对1912—1949年间西北五省区的社会经济、政治、军事、少数民族等各方面进行了研究，对研究此一时期的西北经济开发有一定的参考价值。周伟洲主编的《西北少数民族地区经济开发史》[③]一书，对历史上西北民族地区的经济开发进行了研究，部分章节涉及此一时期的经济开发。汪受宽的《西部大开发的历史反思》[④]一书，对历代西部开发的特点、规律、影响、经验、教训等进行了检讨和反思。虞和平主编的三卷本《中国现代化的历程》，以现代化理论为视角，对1840—2000年间共160年的中国现代化历程进行了综合研究，在论及“抗战时期的西部工业化”时，对沦陷区经济的严重萎缩、工业建设重心西移、西部工业化的资金传动、科技传动、市场传动及异常的空间传动作了深入分析。[⑤]谭刚的《抗战时期大后方交通与西部经济开发》[⑥]则是涉及此一论题的最新著作。以上论著对本研究皆有一定启发作用。

台湾地区对此问题也有综合性研究成果问世。台湾“教育部”编《中华民国建国史》[⑦]论述了国民政府成立以后至抗战爆发前及抗战爆发后战时中国的各项经济建设事业，有些内容涉及西北经济开发。张玉法《中国现代史》[⑧]关于经济建设及抗战时期的经济发展的论述，对本人亦有启发。胡平生著《民国时期的宁夏省（一九二九——九四九）》[⑨]是全方位研究民国时期西北某一省份的著作。论文集有1984年近史所《抗战前十年国家建设史研讨会论文集》，1985年近史所《抗战建国史研讨会论文集》，张玉法《中国现代史论集》其中有本时段的经济史论文。文复会1986年编《中国近代现代史论文集》亦对此一问题有所涉及。[⑩]

---

① 程霖、王昉、张薇：《中国近代开发西部的思想与政策研究（1840—1949）》，上海人民出版社2007年版。

② 宋仲福主编：《西北通史》第5卷，兰州大学出版社2005年版。

③ 周伟洲：《西北少数民族地区经济开发史》，中国社会科学出版社2008年版。

④ 汪受宽：《西部大开发的历史反思》，兰州大学出版社2009年版。

⑤ 参见虞和平《中国现代化的历程》，第793页。

⑥ 谭刚：《抗战时期大后方交通与西部经济开发》，中国社会科学出版社2013年版。

⑦ 台湾“教育部”编：《中华民国建国史》，“国立编译馆”1989年版。

⑧ 张玉法：《中国现代史》，东华书局股份有限公司1977年版。

⑨ 胡平生：《民国时期的宁夏省（一九二九——九四九）》，台湾学生书局1988年版。

⑩ 参见张玉法《中华民国史研究在台湾》，《近代中国史研究通讯》第8期，1989年，第61—72页。

除了综合性研究之外，各个专题论文也多有涌现。交通建设，杨洪和朱小秋认为西北近代交通的发展经历了初创、发展时期和高潮时期。[①] 任军利论述了陕西近代交通网的形成及特点。[②] 张寿彭对西北近代铁路的发展进行了梳理后指出，西北广袤的土地到1949年只有陕西和甘肃修筑了铁路，宁夏、青海与新疆都没有铁路，这种状况对西北经济的开发产生了严重的滞后作用。[③] 何景雷、伏阳对民国时期的新疆民航业进行了研究。[④]

西北开发中的农业问题是这一领域研究的重点和热点。张奇、杨红伟对战时西北农业开发作了较为细致的研究，认为国民政府与地方当局对西北地区以增粮增棉为主要目的的农业开发采取了一些重要措施。[⑤] 移民方面，沈社荣指出，国民政府时期的移民西北，除了源于前人的移民实边思想及孙中山的移民西北思想外，也与当时的特定环境有关，即一是解决西北农村经济危机，二是充实西北国防，三是解决过剩人口。[⑥]

战时西北工矿业取得了惊人的发展，因此研究成果较为集中。岳珑较早地研究了抗日战争时期的陕西工业。[⑦] 祁若雄[⑧]、邓绍辉[⑨]对近代新疆石油工业进行了研究，认为1909—1949年新疆石油工业仍在规模狭小、产量很低、技术落后、发展缓慢的道路上徘徊。曹敏考察了民国时期外省资本对陕西工业的投资，认为从时间上说，20世纪30年代前期是初级阶段，抗战时期是高潮阶段。[⑩] 朱立芸论述了近代西北甘、宁、青、新四省金属矿业资源蕴藏的情况和开发的历史过程，并从其生产技术水平与管理方式等方面揭示出近代西北金属矿业开发时代与地域特征。[⑪] 王广义与赵世明

---

① 参见杨洪、朱小秋《试论西北近代交通建设》，《西北大学学报》1994年第4期，第60—65页。

② 参见任军利《陕西近代交通网的形成及特点》，《宝鸡文理学院学报》2000年第3期，第45—49页。

③ 参见张寿彭《西北近代铁路建设刍议》，《开发研究》1996年第1期，第63—65页。

④ 参见何景雷、伏阳《民国时期新疆民航业研究》，《新疆大学学报》1998年第2期，第73—77页。

⑤ 参见张奇、杨红伟《论抗日战争时期中国西北地区的农业开发》，《甘肃社会科学》2002年第4期，第90—94页。

⑥ 参见沈社荣《试析30年代的“移民西北”说》，《固原师专学报》1997年第5期，第57—60页。

⑦ 参见岳珑《抗日时期的陕西工业》，《西北大学学报》1989年第2期，第93—98页。

⑧ 祁若雄：《解放前新疆石油开采述略》，《新疆经济研究》1990年第4期。

⑨ 邓绍辉：《近代新疆石油工业述略》，《新疆大学学报》1992年第2期，第52—58页。

⑩ 参见曹敏《民国时期省外资本对陕西工业的投资》，《宝鸡文理学院学报》2000年第4期，第60—62页。

⑪ 参见朱立芸《近代西北金属矿业开发简论》，《开发研究》2000年第5期，第61—63页。

分析了抗战时期国民政府建设西北工业的政策与成效。[①]

有的研究者对开发活动中的人物进行了个案研究。高红论述了冯玉祥开发大西北的理念及其贡献，认为冯玉祥在20世纪20年代做了不少实际工作，对西北地区走出落后、推进近代化建设具有一定的先导意义。[②] 陈崇凯从赈灾安民以奠定稳定的社会前提，整顿教育以提供人才，整修交通以提供保证，结合省情来开发实业等方面系统总结了杨虎城开发陕西的经济思想与贡献。[③] 此外，一些此前被忽视或开发活动的边缘人物也逐渐进入学界视野。[④]

经验教训方面，沈社荣[⑤]、杨乃良[⑥]、章金波[⑦]、杨乙丹[⑧]、申晓云[⑨]等学者进行了探讨。在开发理论与政策研究方面，张用建分析了抗战前10年国民政府开发西北的基本政策取向。[⑩] 杨才林提纲挈领地论述了20世纪中国的西北开发思想。[⑪] 唐润明则指出，抗战时期中国西部的开发是在入侵日军占领中国东部沿海广大富庶地区、执政的国民党中央政府内迁西南重庆、整个国家的综合力量薄弱、西部地区的基础设施未达到开发要求的

① 参见王广义、赵世明《抗战时期国民政府西北工业建设政策与绩效》，《西北第二民族学院学报》2005年第2期，第70—74页。

② 参见高红《冯玉祥开发大西北的理念及其贡献》，《江淮文史》2000年第4期，第137—144页。

③ 参见陈崇凯《杨虎城开发陕西的经济思想与贡献》，《渭南师专学报》1997年第2期，第10—14页。

④ 如：李庆东：《“一考察二研究三建设”——安汉与他的西北开发三部曲》，《陕西行政学经院学报、陕西省经济管理干部学院学报》2001年第2期，第67—69页；赵夏：《马鹤天先生对边疆考察和研究的贡献》，《中国边疆史地研究》2003年第4期，第107—112页；李敏：《张学良开发建设西北思想初探》，《文博》1992年第5期，第45—48页；沙文涛：《戴季陶西北开发思想述论》，《兰州学刊》2012年第7期，第42—46页。

⑤ 沈社荣：《国民政府与“开发西北”》，《固原师专学报》1994年第3期，第34—38页；《九一八事变后“开发西北”思潮的兴起》，《宁夏大学学报》1995年第4期，第9—15页。

⑥ 杨乃良：《一次成效甚微的西北开发——民国时期西北建设研究》，《青海师范大学学报》2001年第1期，第66—70页。

⑦ 章金波：《抗战时期国人的西北开发观》，《喀什师院学报》2001年第3期，第46—50页。

⑧ 杨乙丹：《“开发大西北”的创新意愿与效果约束——评20世纪30年代国民政府的西北开发》，《古今农业》2007年第4期，第111—117页。

⑨ 申晓云：《抗日战争时期国民政府的西北开发》，《浙江大学学报》2007年第5期，第104—113页。

⑩ 参见张用建《抗战前十年国民政府开发西北的政策取向》，《四川大学学报》2002年第5期，第121—128页。

⑪ 参见杨才林《20世纪中国西北开发思想比较论纲》，《社会科学战线》2005年第2期，第174—179页。

条件下被迫进行的。①

台湾的西北经济开发史研究，主要集中在工业和交通两个门类，其他研究专题尚不多见。工业方面，王树槐研究了西京电厂在抗战前后的发展情况，对西京电厂的成立、组织人事、资金、设备及营业情况进行了全面的研究，认为西京电厂在抗战前的发展已经奠定了它坚实的基础，但其以后的发展因为资金不足、人才缺乏、器材难求和经营困难之故，遭遇了较大的“瓶颈”。西京电厂的困境也折射出战争对当时中国经济乃至中国命运的影响程度。② 张力对陕西和甘肃两省1903—1949年间的石油工业进行了探讨。在文章的“前言”和“石油的价值认识”两个部分，作者首先就石油对世界现代工业的价值和中国人对石油的价值的认识进行了凝练性阐述。在第三部分“陕西省的石油工业”里，作者以时间为序，分别论述了陕西石油工业在清末的创建、民初的续办、抗战前的探勘冶炼和中国共产党对陕西石油工业的经营。在第四部分“甘肃省的石油工业”里，作者亦循着时间的脉络，就抗战前对甘肃石油的调查与探勘、战时的奠基及战后的发展作了全景式的扫描。在“结论”部分，作者认为，20世纪前半叶中国石油工业的建立，实际上是中国追求经济现代化的一部分，但因为面临资金不足、人才缺乏、交通不便以及洋油竞争的压力，陕甘两省的石油工业成就有限。但玉门油矿的开发毕竟标志着中国现代石油工业的起步，不但有力地支援了抗战，而且为以后中国石油工业的发展打下了一定的基础。③ 庄焜明利用中国第二历史档案馆所藏经济部和资源委员会档案以及林继庸日记，研究了抗战时期民营工厂内迁与开发西北工业的活动。交通方面，侯家驹对抗战时期中国的铁路、公路、水运和通讯及航空进行了详尽的考察，其中有涉及西北交通事业者。④ 张力在《全国经济委员会与西北开发》一文中论述了国民政府全国经济委员会在开发西北中的作用。作者认为，作为抗战前统筹全国经济发展的机构，全国经济委员会能够在四年时间里，通过设立西北办事处，拟定西北建设计划，能够因地制宜，逐步开发西北并做最有效的利用，在公路建设、畜牧事业、卫生事业、棉业

---

① 参见唐润明《抗战时期中国西部开发的理论》，《历史档案》2005年第4期，第86—93页。

② 参见王树槐《抗战前后的西京电厂》，载“国史馆”馆刊编辑委员会编《“国史馆”馆刊》复刊第20期，“国史馆”1996年版，第177—216页。

③ 参见张力《陕甘地区的石油工业，1903—1949》，载“中央研究院”近代史所编《中国现代化论文集》，“中央研究院”近代史所1991年版，第477—505页。

④ 参见侯家驹《抗战期间我国交通建设》，载“中央研究院”近代史所编《抗战建国史研讨会论文（1937—1945）》上册，1985年，第165—176页。

改进与农村合作尤其是西北水利建设方面成绩显著，对西北开发作出了相应的贡献，也为之后进一步的开发打下了基础。但全国经济委员会执掌甚多，而西北开发只是其众多事项中的一项，且经费有限，再加上开发西南的呼声高过西北，西北地方政府的掣肘和西北本身自然与人文条件的限制，因此期望全国经济委员会凭已身之力取得更大的成绩，也是不现实的。[①]"中央研究院"近代史研究所研究员王聿均对战时西北考察、交通、水利、垦殖进行了详细研究，认为战时西北水利开发成绩居于首位，其他方面亦有进步，尽了支援抗战的功效，值得称道。对于成绩不张的原因，作者认为主要是机关太多，事权不一；人力、财力、物力都很缺乏，不敷应用之故。[②] 张力较全面地论述了近代以来即清中叶至民国初年、国民政府时期及 1949 年后开发西北呼声的再现，作者认为，清末民初，国人对于西北地下资源稍有认识，但不甚明了，只是有一些规划，实际开发的措施尚谈不上。国民政府时期的西北开发，作者认为应以 1937 年抗战爆发为分界线，把此一时期的西北开发分为两个时期，战前 10 年是国民政府较有机会从事国家建设的时期，在动机方面，作者认为，一是此时的言论十分强调开发西北的历史与文化的因素，二是基于国防的考虑，三是平衡地区发展。战时时期呼声再起，整个国民政府时期的开发，多少也促成了西北地区的若干建设。1949 年以后，尤其是"一五"和"二五"计划，大力发展了西北地区的交通和重工业方面，颇有成效。1983 年之后，再次出现了开发西北的呼声。总之，作者认为，"百余年来不时响起的开发西北呼声，基本上是近代中国持续追求现代化的一环……关切西北的开发，实与中国现代化之进程有密切关系"。而国人开发西北的理由，"主要还是为了充实国防"。最后作者指出，"西北地区能否真正开发，端赖其诱因是否强烈。西北各省的经济情况本已不佳，势必要靠中央妥拟计划，筹集资金，并动员人才投入开发工作。而更重要的是中央和地方都要有良好的政治环境，方能贯彻开发的主张。"[③]

综观近些年的研究成果，可以说取得了相当大的成绩，特别是进入 21 世纪以来，关于西北开发史的文章迭出不断，以此为题的博士、硕士论文

① 参见张力《全国经济委员会与西北开发》，载珠海文史研究所学会主编《罗香林教授纪念论文集》下，新文丰出版股份有限公司 1992 年版，第 809—841 页。

② 参见王聿均《抗战期间西北经济开发问题》，载中华民国建国史讨论集编辑委员会编《中华民国建国史讨论集》第 4 册《抗战建国史》，1981 年，第 174—204 页。

③ 张力：《近代国人的开发西北观》，《"中央研究院"近代史研究所集刊》第 18 期，1989 年，第 163—188 页。

亦较多[①]，其中论及国民政府时期的也不在少数，令人可喜。西北师范大学李清凌教授指出："20 多年来学界对于西北开发史的研究，队伍之大，涉猎之广，钻研之深，成果之多，都有超过前人之处。然而从西部大开发和国家'四化'建设的需求来看西北开发史的研究还远远赶不上社会实践的要求。"并进而指出，目前带有倾向性的问题有四个：一是旧题目、低层次重复较多，与西北开发实践密切相关的选题和成果尚少；二是小范围的研究多，而把西北开发史当做一个整体对象来进行研究的成果比较少；三是考虑作者多，考虑读者少；四是孤军作战多，团队协作少。[②] 这些分析笔者也是同意的。具体来说，笔者认为目前这一研究领域存在着"三多"和"三少"。一是专论较多，综论很少。专论多主要体现在论文的撰写上，检阅公开发表的论文，可以发现，很多研究者只是就西北经济开发的某一方面作了探讨，如探讨工业的只是单纯注意到了工业本身，而很少或没有与其他对工业发展有重要作用的经济部门的开发联系起来，显得有些孤立。虽然其中不乏综合研究者，但毕竟数量有限。二是就事论事的较多，探讨规律性的较少，存在"碎片化"的问题，只见树木，不见森林。这方面主要是指很多研究者只注意到了经济开发的过程本身，而对于过程背后所蕴含的规律性的东西揭示得很少或不够。三是抗战时期论述的较多，前后贯穿起来研究的较少。这方面表现得尤为明显，以至于给人造成了一种错觉，即一提起国民政府开发西北，则非抗战时期莫属。诚然，由于各种原因，抗战时期的成就比战前的成就要大，但我们不能因此而厚此薄彼。拿工厂内迁来说，如果没有水运的整理和铁路的修筑，内迁的工厂

---

① 如：尚季芳：《西北近代工矿业开发述论》，硕士学位论文，西北师范大学，2002 年；王荣华：《论国民政府时期的西北经济开发》，硕士学位论文，兰州大学，2002 年；马建昌：《抗日时期国民政府开发西北农业问题研究》，硕士学位论文，西北大学，2003 年；王一丁：《抗战前国民政府西北开发研究》，硕士学位论文，华中师范大学，2003 年；容岚：《抗日时期（1931—1945）国民政府开发西北交通问题研究》，硕士学位论文，西北大学，2004 年；杨才林：《20 世纪中国西北开发思想比较研究》，硕士学位论文，西北师范大学，2004 年；王广义：《抗战时期国民政府西北经济开发述评》，硕士学位论文，西北师范大学，2004 年；裴庚辛：《1933—1945 年甘肃经济建设研究》，博士学位论文，华中师范大学，2008 年；刘强：《二十世纪三四十年代河西开发主张与实践研究》，硕士学位论文，兰州大学，2010 年；位娜：《浅析抗战前十年〈大公报〉与西北开发》，硕士学位论文，河南大学，2010 年；孙小娟：《西北问题研究会及其季刊研究》，硕士学位论文，南京大学，2012 年；秀珍：《〈开发西北〉中的开发西北思想研究》，硕士学位论文，内蒙古师范大学，2012 年，等等。

② 参见李清凌《1980 年以来西北开发史研究》，《中国边疆史地研究》2004 年第 6 期，第 136—141 页。

是不可能在短期内迁入后方基地的。战时经济开发是战前开发的继续，战前的经济开发则为战时进一步开发打下了坚实的基础，而这方面的研究却尚欠全面、深入，有进一步研究的必要。关于国民政府时期西北开发活动的时间问题，学术界的看法较为一致，都认为此一时期的开发热潮或活动，可以分为国民政府成立到抗战前（1928—1937 年）和抗战时期（1937—1945 年）两个阶段。但笔者认为前后两个阶段西北经济开发的重点及其所呈现出来的特点不同。在短短的十几年间，中国西北大地上何以兴起了两次经济开发的热潮？并且这两次兴起的背景不同，成果大小有异，当局者的态度前后也有微妙变化，不尽相同。其原因何在？以往研究成果对此论述较少，还有进一步研究的价值和空间，笔者基于此种考虑，选取了这一角度，以期对这一问题作一探究。

第三节　本书研究路径

1928—1949 年，西北地区的经济开发虽然从时间上说前后相连，但这种一贯性并非起于同一动因。也就是说，国民政府战前与战时的动因不尽相同，前后既有连贯之处，但又并非完全一样，即使就战前言，不同时段动因也不相同，国民政府成立至九一八事变爆发，与事变之后至抗战全面爆发，中央政府对西北采取了差别相当大的开发措施，动因亦有差别，投资领域与效果也前后有别，但大的背景即是中国面临日本侵略的危机越来越严重，并且随着危机的加剧，中央政府对西北地位重要性的认识日益上升，开发的力度也逐渐加大。

经过前辈学者十几年的辛勤耕耘，民国乃至近代西北、西部开发研究领域渐趋成熟，从研究成果的数量而言，在 2000 年前后迎来了一个研究高峰，学术成果迭出，之后趋于下降，近年稍显沉寂。这些研究成果既拓宽了视野与范围，厘清了一些基本史实，也为进一步综合研究深入探索奠定了基础。但检视现有成果不难发现，囿于当时政治氛围、学术环境、档案开度程度、研究方法、研究经费等因素，绝大部分论著引用资料皆为报刊文献或前人著作，西北各省档案馆档案资料很少被查阅引用，以致研究难以深入，有些问题模糊不清或人云亦云，有的尚未触及，即使已有成果问世，或未能全面展开论述，或相关史实及评价与历史事实相去甚远。如战时西北机制面粉业问题，以往研究成果非常少，只是在通史性著作中用很少篇幅概述，总的评价是抗战时期是中国面粉业的“破落时期”“困难加深时期”，这一结论用于上海、汉口这样的面粉业中心当然没有问题，但却并不适用于西北尤其是陕甘两省。笔者在查阅相关档案资料研究后发现，战时不但不是西北面粉业的破落、困难时期，恰恰相反，正是西北以及后方面粉业快速发展的黄金时期，对提供军粮民食、支援抗战、促进地方经济发展皆有积极意义，而这一问题长期未能引起应有的重视，本研究在查阅大量档案资料的基础上，对此一问题进行了全面研究。

西北地区农田水利开发、移民垦殖、工业建设、邮政及交通等专题也存在档案资料运用很少的情况。近几年来，随着大环境的改变，这一现象已有所改观，档案资料逐渐被研究者所重视，论著中档案资料越来越丰富，但总体而言，仍与此一研究领域的地位不相称。本书在以上专题研究中查阅引用了较多档案资料，这应该说是档案资料运用的一个拓展。

从时间跨度上来说，本研究所引档案以20世纪三四十年代尤其是战时较多，这主要是因为战时西北开发建设是整个国民政府时期的高潮期，各个领域皆成果斐然，值得大书特书，也更能体现本书的主旨——危机下的转机。

从档案分布地域来讲，笔者先后到南京第二历史档案馆、陕西省档案馆、甘肃省档案馆实地查阅了相关档案，为本研究打下了非常坚实的基础，并通过“中央研究院”近代史研究所档案馆电子档案平台检索查阅了与研究相关的档案资料。宁夏、青海两省区档案开放度较小，虽亲履其地却一无斩获，令人沮丧。新疆则限于经费与时间的缘故，未能到实地查阅。但令人欣慰的是，“中央研究院”近史所档案馆免费提供的网上查阅平台，既方便快捷，档案数量又较丰富，除了进一步丰富文中陕甘两省的档案资料外，对宁、青、新三省区的缺憾也不无小补，台湾已刊相关档案如蒋介石档案也有参阅引用，这在一定程度上弥补了以往研究中台湾地区档案资料缺失的遗憾。

本研究以时间为经，以开发省区和领域为纬，主要论述战前与战时这两个开发活动最为集中的时期，西北各省在交通、水利、移民垦殖及工业这四个当时开发呼声最高、成效最为显著、对西北地区影响最巨的领域的开发活动，时间上适当作了前后延伸，对国民政府成立前西北各省的社会背景与零星开发举措稍作介绍，也对战时规划的建设方案与工程在战后的继续办理作了必要的交代，力图以危机的视角，通过文本来考察和分析国民政府时期西北经济开发的背景、起因、过程、结果和特点，探究开发的动力及其未能充分开发的原因，稍带探讨一下后发展地区的社会发展动力问题。第一章从西北的自然状况、政治局势和社会经济三个方面，主要展现经济开发之前的西北社会，既是必要的背景介绍，又意在树立一个参照，通过纵向比较可以看出以后的实际开发所取得的效果。第二章分时段论述国民政府成立至抗战全面爆发前主要经济开发活动，即以国民政府成立后民族危机凸显的九一八事变为分界线，将战前的开发活动分为前后两个时段，第一个时段主要阐述开发西北口号的提出和大旱灾对西北的影响及民间的开发举动，第二个时段侧重国民政府在战前经济开发活动中的作为及其动因分析，最后论述开发活动在交通、水利、移民垦殖和工业领域所取得的主要成果。第三章首先从抗战全面爆发、危机高涨入手，分析经济开发再次兴起的背景，继而以工厂内迁为主分析抗战时期的经济开发与其对西北经济发展的巨大影响，以及战时西北交通、水利、移民垦殖和工业所取得的成就，最后对悄然落幕的战后建设余波稍做阐述。第四章就国民政府时期的西北经济开发活动予以评价与反思，本研究指出，导致这一前后持续十几年的开发活动未能取得更大的成就的原因主要包括七个方面：一是缺乏一个和平稳定的政治环境，这是妨碍开发效果最为根本的原因；二是西北地区自然条件较差，短期内不可能取得更大的显著成绩；三是中央政府与地方政府皆无力投资这一巨大工程；四是虽然制订了各种计划，但缺乏统一的领导机关和系统的机构来指导开发；五是开发中极强的军事性限制了经济活动的正常开展；六是西北各省人才缺乏，未能为经济活动提供智力支撑力；七是开发西南与开发西北相比，西北地区并不占优势。

本书认为，西北乃至后发展地区的发展动力主要来自中央政府对其的重视程度，而重视程度则源于各种各样的危机。也就是说，不同时段的不同危机或同一时段交织在一起的不同危机，使得西北地区的政治地位上升，政治地位的上升致使中央政府不得不重视这一地区，从而迫使国民政府采取各种各样的西北经济开发举措。开发是对危机的应对，是缓解危机的手段，等到危机一旦解除，开发的步伐也就慢了甚至停了下来。

第一章　20 世纪二三十年代的西北社会

第一节　　西北自然概况和资源蕴藏

一　西北自然概况

从地理上看，西北地区东连山西高原及豫西山地，南接西藏高原和四川盆地，西靠帕米尔高原及哈萨克斯坦，北临蒙古高原，深居欧亚大陆腹地，距海洋遥远，地形多为高原和沙漠，地势高亢，河流中多内陆河。西北常患旱灾，赤地千里，饿殍载道，每至人相食而引起水利专家的注意。①“西北的气候的特色，一言蔽之，可用干寒两字来代表。”②

西北地理广阔，各省情况不尽相同，即使一省之内，亦地形地貌多样，差异较大。

（一）陕西自然状况

陕西就地理而言是一片边际模糊的灰色土地，秦岭将它与南部的江河流域隔绝。③ 按地理特征可以分为关中盆地、陕北高原和秦巴山地。关中盆地以河道、河滩、阶地、黄土高原和山前洪积扇为主，渠道纵横，土质肥美，是中国开发较早的地区之一。陕北高原为黄土覆盖，西北高而东南低，多沙滩和丘陵沟壑，可利用之河流颇少④；山岳起伏，土地硗瘠，“冬

---

① 参见《陕南各县兴修水利情况（五）》，陕西省档案馆藏，资料号 72—6—206（5），第 317 页。

② 任美锷：《西北之地理环境与经济建设》，载任美锷、张其昀、卢温甫《西北问题》，科学书店 1943 年版，第 14 页。

③ 参见 Francis H. Nichols 著，李国庆整理 *Though Hidden Shensi*，广西师范大学出版社 2008 年英文版，前言，第 9 页。

④ 参见《全国经济委员会·陕北灌溉工程建议书》，1935 年 9 月至 1936 年 4 月，“中央研究院”近代史所档案馆藏，资料号 26—00—05—001—13，第 6 页。

季甚寒，天气亦加干燥，朔风扬沙，天日常为之无光”①。霜期长，作物生长季节短，春旱多，雹灾严重，为一年一熟的旱作农业制度。秦巴山地主要地貌为秦岭山地、大巴山地和汉江谷地，江汉平原土地肥沃，沟渠纵横，山多草木，颇具南方气象。② 陕西境内河流有黄河、长江二系。黄河两岸皆束于山，水患较少，但“水流湍急，不利舟楫”③，主要支流有渭水、无定河和延河等。长江水系主要有汉水、褒水、嘉陵江等。

陕西降水量以地区而论，关中年均约500毫米，陕北高原少至200毫米以下，陕南地区可达760毫米，总的趋势是愈向北降水量愈少。以季节而论，以夏秋为多，冬春较少，春季占全年的11%，夏季为43%，秋季为40%，冬季不过6%。④

陕西由南至北可分为北亚热带、暖温带和中温带。关中盆地为暖温带半湿润气候，农作物生长季节短，形成了两年三熟的农耕制度，不利之处是伏旱、霜冻对农作物影响较巨；陕北高原属于暖温带半湿润、半干旱和中温带半干旱、干旱气候，气候干燥，降水量稀少，水热条件相对最差；秦岭以南和巴山北坡属北亚热带，气候温润，水热条件较好，作物生长季节较长，但气候变化剧烈，在一定程度上又抑制了农业的发展。

（二）甘肃自然状况

甘肃处于黄土高原、蒙古高原和青藏高原交汇地带，地形东西长而南北狭，两端阔而中腰窄，成一哑铃形⑤，地势西北高而东部低，地表复杂多样，由黄土高原、陇南山地、甘南草原、祁连山地、河西走廊和北山山地构成。地理上可分为二部，自兰州以南循洮河谷地而南的直线为分界线，以西为黄土川谷区，其东为黄土高原。自洮河以东，六盘山以西，黄河谷以南，天水谷以北，重山叠嶂如海波，此种地形可称为黄土海，其地层为黄土层、红土层、灰砂岩及中生代岩层，黄土谷区如兰州、洮西以西湟水、洮河、大夏河及黄河上流谷地均属之，地质均与黄土高原没有差异。⑥

以气候特征分析，甘肃属显著的大陆性气候，由东南到西北约呈纬度

---

① 刘安国：《陕西交通挈要（上编）》，载张研、孙燕京主编《民国史料丛刊》第621册，大象出版社2009年版，第49页。

② 参见许济航《陕西省经济调查报告》，载张研、孙燕京主编《民国史料丛刊》第354册，大象出版社2009年版，第6页。

③ 《陕西省经济调查报告》，载《民国史料丛刊》第354册，第6—7页。

④ 参见陈舜卿主编《陕甘近代经济研究》，西北大学出版社1994年版，第3页。

⑤ 参见华西协合大学西北考察团编《华西协合大学西北考察团报告》，1941年12月，载张研、孙燕京主编《民国史料丛刊》第818册，大象出版社2009年版，第363页。

⑥ 参见《华西协合大学西北考察团报告》，载《民国史料丛刊》第818册，第363页。

高而温度低的趋势。有些地区因受沙漠气候影响，骤寒骤热，温差较大，如河西地区年较差达30℃以上，日较差达20℃至25℃，因此霜冻现象较为普遍。①

甘肃大部分地区为干旱和半干旱地区，全省降水量少且分布极不均衡，从东南而来夹杂着水蒸气的季候风，自东而西接连被秦岭、陇山、乌鞘岭、祁连山等阻挡，从武都起愈向西雨量愈小，到西北部逐渐减少以至于无降水。如中路各地约18寸（兰州全年雨量据实测约11寸，一寸约33毫米），东路各地约15寸，南路各地约20寸，西路各地约16寸，岷县最高年降水量为678.9毫米，陇南山地年降水量在500毫米左右，中部黄土高原约为400毫米。因此极易发生旱灾，大部分地区有“十年九旱”的说法。②

除降水量较少外，季节分布亦极不均匀，有些地区一个月的降水量占全年的35%以上，总体来说，夏末较丰沛，占全年六成以上，但时有暴雨，次为秋季，冬季最少，河西地区夏季降水量占全年的70%以上，冬季只有4%—5%。③

甘肃降水量很少，而蒸发量却很大，如兰州地区1933—1939年年均降水量为328毫米，但平均蒸发量为1142.7毫米④，几乎是降水量的四倍。河西地区雨量自东南向西北约自300毫米减至43毫米，而年蒸发量约为2000毫米，以5—8月为最⑤，如敦煌、安西两县年均降水量约为50.8毫米，年蒸发量约为2000毫米，大都集中于4—10月⑥。酒泉则更甚，年均降水量仅为85.3毫米，而年均蒸发量却高达2148.8毫米，是降水量的25倍多。⑦

---

① 参见甘肃省人民委员会参事室《甘肃自然灾害情况概述》，载政协甘肃省委员会文史资料研究委员会编《甘肃文史资料选辑》第1辑，甘肃人民出版社1986年版，第161页。

② 参见《全国经济委员会·甘肃水利过去情形及将来计划》，1934年5月，“中央研究院”近代史所档案馆藏，资料号26—00—06—007—04，第4页；甘肃省人民委员会参事室《甘肃自然灾害情况概述》，载《甘肃文史资料选辑》第1辑，第161页。

③ 参见陈正祥《河西走廊》，出版者不详，1943年11月，第8页。

④ 参见《河西水利工程处关于兴修已成各渠概况、工程说明及水利工程规划与计划书一览表》，甘肃省档案馆藏，资料号38—1—7，第62页；张宗汉编《甘肃中部之砂田》，中国农民银行土地金融处1947年3月印行，第5页。

⑤ 参见《甘肃河西水利工程总规划书（一）》，1947年12月，甘肃省档案馆藏，资料号38—1—8，第1页。

⑥ 参见《甘肃河西水利工程总队关于疏勒河、西大河流域灌溉工程规划书（一）》，1947年12月，甘肃省档案馆藏，资料号38—1—56，第8—10页。

⑦ 参见《甘肃河西水利工程总规划书（一）》，1947年12月，甘肃省档案馆藏，资料号38—1—8，第17页；《气候》，载酒泉市政协委员会、酒泉市博物馆编印《酒泉文史资料》第7辑，1994年，第60页。

甘肃中部干旱地区春旱严重，河西走廊多大风扬沙，“以致黄尘蔽天，空气混浊”[①]，易形成风沙危害。全省总体而言“冬干、春寒、夏旱、秋涝”[②]，生态环境脆弱。全省无霜期为150天至200天，陇南个别县份为300天，敦煌的黄番寺及高寒地区则在150天以下，且有“黑霜”的发生，危害甚烈。

甘肃土壤可分为四类：一是陇南山地森林草地土壤地区，可分为陇南丘陵低山黄泥土区、秦岭山地褐色土山地棕壤区及甘南草地土壤区；二是陇中黄土高原干草原和荒漠草原土壤地区，可分为干草原黑垆土区、荒漠草原灰钙土壤区及山地土壤区；三是河西走廊荒漠山地区，土壤主要是灰棕荒漠土和棕色荒漠土；四是祁连山山地森林草原土壤地区，可分为祁连山东部褐色土及祁连山西部草原土壤区。[③]

（三）宁夏自然状况

宁夏地处黄土高原与内蒙古高原过渡地带，地势南高北低，南部是黄土地貌，以严重流水侵蚀地貌为主，北部以干旱剥蚀、风蚀地貌为主，系蒙古沙漠余脉形成的沙地。境内地表形态复杂，地貌类型多样，可以分为平原区、高山区、高原区和戈壁区。宁夏平原南北约300里，东西最宽处约百里[④]，由黄河冲积平原和贺兰山东麓洪积扇组成。以青铜峡口为界，峡口以南为卫宁平原，以北为银川平原，银川平原降雨量为150—200毫米，降雨年变率极大，少而不稳定，季节分布不均匀，且蒸发强，年均降雨量为388.3毫米，主要集中在7、8两个月，其次为6月和9月，如1937年7、8月的降水量占全年的49.23%，6月和9月占27.03%。[⑤]冬季寒冷，长达半年以上，多西北风；夏季仅有3个月左右，春秋季短促，年平均气温在6℃—8℃。[⑥]宁夏东临黄河，黄河附近气候温和，1月份平均温度在零下12℃—4℃。以有气象记录的省城宁夏（1935—1938年）和

---

① 陈博文：《甘肃省一瞥》，载张研、孙燕京主编《民国史料丛刊》第823册，大象出版社2009年版，第8页。

② 赵世英：《甘肃历代自然灾害概述》，载政协甘肃省委员会文史资料研究委员会编《甘肃文史资料选辑》第20辑，甘肃人民出版社1985年版，第3页。

③ 参见甘肃省人民委员会参事室《甘肃自然灾害情况概述》，载《甘肃文史资料选辑》第1辑，第139—140页。

④ 参见孙翰文《宁夏地理志》，《西北论衡》第5卷第6期，1937年6月15日，第18页。

⑤ 参见宁夏省政府编印《宁夏资源志》，1946年，第14—15页；孙翰文《宁夏地理志》，《西北论衡》第5卷第6期，1937年6月15日，第18页。

⑥ 参见胡序威《西北地区经济地理（陕西·甘肃·宁夏·青海）》，科学出版社1963年版，第103页。

中宁（1940—1948年）降水量而言，宁夏四年间的平均降水量只有148.2毫米，中宁平均239.8毫米。[①] 宁夏土壤种类多样，既有土质肥美的优质土壤，也有分布较广、不利于农耕的砾质土。[②]

（四）青海自然状况

青海位于有“世界屋脊”之称的青藏高原，境内地势呈西高东低、南高北低之势，全省60%以上的地区在海拔4000米以上，低于3000米的不足20%[③]，西宁海拔2200米。青海地形、地貌复杂，可分为祁连山地、柴达木盆地和青南高原三个部分。祁连山地东西长800公里，南北宽200—300公里，西段地势较高。[④] 南部有沙漠、戈壁和坡地，东段为黄河和湟水谷地，开发较早，是主要的农耕区。柴达木盆地群山环绕，地下矿产资源丰富，可分为山脉、山脚高地、砂碛平原、旧冲积层、沮洳地和湖沼。[⑤] 此一地区气候较暖，雨量极少，年均只有50—150毫米，而蒸发量达3000毫米之巨。[⑥] 夏季“日中蒸气如釜，木叶自萎”，且多冰雹或黑霜（厚积如毡，草木皆可冻死[⑦]），秋季温度较高，严冬始有积雪。青南高原主要由昆仑山、青海南山、巴颜喀拉山、唐古拉山等组成，海拔均在4500米以上，西部为江河高原宽谷，东部多峡谷和河谷阶地，雪山高耸。气候较为温和，无霜期在三个月以上。玉树一带气候较温和，夏季降雨较多，但多冰雹，“六月数见雨雹”，容易成灾。[⑧] 青海属于典型的高原大陆性气候，处于干旱、半干旱气候带，日温差较大，“寒暑俱烈”，因地势起伏较大，气候差别也较大。

青海境内水系发达，河流纵横，黄河、长江发源于此。冰川雪山广布，降水量由东南向西北逐渐递减，风大而多，夏多飓风，土地高燥硗

① 参见中央气象局、中国科学院地球物理研究所联合资料室编印《中国降水资料（1841—1950）》，出版者不详，1954年，第311页。

② 参见宁夏省政府《宁夏资源志》，第6—11页。

③ 参见王国祯《青海气象史》，气象出版社2004年版，第20页。

④ 参见胡序威《西北地区经济地理（陕西·甘肃·宁夏·青海）》，第134页。

⑤ 参见周昌芸《青海北部及甘肃河西调查记》，《新亚细亚》第14卷第1期，1944年，第37页。

⑥ 参见《西北地区经济地理（陕西·甘肃·宁夏·青海）》，第136页。

⑦ 参见汤惠荪、雷男、陆年青《青海省农业调查》，《资源委员会季刊》第2卷第2期，1942年6月，第268页。

⑧ 参见余兆麒、凌普《西北经济概况》，载马大正主编《民国边政史料续编》第27册，国家图书馆出版社2010年版，第45页；刘虎如《青海西康两省》，商务印书馆1933年版，第22页；许公武《青海志略》，商务印书馆1945年第2版，第25页；张其昀、李玉林《青海省人文地理志》，《资源委员会月刊》第1卷第5期，1939年，第344页。

瘠，个别地方土地肥沃，宜于耕种。青海森林主要分布在祁连山南坡、湟水流域、黄河流域及玉树、果洛等地，而以祁连山最为集中。① 青海寒暑变迁剧烈，“春已暮而草始生，秋未深而霜已降”。全年无霜期大约为150天。每年3—4月，个别地区会形成“黑风”，风起时“砂石飞舞，昼晦日冥”②。青海雨量稀少，蒸发量大。东南部年均降水量为350—450毫米，蒸发量为1500毫米左右。西北部年均降水量为50—150毫米，蒸发量为1800—2600毫米。③ 青海气候的特点是因高而寒，热量条件差，气温低，年降水量少且地区差异悬殊，雨热同季，昼夜温差大，日照时数多，能见度好，气象灾害频繁，海拔高而空气稀薄、缺氧严重。④

据资源委员会西北调查团调查，青海土壤大概可分为两大类，一为钙层土，二为淋余壤。湟水自湟源以下，黄河自共和以下，土质为石灰质钙土，土壤中含有大量盐质，有机质含量仅为3.43%，耕作性较差或不适于农耕。⑤

（五）新疆自然状况

新疆地属高原，深处亚洲内陆，绝大部分地区海拔在1000米以上，地势西高东低，南有昆仑山，北有阿尔泰山，天山横贯中部，自然将新疆分为五个地貌单元，分别为阿尔泰山地、天山山地、昆仑山山地及介于其间的准噶尔盆地和塔里木盆地。新疆北部气候早寒，雨雪较多，融雪溢于田野，聚为湖泊，便于灌溉。南部气候炎热，间有终年不雨之区。新疆地域广阔，地貌复杂，有绿洲、沙漠、山间谷地、冲积平原和盆地等。南疆较大河流有塔里木河、叶尔羌河等，北疆有伊犁河、额尔齐斯河、玛纳斯河等，河流的补给主要依靠冰雪融水，年降水量稳定，保证了农业灌溉。但因山麓冲积洪积扇砾石层广泛分布，渗漏、蒸发强烈，一定程度上影响了雪水利用率。北疆土壤以灰棕色荒漠土为主，南疆盆地以棕色荒漠土为主，有机质含量皆较少。⑥ 草场分布广泛，地下矿产蕴藏丰富。

新疆位于欧亚大陆中央，与海洋距离达2000公里以上，形成极端干燥的大陆性气候，夏季酷热，冬季严寒，冬夏长而春秋短，无霜期在

---

① 参见胡序威《西北地区经济地理（陕西·甘肃·宁夏·青海）》，第139页。

② 张其昀、李玉林：《青海省人文地理志》，《资源委员会月刊》第1卷第5期，1939年，第344页。

③ 参见冯迈《青海地理概观》，青海人民出版社1958年版，第14页。

④ 参见王国祯《青海气象史》，第20—21、64页。

⑤ 参见张其昀、李玉林《青海省人文地理志》，《资源委员会月刊》第1卷第5期，1939年，第343页。

⑥ 参见周立三《新疆维吾尔自治区经济地理》，科学出版社1963年版，第3—4页。

150—200 天。

总体而言，西北地势高亢，地形复杂，气候干燥，除个别地方有较为丰泽的雨露外，大部分地区都是雨贵如油，季节性分布不均，西北地区东部为多雨区，少雨区大致在黄土高原以西，约占 8/10 的广大区域，年降水量在 400 毫米以下，其中又多不足 100 毫米。而塔里木盆地、吐鲁番—哈密盆地、天山东端北侧的淖毛湖戈壁、阿拉善高原北部和柴达木盆地西部年降水量都在 50 毫米以下，属极端少雨区。新疆若羌年降水量仅为 18.3 毫米，其 106 年的总降水量大约相当于广州一年的降水量；托克逊仅为 5.9 毫米，其 285 年的总降水量大约相当于广州一年的降水量。[①] 如此少的降水量，不只农作物不能生长，即使人类饮水亦会发生问题。[②]

从多种资料记载来看，就雨量的分布地域而言，民国时期西北各地年均降水量自东南向西北呈递减趋势，愈向北，降水量愈少；就分布季节而言，夏季降雨较多，且多集中在 7—8 月，春、秋、冬降水较少，一年之中不降水的时间明显多于降水时间，雨量变率较高。同时，西北雨量“下降的时候却往往成一种暴雨性，对土壤和农作物的影响颇大”。西北且多冰雹，主要出现在 3—9 月，损害农作物甚巨，以柴达木盆地及黄河上游山区为多，如甘肃 1932—1935 年，4—9 月共发生冰雹 221 次，每年平均 55 次。[③] 西北“是最极端的大陆性气候区”，“本身带有先天的缺陷，和后天的不调和”[④]。

二　西北资源蕴藏

西北地区植被覆盖少，森林面积小，水土流失严重，降水稀少，自然条件与东南地区相比，可谓优劣悬殊。然而，西北的地下资源却相当丰富。据当时学者考察，西北矿产约有 32 种，其中金属矿 13 种，非金属矿 19 种，“甲于全国”[⑤]。80 年代探明的矿产近 70 种，其中 28 个矿种储量居全国首位。[⑥] 除了铁矿较少外（据中央地质调查所报告，陕西铁矿储量占全国总储

---

① 参见刘奕频、张继书《西北的气候》，陕西人民出版社 1988 年版，第 82—84 页。

② 参见罗家伦《西北建设考察团报告》，“国史馆”1968 年版，第 46 页。

③ 严重敏：《西北地理》，大东书局 1946 年版，第 47—49 页；秦化行：《近四年来甘肃之雹》，《气象杂志》第 11 卷第 1—6 期合刊，1935 年，第 233 页。

④ 孟琳：《从经济观点论西北》，《西北通讯》第 2 卷第 1 期，1948 年，第 4 页。

⑤ 李承三：《西北矿产概要与复员计划》，《地理》第 4 卷第 1、2 期合刊，1944 年，第 60 页；张人鉴：《开发西北实业计划》，著者书店 1934 年版，第 14 页。

⑥ 参见李文彦主编《中国工业地理》，科学出版社 1990 年版，第 367 页。

量的 0.52%，甘肃占 0.12%，青海占 0.23%，宁夏占 0.35%，新疆占 1.98%[①])，西北的矿产，以石油、煤、金、银、铜等最为丰富。[②]

“中国油田之分布，大抵自新疆北部，沿天山北麓，至玉门敦煌。复自甘肃东部，延入陕北，循秦岭山脉，而达四川盆地，产油之省，北有晋陕甘新，南有川黔，其中最重要者，为陕北之延长，四川之自流井，及甘肃之玉门，全国储藏量，尚未有精确统计。”[③] 西北石油蕴藏非常丰富。“按现时所知之油田而论，则重要者除在川康藏外，皆在陕甘新三省境内，尤以陕西油田为最著。分布于洛河延河及无定河各流域。”[④] 西北建设考察团认为，河西沿祁连山山麓及新疆沿天山山麓，实为石油之宝库[⑤]，甘肃石油分布颇广，以玉门为最，河西其他地方亦蕴藏丰富。[⑥] 新疆石油矿在迪化、沙湾、乌苏、库车、塔城、疏勒等处皆有。[⑦] 据中央地质调查所统计，陕西石油储量占全国总储量的 9.71%，甘肃占 29.13%，青海占 2.43%，新疆占 58.24%。[⑧]

就煤炭储量而言，新疆各处均产烟煤。宁夏煤炭蕴藏量估计为 4.91 亿吨。青海未经详细调查，据西宁、大通、亹源、湟源已知之矿，估计其蕴藏量约为 730 万吨，亹源野牛沟尚有无烟煤，估计总量约 1.3 亿吨。甘肃煤炭总蕴藏量估计为 5.22 亿吨。陕西煤炭资源主要分布于陕北、汉中盆地及渭、泾、洛间，全省总储量约 719.5 亿吨[⑨]，另据调查，陕西煤炭储量占全国 27.08%，新疆占 12.03%，甘肃占 0.4%，青海占 0.31%，宁夏占 0.17%。[⑩]

西北金属矿产蕴藏丰富。甘肃敦煌、酒泉、古浪等地砂金产量尚盛[⑪]，

---

① 参见中国第二历史档案馆编《中华民国史档案资料汇编》第五辑第三编“财政经济”(四)，江苏古籍出版社 2000 年版，第 168—169 页。

② 参见蔡君启《西北》，新中国书局 1949 年版，第 46 页。

③ 关吉玉:《中国战时经济》，国民政府军事委员会委员长行营 1936 年版。

④ 陈大受:《开发西北煤油初步计划》，《云南建设公报》“西北专号”，1931 年，第 E75 页。

⑤ 参见《西北建设考察团报告》，第 41 页。

⑥ 参见吴承洛编《今世中国实业通志》(上)，载张研、孙燕京主编《民国史料丛刊》第 561 册，大象出版社 2009 年版，第 255—256 页；罗家伦《西北建设考察团报告》，第 41 页。关于甘肃省的矿产资源还可参考阎锡珍《甘肃矿产资源概述》，《甘肃贸易》第 1 卷第 2、3 期合刊，1943 年，第 38—41 页。

⑦ 参见吴承洛编《今世中国实业通志》(上)，载张研、孙燕京主编《民国史料丛刊》第 561 册，第 257 页。

⑧ 参见《中华民国史档案资料汇编》第五辑第三编“财政经济”(四)，第 171—172 页。

⑨ 参见《西北建设考察团报告》，第 342—344 页。

⑩ 参见《中华民国史档案资料汇编》第五辑第三编“财政经济”(四)，第 166—167 页。

⑪ 参见《今世中国实业通志》(上)，载《民国史料丛刊》第 561 册，第 186 页。

甘肃 30 年代年产砂金约 7000 两，输出省外约 5000 两。① 新疆为我国四大产金区之一，主要产区为阿尔泰、塔城及于阗等地，金矿有山金、砂金两种，“山金矿在塔城哈图山……甚富……砂金之分布极广”②，虽以土法开采，但每年亦可产 10 余万两。③ 青海产金面积占全省之半，大通河、柴达木河及湟水流域产砂金，各山地产山金，但多土法开采，年产 5000 至 10000 两。④ “据闻年来用土法淘产，已可得纯金四百万两之谱。”⑤ 这里关于西北地区金的产量的数字可能有夸大之处，而地质学家张人鉴的调查应该是接近事实的，据他统计，当时西北年产金总量为 11.8 万两，价值约为 1.18 亿元；银的产量比金多，年产量为 15 万两，价值为 20 万元；年产铜 1200 吨，价值 108 万元；年产铁 18.6 万吨，价值 186 万元。⑥

西北地区盐的分布也很广，储量丰富，有大量出产。“甘肃之食盐，居西北各省之首位，于抗战期间，陕西河南之军民食盐，均惟是赖。”⑦ 青海盐池甚多，以达布逊池为最大，广袤二百余里……青海人民食盐，咸仰给于此，每年产青盐约六七千石，多由骆驼转运至河湟及甘肃各县，而大部分畅销于汉中及西安一带。柴达木河及可可乌苏河塞什克一带产黑泥盐，色微黑质劣。科录克及向力迭产红盐，为果洛藏族食用。民和享堂产煎盐，仅供本地食用。⑧ 宁夏亦为著名盐产地，产量较丰富，产区主要有花马池、惠安堡、狗池、烂泥池等，吉兰泰盐池所产之盐，大多输往山西、甘肃两省。⑨ 另据张人鉴统计，西北六省每年产盐量为 179370 吨，价值 2690550 元。此外，西北地区还出产铅、锡、锰、锑、水银等几十种矿

---

① 《甘肃经济建设方案》，甘肃省档案馆藏，资料号 4—1—313；关于甘肃省各种资源，还可参考经济部中央工业试验所兰州工作站、甘肃省银行经济研究室、兰州交通银行、甘肃省政府建设厅《甘肃工业资源兰州市工厂调查》上编“甘肃省工业资源调查报告”，兴陇公司印刷厂 1942 年版，第 1—98 页。

② 《今世中国实业通志》上，载《民国史料丛刊》第 561 册，第 186—187 页；胡博渊：《开发我国后方各省金矿之建议》，中山文化教育馆 1939 年版，第 25—29 页。

③ 参见杨大金编《现代中国实业志》（下，二），载张研、孙燕京主编《民国史料丛刊》第 565 册，大象出版社 2009 年版，第 127 页。

④ 参见《青海省人文地理志（续）》，《资源委员会月刊》第 1 卷第 6 期，1939 年，第 429—430 页；六如《西北各省区金矿调查》，《西北专刊》第 4 期，1932 年 7 月 30 日，第 12 页。

⑤ 徐旭：《西北建设论》，中华书局 1945 年第 2 版，第 2 页。

⑥ 参见《开发西北实业计划》，第 35 页。

⑦ 许继儒：《甘肃食盐之分析》，《西北论坛》第 1 卷第 3 期，1947 年。

⑧ 参见《青海省人文地理志（续）》，《资源委员会月刊》第 1 卷第 6 期，1939 年，第 432 页。

⑨ 参见《现代中国实业志》（下，二），载《民国史料丛刊》第 565 册，第 334 页。

物质，且产量都较为可观。① 当然，由于当时科技落后、统计方法单一及其他条件的制约，关于西北资源统计数字的准确性与实际情况肯定存在较大偏差，但西北地区拥有丰富的自然资源是毫无疑问的。

西北牲畜马、牛、驴、羊皆有出产，且数量颇丰。② 畜产品也相当丰富，尤其是新、青、甘、宁四省。据统计，新疆30年代平均每年产绵羊毛10万担，各种羊皮500万张，驼毛10万担，牛皮30万张。③

农产方面，普遍种植小麦，主要产区在陕西临潼、渭南、朝邑、蒲城、长武等县，甘肃秦安、天水、固原、泾川、灵台等地，宁夏平罗、贺兰、中卫各县，青海西宁、湟中、乐都、互助各地，新疆塔城、疏勒、叶尔羌等地。水稻则以汉中盆地，宁夏平罗、永宁，新疆阿克苏为主。④ 西北杂粮主要有大麦、高粱、小米、玉米、豆类等，产量颇丰，据估计，1937年陕甘宁青四省杂粮产量为50439千市担，约占全国总量的4.4%。⑤

从行政区划上看，1936年西北五省土地面积为3467990平方公里（另有记载五省面积为3380911平方公里⑥），占全国土地总面积的29.45%，人口23190955人，占全国人口总数的4.97%，人口密度平均为每平方公里6.69人。与全国情况相似，西北地区人口分布也极不均匀，陕西人口最多，土地面积最小，故而人口密度也最高，达51.86人，次为甘肃17.69人，宁夏不足4人，新疆不到3人，青海仅为1.72人，陕西人口密度是青海的30倍有奇，西安人口密度更高达12552.73人。如与人口稠密的东南各省相比，则更为悬殊，即与全国平均39.65人的水平相比，亦相差甚远。⑦

另外，西北地区曾经拥有辉煌灿烂的文化和文明，这一点全国没有任何地区可与之匹敌，即使在世界范围内也令人刮目相看。

---

① 参见《开发西北实业计划》，第19—35页。

② 参见《西北经济概况》，载《民国边政史料续编》第27册，第54—56页。

③ 参见刘友琛《开发西北与中国经济之前途》，《西北问题》第1卷第3期，1935年5月15日，第46页；常英瑜《甘青两省畜牧概况（续）》，《新亚细亚》第14卷第2期，1944年，第51页。

④ 参见西北军政贸易委员会编《西北商业概况》，西北人民出版社1953年版，第10页。

⑤ 参见朱通九《战时粮食问题》，独立出版社1939年版，第20—24页。

⑥ 参见 *China Handbook, 1937—1944. A Comprehensive Surver of Major Development in China in Seven Years of War*, Chungking, Published by Chinese Ministry of Information, 1944, pp. 1—2。

⑦ 参见《全国面积人口统计》，《国货月刊》第3卷第11期，1937年，第17—19页。

第二节　民国以来纷乱扰攘的西北政局

一　濒临战区、更替频繁的陕西政局

西北各省虽僻处边疆，但从辛亥革命至国民政府建立，陕、甘、新皆处在地方军阀的统治之下，政局扰攘，更替频繁，民受其害。位于西北地区东部的陕西，地理上与历来战争频繁的中原地区接壤，战争对其影响最巨。

陕西自辛亥革命成功后，1911 年 10 月 27 日在西安建立了资产阶级革命政权——秦陇复汉军政府，张凤翙任大统领。12 月 9 日，军政府奉南京临时政府令改为中华民国秦军分政府大都督。中华民国建立未几，袁世凯窃取了大总统一职。袁对地方政权软硬兼施，陕西军政府也逐渐被袁所掌控。1912 年 7 月，张凤翙被袁委任为陕西都督。1914 年 3 月，袁世凯以追剿白朗起义军为名，派亲信陆建章为第七师师长兼剿匪总司令，率军入陕，陕西遂落入北洋军阀直接控制之下。陆建章上台后，政治上积极追随袁世凯，经济上横征暴敛，增收苛捐杂税，密开烟禁，以致怨声载道，各地抗税抗捐活动时有发生。1916 年 5 月，第四混成旅旅长、陕南镇守使陈树藩夺得陕西统治权，就任陕西护国军总司令兼省长，宣布陕西独立。[①] 陈主陕后，以段祺瑞为靠山，排除异己，结党营私，强迫人民种植鸦片，并征收烟亩罚款，预征田赋，农村日趋破产[②]，直到 1921 年 6 月被吴佩孚部阎相文、冯玉祥及吴新田驱逐出陕。之后，陕西经过了李根源（1926 年 7 月—1917 年 2 月）、阎相文（1921 年 5—8 月）、冯玉祥（1921 年 8 月—1922 年 4 月）的短暂统治。1922 年 5 月，北洋政府任命刘镇华为陕西督军兼省长。在督陕期间（1922 年 5 月—1925 年 2 月），刘镇华为所欲为，极尽勒索敲诈之能事，如命令陕西财政厅为之筹集军费 10 万元，逼得西安商民关门闭户；又在渭北大肆摊派，每里索银 500 两，麸、麦各 60 石，

---

① 参见张钫《民国初年的陕西政局》，载政协陕西省委员会文史资料研究委员会编《陕西文史资料》第 20 辑，陕西人民出版社 1988 年版，第 60—66 页。

② 参见韩维墉《陈树藩事略》，载政协陕西省委员会文史资料研究委员会编《陕西文史资料》第 11 辑，陕西人民出版社 1981 年版，第 132—138 页。

豌豆30石，草20万斤，棉花不管种与不种每亩摊派6两，大事搜刮。[①] 1924年9月，第二次直奉战争爆发，刘镇华乘机派憨玉昆师屯兵潼关，伺机而动，欲夺取河南。遂后在与胡景翼的激战中败北，刘亦在陕西人民的反对声及杨虎城等的围堵下，败逃山西。此役结束后，段祺瑞于5月1日任用自己的亲戚和亲信，陕南镇守使吴新田为陕督。[②] 吴新田倚仗与段祺瑞的关系，上台伊始即酿成"五四"大惨案，陕西学生掀起了声势浩大的驱吴运动。[③] 7月上旬，上任不足三个月的吴新田被国民军孙岳部和国民二军李虎臣部及陕军驱往汉中，孙岳被任命为陕西军备督办，标志着国民军控制了陕西政局，但孙仅半年（1925年8月—1926年1月）即东去。继孙岳之后是李虎臣，直到1926年11月。其间，发生了刘镇华围攻西安的惨剧，西安被围8个月，在李虎臣、杨虎城"二虎"的奋力反击和冯玉祥国民军联军的增援下，终解西安之围，冯玉祥控制了西安。

南京国民政府成立后，1927年6月郑州会议决议设立陕西省政府，隶属于武汉国民政府，1927年7月18日陕西省政府成立，主席之职由石敬亭代理。10月30日，南京正式任命于右任为陕西省主席，但于未赴任，又以宋哲元代理。此时陕西其他各地仍控制在新军阀手中，陕南为吴新田把持，陕北被井岳秀占据，关中大部掌握在陕军手中，大荔、韩城、合阳一带是麻振武的地盘。冯玉祥采取各个击破的战术，将省内各路军阀逐一整肃清除，于1929年3月统一了陕西全省。

1930年5月中原大战爆发，宋哲元奉调前线，国民政府任命刘郁芬为后方总司令兼代陕西省主席之职。此时，杨虎城正驻守南阳，10月25日杨奉命进击潼关，继而进占西安，10月29日国民政府任命杨虎城为陕西省主席。1932年2月，在西安设立绥靖公署，以杨为主任。杨虎城主陕期间，陕西刚刚经历了20年战乱和一场大的旱灾，人民逃亡，百废待兴，杨即以"开发大西北，建设新陕西"相号召，延揽人才，筹措经费，在水利、教育、医疗卫生和交通等方面造福陕西人民。[④] 1933年5月，国民政

---

① 参见中共陕西省委党校党史教研室、陕西省社会科学院党史研究室编《新民主主义革命时期陕西大事记述》，陕西人民出版社1980年版，第41页。

② 参见本会史料调查组《吴新田祸陕记略》，载《陕西文史资料》第11辑，第175—185页；薛紫丰、罗搏九、傅输卿《盘踞陕南之吴新田与鸦片烟》，载《陕西文史资料》第11辑，第185—199页。

③ 参见吕颖荷《陕西学生驱吴运动回忆》，载《陕西文史资料》第11辑，第199—205页。

④ 参见米暂沉《杨虎城将军传》，中国文史出版社1986年版，第66—79页；王宝成、张文辉《为民务实的杨虎城将军——论杨虎城主陕期间的主要政绩》，载余鼎章主编《杨虎城研究》，陕西人民出版社1991年版，第207—222页。

府免去杨的主席之职，任命邵力子为主席，以杨专任西安绥靖公署主任。西安事变后，杨虎城出洋，蒋介石任命孙蔚如为主席。战时先后以蒋鼎文、熊斌、祝绍周和董钊为陕西省主席，直到新中国建立。

二　民元后甘肃政局的变迁

辛亥革命发生后，甘肃并未即起响应，而且还在陕甘总督长庚的带领下镇压革命起义，但革命风潮此起彼伏，兰州、宁夏、西宁各地人民先后举起义旗，1912 年 3 月，赵惟熙成为甘肃首任都督（1912 年 3 月—1913 年 4 月）。[①] 赵在任期间，因挑起统治集团内部矛盾败露，难以在甘肃立足，不得已辞职，而由张炳华代理（1913 年 5 月—1914 年 3 月）。1914 年 3 月，袁世凯任命张广建为甘肃都督兼民政厅长，张上台后任用私人，政风极为恶劣，对鸦片"寓禁于征"，重税盘剥，"于是陕西、河南，一变而为甘烟的销售场，使三省人民，受其荼毒"[②]。袁世凯死后，张广建继续依附于段祺瑞，总揽军政大权。皖系在直皖战争大败后，段祺瑞通电辞职，失去靠山的张广建亦去职，结束了其长达 7 年的统治。[③] 之后，北京政府任命蔡成勋为甘肃督军，但蔡未到任，而由陇东镇守使陆洪涛暂代，1921 年 5 月正式任命。陆为人思想陈旧，只图蜗居甘省以求自保，鸦片泛滥。1925 年陆洪涛辞职，北京政府任命冯玉祥兼办甘肃军务善后事宜，但冯未莅甘，而由所部师长刘郁芬代理，至此甘肃进入国民军主政时代。

刘郁芬到甘后，将地方势力逐一消灭，随后进行了一定程度的整顿和建设，如宣传民族平等，移风易俗，改善交通，兴修水利，创办工厂，整顿金融等，甘肃面貌有了一定改观。[④] 1929 年 8 月，刘郁芬调任陕西省主席，甘肃省主席之职由孙连仲代理。中原大战后，孙连仲部被蒋介石收编，受命开拔山东济宁。1931 年 12 月，国民政府任命邵力子为甘肃省主席，直到 1933 年 1 月。7 月，朱绍良接替邵力子，此为朱绍良第一次主甘（1933 年 7 月—1935 年 11 月）。1933 年 1 月邵赴南京至朱绍良 7 月莅甘期间，主席位由邓宝珊暂代。朱绍良入甘后，一方面依靠胡宗南部队，以收震慑之效，另一方面拉拢地方士绅，建立较好的关系。之后，朱绍良整顿地方民团，建立保甲制度，采取一系列经济措施，政府收入有所增加。1935 年 11 月，国民政府

---

① 参见宋仲福主编《西北通史》第 5 卷，兰州大学出版社 2005 年版，第 20—30 页。

② 康天国编：《西北最近十年来史料》，载沈云龙主编《近代中国史料丛刊三编》第 60 辑，文海出版社有限公司 1990 年版，序言第 4 页。

③ 参见王劲《甘宁青民国人物》，兰州大学出版社 1995 年版，第 1—20 页。

④ 参见《甘宁青民国人物》，第 44—45 页；《西北通史》第 5 卷，第 90—91 页。

任命于学忠为甘肃省主席，朱绍良专任甘肃绥靖公署主任。西安事变发生后，因于学忠不但参加东北军高级将领会议，同意“兵谏”，在《八项主张》上署名，而且囚禁朱绍良等。1937年1月5日，国民政府行政院对于学忠撤职留任，朱绍良亦准予辞职，而改派王树常为甘肃绥靖公署主任。3月，于学忠离开兰州后，国民政府再次任命朱绍良为甘肃省主席。

三 宁夏、青海独立设省

（一）宁夏独立设省

国民政府成立后，西北区划最重大的变化就是宁夏和青海独立设省。

独立设省前，宁夏归甘肃管辖。1928年9月5日，国民党中央政治会议通过了内政部长薛笃弼提出的甘肃分治方案，10月17日，在国民党中央政治会议上，决定将宁夏道旧属8县和宁夏护军使兼管两旗合并，建立宁夏省，1929年1月1日正式成立。[①] 宁夏省领9县2旗，总面积274910平方公里，人口约为70万人，第一任省政府主席门致中。门任职期间，主要致力于征兵、征粮和征税，此外并无作为。1929年4月马仲英窜扰宁夏时，省城陷落，门致中弃城逃跑，后辞职。

1929年7月，吉鸿昌接任。吉改组政府，实行民族团结，编制垦荒计划，改良农业，开发矿产，发展交通，振兴教育，自称“开发西北总指挥”。但当年10月即被冯玉祥调去参加中原大战，上任不足百日的吉鸿昌宏志未遂而不得不离任。[②] 吉离任后，宁夏一时群龙无首，小军阀、土匪纷纷割据，冯玉祥于1929年11月派马鸿宾赴宁，以维持治安，更重要的是中原大战在即，调马鸿宾至宁夏，可以起到“以回制回”之效。[③] 1930年1月，委马鸿宾为宁夏省主席。马鸿宾到宁夏后，通过分化、收编等手段，陆续将各股势力平复，消除了动乱之源。1931年1月15日，马鸿宾调任甘肃省主席，宁夏省主席职位暂由马福寿代理。[④] 1931年6月13日，国民政府任命马鸿逵为宁夏省政府主席，但马鸿逵嫌地盘太小，想在中原地区发展，因此未赴任。[⑤] 经过了“雷马事变”被囚禁、直到11月才被释

---

① 参见吴忠礼《宁夏建省溯源》，《宁夏大学学报》1984年第2期，第68页。

② 参见《西北通史》第5卷，第205—206页；陈育宁主编《宁夏通史》近现代卷，宁夏人民出版社1993年版，第109页。

③ 参见马毓丰《马鸿宾三次主持宁夏军政》，载宁夏区政协文史资料研究委员会编《宁夏文史资料》第14辑，宁夏人民出版社1985年版，第10页。

④ 参见《西北通史》第5卷，第206—207页。

⑤ 参见刘中柱《宁夏土皇帝——马鸿逵》，稿本，转引自《宁夏通史》近现代卷，第113页。

放的甘肃省主席马鸿宾重返宁夏，第三次主持宁夏省政。而此时马鸿逵却未在中原争得一席之地，加之其父马福祥病故，蒋介石以顾念西北宿将为名，重新发表马鸿逵为宁夏省政府主席，马鸿逵万般无奈，只得领命赴任。1933年1月，马鸿逵率部1万余人到达宁夏省城，3月1日宣誓就职视事，开始了长达17年的统治。

（二）青海独立设省

清末新政时，两广总督岑春煊曾向清廷建议，设立青海行省，但未获准。1916年，马麒执掌了青海军政权力，雄心勃勃，其幕僚黎丹、周希武等提出将甘边宁海镇守使辖区仿照热河、察哈尔之例，划为青海特别行政区，以利于进一步开发和建设，但未获批准。1928年9月5日，与宁夏一道提出划省分治，10月17日，国民政府决定将甘肃西北道属7县划归青海，以后增设互助、民和、同仁、门源和共和5县，以西宁为省会。1929年1月，孙连仲率国民军进入青海，26日，青海省政府成立，孙连仲任第一任青海省主席。1929年8月，孙赴甘后，第十九师师长高树勋主持青海省工作，仅有两个月时间。1929年10月，高树勋参加中原大战，临走前，马麒以重金贿赂高树勋，意欲谋得主席之位。冯玉祥接受了高的建议，任命马麒代理青海省主席一职，1930年1月正式任命。1931年7月5日，马麒病逝，青海陷入马步芳、马麟及国民政府间的权力之争，经过一系列博弈，国民政府最终任命马麟为主席。1936年8月，马麟以处境困难，请假远赴麦加朝觐，早有意觊觎主席之位的马步芳乘机以省府委员名义兼代主席。1938年2月，马步芳贿赂白崇禧，请白代为说项成功，3月南京调任马麟为国民政府委员，正式任命马步芳为青海省主席，青海从此进入马步芳时代，直到新中国建立。①

四　政变阴影下的新疆政局

辛亥革命爆发，新疆革命党人先后发动了迪化起义和伊犁起义，并取得了伊犁起义的胜利，1912年5月18日，袁世凯任杨增新为新疆都督。

杨增新上任后，采取以下措施：第一，撤销新伊大都督府，设立伊犁镇边使署，瓦解革命力量；第二，统一军政建制，加强统治机构，扩大统辖范围；第三，加强和扩大“新疆回队”，镇压倾向辛亥革命的“哥老会”；第四，整顿财政，印发纸币，维持军政费用，稳定了新疆政局。② 由

① 参见陈秉渊《马步芳家族统治青海四十年》，第39—42、46—47页。

② 参见《西北通史》第5卷，第50—57页。

此，杨增新开始了17年的督新生涯。在杨增新的治理下，新疆社会稳定，经济有所发展。然而，随着时间的增长，杨增新政权也积累了越来越多的矛盾，在双重乃至多重矛盾的交织下，1928年7月7日，新疆军务厅长兼外交署长樊耀南，借省立俄文法政专门学校举行毕业典礼宴会之机，刺杀了杨增新，欲取而代之。然而，就在樊耀南搜索印信准备接替杨增新时，政务厅厅长金树仁黄雀在后，坐享其利，登上了新疆省主席兼总司令的宝座。11月，国民政府正式任命金为新疆省主席。

金树仁在任5年时间，正是新旧军阀交替、全国局势趋于暂时稳定的时期，前期稍有作为，但后期扩编军队，增加税捐，滥发纸币，社会矛盾、民族矛盾激化，以致酿成“哈密事变”，期间马仲英两次入疆滋扰，金树仁陷入四面楚歌。1933年4月12日，督办公所参谋处长陈中、航空处长李笑天、迪化县长陶明樾等发动政变，推翻了金树仁政府。

此时，国民政府派黄慕松入疆，调查事件真相并善后，意在使新疆回到国民政府的管辖之下。6月26日，手握军权的东路剿匪总指挥盛世才发动“二次政变”，将“四一二政变”的一干人等逮捕枪毙，黄慕松亦被软禁。7月21日，黄慕松被释放后飞返南京，国民政府控制新疆的策略失败。8月3日，国民政府任命刘文龙为主席，盛世才为边防督办，拥有新疆最高军事指挥权。[①] 9月2日，国民政府派遣罗文干入疆，名为视察及参加刘、盛等的就职典礼，实为改变策略，再次做控制新疆的努力。就职后不久，盛世才与马仲英之间即发生战争，盛在苏联的军事援助下，取得了胜利，1934年2月，马仲英被彻底赶出了新疆。盛世才将马仲英赶走后，登上了省政府主席的宝座，直到1945年。

辛亥革命推翻了清王朝，将中国带入了共和时代，但“共和”并未带来和平，相反，在武人干预下，中国进入了军阀混战的战乱时期。按照陈志让的观点，从1860—1949年，存在于中国的是“绅—军政权”（1860—1895年）和“军—绅政权”（1895—1949年），无论是前者抑或后者，其鲜明的特征是“分崩离析”，一个共同点就是派系的分裂和无限制的斗争，国民党时期亦复如此。因此，各种以军、绅为首建立起来的政权，都“不是现代国家应有的政权”[②]。从国内看，袁世凯死后，北洋军阀四分五裂，

① 参见新疆社会科学院历史研究所编著《新疆简史》第3册，新疆人民出版社1980年版，第180—185页。

② 陈志让：《军绅政权——近代中国的军阀时期》，广西师范大学出版社2008年版，自序，第5、182页。

中国几乎“每一省都处在军阀部队的控制下”①，除新疆外，西北是冯玉祥的势力范围。

军阀最大的特征是以武力占有地盘，混战不已。此一时期主要战争有：1927 年 10 月至 1928 年 1 月间的宁汉战争；1927 年 11—12 月的粤桂战争；1928 年 2 月，蒋桂冯阎联合反对张作霖的战争；1929 年 3 月的蒋桂战争；1929 年 10 月的蒋冯战争；1929 年 12 月至 1930 年 1 月唐生智、石友三联合反蒋战争；1930 年 4—11 月的中原大战。有人统计，北洋军阀从 1912—1928 年共进行了 11 次内战，时间总计为 885 天，而在西安事变前 10 年，国民党新军阀进行的内战达 3650 天②，参战人数众多，往往多方同时交战，战火几遍全国。

就西北各省而言，也深受军阀战争影响而不能自免，呈现出纷繁紊乱的特点。以陕西为例，1912—1937 年的 25 年里，先后有 14 位主政者，平均时间为 1. 79 年，长者不过四五年，而短者仅三四个月，如阎相文、孙岳之流，真可谓“走马灯”。陕西政局更迭频繁，反映了中国政局的不稳，中央政局的不稳反过来又影响到地方，为了争夺最高领导权，武人解决问题的方法只有依靠武力，频繁的战争使得广大人民深受其苦。地方当局作为军阀利益的代表，只能听任军阀的支配，政局的频繁更替只能将老百姓带入战争的深渊。

宁夏、青海独立建省是冯玉祥一手促成的，符合西北军利益最大化的目标，宁、青独立建省既是西北军与甘肃回族军阀政治斗争的产物，也是国民政府欲对西北实施有效控制、分而治之的一个步骤。③ 而新疆则是内部迭经政变，外部饱受国外势力的干扰。

总体而言，此一时期的西北地方政府并未完成政治理念和政治制度的转型，主政者以军阀为主，变换频繁，对中央缺乏向心力，表面虽服从中央，实则以土皇帝自居，压榨民众，糜烂地方。④ 有人在分析西北大旱灾成因时，认为封建暴力亦为主因之一。⑤ 而这“封建暴力”就是各路军阀。

---

① 〔美〕艾格妮丝·史沫特莱：《伟大的道路——朱德的生平和时代》，梅念译，三联书店 1979 年版，第 154 页。

② 参见史革新等编著《帝国主义侵略下的旧中国》，北京师范大学出版社 1991 年版，第 37 页。

③ 参见《宁夏建省溯源》，《宁夏大学学报》1984 年第 2 期，第 68—69 页。

④ 参见程振章《“开发西北与建设农业”的先决问题》，《晨光》第 2 卷第 7 期，1933 年，第 12 页。

⑤ 参见冯和法编著《中国农村经济资料》（上），华世出版社 1978 年版，第 146—149 页。

第三节 西北经济社会概况

西北疆域广袤，地形地貌复杂，以此为依托的社会状况既有各自的特点，亦复表现出共同之处，其共同点：一是自然条件相对恶劣，灾害类型多样且发生频率大，尤以旱灾危害最大；二是交通皆不发达，致使货弃于地，贸易不畅，极大地制约了西北经济社会的发展；三是苛捐杂税繁重，各种摊派苛繁，高利贷盘剥严重，人民生活举步维艰；四是鸦片泛滥，对民众毒害深重；五是教育落后，风气闭塞。

一 自然条件较差，各种灾害频繁

西北地区自然条件较差，多种灾害并存，有干旱、水涝、冰雹、地震等 13 种灾害，尤以旱灾危害巨大。

国民政府成立后，西北各种灾害纷至沓来。陕西自 1928 年以来，灾祸频仍，水、旱、雹、蝗无不为灾，往往是此灾未及赈济，新的灾害又接踵而至。“计自民元以还，西北发生大小旱灾达十三次。其较著者，如十七年晋陕甘绥等省之大旱，陕西被灾县份共八十五县，灾民逾五百三十万人，甘肃几遍全省。十八年陕甘二省旱灾，计为一百二十八县，受灾人数达七百一十四万有余。十九年西北各省又旱，陕西达七十六县，灾黎约五百五十万人。二十至二十二年间，陕西旱情均重。二十三年陕甘复有旱灾。”① 1933 年，青海受水灾县份有西宁、湟源、乐都等 11 县；雹灾县份有西宁、湟源、互助等 6 县；旱灾县份有西宁、乐都。宁夏遭受雹灾的有 6 县，水灾 5 县。1933 年，甘肃所辖 65 县，受灾者竟达 50 余县。据全国赈务委员会呈行政院文，1933 年 1—10 月，甘肃遭受地震县份有 7 县，旱灾 13 县，风灾 3 县，雹灾 41 县，水灾 31 县，霜灾 5 县，虫灾 3 县，灵台遭受疫灾。②

西北地区灾害多样、频发，且各具特征。以危害最大的旱灾来说，其基本特征之一是频繁。据研究，自 1480—1979 年，陕西有旱灾记录的年份达 322 年，甘、宁、青 331 年，分别占 64.4% 和 66.2%，可以说是“三年

---

① 《华西协合大学西北考察团报告》，载《民国史料丛刊》第 818 册，第 390 页。

② 参见千家驹《中国农村经济论文集》，《民国丛书》编委会编《民国丛书》第二编 35，上海书店 1990 年版，第 212—213 页。

两头旱”。有较大旱灾记录者，陕西为130年，甘、宁、青为108年，分别占26%和21.6%。[①] 据陇海铁路局30年代初调查，陕西长安、临潼、渭南等处旱灾最烈，多发生于夏季，秋季亦有。水灾虽亦有，但不及旱灾之烈。此外还有兵灾、匪灾、风灾、霜灾等。[②] 时人记载了青海的干旱状况：近数年来青省旱灾频仍，民国十五年至十七年雨量缺乏，年年歉收，乐都民和二县于十八年终年未雨，颗粒俱无。灾民总数达七万余人，十九年以后连年以雨泽愆期，荒歉无收。[③] 甘肃在1914—1947年共发生旱灾25次，几乎每年皆旱，而每隔10年或20年即遭一次大旱，如1909年、1928年皆遭大旱。特征之二是季节性明显。西北地区干旱有春旱、初夏旱、伏旱、秋旱、连旱。青海每苦于夏旱。陕北、关中、陇中、陇东、宁夏南部地区主要是春旱与夏旱。而伏旱是各地区中最重的。特征之三是有明显的地理特征。陕北、陇中、宁夏南部地区，旱灾多而重；关中、陇东地区旱灾较多；河西、宁夏北部因处于灌溉区，河渠发达，旱灾较少；陕南、陇南因降水较多，旱灾亦少；山区及青藏高原边缘地带旱灾少而轻，有的地区甚至向无旱灾。[④]“西北黄土高原，土壤温度皆宜农业，惟以雨量不足，亢旱时闻，荒歉屡见。”[⑤] 1934年旱灾中，陕西损失水稻494000市担，占总产量的10%；高粱408000市担，占25%；玉米1537市担，占29%；小米2042000市担，占49%；棉花241000市担，占24%；大豆249市担，占24%。[⑥] 1935年，陕西夏季作物水稻、高粱、小米、糜子、玉米、大豆总计遭受水旱灾害面积估计1287000市亩，其中旱灾478000市亩，损失产量567000市担，折合2403000元。[⑦] 1936年夏季作物中，陕西受灾面积估计达4511600市亩，数量3539600市担，折合33227400元。[⑧]

冰雹对西北的侵害也常有发生。青海是多发地区，盛夏“辄雨大雹，

---

① 参见袁林《西北灾荒史》，甘肃人民出版社1994年版，第36页。

② 参见中国国民党陇海铁路特别党部编《陇海铁路调查报告》，载张研、孙燕京主编《民国史料丛刊》第395册，大象出版社2009年版，第155页。

③ 参见张其昀、李玉林《青海省人文地理志》，《资源委员会月刊》第1卷第5期，1939年，第353页。

④ 参见《西北灾荒史》，第37—38页。

⑤ 《华西协合大学西北考察团报告》，载《民国史料丛刊》第818册，第390页。

⑥ 参见邓云特《中国救荒史》，1937年，《民国丛书》第二编20，上海书店1990年版，第188页。

⑦ 参见《民国二十四年各省夏季作物旱灾损失估计》，《农情报告》第3卷第11期，1935年11月15日，第227—231页。

⑧ 参见《民国二十五年各省夏季作物旱灾损失估计》，《农情报告》第5卷第1期，1937年1月15日，第2—4页。

其发甚速，其势最猛”，破坏力极强，“轻则打伤禾稼，重则伤及人畜，毁坏屋宇”[①]。1929—1931年青海雹灾频繁，范围广，危害大，甚至绝收。[②]1932—1935年间，甘肃受雹灾县份达55县，定西、靖远等每年10次，临洮9次，皋兰8次，“中部干旱各县，雹灾几乎无虚年”[③]。据1934年对甘肃53县的调查，多个县遭遇冰雹，财产损失至少七成以上，有至九成者。[④]青海还有所谓黄灾、黑霜，黄灾即苗将出穗时，突然变黄，由黄再变黑，最后谷粒尽为秕糠，颗粒无收。黑霜是每当夏季气温突然下降，导致霜降，禾苗遭此黑霜，“尽皆枯死”[⑤]。

西北系地震多发区，虽然具有地区性、不重复性、稀少性、阶段性和成灾严重性等特点[⑥]，但其发生的不确定性还是让人闻之色变。甘肃自公元前280年至1368年，共有地震记载90次，其中破坏性地震28次；明清时期的540余年，记载321次，破坏性地震44次；1912—1948年记录97次，破坏性地震43次，最大的地震为1927年古浪8级地震和1932年玉门昌马7.5级地震，损失惨重。[⑦]陕西华县在明嘉靖三十四年（1556年）发生8级地震，地震波及甘肃、山西、河南等省，华县、渭南、华阴、大荔等县被夷为平地，共造成83万人死亡，是历史上人员伤亡最多的一次地震。1920年12月16日宁夏海原（时归甘肃管辖）发生8.5级大地震，波及陕西、山西、山东等15省，造成24万余人死亡，房屋、牲畜等损失不可胜数。[⑧]这些触目惊心的数字确实给贫瘠的西北地区笼罩上了抹不掉的阴影。

二　交通落后，工商业不发达

西北五省地处内陆，距离沿海口岸较远，虽然中国的近代化进程已进

① 张其昀、李玉林：《青海省人文地理志》，《资源委员会月刊》第1卷第5期，1939年，第353页。

② 参见周振鹤《青海》，商务印书馆1939年版，第223—224页。

③ 赵世英：《甘肃历代自然灾害概述》，载《甘肃文史资料选辑》第20辑，第7页。

④ 参见杨逢三《严重待赈之甘肃灾情》，《西北问题》第1卷第2期，1935年1月15日，第185—190页。

⑤ 张其昀、李玉林：《青海省人文地理志》，《资源委员会月刊》第1卷第5期，1939年，第353页。

⑥ 参见袁林《西北灾荒史》，第213—215页。

⑦ 参见甘肃省地方史志编纂委员会、甘肃省地震志编纂委员会编《甘肃省志·地震志》，甘肃人民出版社1991年版，第11—34页；安汉《甘肃垦务及土地调查》，《西北问题》第1卷第4期，1935年8月15日，第100页。

⑧ 参见国家地震局兰州地震研究所编《陕甘宁青四省（区）强地震目录（1177年—1982年）》，陕西科学技术出版社1985年版，第92、66—80页。

行了七八十年，但对于西北社会来说，仍相当落后。黄仁宇说："中国内陆到底有多落后，可以如此形容：不但血量不足，更糟的是，连血管都没有。"① 以影响近代化进程较巨的铁道交通为例，1927年底中国境内的铁路长度为13147公里，属于中国修筑的9173公里，其余皆为外国人所筑。从国民政府成立至1936年，共修筑铁路6862公里，中国筑者3555公里，其余由外国人修筑。30年代中期，华北和江浙超过40%的县有铁路经过②，而西北截至1934年6月底除了陕西有12.898公里的铁路外，其他各省没有铺设一寸铁轨③。截至1936年底，包括台湾在内，中国铁路总长度为20009公里（关于中国铁路的各项统计数字，正如宓汝成所指出的，历来缺乏准确的统计，另有资料显示，截至1937年6月全国共有铁路14382公里④，今从宓说）。⑤ 西北地区不足500公里，仅占2.5%。

西北地区的道路，"都是古代军事道路的遗迹"，"完全尚在原始状态之中"，仅适于两轮车通行，初级公路居多，有些甚至是官马大道，即或由其改造而成。⑥"陕西交通，闭塞固甚，甘肃则尤过之，青海新疆，更不待论。"⑦ 陕西"南北皆山，历来转输，仅恃驮骡运载，及人力负荷。关中区域虽多河流，而或因淤塞浅涸，或以奔流湍急，舟楫之利迄未发展。交通工具，惟赖木构铁轮之骡车，运送货物……而载重能力，多则千斤，少仅五六百斤"⑧。1921—1922年，冯玉祥修筑了长潼汽车路（长武经西安至潼关，长400余里，两日可达⑨，归军用汽车管理局管辖，"全作军用，商旅仍感不便"⑩），1922年夏"卖票开车"，"总算为陕人开一新纪元"⑪。但"其便利仅及省之一部分，而不普遍于全省"，且由于"办理既未得法，

---

① 黄仁宇著，张逸安译：《黄河青山：黄仁宇回忆录》，生活·读书·新知三联书店2001年版，第223页。

② 参见周飞舟《制度变迁和农村工业化：包买制在清末民初手工业发展中的历史角色》，中国社会科学出版社2006年版，第99—100页。

③ 参见国民政府主计处统计局编《中华民国统计提要（二十四年辑）》，商务印书馆1936年版，第1078页表279"分布各省铁路实有里数（1933年）"。

④ 参见姜明清编《中华民国交通史料·铁路史料》，"国史馆"1992年版，第86页。

⑤ 参见宓汝成《帝国主义与中国铁路：1847—1949》，上海人民出版社1980年版，第670—671页。

⑥ 寄紫：《西安漫游杂记》，《道路月刊》第41卷第1号，1933年，第4页。

⑦ 《论西北建设》，《大公报》1932年4月26日第1张第2版。

⑧ 中国国民党中央党部国民经济计划委员会主编：《十年来之中国经济建设》，扶轮日报社1937年版，第17章第19页。

⑨ 参见张其昀《中国经济地理》，商务印书馆1935年第2版，第113页。

⑩ 王勤堉：《民国以来之中国公路建设》，出版信息不详，第169页。

⑪ 《长安交通之现状》，《道路月刊》第4卷第3号，1923年，第6页。

经理亦屡次易人，或措施失当，或朝令夕改，加以时时仍拉民夫修路，军人仍到处拉军，不啻于拉车之外，又加一重苛政，于是怨声载道，物议沸腾，遂致不二年间，路车俱已全废，此种计划，即行结束”①。蒋廷黻20年代中期到陕西游历时，殊觉公路“坎坷难行”②。交通工具有骡车、人力车、轿子、大车和小手车等，最常见的是马、驴、牛及骆驼，马和驴以运送旅客为主，“汽车仅督署及各师旅长各有数辆，用以作远路之交通机关，平时不用也”③。据中央社记者冯志翔记述：“陕省交通，颇为闭塞，且均受自然之限制，记者寓西安期中，正值春雨连绵，各路交通，因道路泥泞，车辆及骡马等，均不能行驶，一切皆形隔绝，由东路来陕，或由陕东行，每因雨滞于潼关及西安者，由数日甚至半月。”④

甘肃1924年开始修建公路。是年在陆洪涛的倡导和支持下，由省工程营修筑了兰州东稍门至东岗镇一段汽车路，同年，泾川县又动员民工整修了窖店至平凉花所汽车路，这是甘肃最早的公路。⑤ 至1929年，甘肃共修筑了8条汽车路，全长5907公里，除了兰州至永登一段未通车外，其余皆通车，多以兰州为起点，路面皆为泥土⑥，“兰州城内及城外附近各街道路，一遇天雨，泥淖辄深至尺许”，交通工具主要是骡马、骆驼、大车。40年代初玉门油矿所用的工具除少量汽车外，以牛车、土车为多，“和古代一样”⑦。

新疆建省之前，与内地的交通线有南北两条：北线由古城北入科布多，经外蒙古而达京绥，主要是驼运，需时七八十日；南线由哈密、安西入嘉峪关而抵达兰州，大多用牛、马、骡车，需时至少两三个月。建省之后，形成了以迪化为中心的交通网络，共有省内交通干线15条，总里程10891公里⑧，但多为大车路和马路，只有畜力车可以通行⑨，并没有真正

① 《陕西交通挈要》（下编），载《民国史料丛刊》第621册，第159—160页。

② 蒋廷黻：《蒋廷黻回忆录》，岳麓书社2003年版，第112页。

③ 王桐龄：《陕西旅行记》，文化学社1928年版，第27页。

④ 冯志翔：《西北游踪（续）》，《中央日报》1934年4月26日第2张第3版。

⑤ 参见甘肃省公路交通史编写委员会编《甘肃公路交通史》第1册，人民交通出版社1987年版，第193—194页。

⑥ 参见《甘肃建设厅通志材料》，甘肃省图书馆西北地方文献阅览室（图书）藏，1929年，抄本。

⑦ 朱家骅：《西北经济建设之我见》，《国民政府资源委员会公报》第1卷第4期，1941年10月16日，档案出版社1990年影印版，第94页。

⑧ 参见张大军《新疆风暴七十年》第5册，兰溪出版社有限公司1980年版，第2328—2329页。

⑨ 参见李国榦《开发新疆与我国经济前途》，《新亚细亚》第3卷第6期，1931年，第62页。

近代意义上的公路。杨增新上台后，交通有了新的发展。1920年，设立公路局，修筑了迪化至奇台的公路，长225公里，这是新疆第一条可以通行汽车的公路，但无汽车，因而有“曾几何时，所修之汽车路竟至不能开车”之说。至国民政府成立，能通行汽车的公路干线有5条，分别为迪化—伊犁线、迪化—塔城线、迪化—奇台线、迪化—喀什线和迪化—哈密线，但车次少且不定期，十分不便。除了省内交通线外，由于特殊的地理位置，新疆还筑有国际交通线，其中对俄交通线6条，对印巴交通线3条，皆非近代意义上的公路，仅供畜力运输通行。①

建省前的宁夏和青海，公路更是稀罕之物，货物常靠骡马运输，所修道路勉强通行汽车。宁夏“地处边陲，交通梗阻，行旅困难，近两年来，方开始修筑公路，稍称便利。惟因沟渠纵横，工程简陋，牛车骡车混合通行”②，至1932年春，宁夏能通行汽车而阻碍较少的路程只有386公里，而且常常由于汽车、燃料、司机缺乏、车次少、不定期等因素影响客货运输。青海交通工具，主要为夹窝（轿子）、畜力与极少量汽车，水面交通多用皮艇（牛皮浑脱）、皮筏这种“再古老也没有了”的唯一的水路交通工具。③

省际交通也异常落后。1933年夏曾赴陕、甘、青三省考察的顾执中、陆诒把西安至兰州间的路称为“阎王路”④，其艰难程度可想而知。据1935年到过西北的毛漱霞记载：“从西（安）至兰（州），共走了十一天，若中途遇大雨大雪，则一二月不到，亦不为奇。”⑤ 大公报社甚至不无讥诮地说：“西北各省间之旅行，其费时远过于环游世界。”⑥ 1935年尚且如此，之前可想而知了。如果说“西北一般的交通，都停滞在中世纪型”⑦，一点都不为过。从战前西北各省省会至南京所需时间（西安7日，兰州10日，新疆60日⑧）也可以看出，西北交通相当落后。

水运方面，古老的运输工具如羊皮筏子、木筏等依然穿梭于湟水与黄

---

① 参见《新疆简史》第3册，第38页。

② 傅作霖：《宁夏省考察记》，正中书局1935年版，第85页。

③ 参见周振鹤《青海》，商务印书馆1939年4月版，第195—196页；朱家骅《西北经济建设之我见》，《国民政府资源委员会公报》第1卷第4期，1941年10月16日，第95页。

④ 顾执中、陆诒：《到青海去》，商务印书馆1934年版，第49页。

⑤ 毛漱霞：《西北归鸿》，《新中华》第3卷第4期，1935年，第66页。

⑥ 《论西北建设》，《大公报》1932年4月26日第1张第2版。

⑦ 凤玄：《卓尼归来》，载《中国西北文献丛书》总139册，兰州古籍书店1990年版，第180页。

⑧ 参见孙科《庚关两款筑路计划提案》，载罗家伦主编《革命文献》第26辑，“中央文物供应社”1984年版，第15—16页。

河之间，从青海至宁夏皆有使用。“青海据江河下游，地势高峻，水流湍急，运输不便，南部通天河附近，人口稀少，河中仅有少数木筏，藉以渡往来行人。至黄河及湟水附近，人烟较稠，每年农产及皮毛出省，全赖皮筏。”① 难怪有人说：“青海的交通，真太落后。以水道言之，自西宁至皋兰间，夏秋时虽常见有皮筏轻浮水面，沿湟水而下，但是皮筏最畏风，勉强通行，阻碍横生，当然没有像普通船只来得便利。”② 陕西诸水流域可通舟楫的河道为数极少，主要有渭河、洛河和黄河一小部分河段，1930 年洛河和黄河的航道长度约为 190 公里。③ 1928 年开始的大旱灾之所以饿殍遍野，一个重要的原因即是“运输尤感困难”，其他省份“偶受偏灾，商运粮食尚可接济”，而陕西、甘肃“商运阻塞，粮食无法转运”，“一遇灾祲，所以立呈绝食之境”④。

交通落后导致货弃于地，工商业不发达。西北虽然煤、石油等资源丰富，但大多是小规模开采，且沿用旧法，技术落后，设备陈旧，资金短缺，人数极少。青海工业极为幼稚，毛织业、皮革业、制香业等未形成规模。西宁仅有数处小手工作坊，间有用小型手摇机械者，技术幼稚，无规模可言。⑤ 直到马步芳时，工业仍处于空白状态。⑥

宁夏设省后，工业并无大的发展，“惟省会有制花毯毛毡之户五十余”，出品价值约 6300 元。商人以晋商为主，输出品以羊毛为大宗。⑦ 宁夏工业多为手工业，不用机器生产。⑧ 傅作霖 1933 年调查时称：“宁夏向无机器工业，手工业最有成绩者，为栽绒毛毯，花纹精美，远近驰名，实为本省之特产。其他如制造皮货毛毡，亦较优良，此外则无足称也。”⑨ 宁夏工业“素极落后，一切用品，端赖外省输入”⑩。马鸿逵亦毫不讳言：

---

① 马鹤天：《西北考察记·青海篇》，国民印务局 1936 年 3 月版，第 166 页。

② 景园：《危机遍伏的青海》，《新中华》第 1 卷第 11 期，1933 年，第 21 页。

③ 参见陕西实业考察团编《陕西实业考察》（一），载张研、孙燕京主编《民国史料丛刊》第 583 册，大象出版社 2009 年版，第 558 页。

④ 中国第二历史档案馆编：《中华民国史档案资料汇编》第五辑第一编“财政经济”（七），江苏古籍出版社 1994 年版，第 492 页。

⑤ 参见林鹏侠《西北行》，甘肃人民出版社 2002 年版，第 126 页；中华西北协会编印《青海》，1934 年 10 月第 2 版，第 23 页。

⑥ 参见陈显泽《海阳化学厂概况》，载政协青海省委员会文史资料研究委员会编印《青海文史资料选辑》第 17 辑，1988 年，第 68 页。

⑦ 《西北经济概况》，载《民国边政史料续编》第 27 册，第 67 页。

⑧ 参见孙翰文《宁夏地理志》，《西北论衡》第 5 卷第 6 期，1937 年 6 月 15 日，第 24 页。

⑨ 《宁夏省考察记》，第 11 页。

⑩ 宁夏省政府秘书处编印：《十年来宁夏省政述要·建设篇》，1942 年，第 151 页。

“关于工业方面，实际上，只是小规模的半手工、半机械的加工业，自然谈不上新式工业。”[①]

甘肃因左宗棠的倡办，近代工业稍有发展，但亦甚有限，20 年代时全省有官办工业 45 家，资本总额 7810 元，完全以栽绒织毯为主，且“系手工艺，无足称道”[②]。有人甚至说：“此地工业，没有可以说的。”[③] 以兰州为例，“兰州工业，与其他西北各地无异，以远处西陲，交通不便，文化落后，颇不发达。工厂大率规模狭小，设备简陋，旋兴旋仆，鲜克坚持”[④]。据宣侠父称：“在兰州除了小规模的一所发电厂，和一家小火柴厂外，其余连手工业的工人都是很少的。”[⑤] 从 1929 年开始，甘肃省政府筹设了一些民生工厂，其实也只是手工作坊，主要从事毛棉编织、栽绒、制革等，且时常停工。[⑥] 潘益民 1935 年调查后慨叹：“盖兰州工业数十年来，不惟进步毫无，实日趋于衰微澌灭也。”[⑦]

民国初年，陕西政局扰攘，更替频繁，缺乏现代智识的当政者无暇注意工业。1924 年，河北著名学者王桐龄应西北大学与陕西教育厅合邀赴陕讲学，其对长安实业的描述是农、林、工、商俱不发达，“机器工业尚未输入”，“交通不便，运价太贵”，输入、输出俱感困难。大街仅有数盏路灯，小巷尚无。电气工业方面，仅有电灯、电话及电报局，规模俱不甚宽敞。电报不甚发达，电杆甚矮小。[⑧] 据陕西建设厅报告，1930 年全省有官办工厂 9 家，资本总额 155288 元，每年出品总值 151902 元，工人 1040 名。民营工厂主要集中在西安、富平、邠县等 20 余市县，以制造油茶纸及纺织工业为主，资本总额 436258 元，出品总值 2349952 元，工人 7482 人，大都行销本省，间有至甘肃、内蒙古等地。[⑨] 规模小，设备极简陋，产品亦不精良，“对国计民生不足有所轻重”[⑩]。

---

① 马鸿逵：《马少云回忆录》，龙文出版社股份有限公司 1994 年版，第 146 页。

② 《西北经济概况》，载《民国边政史料续编》第 27 册，第 64 页。

③ 《甘肃省一瞥》，载《民国史料丛刊》第 823 册，第 12 页。

④ 高良佐：《西北随轺记》，甘肃人民出版社 2003 年版，第 50 页。

⑤ 宣侠父：《西北远征记》，文史资料出版社 1982 年版，第 86 页。

⑥ 参见甘肃省政府编《甘肃省之经济建设》，载秦孝仪主编《革命文献》第 89 辑，“中央文物供应社”1981 年版，第 599 页。

⑦ 潘益民编：《兰州之工商业与金融》，载张研、孙燕京主编《民国史料丛刊》第 461 册，大象出版社 2009 年版，第 354—355 页。

⑧ 《陕西旅行记》，第 24、29—37 页。

⑨ 参见《西北经济概况》，载《民国边政史料续编》第 27 册，第 63 页。

⑩ 宋国荃：《陕西省工业建设之演进》，《陕行汇刊》第 7 卷第 2 期，1943 年 4 月，第 34 页。

新疆亦无工业可言，“犹中古时代之工业情形也”[①]，产品“多出手制，以人少物稀之故，因陋就简，迄少进步”[②]，和阗的毛毡，拜城的铜器，迪化的陶瓷，南疆的制革、织锦等出产较丰，但仅供本地消费[③]，1937 年，乌鲁木齐的街道没有一根电线杆，更无路灯，只是在个别地方拉有电话线，小型发电站约有十余处。总发电能力为 4—20 千瓦，大都用的是蒸汽机，亦有水力发电。[④]

斯诺 1936 年下半年“在西北，我并没有想到会有什么工业……在整个西北，在陕西、甘肃、青海、宁夏、绥远，这些面积总和几乎与俄国除外的整个欧洲相当的省份里，机器工业总投资额肯定大大低于——打个比方来说——福特汽车公司某一大装配线上的一个工厂”[⑤]。时人所谓“西北的工业最为幼稚，几完全在手工业时代”[⑥]。

商业方面，1926 年西安、渭南、三原等 30 个市县有各类商号 2727 家，资本额 3175977 元，以日用商品为主，全年售货总值约 9448672 元，当年新增商号 204 家，资本额为 144446 元，倒闭 578 家，资本额 434090 元。[⑦] 西安因交通不便，南方水果皆无。[⑧] 甘肃商业以皋兰、嘉峪关两地较繁盛，皋兰有洋行 7 家，专办羊毛及土货，输出品以烟草、羊毛、皮革、药材等为主，输入则以杂货及盐为主。宁夏商业以省城及石嘴子为盛，其余皆不足论。青海商业以畜产为大宗输出品，输入则以烟酒、布匹、挂面为主。[⑨] 新疆设省以来，北路服用所需，无不仰给内地，故商多工少，南路则商少工多。“新疆商业，既因内地交通断绝而受重大之亏损，又因苏俄倾销政策之侵略而破产，其幸存数家，危险状态，已达极点，同时苏俄既垄断我商务，复操纵我经济，政府若不亟谋补救，恢复内地商运，抵制苏俄侵略，则国防重镇，宝藏富区，将非我有矣。”[⑩]

---

① 行政院新疆建设计划委员会编：《新疆建设计划大纲（草案）》，载《民国边政史料续编》第 28 册，国家图书馆出版社 2010 年版，第 565 页。

② 同上。

③ 参见《西北经济概况》，载《民国边政史料续编》第 27 册，第 65 页。

④ 参见哈木札·卡日巴衣《新疆解放前的电力、电影和汽车运输事业》，载政协新疆区委员会文史资料研究会委员会编《新疆文史资料选辑》第 13 辑，新疆人民出版社 1984 年版，第 101 页。

⑤ 〔美〕埃德加·斯诺：《西行漫记》，董乐山译，三联书店 1979 年版，第 221 页。

⑥ 祝世康：《西北的经济建设》，载《革命文献》第 88 辑，229 页。

⑦ 参见《西北经济概况》，载《民国边政史料续编》第 27 册，第 63—64 页。

⑧ 参见《陕西旅行记》，第 29—37 页。

⑨ 参见《西北经济概况》，载《民国边政史料续编》第 27 册，第 67 页。

⑩ 《新疆建设计划大纲（草案）》，载《民国边政史料续编》第 28 册，第 554、565 页。

西北与东南相比无疑处于“后列”，有人从1930年西北各省拥有的人均耕地、公路里程、稻米产量、马达车、商店和餐馆五个方面比较西北各省经济在全国所占比重，从中亦可看出西北经济社会的落后。详见表2。

表2　　1930年西北地区在全国所占经济比重统计

	人口数		人均耕地（亩）	产米量（%）	公路里数（%）	马达车（%）	商店和餐馆（%）
	百万人	%					
宁夏	1.0	0.2	2.50	—	4.2	0.1	—
甘肃	6.5	1.4	4.49	—	1.1	0.1	0.6
陕西	9.7	2.1	5.57	0.2	1.9	0.6	1.9
青海	1.3	0.3	6.00	—	1.9	—	0.1
新疆	2.7	0.6	5.93	—	2.2	0.2	—
全国	465.3	100.0	2.79	—	100.0	100.0	100.0

资料来源：侯继明：《1937年至1945年中国的经济发展与政府财政》，载《中国现代史论集》第9辑，第314页。

说明：1. 全国总量不包括东北各省、蒙古和西藏；2. 米产量和公路里数为1933年统计数。

三　苛捐杂税繁重，摊派严重，高利贷盛行

西北各省地瘠民贫，但税赋差徭却一应俱全，“往者因当局只知筹款，苛捐杂税，层出不穷。正赋而外有杂款，杂款而外有支应”①。尤其是1931年厘金被废除之后，苛捐杂税却竞相出现。“二十年厘金之裁撤，财源枯竭，相率就地筹补，于是苛杂繁兴。”② 有人记述西北各地的“附捐”名目繁多，“不下八百余种”③，因为“名目愈复杂，愈可以保证他们底剥削”④。

陕西捐税之多之重，实属骇人，除应有正税如田赋外，田赋附加有9种⑤，厘金变相的特种消费税、剿匪捐、省银行基本金、登记费、驻军费

① 查大同：《宁夏之闻见》，《新中华》第1卷第22期，1933年，第35页。

② 财政部地方财政司编：《十年来之地方财政》，载张研、孙燕京主编《民国史料丛刊》第420册，大象出版社2009年版，第212页。

③ 《西北最近十年来史料》，载《近代中国史料丛刊三编》第60辑，第29—39页。

④ 李作周：《中国底田赋与农民》，载太平洋书店编《中国农村问题·佃农问题·农民负担》，太平洋书店1933年版，第100页。

⑤ 参见刘世仁《中国田赋问题》，1935年，载《近代中国史料丛刊三编》第88辑，文海出版社有限公司1980年版，第174页。

等，种目繁多，足为陕民之苦。[①] 据1933年调查，陕西农民的税捐，主要是田赋和临时摊派。田赋数额县村各不相同，因为田产移转时，每亩田地带多少粮，是由买卖双方议定，所以同样有十亩田，所纳田赋的额数是各不相同的。如每石正款数额，渭南4.304元，凤翔4.297元，绥德18.80元，而渭南县属的各村亦皆不相同，有5元、3.3元、4.8元等。但以上数额仅限于旱地、山地、川地、水地的征额，比旱地要高出几十甚至几百倍。[②] 陕西苛杂据1933年调查不下33种，有些资料记载有60种以上[③]，其实不止此数。1935年明令废除苛杂时，陕西废除的达61种[④]，抗战爆发后仍有244种被废除，可见之前人民负担之重。[⑤] 如“剿匪捐”“登记捐”“军队维持费”等名目匪夷所思。[⑥] 更可气的是：有门牌捐、路灯捐，但不见门牌、路灯，榆林从未见过汽车的影子，而有汽车捐；农民并不需要印花，而每家非买不可。[⑦] 1933年安康各项捐税有24种，即是废除厘金后应运而生的。[⑧] 即便遭受大旱灾，颗粒无收，还要纳捐纳税，“捐税若交不齐，他们就被县政府的衙役和保卫团团丁带到城里或镇里去打”[⑨]。陕西苛杂征收数目也是很大的。民初城固正杂各税和田赋，每年不过69000元，1931年竟达74万元，几乎增加了11倍。[⑩] 陕西因灾荒频仍，匪患时生，除警察外，乡村中还有保卫团，其人数从一二十人至400余人不等，“警卫的经费，大都是地亩上带征”。如凤翔马家台村每石粮附征2角，兴平县每月保卫团经费1200元，均是在粮上附加的。[⑪] 汉中烟亩捐比其他各地

---

① 参见赵人俊讲，孟实记《参加西北实业考查团之经过及其工作》，《清华周刊》第38卷第5期，1932年，第54页；鲁涵之、张韶仙编纂《西京快览》第八编“杂组”，西京快览社1936年4月版，第26—70页。

② 参见行政院农村复兴委员会编《陕西省农村调查》，1934年，载张研、孙燕京主编《民国史料丛刊》第753册，大象出版社2009年版，第577—578页。

③ 参见陈言《陕甘调查记》上，北方杂志社1937年版，第155页。

④ 参见实业部中国经济年鉴编纂委员会编《中国经济年鉴续编》，商务印书馆1935年版，第（A）362—364页。

⑤ 参见陈禾章、沈春雷、张韵华编《中国战时经济志》，文海出版社有限公司1973年版，第37页。

⑥ 参见许达生《苛捐杂税问题》，《中国经济》第1卷第4期，1943年，第18页。

⑦ 参见《陕西省农村调查》，载《民国史料丛刊》第753册，第583—584页。

⑧ 参见周建言、罗季青《苛捐杂税调查》，《中国经济》第1卷第6期，1943年，第7—8页。

⑨ 《陕西省农村调查》，《民国史料丛刊》第753册，第591页。

⑩ 参见冯和法编著《中国农村经济资料续编》上编，载张研、孙燕京主编《民国史料丛刊》第497册，大象出版社2009年版，第580—581页。

⑪ 《陕西省农村调查》，载《民国史料丛刊》第753册，第576—577页。

更重，民家种烟全年收入8元，而缴纳的税额为16.2元，尤其是吴新田时期，一县的烟亩罚款从5000元涨至10000元。[①] 这些无疑大大加重了农民的负担。

青海苛捐杂税名目繁多，有些根本不知为何物，让人佩服巧立名目者丰富的想象力。据记载，青海的杂税有收买羊肠专利营业费、征兵费、征马费、喇嘛衣单口粮等52种。[②] 大通有一种收缴县府马号、以备县府喂马之用的"玉蓝草"[③]，而营买粮草、支应粮草等，不可胜计。门源苛杂有名目可查的达七八十种之多。[④] 另有"兵价"，一人200—400元不等，"最为农民所痛心疾首"[⑤]。大通农民的真正痛苦，在于纳税过重及役吏诈取，一年中除田亩借粮外，尚有营买粮、产销税、粮茶税等，名目繁多；而役吏则随时要索，农民受其剥削，几倍于重税。西宁农民所受物质、精神上的痛苦，多至不可胜数。其最深者即是赋税太重，名目繁多，几难尽数。共和"全县的蒙番农民，纳税轻微，而汉、回则困重特甚……每年除向政府纳税外，又须向王公、千百户纳税当差，而王公、千百户的剥削，又至刻且苛，无微不至，农民受其压迫，痛苦异常"[⑥]，田赋附加达113.24%，杂捐达342.94%[⑦]。有人在诉说青海农民的痛苦时，认为除了役吏征款时索诈、绅董压迫、盗匪抢劫、水旱灾害及高利贷压迫之外，首当其冲的即为捐税太重。[⑧]

甘肃情况也是如此。甘肃"以言田赋，则有屯粮、民粮、更粮、租粮、监牧粮、番粮、土粮之分，以言征收，则有地丁、粮折、本色粮、草束、盈余、耗羡之别，以言杂赋，则有课程、朝觐、学租、药味、茜草、

---

① 参见许达生《苛捐杂税问题》，《中国经济》第1卷第4、5期合刊，1943年，第7页。

② 参见安汉、李自发《西北农业考察》，东南印刷所1936年4月版，第47—48页；吕志松《解放前青海征收田赋的概况》，载政协青海省委员会文史资料研究委员会编《青海文史资料选辑》第9辑，青海人民出版社1982年版，第86—87页。

③ 秦汪玺:《民国时期大通征收田赋的概况》，载政协大通文史资料编写组编印《大通文史资料》第1辑，1985年，第17页。

④ 参见王长安《门源县解放前的苛捐杂税》，载政协门源回族自治县委员会编印《门源文史资料选辑》第3辑，第32页。

⑤ 参见汤惠荪、雷男、陆年青《青海省农业调查》，《资源委员会季刊》第2卷第2期，1942年6月，第291页。

⑥ 《中国农村经济资料续编》（上编），载《民国史料丛刊》第497册，第528—535页。

⑦ 参见汤惠荪、雷男、陆年青《青海省农业调查》，《资源委员会季刊》第2卷第2期，1942年6月，第291页。

⑧ 张其昀、李玉林:《青海省人文地理志（续）》，《资源委员会月刊》第1期第6期，1939年，第442页。

脚价、丁站、地税、匠价之名”[①]。有记载正税23种之多，因之各种附加税也极多，田赋附加有13种，如“亩捐”“警饷粮秣费”“开拔费”等[②]，还有特殊加重农民负担的做法，如“买地不承赋”“飞洒诡寄”“买红契”等[③]。此外，特种消费税也是货无巨细，逢物便征，据甘肃财政厅印发各局卡的《货目费率简章》所载，特种消费税有20大类1224种之多，“吾人若详举其名目，则不知又有若干也……其广大可想而知，而繁苛更非厘金可比也”，被冠以“厘金第四世”的雅号，并且税率奇高，超出成本数倍。[④]

如据统计，1935年从兰州运500斤水烟至上海，除了运费（线路不同，运费亦相应不同。甲线由兰州经包头、天津、浦口至上海，运费总额为38.36元；乙线由兰州经西安、连云港运至上海，运费为28.72元）外，其所纳税捐甲线为10种29.4296元，乙线为12种25.0664元，而当时兰州水烟价格，每公斤最高0.75元，最低仅0.2元[⑤]，如取中间值0.475元的话，500斤水烟总价为118.75元，一路重重关卡所征税捐即达价值的四分之一，如果水烟价格跌至最低价，则一半将被征去，此尚未计及上海所征纳的统税，于此亦可见税目之繁与税率之高。更有甚者，行人随带用品如皮袍、药品、布匹之类，如果被所经局卡发现，亦须纳税，此项收入1932年达1778833元。[⑥]

甘肃在废除苛杂时，第一期即达37种之多（有的记载为57种[⑦]），年征额383300余元；第二期72种，年征额124600余元；第三期41种，年征额9万余元。[⑧] 1941年全省仍有29种不合理捐税，每年征收额577868元，直到1942年才取消。[⑨]“甘肃省捐税的名目，虽各地不同（如秦安县牙佣抽收的捐目达十三种，临夏有征十四种），可是平均不下五十余种。”

---

① 《甘肃省地政工作报告、纲要、计划、细则、规程、章程、办法及华西建设股份有限公司各垦区招垦章程》，1940年，甘肃省档案馆藏，资料号26—4—324，第5页。

② 《中国田赋问题》，载《近代中国史料丛刊三编》第88辑，第174页。

③ 李清凌主编：《甘肃经济史》，兰州大学出版社1996年版，第138—139页。

④ 王智：《厘金第四世——特种消费税在甘肃》，《西北问题》第1卷第3期，1935年5月15日，第106页。

⑤ 参见萧梅性编著《兰州商业调查》，陇海铁路管理局，1935年2月，第11—12页。

⑥ 参见王智《厘金第四世——特种消费税在甘肃》，《西北问题》第1卷第3期，1935年5月15日，第106页。

⑦ 参见陈言《陕甘调查记》下，北方杂志社1937年版，第28—31页。

⑧ 参见甘肃省政府编《甘肃省之经济建设》，载《革命文献》第89辑，第554—567页。

⑨ 参见国民政府行政院编《国民政府年鉴》（二），载张研、孙燕京主编《民国史料丛刊》第932册，大象出版社2009年版，第425页。

征收机关有税局、学校、宗教团体，即使数额有限，但中间人敲剥渔利，民众负担繁重无疑。[①] 据统计，1935年甘肃平均每人每年负担1.854元，“不在额定之正供，而在军事机关或地方团体之自由征发”[②]。斯诺对此写道：“在过去五年内甘肃税收平均超过八百万……比中国最富饶，也是税收最重的省份之一浙江还重。也可以看到，这种税收的来源，特别是在甘肃，不止一两种主要的捐税，而是名目繁多的许多杂税，每种收集一笔小款，几乎没有一种货物，没有一种生产或商业活动不收税的。人民实际所付税款要比公布数字还高。首先，收税的可以从所收税款中保留一份——有时极大的一份。其次，除了省政府、县政府所收税款以外，还有军方领导人所征的税，官方估计这在甘肃省约一千多万。造成人民负担的另一个原因是地方民团，这本来是为了防范土匪而组织的，在许多情况下已堕落成为鱼肉乡里的匪帮。”[③] 繁重的苛捐杂税致使农民竞相逃亡，如安西二工，1927年前有农民50户，1934年仅剩11户，1935年仅剩5户。而已逃者所应负担款项，又加之于未逃者，益使未逃农民加速逃亡。[④]

新疆杂税杂捐，名目不下数十种。新疆国家税有近20种，省税近30种。[⑤] 谢晓钟在1920年游历新疆时记载，除契税、牙税、当税、斗秤税外，尚有牲税、牧税、年租金、皮毛税、火印税、孳生税、过境税、洗羊毛捐、皮张变价、水磨课、水确课、旱磨课、油磨课、葡棉秤税、蚕茧税、蚕茧行用、油税、油籽税、门市捐、山价捐、地摊捐、肉价捐及其他种种名目。[⑥]

宁夏与西北其他各省相似，税捐名目多且税率重，计有财政厅征收的清乡费[⑦]、百货特税、烟酒公费、纸烟特税、牲畜税、屠宰税等，建设厅征收的渠工、坝料、罚夫等，财政厅代办的善后捐、烟膏捐，公安局征收的烟灯捐、飞机场捐、飞机捐、修汽车路捐等，此外还有榷运局官盐分销

---

① 参见士心《抗战四年来的西北财政与金融》，《甘行月刊》第1卷第4、5期合刊，1941年，第12页。

② 朱镜宙：《甘肃省政府财政厅二十四年工作择要报告》，甘肃省图书馆西北地方文献阅览室（图书）藏，1936年，第40页。

③ 《西行漫记》，第192页。

④ 参见陈赓雅《西北视察记》，甘肃人民出版社2002年版，第188页。

⑤ 参见《新疆建设计划大纲（草案）》，载《民国边政史料续编》第28册，第507—513页。

⑥ 参见谢晓钟《新疆游记》，甘肃人民出版社2003年版，第356—357页。

⑦ 关于何为“清乡费”，徐西农在《宁夏农村经济之现状（续）》一文中指出，清乡费“便是鸦片捐，美其名曰清乡费而已”。该文刊载于《文化建设》第1卷第3期，1934年12月，第133—145页。

税，垦殖局清丈注册登记费及各县羊捐，战争时期除了增加粮食征收额之外，还有慰劳、抬伤兵、提灯、布匹和棉花等费。后来虽然从1935年1月1日起废除了17种、共计186590.07元的苛捐杂税[①]，但人民依旧苦不堪言。《西北军阀记》所载的名目有：担头捐、鸽堂捐、牙行称行佣捐、粂粜捐、枣园租等，以及后来增加的警捐，包括铺捐、房捐、妓女捐等，甚至城内居民抬棺出殡，税务征收所也要拦路收费[②]。据傅作霖记载，"宁夏税捐，种类繁杂，远非东南各省所可及，同一物品，有抽捐至四五种之多者。此外则有印花税、烟酒牌照税、牙税、当税、卷烟税、木料捐、驼捐、警捐等，亦往往带征附加，至若盐税、田赋附加之多，更无论矣"，省里巧立名目的各种捐税达26种之多[③]，而斯诺列举了31种，并且"还没有囊括所有的苛捐杂税"[④]。农民每种地一亩，则须承担清乡费、田赋、草捐等总计9.275元。据曾任职宁夏政府部门的陈泽溎记载：省城教育局征收的附捐有15种之多；宁朔县公安局呈准征收的有8种，建设局未经呈准而征收的有9种；平罗县呈准者4种，未经呈准者4种；中卫县经呈准的13种；灵武县经呈准的9种，未经呈准的13种；金积县核准的3种，未经核准的12种，虽然数额不巨，但亦足病民。[⑤] 为了躲避苛捐杂税，人民只有逃亡一途。1935年夏，旅客王人驹记述了逃亡的严重程度，此亦破坏了其对"塞上江南"的美好印象。[⑥] 宁朔县长牟凤鸣不忍苛待百姓，因催征不力而受上峰谴责，1936年9月跳河自杀。[⑦]

税捐征收沉重也鲜明地反映在宁夏的收入情况中。宁夏税捐有田赋、契税、临时维持费（即百货税）等10种，其在全省收入所占的比重，1935—1938年皆在70%以上，甚至达到90%，可见宁夏捐税之重。[⑧]

1933年孔祥熙即指出，"当民国20年前后，国内连年多事，'匪'患又甚猖獗，人民最感痛苦者，莫过于各地方田赋附加之重，摊派之繁，与夫苛捐杂税之层出不穷，大有竭泽而渔之势"[⑨]，故于1934年6月建议政

---

① 参见胡平生《民国时期的宁夏省（一九二九——九四九）》，台湾学生书局1988年版，第212—213页。

② 参见陈少校《西北军阀记》，致诚出版社1981年版，第26页。

③ 《宁夏省考察记》，第58—66页。

④ 《西行漫记》，第285页。

⑤ 参见陈泽溎《宁夏省经济概要》，中国殖边社1934年版，第46—55页。

⑥ 参见王人驹《宁夏印象记》，《国衡》第1卷第8期，1935年，第97—98页。

⑦ 参见《宁夏剪影》，《拒毒月刊》第108期，1937年，第22页。

⑧ 参见宋同福《宁夏省地方税捐近况》，《财政评论》第5卷第2期，1941年，第88页。

⑨ 章伯锋、庄建平主编：《抗日战争》第5卷，四川大学出版社1997年版，第82页。

府颁布永不增加田赋附加命令，意在减轻人民负担，复兴农村经济。自 1934 年 7 月 1 日起，国民政府通令全国废除田赋附加，至 1937 年 6 月 30 日止。此次共废除田赋附加 300 多种，计 39055000 元。[①] 1934 年 5 月第二次财政会议上，确定 6 种不合法捐税，限令年底以前分期废除。据报称，1934 年下半年，报告废除苛杂与减轻田赋附加的省市有 23 个，废除税目逾 3600 余种，款额达 2889 万余元，陕西、甘肃、宁夏、青海皆在此列。后裁废苛杂继续进行，至 1935 年 8 月，废除税目 1600 余种，款额达 2014 万余元。至此，经过一年又两个月的努力，共废除苛捐杂税 5000 余种，裁减款额 4900 余万元，全国人均一角。[②] 据称全国最多时共废除苛杂 7100 余种，款额 6769 万余元之多，但仍然多不胜数。[③] 陕、甘、宁、青四省截至 1935 年 8 月共废除苛杂及减轻附加 284 种，合计 2156029 元。[④]

陕甘两省还有所谓“预征”。渭南北闫村预征 3 年以上，大上庄村 1929 年时已预征至 1932 年，后又从 1929 年征起。凤翔小渭村 1933 年时已预征至 1938 年。[⑤] 陕南的勉县、宁强预征 7 年。[⑥] 甘肃 1928 年预征军费一年[⑦]，有的县田赋已预征 10 年以上[⑧]。

税捐苛重致使农户倾家荡产，流离他方。据 30 年代中期对陕、甘、宁、青四省农民离村的调查，宁夏 60% 的农民因税捐苛重离村，甘肃 19.3%，陕西 5.6%，青海 9.4%。[⑨]

除苛捐杂税而外，西北各省的各种摊派亦相当严重。马寅初指出，摊派是在 1934 年、1935 年国民政府“严禁田赋附加，并绝对不准擅增苛杂”之后，地方政府财政“陷于收入无着，支出无节”的歧途，为了“另觅途径”应运而生，并日益盛行。其名目、数额均因时地而不同，

---

① 参见台湾“教育部”编《中华民国建国史》第三篇“统一与建设”（三），“国立编译馆”1989 年版，第 1178 页。

② 参见孔祥熙《整理地方财政简要报告》，载罗家伦主编《革命文献》第 28 至 30 辑精装合订本，“中央文物供应社”1978 年影印再版，第 496—498 页；中国第二历史档案馆编《中华民国史档案资料汇编》第五辑第一编“财政经济”（二），第 485 页。

③ 参见庞松舟《地方财政》，出版者不详，1939 年，第 10—11 页。

④ 参见孔祥熙《整理地方财政简要报告》，载《革命文献》第 28 至 30 辑精装合订本，第 502—505 页。

⑤ 参见《陕西省农村调查》，《民国史料丛刊》第 753 册，第 581 页。

⑥ 参见曹慎修《中国土地问题之研究》，明日书店 1932 年版，第 95 页。

⑦ 参见朱镜宙《甘肃省政府财政厅二十四年工作择要报告》，甘肃省图书馆西北地方文献阅览室（图书）藏，1936 年，第 30 页。

⑧ 参见《西北写真》，编著者、出版者不详，1930 年，第 6 页。

⑨ 参见《农民离村之原因》，《农情报告》第 4 卷第 7 期，1936 年 7 月 15 日，第 179 页。

标准不一，层层加码，常由社会中的弱势群体承担。摊派之弊，大于苛杂。①

陕南褒城30年代初摊派有省县两类，省摊派名目11种434200元，县摊派3种73759元，总计14种507959元。“而层层剥削，滥支浮收之数，尚不知凡几”。向称富庶的城固摊派更重，1931年14种名目74万余元，1932年各项摊派52万余元，以上各款，“十之八九，都供军饷，和贪污土劣的层层剥削了”②。摊派之重，即如远在南京的陕南旅京同人亦觉有责任为家乡父老鸣不平，而于1931年12月上书杨虎城，呼吁撤销“陕西全省以及国内各省所未见、所未闻之特别捐款”及其他摊派。③“乡村中‘公务人员’的经费，多数由村民公摊”，但各村规定并不相同，如渭南分为七个区，每区分若干里，里下有若干村，各有区长、里长、村长，没有村长的地方则由“庄头”替代村长的职务，还有所谓“粮头”，专责派粮。“粮头”之上有“粮赋长”，粮赋长还可以有几个“跑腿”。当然，所有的“公务费用”或摊派，或抽收，或民捐，虽然有些地方如凤翔规定由财政局支出，“但摊派时仍可随便加些”。凤翔王召村1933年派西北水利奖券56元，每甲不到6元，而村长一甲摊派8元；邱村交给公家的只有1000元，而派捐2000元。渭南师家村，规定每石粮带征一斗麦充“粮头”经费，每元带征二角作“粮赋长”薪水，雷河村的村费每石粮四角，“粮赋长”薪水每年要300元，武家村的里长年薪400元。除派粮外，区公所所长还兼理民事，对不能完纳者“可自行拷打”。④

摊派又有临时摊派之名，且临时摊派数额更大，没有定数与时间。绥德第五区团只有25个村庄220户人家，1930年各项杂款8321.8元，户均37.83元；1931年7252.95元，户均为32.97元；1932年9353.6元，户均为42.52元；1933年仅上半年即为5668.56元，户均达25.77元。⑤

甘肃民众承受的摊派也异常沉重。据1933年到河西考察的明驼记述，金塔从1933年1—7月，摊派数额为银6498.2元，粮53.32担，料5.20

---

① 参见马寅初《财政学与中国财政——理论与现实》下册，商务印书馆2005年版，第680—681页。

② 徐正学：《农村问题——中国农村崩溃原因的研究》，中国农村复兴研究会1934年版，第3章第70—74页。

③ 《陕南旅京同乡为请求免除苛捐杂税及切实剿匪救灾并撤销政治专员第一次报告书》，载政协陕西省汉中市委员会文史资料研究委员会编印《汉中市文史资料》第3辑，1985年，第72—79页。

④ 参见《陕西省农村调查》，载《民国史料丛刊》第753册，第571—597页。

⑤ 同上书，第581—583页。

担，名目有三十六师借款、雇兵费及师校经费、提头借款等18种[①]，如果再加上剩余月份，负担之重往往比正税增加6倍多。明驼在民乐考察时这样记道：土关的老百姓除了兵站之外，当然其余杂项支出亦是免不了的：金库券、飞机捐等达23种之多，即便是"业经报过荒粮的荒芜地亩，还须缴纳烟亩罚款"。更有交不起所需木柴的人民，竟被"县政府里的委员在那儿指挥拆屋劈柴"[②]。民乐县实为"民苦"县。1933年武山县政府曾迎来一批特殊客人，有财政厅的，有亩款处的，有三十八军的，有十四师的，有骑兵团的，他们有一个共同的名称——提款委员，这些人唯一的任务就是摊派收款。[③]

甘肃有些县份虽然没有"招待委员、迎送驻军军官等等'联络感情'的费用"，但其他名目的费用却不在少数。如临泽，县长以杂费的名义摊派，用于请客送礼与旅费应酬。[④] 遇上地方官离任或到职，新的摊派会立马出现，乘机大捞一笔。如岷县每次县长可以收入10000元。"姚县长接了事，更摊派马料每乡十石（每斗六元），朱谕四出，鸡犬皆惊。十乡共计为百石，六千元，县长此后'厩有肥马'，而'民无焦类'矣。"古浪是一个鸦片区，第一区产烟本不多，应派6000两，但区长张国瑞勾结劣绅唐海云，仅在煖泉一乡就摊派14000两，多派的8000两入了私囊。靖远北湾村摊派壮丁时，分配到某保的名额是4.5人，市价每人200元，但保长竟要到近3000元。第一次征兵时，靖远五区是35人，但派的是45人的款。河西各种杂款无奇不有，如某人为神庙挂匾、布施，令地方摊派；春天推代表请赈，各灾区皆分派旅费二三千元不等；袁耀廷代专员检阅壮丁，每县最低限度为送洋500元。河西有民谣："上派一，民出十。"河西各地的主要出产是大烟、皮货、羊肠等，"当某货价涨时，藉口筹军饷为名，向农家摊派，或囤积起来，或向外批发；如果价落，则亦藉筹饷为名，向农商高价推销出手"。资本2万元的商家，每年须出1万元以上的派款，因而铺变为摊，摊变为无。[⑤]

高良佐1935年春到西北考察时，4月8日看到安西除附征各款外，

---

① 参见顾颉刚《西北考察日记》，甘肃人民出版社2002年版，第126页。原书银5941.88元，粮55.10石，今算如上数。

② 《西北考察日记》，第148—149页。

③ 参见《农村问题——中国农村崩溃原因的研究》，第3章第82页。

④ 参见《西北考察日记》，第137—138页。

⑤ 徐盈：《抗战中的西北》，1938年，载张研、孙燕京主编《民国史料丛刊》第819册，大象出版社2009年版，第395—400、386—411页。

驻军摊派数目有豆籽30368石，花料8石，粮36.2石，料28.6石，麸子16.85石；4月9日又开列摊征军粮军草：民生工厂经费8.94元，三成粮折38.27元，公款委员会常年经费59.4元，修理监狱署经费19.8元，司法经费14.58元；随后又有摊送驻安团部军粉花料等项目，计军粉36.2石，豌豆、花料、麸子各12.078石，柴6238斤，草3960斤，难怪考察者都觉得“河西人民负担之严重”①。不仅河西人民负担奇重，秦安、海原、临洮等10县亦然，一年的临时借款和征收粮草数量价值达1591520元。②

甘肃有所谓地亩罚款，无论种烟与否，按亩摊派。驻军借口拨款不足，任意征敛，以致有人捐赠土地而无人敢受。③“十种九不收”的皋兰烟亩捐连年增加，从1925年下半年至1935年，共征收烟亩罚款计洋158.1万余元，平均每年约有15万元。④ 国民军治甘时期，连年增加苛捐杂税，除原有田赋及国家规定税款外，各种新旧摊派多达120余项。⑤ 比如维持费，甘肃至少六成县份有此项摊派，全省约有1430910元。⑥

此外，各地农民还要负担当地驻军的部分军费、军粮，即军事摊派，前文安西即是这种情况。1929年冬，孙连仲离开甘肃时，向各县派收“冯总司令临时大借款”，小县八九千元，大县20余万元，并以征款多少作为奖惩各县县长的标准。⑦ 甚至区长、商人、村长之流，也以催款委员下乡支应费的名目进行摊派，因之致富者不乏其人。⑧ 1933年，临洮、和政、皋兰等六县每年负担当地驻军正杂各款265794元，给养马干558166元，超过田赋正额数倍。⑨ 某驻军每月要小麦45石，价值1800元，大小豆60

① 《西北随轺记》，第141页。

② 参见王智《廿一年度甘肃民众负担概算》，《拓荒》第2卷第1期，1934年3月10日，第18页。

③ 参见王新令《近三十年甘肃军政之变迁与得失》，1937年，手稿，转引自王劲《邓宝珊传》，甘肃人民出版社2005年版，第112页。

④ 参见张联渊《皋兰田赋之研究》，成文出版社有限公司1977年版，第7222—7223页。

⑤ 《甘肃解放前五十年大事记（1898—1949）》，载政协甘肃省委员会文史资料研究委员会编《甘肃文史资料选辑》第10辑，甘肃人民出版社1980年版，第129页。

⑥ 参见王智《廿一年度甘肃民众负担概算》，《拓荒》第2卷第1期，1934年3月10日，第20页。

⑦ 参见《甘肃解放前五十年大事记（1898—1949）》，载《甘肃文史资料选辑》第10辑，第129页。

⑧ 参见王智《廿一年度甘肃民众负担概算》，《拓荒》第2卷第1期，1934年3月10日，第28页；何让《甘肃田赋之研究》，成文出版社有限公司1977年版，第10220页。

⑨ 参见何让《甘肃田赋之研究》，第10219—10222页；王智《廿一年度甘肃民众负担概算》，《拓荒》第2卷第1期，1934年3月10日，第16—17页。

担，价值 1200 元，加上其他各项共计 3900 余元。①

甘肃这种糟糕的情况，就连蒋介石也觉得不妥。1934 年 8 月蒋介石视察甘肃之后，10 月 21 日致电朱绍良："此次来甘视察，以各地部队就地拨款为阻碍政治最大之弊端，应即从速改正停止，自十一月份起，不得任令各部就地拨款，并将各部队数目切实裁编，务以一兵必有一饷（照中央饷章）为其兵额之标准。"② 虽然 1935 年废除了 102 项，但也只是部分而已。

此种情况青海也有。据资料统计，青海省中央陆军新编第九师司令部全年应支各项军费数额如下：接济费 376703 元，修械费 70800 元，无线电台薪工费 27592 元，军煤费 6378.33 元，服装费 168867.62 元，开拔费 25717.70 元，杂费 66153.59 元，玉防官兵维持费 35218 元，驻防二寺滩骑兵维持费 2580 元，特党部经费 5000 元，维持费 238762 元，总计 1023772.24 元。③

宁夏的情况也大同小异，有人对此作了细致生动的描述，足可见摊派之弊：

> 要说明宁夏农民的困苦，可以举我所亲见一件事来做个例子。有一天，我到王洪堡（离宁夏七十里，属宁朔县）途遇一个农民，自县政府恸哭而归。叩以故，其人吞泣哑然曰："活不成呵，这年头，老百姓活不成呵。"余语复不成声。经详询后，始知该人王姓，住本县第四区，种地十亩，应缴田粮二十五元（每亩田粮折价二元五角），附捐九角，壮丁费一元，水利捐二元五角，烟亩罚款（不种鸦片也得罚款）八十元，合计十亩之地，每年负担官税一百十一元，平均每亩年捐十一元，如年成丰收，种麦可获八石，约值九十六元，勉可应付，如种罂粟，可收六百两，约值一百五十元，足可支应官税，不幸宁朔县等四区各乡，本年八月廿四日下了一次冰雹，秋麦经此打击，收成无望，今年烟亩又不好，一亩地只收二十多两，七月间收下来，早被政府按一元六两（市价每元四两）收去抵税了。家中已无颗粒，老少五口，嗷嗷待哺（此等被灾地区，县府本应呈报省府，豁免秋粮），而政府竟因他滞纳秋粮，将他拘押，用刑逼款，这幕悲剧是记

---

① 参见《抗战中的西北》，载《民国史料丛刊》第 819 册，第 386—411 页。

② 高素兰编注：《蒋中正总统档案：事略稿本》28，"国史馆" 2007 年版，第 349—350 页。

③ 参见中央银行经济研究处编《甘宁青经济纪略》，1935 年 1 月，载张研、孙燕京主编《民国史料丛刊》第 353 册，大象出版社 2009 年版，第 412 页。

者偶而遇合，其他各县类似这样的苛政，道属传闻同已是司空见惯的了。①

为了交纳苛繁的捐税摊派苟延性命，老百姓不得不仰给于同样会要人命的高利贷。高利贷有贷钱、贷粮、贷物等，据中央农业试验所1935年对甘肃21县的调查，农民现金借贷户平均占63%，粮食借贷户为53%，说明有一半以上农民依靠借贷维持生活，比例最高的环县达98%，定西最低，亦有9%。② 据记载，30年代的河西地区，利率现金最轻为50%，粮食为100%，鸦片为300%。名目有“驴打滚”“变色”“三翻手”“双折握”等，“往往借不数月，数倍于原贷资金”③。靖远高利贷主有马牙石、马牙海、郭二等40余人，都有稳固靠山，利息最高达32分。④ 到期不能还钱即吊打，更可随意领去欠债者的老婆。村民彭礼恕欠郭二纸烟三盒，十日一滚成150两鸦片，郭二竟拉去了彭某的一匹马。岷县寺院也放款，月息六分。⑤ 临泽高利贷，农民在初夏借银一元，秋收时须还本利烟土六两（当地烟价每元二两）。敦煌乡间夏借银一元，三个月后须还本利烟土12两（当地烟价平均为每元三两）。“一般贫穷的农民，大半靠借债支应。没有粮食、柴草、钱款便向富户商铺以高利移借。北方各省从前原有一种钱铺，专门从事借贷；现在则各种商铺差不多家家兼营高利借贷。”⑥ 朱镜宙指出，甘肃除了兵燹和灾害频仍之外，高利贷也是农村破产的主因之一。农民春耕时借款一二百元，年终时须还二三千元，因此破家荡产者司空见惯。⑦

陕西高利贷风气之炽丝毫不亚于其他各省。武功“高利贷特甚”，3月借钱100元，到5月则须还150元。⑧ 在绥德，最赚钱的便是高利贷，

① 《宁夏剪影》，《拒毒月刊》第108期，1937年，第21页。

② 参见梁敬錞《甘肃之农村经济》，《新西北月刊》第1卷第1期，1939年。

③ 李清凌主编：《甘肃经济史》，第140页；《甘民厅取缔高利贷》，《中央日报》1934年6月30日第2张第3版。

④ 参见国立暨南大学西北教育考察团编：《西北教育考察报告书》，国立暨南大学出版课1936年7月版，第17页。

⑤ 参见《抗战中的西北》，载《民国史料丛刊》第819册，第387—398页。

⑥ 王寅生、薛品轩、石凯福：《中国北部的兵差与农民》，载张研、孙燕京主编《民国史料丛刊》第673册，大象出版社2009年版，第410页。

⑦ 参见朱镜宙《甘肃财政之过去现在与将来》，《西北问题》第1卷第3期，1935年5月15日，第56页。

⑧ 参见马玉麟《陕西实习调查日记》，萧铮主编《中国地政研究所丛刊·民国二十年代中国大陆土地问题资料》196册，成文出版社有限公司1977年版，第94388页。

月利最低三分，最高五分。也有借一元还两元的，俗名“一年滚”。借粮食通常是借三还四。[①] 据统计，1937 年陕西 12 县 65064 户农户中，负债户数为 31656 户，负债率为 48.65%；负债总额为 2942905.63 元，户均负债额高达 92.965 元。[②] 又有所谓“衙门口的揭钱”，县长押打农民逼令交款，农民如果没钱或无处借，即有衙役唤一衙门口的地痞代为缴款，而由地痞向农民讨债，出衙门口即多付一倍，过一天加一倍，若不缴即派数人跟定，吃、住都由此农民负担，结果至少缴出数倍之数。有因 10 文债款而全家破产者。[③] 据中央农业实验所 1933 年调查，全国负债农家平均占农户总数的 62%，而陕、甘、宁三省高出全国平均水平 6%，达到 68%。[④]

青海高利贷之盛行及利率之高，亦不输东南各省县份，某些县利率高至 30%—40%[⑤]，连本带利，足以使农民破产。贵德利率四分至五分，大通、亹源为二分至三分，循化为二分半至三分，西宁、互助为三分，湟源为五分，化隆为二分二，民和为三分六，乐都为四分，共和为二分半至三分半。[⑥] 大通县借贷约有三种，一是借银，每月行息大抵在三分以上十分以下；二是借茶布，借茶一包或布一匹，秋后还洋五元或麦二斗；三是借粮，春借青稞一斗，秋后还麦一斗或一斗二升，各种借贷期限最多一年。[⑦] 据统计，1932 年青海 11 县平均借贷人数占人口总数的 48.38%（现金借贷 33.27%，粮食借贷 18.57%），1933 年上升为 69.65%[⑧]，近七成农家靠借贷度日。另据史料记载，1935 年青海各县农民借贷比例如下：共和为 12%，乐都为 70%，民和为 56%，化隆为 28%，西宁为 70%，湟源为 77%，互助为 77%，亹源为 23%，循化为 23%，大通为 14%，贵德为

---

① 参见冯和法编著《中国农村经济资料续编》下编，载张研、孙燕京主编《民国史料丛刊》第 498 册，大象出版社 2009 年版，第 59 页。

② 参见中国第二历史档案馆编《中华民国史档案资料汇编》第五辑第一编“财政经济”（七），第 38—40 页。

③ 参见严中平等编《中国近代经济史统计资料选辑》，科学出版社 1955 年版，第 351 页。

④ 参见韩稼夫《工业化与中国农业建设》，商务印书馆 1945 年版，第 30 页；《东方杂志》第 32 卷第 22 号，1935 年，转引自张静如、卞杏英主编《国民政府统治时期中国社会之变迁》，中国人民大学出版社 1993 年版，第 170 页。

⑤ 参见《陕甘调查记》上，第 161 页。

⑥ 参见《西北教育考察报告书》，第 18 页。

⑦ 参见《中国农村经济资料续编》上编，载《民国史料丛刊》第 497 册，第 528 页。

⑧ 参见汤惠荪、雷男、陆年青《青海省农业调查》，《资源委员会季刊》第 2 卷第 2 期，1942 年 6 月，第 292 页。

75%[①]，平均为47.7%，除了共和、大通等5县不及平均数外，其余6县皆高于平均数，甚至有3县农户借贷比例达75%以上。

新疆“在乡村放款或营当业者，多汉人或英籍印度人，息率极高，每两月息七八分甚至一钱，重利盘剥，农人终年劳苦所得不足清偿借款”[②]。

除了现金借贷，还有实物借贷。如粮食借贷，全国平均月利为7.1%，而西北地区除青海为5.1%之外，其余皆高于全国，宁夏为11.7%，甘肃7.3%，陕西更高达14.9%。[③] 春季借粮时粮价较高，利息繁重；而新粮登场时，价格相对低贱，到期须加一倍，至少须加利五成，甚至加至三四倍。[④] 表3反映了1933年西北四省部分农家借贷概况。

表3 **1933年陕、甘、宁、青四省借贷比例统计**

省别	现金借贷								粮食借贷					
	家数	合作社	亲友（%）	地主（%）	富农（%）	商家（%）	钱局（%）	其他（%）	家数	亲友（%）	地主（%）	富农（%）	商家（%）	其他（%）
宁夏	51	—	—	7.1	50.0	35.7	—	7.2	47	—	9.1	72.7	9.1	9.1
青海	56	—	7.2	7.2	35.7	35.7	—	14.2	46	11.1	7.5	29.6	11.1	40.7
甘肃	63	—	—	3.2	43.6	17.8	4.8	30.6	53	8.5	5.1	59.3	13.5	13.6
陕西	65	0.8	3.0	5.2	41.0	40.2	1.6	8.2	56	8.7	8.7	32.5	39.7	10.4
全国平均	56	1.3	8.3	9.0	45.1	17.3	8.9	10.1	48	10.9	13.6	46.6	11.3	17.6

资料来源：《各省农民借贷调查》，《农情报告》第2卷第4期，1934年4月1日，第30页。

四 鸦片的毒害

据中国拒毒会30年代初调查，全国鸦片种植面积800万亩左右。[⑤] 西北各省除青海于1913年禁绝外，其他各省皆为害甚烈。

张广建督甘时，设立“禁烟善后局”，名义上禁烟，但只是禁种，运、售、吸皆不禁，借以增加财源。1918年甘肃鸦片种植基本禁绝，只有从外省贩运的。1921年陆鸿涛重开烟禁，征收“烟亩罚款”。国民军时期则反复禁种，又反复开禁。武山1918年禁种，1921年开禁，且连种

① 参见鲁人《青海的危机》，《时事月报》第13卷第6期，1935年，第453页。
② 《新疆建设计划大纲（草案）》，载《民国边政史料续编》第28册，第575页。
③ 参见千家驹《中国农村经济论文集》，《民国丛书》第二编35，第174—175页。
④ 参见《西北教育考察报告书》，第17—18页。
⑤ 参见《中国田赋问题》，载《近代中国史料丛刊三编》第88辑，第118页。

17年，1938年再次禁种，虽然河川区基本禁绝，但偏远山区直到1941年才杜绝。[①] 陈万里1926年上半年途经兰州时，“出东门，罂粟一片，作玫瑰色，极娇艳。四十里响水子，所有可耕之地，几乎全种花子”[②]。林竞在游历兰州时亦有相同记述。林竞到迪化看到的也是“烟销骨立”的妇女与以烟赌为乐的男子。[③] 有记载称甘肃1927—1928年种烟总面积占全省田亩的七成。[④] 吴震华在1934年赴西北考察时，看到靖远沿黄河岸边田亩肥美，但鸦片种满畦畔。[⑤] 据暨南大学西北教育考察团1935年考察，靖远种烟约30万亩，价值600万元，一半运往外地，另一半本县人民自用。[⑥]“闻甘省全年收入共七百万，而鸦片烟税一项占三百万至四百五十万。前年邵力子主甘时禁种鸦片，结果省库支绌异常，现又放种。”[⑦] 金塔“种植鸦片，殆为该地人民惟一财源”[⑧]。据载，1934年甘肃种植鸦片的县份有55个[⑨]，占全省七成。据统计，1935年种烟面积为50万亩左右，年产烟土1500万两。[⑩] 另据内政部禁烟委员会1936年统计，1935年种烟面积为240700公亩。[⑪] 而据禁烟总会调查，种植面积为361047亩，产量10831410两。[⑫] 战前甘肃每年贸易额为6500万元，其中输出1500万元，输入约5000万元，收支有出入时，即以鸦片输出为抵偿。[⑬] 据记载，甘省禁烟收入，1934年为4524000元，占全省总岁入近51%[⑭]，亦反映出甘肃鸦片种植面积之广。甘省烟土销售，并非土膏行店，此种

---

① 参见麻士杰《民国时期武山禁烟经过》，载政协甘肃省武山县委员会文史资料委员会编印《武山文史资料选辑》第4辑，1993年，第165—167页。

② 陈万里：《西行日记》，甘肃人民出版社2002年版，第98页。

③ 参见林竞《蒙新甘宁考察记》，甘肃人民出版社2003年版，第85、175页。

④ 参见中华国民拒毒会编印《中国烟祸年鉴》，1927年秋至1928年秋，出版者不详，1928年7月，第15页。

⑤ 参见吴震华《西北徒步一瞥》，同仁书店1935年版，第102—103页。

⑥ 参见《西北教育考察报告书》，第11页。

⑦ 蒋经国：《伟大的西北》，宁夏人民出版社2001年版，第225页；薛桂轮：《西北视察日记》，申报馆1934年版，第33页。

⑧ 《西北随轺记》，第129页。

⑨ 参见芬《西北时事短评》，《西北春秋》第4期，1934年5月16日，第4页。

⑩ 参见甘肃省政府民政厅编印《甘肃省禁烟总报告》，1940年，甘肃省图书馆西北地方文献阅览室（图书）藏，第2页。

⑪ 参见国民政府主计处统计局编《中国土地问题之统计分析》，正中书局1941年版，第42页。

⑫ 参见军事委员会禁烟总会编印《二十四年度禁烟年报》，1936年10月，第56页。

⑬ 参见赵敏求《跃进中的西北》，新中国文化出版社1941年版，第60页。

⑭ 参见朱镜宙《甘肃省政府财政厅二十四年工作择要报告》，甘肃省图书馆西北地方文献阅览室（图书）藏，1936年，第30—31页。

售药处，到处林立。[①]

甘肃不但种植范围广，贩卖、吸食亦十分广泛，上至达官贵人，下至普通百姓皆有吸食。文县“交通梗塞，人民愚惰，多嗜吸鸦片白面……商店多关闭，惟见小贩三五，售卖几种简单日用品……人民大都形容枯槁，衣食无着，状如乞丐，即通衢大道，饥民饿殍，触目皆是，如阅郑侠之流民图也”[②]。高良佐对此亦有所载：“今之敦煌……摊贩小商，以售鸦片者居多，土人横卧道左，一灯荧然，执管而吸烟者，比比皆是，晏如也。”[③]兰州城内八口之家，即有烟具10副，“二副则备以飨客也”[④]。陇西市面鸦片充斥，尤以北关为盛，人民无论贫富，九成都抽鸦片，还用鸦片籽榨油食用，或做成糖糕或包子馅儿，烟油榨出的渣滓敲碎喂猪；生烟籽则是小孩们的零碎吃食。[⑤]“本省素为产烟区域，1938年秋全省始一律禁种，故民间储存之烟土甚多。”[⑥]1937年，全省登记的烟民达19.705万人，未登记者则不知凡几。就连省政府也承认，漏而未登记烟民虽不敢武断较领照烟民为多，然为数亦属惊人。[⑦]

甘肃尽管在国民政府督导下实施分期禁绝，但第一、二期禁烟县份，皆是种植较少的县。[⑧]1936年，省政府督导多个县份通过学校宣传、剧社化装表演、报社特刊及张贴标语等措施宣传禁烟，1937年也严加查禁，但至1938年才开始全省一律查禁[⑨]，省政府所宣称的1935年有19县、1937年有12县、1938年有12县完全禁绝，更有计划于1939年第五期禁绝的11县提前于1938年禁绝[⑩]，是绝不可信的，因为时隔不久，1943年即有文县、武都、岷县、肃北等14县局发现烟苗，文县铲除数千亩，岷县

① 参见《甘肃省政府二十八年度行政计划》，1939年，甘肃省档案馆藏，资料号4—4—235，第20页。

② 薛岳：《剿匪纪实》，载张研、孙燕京主编《民国史料丛刊》第312册，大象出版社2009年版，第218页。

③ 《西北随轺记》，第150页。

④ 薛桂轮：《西北视察日记》，第41页。

⑤ 参见张扬明《到西北来》，商务印书馆1937年版，第164页。

⑥ 参见《甘肃省政府二十八年度行政计划》，1939年，甘肃省档案馆藏，资料号4—4—235，第20页。

⑦ 参见《甘肃省政府二十八年度行政计划》，1939年，甘肃省档案馆藏，资料号4—4—235，第21页。

⑧ 参见何让《甘肃田赋之研究》，第10228页。

⑨ 参见《甘肃省政府赍禁烟禁毒工作情形的呈文》，1937年1月18日，甘肃省档案馆藏，资料号15—6—374。

⑩ 参见甘肃省政府民政厅编印《甘肃省禁烟总报告》，甘肃省图书馆西北地方文献阅览室（图书）藏，第2页。

5233 亩，礼县 1100 余亩，卓尼 800 余亩。[①]

宁夏的鸦片种植与吸食也令人瞠目结舌，“境内膏腴之地，尽为布种罂粟之场”[②]。有人认为宁夏 30%—40% 的农田都在种植鸦片。[③] 中卫沃野千顷，水田居多，种鸦片者占四成。[④] 据马鸿逵呈报数据，1933 年共种烟 317500 亩，产土 127 万余两，征税洋 1206500 余元；1934 年种烟 298900 亩，产土 11956000 余两，征税洋 1135820 元；1935 年种烟 178500 亩，产土 714 万余两，比上年度减少了四成。[⑤] 此数字为官方所呈报，其真实性值得怀疑，有人推测宁夏 1935 年鸦片的种植面积至少为 60 万亩。[⑥]

宁夏鸦片种植广泛，吸食亦普遍。1918 年到宁夏考察的林竞发现居民大都嗜鸦片，“已成普遍之风”[⑦]。傅作霖在中宁渠口村了解到，该村有农户不过百家，而烟灯竟有 134 盏，家家都有，而且有的不止一副。更为让人惊愕的是，“全省农村，类多如是”[⑧]，“已普及到女子小孩了”[⑨]，“甚至襁褓之孩，亦须喷烟以为活”[⑩]，这与笔者少时听村里年长者所讲，过去（指旧社会）小孩刚生下来不会啼哭，而早有准备的大人会不慌不忙地吸上一口大烟，朝新生儿脸上一喷，小孩才会发出哇哇哭声的情形如出一辙。其程度之严重，让笔者想起祖父曾反复告诫家族青年后辈“勿吸（香）烟”的话。祖父王兴海生于 1924 年，在其幼年时家庭为小地主家庭，有水、旱田若干亩，还雇有长工几人，但后来却家道败落了，其中最主要的原因就是其父吸食鸦片，好吃懒做，把家产败光了，及至 20 世纪八九十年代，祖父才又通过种植贩卖水果积聚了相当的资本，过上了让村里人艳羡的日子。据统计，当时宁夏每年产烟 600 万两，一半销往外省，其余皆本省消费，难怪时人发出了宁夏“鸦片之盛行，殊足惊人矣”[⑪] 的

---

① 参见《甘肃省政府三十年度政绩比较表》，甘肃省档案馆藏，资料号 4—4—233，第 9 页。

② 《宁夏省考察记》，第 120 页。

③ 参见徐西农《宁夏农村经济之现状（续）》，《文化建设》第 1 卷第 3 期，1934 年 12 月，第 139 页。

④ 参见吴震华《西北徒步一瞥》，第 109 页。

⑤ 参见《廿五年宁夏省烟土收成与禁政进展之调查》，《拒毒月刊》第 106 期，1936 年，第 5—6 页；军事委员会禁烟总会编印《二十四年度禁烟年报》，第 56 页。

⑥ 参见郑恩卿《最近宁夏商业金融概况》，《中行月刊》第 12 卷第 3 期，1936 年，第 28 页。

⑦ 林竞：《蒙新甘宁考察记》，第 49 页。

⑧ 《宁夏省考察记》，第 15 页。

⑨ 中华国民拒毒会编印：《中国烟祸年鉴》，1927 年秋至 1928 年秋，第 15 页。

⑩ 《宁夏省考察记》，第 121 页。

⑪ 同上书，第 15 页。

慨叹。虽然曾于1934年冬制订禁烟计划，并称1936年底“全面肃清了”[①]，但其可信度令人置疑。“在禁种方面，我们不能否认宁夏烟禁有一部分已推进。但在禁运与禁吸两方面，则无成绩可言。因为宁省对于鸦片贩卖，尚是采取放任主义的自由贸易制度，凡经营特货营业者只要领取执照，即可贩运，漫无统制运输，于是走私案件，层见叠出。”禁吸方面，除有名无实的戒烟处外，毫无建树。戒烟之人不及3%。[②]

陕西鸦片亦为害甚巨，让人诟病。有人记载，“以前到陕省各地旅行的时候，到处可见美丽的罂粟之花，灿烂灼目”[③]。“陕西省则以过去旱灾叠见，军政各费无可筹措，只得取之于烟捐。”[④] 韩城、郃阳两县水地差不多全种鸦片。[⑤] 行政院农村复兴委员会派团在1933年调查时了解到，陕北无定河各县，“间有水田可以种稻，但几乎全部都种了鸦片了”[⑥]。据载，1935年陕西种烟亩数为240400公亩[⑦]，亦有175万亩的说法[⑧]。据1936年统计，陕北15县种植面积达172243亩，最多的榆林县有95000亩。[⑨]

在陕西，省政府强迫人民种植鸦片，每亩至少纳烟捐10元，就是不种也要照样缴纳。有谓陕西农民“家家赌博，人人吸烟”者。[⑩] 陕西谣谚、陕北信天游里反映种植、吸食鸦片的内容也比比皆是。[⑪] 邵力子关于“人民应做工不应种鸦片”[⑫] 的说教，在苛捐杂税的重压下显得苍白无力。据1932年在陕西商县腰市屈村的调查，该村有百户人家，成年男子250人，吸食者203人，成年妇女150余人，吸食者40余人。黑山脱皮沟90户人家400余人中，吸食者占15%左右。[⑬] 另据记载，陕西关中区烟地约43.47万亩，汉中区17.2万亩，兴安区3.76万亩，榆林区15.66万亩，

---

① 参见马鸿逵《马少云回忆录》，第149页。
② 《廿五年宁夏省烟土收成与禁政进展之调查》，《拒毒月刊》第106期，1936年，第6页。
③ 殷铸夫：《陕西见闻之实录》，《西北问题》第1卷第4期，1935年8月15日，第94页。
④ 《陇海铁路调查报告》，载《民国史料丛刊》第395册，第127页。
⑤ 参见中华国民拒毒会编印《中国烟祸年鉴》，1927年秋至1928年秋，第13页。
⑥ 《陕西省农村调查》，载《民国史料丛刊》第753册，第424页。
⑦ 参见国民政府主计处统计局《中国土地问题之统计分析》，第42页。
⑧ 参见《西北教育考察报告书》，第12页。
⑨ 参见《陕北的烟田统计》，《拒毒月刊》第109期，1937年，第29页。
⑩ 《陕甘调查记》上，第155页；张扬明：《到西北来》，第76、103页。
⑪ 参见《陕西谣谚初集》，陕西省教育厅编辑室，1935年；鲁迅文艺学院编《陕北民歌选》，光华书店1948年版。
⑫ 邵力子：《人民应做工不应种鸦片》，载西北导报社编印《邵力子先生民国二十四年演讲集》，1936年6月，第107—111页。
⑬ 参见政协陕西省商州市委员会文史资料研究委员会编印《商州文史资料》第8辑，1991年，第67页。

合计80万亩以上，估计全省70%的男性和80%的女性皆有烟瘾。[①] 1935年陕西查获的私运烟毒案件达1030起，几占全国总数四分之一，涉案人员804名，占全部人数的14.06%，仅次于山西。这还不包括陕西邮区缉获的142宗（占总数的32.57%）烟毒案件。[②]

新疆鸦片系由内地入疆官兵人民带入，种植由来已久，是"帝国唯一从内亚境外和印度次大陆的北部进口鸦片的地方"和唯一与浩罕汗国进行鸦片贸易的地方。[③] 杨增新时期，对于禁种鸦片雷厉风行，"偶或发现一茎半苗，即将其人立予枪毙"[④]，因此种植者极少。但有从国外偷运入境者，如1927年从阿富汗输入鸦片金额为675000卢布。[⑤] 金树仁时期，虽然在各地设立禁烟局，责成县市官员专办禁政，但吸、种、贩、运公然无阻。[⑥] 30年代时，新疆鸦片种植更为普遍。1933年，精河县已普遍种植，少者几亩、几十亩，多者几百亩，每届7月，罂粟花到处可见。[⑦]"新省北路汉族农民，嗜雅（鸦）片烟者多，荒废事业，时闻破产，南路缠民嗜赌博及蔴烟者，实繁有徒……蔴烟系蔴叶上之灰所制，其毒性与雅（鸦）片同，均足以误人伤农也。"[⑧]"新疆各界自军政工商农以下，男女都染烟癖，甚至自命清高的教育界，穷无立锥的乞丐，亦多嗜阿芙蓉者。"[⑨] 所订立的禁烟章程形同具文，呈送中央政府的禁烟报告书也只是官样文章。

五　教育落后，风气闭塞

1905年，清廷停止科举考试，发展新式教育。国民政府建立时，取得了较大的成绩，全国学龄儿童在学率年有攀升。据统计，1929年儿童入学

---

① 参见《陕甘调查记》上，第64页。

② 参见军事委员会禁烟总会编印《二十四年度禁烟年报》，第22、25页。陕西邮区查获的烟土数量在各邮区也是最多的，达349.04公斤，占总数891.07公斤的39.17%（见该书第41页）。

③ 贝杜维：《新疆及更远地区的鸦片》，载〔加〕卜正民、若林正编著，弘侠译《鸦片政权：中国、英国和日本，1839—1952年》，黄山书社2009年版，第143页。

④ 中国第二历史档案馆选编：《南京国民政府成立初期新疆办理禁烟情况史料选》，《民国档案》2013年第2期，第4页。

⑤ 参见华企云编著《新疆问题》，大东书局1931年版，第64页。

⑥ 参见曾问吾《中国经营西域史》，商务印书馆1936年版，第609页。

⑦ 参见王景福、俞敬爱《精河县的禁烟运动》，载政协新疆区委员会文史资料委员会编《新疆文史资料》第28辑，新疆人民出版社1995年版，第178页。

⑧《新疆建设计划大纲（草案）》，载《民国边政史料续编》第28册，第576页。

⑨ 蒋君章编著：《新疆经营论》，正中书局1936年版，第138页。

率为17.1%，1930年为22.07%，1937年达到44%。[①] 各级各类学校也发展较快。截至1930年，全国有小学及幼儿园250840所、学生10948979人，平均每1893人拥有一所小学或幼儿园，每43人中有一名小学生或幼儿园学生；中学2992所、学生数514609人，平均每158685人拥有一所中学，每922人中有一名中学生；1931年有大学及专科学校103所、学生44130名，平均每10758人中有一名大学生或专科生，每4609586人拥有一所高等学校。而西北各省更为落后，各级各类学校数、学生人数皆数量有限，所占人口比例皆与全国水平相差太远。[②]

中学教育方面，1937年全国有中学2042所，师范1211所，职业学校370所，学生总数为547207人，经费总数为5531万余元。[③] 上海每万人中有213名中学生，而陕西、甘肃等省不到4人。[④] 陕甘两省民众文盲在70%以上，不及陕甘的宁青两省，文盲更多。[⑤]

西北除了学校较少外，教师素质低，经费投入也十分有限。1933年宁夏因财政困难，一切行政费以八折开支，每校每年经费8408元，与东南地区相差甚远，"教员资格极差"，57人中有26人系中学毕业。[⑥] 甘肃小学教员合格的不过十之二三，余皆小学毕业生做小学教员。[⑦] 陕西边远县份无一完备小学。各县教育经费，最多者不过六万元，少者千余元，吴堡全年教育经费仅435元。[⑧] 陕西小学教员中，短期师范毕业生最多，占30%，次为旧制师范、高中师范及中学各占20%，大学师范毕业生仅占5%。[⑨]

甘肃初级教育落后，儿童入学率低，庄泽宣在甘肃考察时，注意到了失学儿童问题，据他估计失学儿童有753900人。[⑩] 入学儿童数量没有保障，则进一步接受中等教育的人数无形中大大降低了，中等学校数、学生数、班级数等方面皆有体现。战前甘肃普通中学教育有高级中学1所，学生102人，每年经费22638元；完全中学1所，学生361人，每年经费

---

① 参见秦孝仪主编《中华民国社会发展史》第1册，近代中国出版社1985年版，第368页。
② 参见实业部中国经济年鉴编纂委员会编《中国经济年鉴续编》，第（B）41—46页。
③ 参见中国文化建设协会编《抗战十年前之中国》，第554—555页。
④ 参见《中国现代史》下册，第484—485页。
⑤ 参见《华西协合大学西北考察团报告》，载《民国史料丛刊》第818册，第289—290页。
⑥ 参见刘曼卿《边疆教育》，商务印书馆1937年版，第69页。
⑦ 参见赵敏求《跃进中的西北》，新中国文化出版社1941年版，第77页。
⑧ 参见陈言《陕甘调查记》上，第26页。
⑨ 参见《西北教育考察报告书》，第24—25页。
⑩ 参见陈言《陕甘调查记》上，第79页。

50545元；县立中学7所，学生不详，每年经费22761元；师范学校11所，其中3所为县立，学生总共为1530人，每年经费188812元；职业学校3所，皆省立，学生315人，每年经费78934元。[①] 据资源委员会40年代初在青海互助、民和、湟源等6县117农户816人所做的统计推算，青海7至13岁失学儿童比例达66.43%。[②]

甘肃教育状况在西北五省仅次于陕西，比宁夏、青海、新疆发达许多，但与全国尤其是东南各省相比，不啻天渊，若以宁、青、新三省与东南各省相比，则更不可同日而语，从整体来说，西北各省的教育状况相当落后。1936年斯诺采访徐特立时，徐特立曾言："在西北，在我们到达以前，除了少数地主、官吏、商人以外几乎没有人识字。文盲几乎达百分之九十五左右。在文化上，这是地球上最黑暗的一个角落……这里留辫子的人比中国任何其他地方都多。但是所有这一切，还有许多其他偏见，都是由于无知愚昧所造成的。"[③] 抗战爆发后，这一状况虽有一定程度的改善[④]，但对于百年树人的教育事业来说，如果没有长效机制是很难持续下去的。

教育落后常导致风气闭塞。西北远离中心，绝大多数地方风气十分闭塞，蓄辫遗风犹在。1932年宁夏省城内还可以见到拖着辫子的行人[⑤]，1936年，宁夏省政府仍然将督促放足作为"本省目前要政"[⑥]。三四十年代甘肃省政府工作中亦有剪除发辫的内容。[⑦] 缠足之风亦较炽。30年代潼关十岁左右缠脚的女孩子在路上很常见，妇女"率十人而八九缠足，偏僻之所，即十人中见一放足之妇女，亦不可得矣"[⑧]。1936年中国教育学会上海分会边疆教育委员会本有资助青海三名女生赴上海学习助产术的计

① 参见《西北教育考察报告书》，第36页。

② 参见汤惠荪、雷男、陆年青《青海省农业调查》，《资源委员会季刊》第2卷第2期，1942年6月，第273页。

③ 《西行漫记》，第210页。

④ 参见杜元载主编《革命文献》第61辑，"中央文物供应社"1972年版，第233—234页。

⑤ 参见王金鹏、郑安礼《孙马战争见闻》，载政协贺兰县委员会编印《贺兰文史资料》第2辑，1986年，第164页。

⑥ 宁夏省政府秘书处编印：《宁夏省政府二十五年度行政计划》，1936年7月，第15页。

⑦ 参见《省政府三十年度工作计划（民政部分）》，1941年，甘肃省档案馆藏，资料号15—14—315；《甘肃解放前五十年大事记（1898—1949）》，载《甘肃文史资料选辑》第10辑，第155页。

⑧ 达人：《从郑州到潼关的凄凉印象》，《申报月刊》第3卷第8号，1934年，第89页；吴震华：《西北徒步一瞥》，第16页。

划，但青海女性“十九还是小脚女子，经不起长途跋涉”① 而未能成行。即使到40年代，缠足者仍较多。1943年罗家伦率团在甘肃考察时，亦见到乡下七八岁小女孩有缠足的。② 该年甘肃省35县查禁缠足6475人，“成绩甚佳”也从一个侧面说明缠足之风甚炽，风气闭塞之重。③

与中国的东南地区相比，西北绝对可以说是落后的代名词。

> 当那些人正在热衷地向着东南追求的时候，西北是怎样呢？西北是无人过问。它不像东南一样，有诱人欲迷的明媚的河山和秀丽的风景，它只有泥瓦土窖的室庐，和大风扬尘的荒原；它更不像东南一样，有令人称快的电掣风驰的交通利器，它只有颠人欲堕的骡车和一日行不上百里的驴、马、驼、牛；它既没有具备使人一顾的条件，所以也就不能引起人们乐于一临的欢心。即使有一二抱有探奇搜异的旅客，但是，一度游历之后，及至再度提起，则不特热念顿消，而且恐怕还要视为畏途哩……像兰州，像宁夏，像西宁……那些地方都是我们所闻见的西北的大堂。但是，拿这些有名的在西北认为是大堂的地方，若和东南一比，据我看来，有些实在及不上东南一个小有名或者无名的市镇的繁荣。④

西北自然条件恶劣，自然灾害频仍，工业基础薄弱，交通困难，农业落后，政局动荡，人民常在死亡线上挣扎。据考察者记述，“陕西人之衣食住行，除住之一项外，莫不在在发生问题……乡间农民，尤多穴居……与近代物质文明，并无甚密切之关系也”⑤。

食物方面，西北因干旱少雨，农作物以旱作作物如小麦、杂粮等种植广泛，亦是西北农民的主要食料。⑥ 肉类亦有摄入，除了鱼的消费量几乎

---

① 马尊伟：《保送青海学生赴沪求学之经过》，《新青海》第4卷第10—12期，1936年12月12日，第24页。

② 参见罗家伦《谕长次女公子久芳、久华告知路上所见几个故事》，载罗家伦先生文存编辑委员会编《罗家伦先生文存》第7册，“国史馆”、中国国民党中央委员会党史委员会1989年版，第188页。

③ 《甘肃省政府二十八年度行政计划》，1939年，甘肃省档案馆藏，资料号4—4—235，第10页。

④ 陈伯言：《开发西北与中国前途的关系》，《新甘肃》创刊号，1932年，第3—4页。

⑤ 冯志翔：《西北游踪（续）》，《中央日报》1934年4月26日第2张第3版。

⑥ 参见《中国乡村人民常年食料中所含各种主要食粮重量之百分率》，《农情报告》第2卷第8期，1934年8月1日，第63页。

为零外，其他肉类与全国平均水平相差无几，[①] 但这绝非普遍水准，广大穷苦民众生活水平十分低下。陕、甘、宁、青人民常年多以麦面或杂粮为食，蔬菜极为稀少。“甘肃人民……平日除以粗劣面麦果腹外，绝少他种食品。西人游历其地者，谓中国各地膳食之劣，鲜有过于此省。”[②] 而在陇南徽县一带，即食盐亦不易得。[③] 陕西农民则赖“四大金刚”以资调味，即使招待普通宾客亦如是，以小碟略备蔬菜者殊不多见。西安普通民众的衣、食、住都比较简单，总有几分贫穷的现象。[④] 1932年陕西实业考察团在陕北考察时这样记述：“食：每日能得饱餐，即已心满意足，食品如何，在所不计，普通食粮，为糜子谷子，荞麦或煮饭或煮粥，或磨粉，以及制面与馒头大饼等，随俗而异，价值皆求便宜，肉食难得尝试，每饭有盐菜数小块，或略煮菜蔬瓜果佐餐，即为佳肴，淡食者亦常有之。余尝见摘取某种田草（如苋菜样）以充食料者……简单如是，诚可慨也。”[⑤] 陕西人民“以言‘食’，则多喜面食，杂以小米粥，惟中产以下农民皆食面，质劣价廉，聊以果腹，以视平津沪宁各大都市之生活概况，真有天堂地狱之感”[⑥]。青海农民多以青稞、豆子、山芋为食，上层社会则有白面可食。

穿着方面，陕西人民衣服多为棉织物，主要是土布。甘青人民除着羊皮袄外，多用毡褐，贫苦农民则衣服褴褛，仅具粗毛毡毯一条。[⑦] 青海农民生活简单，一个成年人全年衣食需二三十元。如果是五口之家，全年花销至少得七八十元。农民衣着夏秋以土布、永吉布蔽体，冬春则以白色毛褐、老羊皮袄御寒，不知绸缎为何物。通县一般农民多以土布或褐布为衣，青稞制面为食，住则一律旧式土房。蒙古族人民日常以牛羊肉及奶、炒面、酥油等为食，间有馒头、面条。[⑧] 据青海农村调查所30年代初对441乡57233户农民的调查，农民全年收入为160元左右，而其饮食、衣物杂用、税款杂捐及牲畜饲料等项开支，最低亦达170元，往往入不敷

---

① 参见《每人常年所消费各种鱼肉数量之百分率》，《农情报告》第6卷第10期，1938年10月15日，第117页。

② 《甘宁青经济纪略》，载《民国史料丛刊》第353册，第416页。

③ 参见《华西协合大学西北考察团报告》，载《民国史料丛刊》第818册，第418页。

④ 参见刘凤五《西安见闻记》，《新文化》第1卷第11期，1934年。

⑤ 《陕西实业考察》（一），载《民国史料丛刊》第583册，第290—291页。

⑥ 《陕甘调查记》上，第156页。

⑦ 参见《华西协合大学西北考察团报告》，载《民国史料丛刊》第818册，第418页；《陕甘调查记》上，第156页。

⑧ 参见《中国农村经济资料续编》上编，载《民国史料丛刊》第497册，第527—535页。

出。[①] 如果年成不好或牲畜发生疫病，则亏欠更大。1931 年 4 月调查显示，除了互助稍好之外，西宁、乐都、大通等绝大多数县份皆苦不堪言。[②]

20 世纪二三十年代的宁夏徒有塞上江南之名，而无江南之实。有人记述：经过宁夏不少的农村，每踏进一户农家，主人出迎，让座递茶（上户人家才饮得起茶，普遍都是喝冷水，坐处都是土炕）之后，第一声总是“啊”！或者“唉”！继以诉苦，终而忧容满面，一若着长衫制服者，一进门来，便非吉兆。至于屋里“炕无一席，妇孺衣不蔽体”，更不消说。[③] 即使在省会，生活状况也并无很大改善，生活成本更高。1934 年前后宁夏省城每人每年生活费约 11.5 元。[④] 西安、兰州、宁夏城市人口一直较少的状况也反映了城市不易居的特点。[⑤]

甘肃最苦县份，人烟稀少，家徒四壁，冬天仅着单衣，13 岁以下儿童无裤可穿，全家共棉衣一件，夜间共睡一炕，烧牛马粪取暖。[⑥] 这虽然有点难以置信，但却是真实写照。刘文海 1929 年到河西探亲，记载了酒泉城乡 100 户、400 口男女老幼的生活情形（见表 4），据此可见当时酒泉人民生活之一斑。

表 4　　20 世纪 30 年代酒泉 400 人生活水平概况

生活品	说明	平均人数	平均次数	用量及价值
糜子	做粥吃	全体	每日二次	每日每人约费半分有奇
小米	做粥吃	十分之一	三日一次	每次约费二分
面条	食料	十分之一	三日一次	每次约费四分
馒头	食料	十分之一	三日一次	每次约费四分
胡麻油	点灯及吃	全体	每日一次	每日共费约一分
盐	食料	全体	每日一次	每次四人约费半分
醋	食料	半数	十日一次	每次四人约费半分
青菜	食料	全体	二十日一次	每次每人约费一分
野菜	食料	半数	二十日一次	自向理田野采取
水果	食料	十分之一	三十日一次	每次每人约费二分

① 参见鲁人《青海的危机》，《时事月报》第 13 卷第 6 期，1935 年，第 453 页。
② 参见青海省政府民政厅编《最近之青海》，新亚细亚学会 1934 年版，第 60—125 页。
③ 《宁夏剪影》，《拒毒月刊》第 108 期，1937 年，第 22 页。
④ 参见《宁夏省考察记》，第 20 页。
⑤ 参见《各大城市户口变动》，《统计月报》第 78 号，1943 年 2 月，第 13 页，第 117、118 号合刊，1947 年 5—6 月，第 30—34 页。
⑥ 参见周宪文《东北与西北》，《新中华》第 1 卷第 1 期，1933 年，第 6 页。

续表

生活品	说明	平均人数	平均次数	用量及价值
小吃	食料	五分之一	五日一次	每次约费二分
粗布衣	作冬夏衣用	全体	每年一套	每套约值一元
棉	作冬衣用	半数	二年一次作袄裤用	每次约费五角
毛	作冬衣用	半数	二年一次作袄裤用	每次约费五角
皮	作冬衣用	半数	二年一次作袄裤用	每次约费二元
丝类	作衣服用	二十分之一	—	每年每人约费一元
鸦片	耗用	六分之一	每日二次	每次约费五分
装饰品	修饰及卫生用品	三十分之一	—	每年每人约费一元半
知识品	增长知识用品	二十分之一	—	每年每人约费二元

资料来源：刘文海：《西行见闻记》，甘肃人民出版社2003年版，第36—37页。本书初版于1933年。

从表4可以看出，因粮食缺乏之故，除油、盐、小吃（不能举炊者借此苟活，具体为何尚不能确定）外，每家每户一天只吃两顿主食——糜子粥，菜类成了稀有之物，在所有19种生活必需品中，食品10种，衣5种，其他4种。装饰品和知识品只有极少数人少量、不定期地拥有，说明当地人只是在生存线上挣扎，根本谈不到生活。据作者观察，“虽不能谓酒泉居民之生活情形可以代表全陇，但除陇南一区外，其他各处情形实无甚悬殊”①。兰州普通市民每餐食肉者极少，大都以咸菜、辣椒、豆腐等为日常菜蔬，只有岁时年节才有肉食，麦面为主要食物，米次之。饮水既不清洁，更谈不上甘甜。民房大都湫溢不堪，屋上泥顶无瓦，屋内多为土地，屋中均有土炕。窗户多糊以白纸，玻璃殊不多见，新式建筑物除各大教堂及医院外，仅中央银行及西北银行两处而已。② 不独兰州，其他地方衣食住行亦大同小异。“西北住所可分为瓦屋，泥草屋及土窨三种，其中以泥草屋为最普遍，瓦屋甚少……室内陈列，除土炕而外，鲜有他物，所谓‘家徒四壁’，以之用于西北农民，其恰无比。日常食语坐卧，均赖一炕。”③ “西北人民的衣食住行诸问题，无时无刻均有不足之感。”④ 而面积辽阔的新疆在经过20年代中后期三年的变乱之后，1143万亩耕地中有七

---

① 刘文海：《西行见闻记》，第36页。

② 参见《兰州之工商业与金融》，载《民国史料丛刊》第461册，第333—334页。

③ 《华西协合大学西北考察团报告》，载《民国史料丛刊》第818册，第418页。

④ 《西北最近十年来史料》，载《近代中国史料丛刊三编》第60辑，第2页。

成左右荒废，北疆90%以上、南疆50%以上的农村成为废墟，牲畜死亡300万头以上，所剩不过400万只，人民贫困，财政枯竭，物质缺乏，人力稀少，“新疆人民，尚在中古世纪生活状况之下”①，西北人民亟待解决的问题，实为生存问题。②

小　结

通过上述事实的陈述，我们基本描绘出了一幅20世纪二三十年代西北社会的全景图：从地理上言，西北各省深居内陆，地形地貌复杂，雨泽稀少，各种自然灾害频发，尤其常被旱魃困扰。社会动荡不稳，主政者对兴修水利缺乏足够的认识，建设费用投入不足，水政废弛，水利设施年久失修，在以农为主的社会结构中，社会抵御风险的能力十分薄弱，一遇天灾，即陷入困境，人民生活较诸其他地区更加没有保障。西北地区虽然是多条大江大河的发源地，但却无舟楫之利，水上交通大多依靠劳动人民较为原始的发明创造，而无现代机器以为动力。铁路迟至1931年底才有修筑。公路皆为初级形式，交通运输工具以畜力及肩挑背扛为主。航空运输处于起步阶段。各项基础设施极为落后。唐代以后，西北地区逐渐从中心地带被疏离。随着南方的日益发展，西北愈发远离中国政治、经济、文化中心，处于绝对的边缘地位，而交通的落后更使得这种边缘性被大大强化了。

政治上，军阀政治依然统治着残破的农村社会，是典型的“家天下”，在他们眼里，西北民众只是种田交税、任其盘剥、供其奴役并在争夺地盘时为其卖命的工具而已，毫无生活可言。各路军阀开发西北的动机，表面上打着为国家经营西北，控制边疆的幌子，实际上则是抢占地盘，拥兵自重。③ 陕西从民元到国民政府建立，深受军阀混战之害，地方长官大率走马灯般，大捞一笔后留下满目疮痍、千疮百孔、嗷嗷待哺的民众脑满肠肥地离去。甘、宁、青三省先是处在旧军阀的把持之下，为之提供军费粮秣、充当炮灰，继而又被思想保守，既无新知识又无革新意识的诸多军阀

① 张大军：《新疆风暴七十年》第7册，兰溪出版社有限公司1980年版，第3843—3850页；《新疆建设计划大纲（草案）》，载《民国边政史料续编》第28册，第671页。

② 参见高长柱编著《边疆问题论文集》，1939年，载张研、孙燕京主编《民国史料丛刊》第709册，大象出版社2009年版，第39页。

③ 参见大山《西北开发的希望》，《东方杂志》第21卷第12号，1924年，第9页。

集团控制，俨然独立王国。新疆孤悬塞外，先后处在杨增新、金树仁、盛世才的统治下，对内色厉内荏，对外屈膝奉迎，对上阳奉阴违，对下欺压鱼肉。西北各省远离中心，视界仅仅局限于一县一省，自顾不暇，更没有能力睁眼看世界。西北先天条件不足，资源丰富而未能开采利用，人民生活困苦，深受鸦片毒害与高利贷盘剥，沉重的苛捐杂税与无休止的摊派更是难以摆脱的枷锁，各省民众大多在生存线上挣扎。西北教育落后，各种人才缺乏，供职中央政府及位居中枢者凤毛麟角，政治代言人极少。风气闭塞，新兴事物难以被接受，即使到了 30 年代，很多事物还停留在 20 世纪初的水平或留有清末遗痕。

然而，此时的世界却发生了翻天覆地的变化，20 年代末的世界经济危机蔓延至中国，强邻日本侵略的步伐越来越近，以致演变成现实，且有得陇望蜀、灭亡中国之心，中国面临的危机愈发严重，在多重危机的刺激下，全国喊出了“开发西北”的口号，西北地区在危机中迎来了转机。

第二章　危机袭来与抗战前的西北经济开发（1927年4月—1937年7月）

战前10年被认为是中国经济建设的黄金十年。对西北地区而言，则是在危机日迫的形势下，在纷乱扰攘的政局下，在原本薄弱的基础上，经济获得了一定的发展。此一时期可以九一八事变为界限，分为前后两个时段。第一个时段从国民政府成立到九一八事变发生，此为救济性开发阶段，开发的动因可以主要归结为大旱灾的影响，虽然兴修水利的呼声此起彼伏，但开发的措施主要是赈济西北灾荒，中央政府与地方当局实质性开发举措较少。第二个时段从九一八事变之后到抗战全面爆发，此为实质性开发阶段。九一八事变发生后，全国局势与社会心理为之大变，开发西北的呼声更为激昂，中央政府对西北的认识与定位亦逐渐从模糊变得明晰，因此动因也是最为复杂的，而复杂的开发动因及各项成果的取得，其背后则与中国社会及西北地区面临的一系列危机有莫大的关系，尤其是国民政府，面临着自建立以来的最大的危机。1932年，日本侵略者在上海发动了一·二八事变，迫使国民政府短暂地迁都洛阳，此为国民政府建立以来第一次迁都。之后，日本侵略中国的步伐愈益加快，1932年3月，日本扶植溥仪成立伪"满洲国"；1933年1—5月，日军先后侵占热河、察哈尔两省及河北省北部大部分土地，进逼平、津，并于5月31日迫使国民政府签署《塘沽协定》；1935年策划"华北事变"，等等，中国面临的民族危机更为严重。为了应付接踵而至的危机，国民政府将目光投向了西北地区。因此，正是30年代初各种严峻交错的危机导致西北地区政治地位上升，经济开发的时机被大大提前。换言之，西北地区在诸种危机的影响下，迎来了近代以来最大的经济转机，实现了新的发展。

第一节 民国初年的经济开发

北洋政府时期，社会已有开发西北矿业的议论与计划。1924年，吴佩孚曾两次致电农商部，请求绘制西北矿产分布图，以便开采。① 曾赴甘肃进行地震震后调查的翁文灏也已注意到西北丰富的矿产，派同行赴河西一带调查②，翁文灏亦于1924年拟订《开发西北矿业计划》，分析开发的可能性③。1925年3—5月，《西北周刊》先后刊登多篇开发西北问题的文章。④ 留美矿物学家刘垣鉴于西北矿产丰富却无充分资本开采，主张将美国退还庚子赔款移作开发之用。⑤ 但这时只是零星的个人言论与行为，并没有形成一定的声势和热潮。

如果说以上言论只是纸上谈兵的话，而冯玉祥则是开发西北较早的实践者。1925年3月，在出任西北边防督办期间，冯玉祥就萌生了开发西北的思想。他认为西北在国防上是“国之锁钥”⑥，对于这样的国防要地，“我不自谋，人将起而谋我，届时噬脐无及，追悔已迟”⑦；在经济方面，以西北为切入点，采取移民垦边等方式，一则可以缓解东南地区的人口压力，一则可以弥补西北人力、技术等方面的不足，如果西北地区得到开发，则可以合理、有效地配置自然、社会资源，推动和促进全国经济的发展。另外，冯玉祥认为“陕甘为西北革命发源重地”⑧，应大力建设。1925年冯玉祥订立开发西北计划，动员兵工种树修路，垦辟荒地，举办实业，开渠疏河，设立工厂和学校，取得了一定的成绩。⑨ 1927年3月，冯玉祥召集陕甘两省专门人才、国联总部代表及相关人员，在临潼召开陕甘两省建设会议，共议决提案11项50余条，内容涉及交通、水利、工厂、垦殖

---

① 参见《农商部开发西北矿业计划》，《钱业月报》第4卷第7号，1924年7月。

② 参见《湖南实业杂志》第54号，1922年。

③ 参见翁文灏《开发西北矿业计划》，《陕西实业杂志》第11期，1924年。

④ 参见林嘉骏《开发西北与发展国民经济（一）》，第161—164页；村之《西北最相宜的几种作物》，第164—166页；友松译《外人之西北开发论（续）》，第166—167页。

⑤ 参见李学通《翁文灏与民国时期的西部开发》，载张海鹏、陈育宁主编《中国历史上的西部开发——2005年国际学术研讨会论文集》，商务印书馆2007年版，第252页。

⑥ 中国第二历史档案馆编：《冯玉祥日记》（一），江苏古籍出版社1992年版，第556页。

⑦ 《冯玉祥选集》中册，人民出版社1998年版，第118页。

⑧ 同上书，第511页。

⑨ 参见田荫清《对于西北垦务之讨论》，《西北周刊》第5期，1925年。

等，对开发交通筹划良多，制定了详细的办法。[①] 冯玉祥实行的措施符合西北实际情况，简单易行，其能在军阀混战中提出并在一定范围内施行，值得肯定。

国民政府成立后，并未立即将开发西北付诸实践，而是在大旱灾的刺激下，将目光投向了西北，进行了有限度的救济性开发。

第二节 救济旱灾而非开发经济（1927 年 4 月—1931 年 9 月）

1928 年，开发西北之声再起，且比之前声势更大，而其代价却是一场始料不及但可以在一定范围内避免或能减轻损失的灾害，这就是持续了五六年之久的西北大旱灾。

1928 年春夏，陕、甘、察等 13 省遭旱灾，被灾县份达 535 县，灾民 3339 万人。[②] 西北地区以陕甘受灾最为严重。陕西旱灾来得早且延续时间长，1928 年 3 月至 8 月，滴雨未落，河流几近干涸，往年盛水期能摆渡舟楫的渭河，竟能“没胫而渡”[③]。旱灾导致陕西夏粮严重歉收，“树皮草根采掘已尽，赤野千里，树多赤身枯槁，遍野苍凉，不忍目睹”[④]。陕西受灾县份 77 个，灾民 6255264 人[⑤]，“人民之流离颠沛或厄于疫疠者，不下百之七十。其较大城镇之居民，苟存一扉半椽，莫不求售于人，藉得细微川资，而迁居河南或其他邻省”[⑥]，1928 年冬，陕、甘、豫三省先后有 20 批难民迁移徐州，辗转南京。[⑦] 有人作诗纪之曰：“花木凋零鸟兽僵，冬来奇冷又奇荒。十家九户无烟火，北舍南乡胜堵墙。”[⑧]

1929 年，陕、甘、豫等 7 省持续大旱，灾民达 3400 万人。[⑨] 陕西旱

---

① 参见陕西省档案馆《冯玉祥对西北开发的史料》，《历史档案》1990 年第 1 期，第 75 页。

② 参见邓云特《中国救荒史》，《民国丛书》第二编 20，上海书店 1990 年版，第 44 页。

③ 《陕西旱荒灾情之重大》，《大公报》1928 年 10 月 24 日第 3 版。

④ 袁林：《西北灾荒史》，甘肃人民出版社 1994 年版，第 572—573 页。

⑤ 参见中国第二历史档案馆编《中华民国史档案资料汇编》第五辑第一编“财政经济”（七），江苏古籍出版社 1994 年版，第 472 页。

⑥ “全国经济委员会”《渭河流域灌溉计划书》，1933 年 9 月，“中央研究院”近代史所档案馆藏，资料号 26—00—05—001—09，第 3 页。

⑦ 参见《豫陕甘难民过徐回籍》，《上海民国日报》1929 年 3 月 26 日第 2 张第 4 版。

⑧ 陕西赈务会编印：《陕西赈务汇刊》，“插画”，1930 年 4 月。

⑨ 参见《中国救荒史》，《民国丛书》第二编 20，第 44 页。

灾日重，灾民死亡日多，“食人惨剧愈演愈烈”①。1929年夏天，埃德加·斯诺和路易·艾黎曾到河套以南进行饥荒调查，他们看到的景象是：“在赤日炎炎下，久旱无雨的黄土高原一片死寂，没有绿色，树木光秃秃的，树叶被摘光了，树皮也被剥净了。路边横着骷髅似的死尸，没有肌肉，骨头脆如蛋壳。饱受饥荒缺衣无食的少女，半裸着身子被装上运牲口的货车运往上海的妓院。路边的尸体都是骨瘦如柴，稍有一点肉的立即被吞噬掉了。这是一九二九年至一九三零年的大饥荒的一角。”② 文中提到的少女被装车运往上海，就是当时很多报纸上所写的西北旱灾后出现的“人市”。生长于三原的于右任在1929年9月视察后痛心不已，言之令人心悸，多数县份既无秋禾，又困于交通，“陕西人民饿死者，已达五十余万人之多，潼关道上，妇女儿童被卖出关者，每日不计其数，谁无骨肉？谁非人子？此时百无生路，我亦只有忍痛视其堕入苦海耳”③。此情此景令人唏嘘不已，此言闻之令人掉泪。1929年9月，国民政府赈灾委员会约请新闻工作者同到灾区视察灾情，郭步陶为同行者之一，在与武功县长的谈话中得知该县灾情后，陶氏有感于此，作《哀武功》诗：“乡村少人行，城郭悽欲绝。父子各分散，兄弟任摧折。求生既无路，速死乃所悦……”④ 从中我们亦可看出当时武功县灾情的严重。据1929年12月底在个别县份的统计，自旱灾发生以来，长安原有农户23414户433864口，旱灾导致2678家绝户，饿死者52512人，极贫者达130864人，次贫者74667人，流亡他处者47357人；盩厔37169户中有792户死绝，饿死15479人，流亡7943人，极贫者62309人，次贫者39183人；大荔21058户106307口中，极贫和次贫者共为74457人，流亡者6306人，饿死者9793人，848户绝户，其他各县亦大同小异。⑤ 扶风四年时间，人口从16.5万减至9.7万，减少41%。⑥ 甘肃是年大旱，自陇

---

① 《陕省灾民死亡日多　食人惨剧愈演愈烈》，《上海民国日报》1929年5月8日第2张第2版。

② 〔美〕哈里森·索尔兹伯里著：《长征——前所未闻的故事》，过家鼎、程镇球、张援远等译，解放军出版社1986年版，第335页。

③ 《于右任先生视察陕灾后的谈话》，《上海民国日报》1929年9月27日。

④ 郭步陶：《西北旅行日记》，大东书局1932年版，第79—80页。

⑤ 参见陕西赈务会《陕西赈务汇刊》，第23—32页。

⑥ 参见《于右任等转报杨虎城〈开发西北应先救济陕西请确定设施方案〉的提案》，1933年2月，载《抗战时期西北开发档案史料选编》，中国社会科学出版社2009年版，第109页。

东南迄于河西[①]，全省受灾县份64个，灾民2440840人[②]。又以兵连祸接，死于饥饿者140余万人，死于疫病者60余万，死于兵匪者30余万。兰州每日死亡之人，政府只能以大车运投黄河。定西原有人口6万余，经此旱灾骤减至3000余人。定西、平凉一带树皮、草根剥剜殆尽，人相食。[③]

1930年，旱灾仍在持续，“陕、甘尤重，居民初则食树皮，继则卖儿鬻女，终则裂啗死尸，易食生人”[④]。该年，甘肃旱情继续扩大，灾民从457万人减至311万人，减少的数字非为救济活命者，而是死亡人数。固原、隆德、海原三县灾民，全户、全族、全村死绝者，比比皆是。

1931年，陕、甘、川、热等省亢旱。1932年豫、陕、甘、青等省大旱，陕、豫等省遭霜灾、雹灾，灾区达数十县[⑤]，陕西70县遭风霜之灾，30余县有旱灾，36县受雹灾[⑥]。武功人口因灾由原来的18万减至9万，扶风从16万减至10万，减少37%，岐山则从17万减至13万。[⑦]宝鸡1927年、1928年时人口为20万，1932年时仅为14万。[⑧]据1933年在凤翔5村所做的调查，1928年共有农户633户2377人，调查时只有268户1474人，因灾死亡占六成以上。[⑨]

据国民政府赈灾委员会发布的报告称，此次旱灾共造成陕西灾民5584526人，甘肃4750000人。[⑩]《大公报》曾把受灾地区按灾情轻重分为四级，陕西为一级，是最为严重的级别，甘肃名列二级第一名。[⑪]据李文海《中国近代十大灾荒》一书测算，甘肃在此次旱灾中死亡的人数为250万到300万，而当时甘肃的总人口为600万左右。[⑫]翻阅当时记录，“旱，

① 参见《西北灾荒史》，第573页。

② 参见《中华民国史档案资料汇编》第五辑第一编“财政经济”（七），第472页。

③ 参见《甘肃解放前五十年大事记（1898—1949）》，载政协甘肃省委员会文史资料研究委员会编《甘肃文史资料选辑》第10辑，甘肃人民出版社1980年版，第120页。

④ 《中国救荒史》，《民国丛书》第二编20，第44页。

⑤ 同上书，第45页。

⑥ 参见林和成编《中国农业金融》，中华书局1936年9月版，第49页。

⑦ 参见郑震宇《农村复兴与荒地清理》，《地政月刊》第1卷第12期，1933年，第10页。

⑧ 参见陕西实业考察团编《陕西实业考察（一）》，载张研、孙燕京主编《民国史料丛刊》第583册，大象出版社2009年版，第239页。

⑨ 参见行政院农村复兴委员会编《陕西省农村调查》，载张研、孙燕京主编《民国史料丛刊》第753册，大象出版社2009年版，第464—466页。

⑩ 参见《西北消息》，《西北春秋》第2期，1934年4月16日，第1页。

⑪ 参见《全国五千万灾民待赈》，《大公报》1929年4月25日第1张第4版。

⑫ 参见李文海《中国近代十大灾荒》，上海人民出版社1994年版，第176页。

饥”“旱灾奇重”“连年荒旱”“亢旱歉收”“被旱成灾”之语，不绝于书。

此次大旱灾，有人将之视为 30 年代初期“国难原因之一”①，引起了广泛关注，当时人们谈论的主题是如何救济西北。有人指出：“国民政府对北方……努力向前去做的，就是对于西北的赈灾。”② 马鹤天、邵力子、林鹏侠等人也主张先救济西北，再行开发建设。③ 到西北考察财政的国库司司长余梅荪归来后言：“陕甘等省，因教育程度极其低下，交通又极端阻滞，致文化经济诸事实无不落后，人民受灾荒影响，痛苦不可名状，生活且不可保，更何论开发？故建设西北，必以救济人民为前提，俟民困稍纾，再图整理教育及交通水利等事宜，方可奏效。”④ 因为“目前情形，救济西北，似较开发为尤要”，“故救济西北，实为开发西北之第一步”⑤。

为此，国民政府采取了一些措施，如 1928 年 11 月 13 日特派孙科、王正廷、胡汉民等 21 人组成“豫陕甘三省赈灾委员会”，指定冯玉祥、刘世英、刘治洲为常务委员，冯玉祥为主席，拨款 100 万元以赈济西北灾荒。薛笃弼在视察后，急拨大宗款项粮米，派员赴陕，会同当地官绅举办急赈，以救灾民。政府亦通过议案如《由中央与地方建设机关合资开发黄、洮、泾、渭、汾、洛、颍等河水利以救济西北民食案》《发行公债救济陕灾案》，一致表达了先救济再开发的愿望：“此次陕灾弥漫全省，而渭北省西，尤为酷烈，浩劫之余，村市成墟，炊烟全断……应先图救济，次筹建设。”⑥

地方政府和社会各界也派员赴灾区视察，展开救济。陕西各县设立粥厂，进行平粜，建收容所，凿井修路，以工代赈，修建钓儿嘴水利工程⑦，引泾工程亦采取工赈办法。1929 年，甘肃因大旱灾而开放本省砂金金矿一

① 覃振：《希望全国人民注意开发西北》，载秦孝仪主编《革命文献》第 88 辑，“中央文物供应社”1981 年版，第 36 页。

② 戴季陶：《西北》，新亚细亚学会 1931 年版，第 30 页。

③ 参见马鹤天《开发西北必先解决西北人民的生活饥荒与知识饥荒》，《新亚细亚》第 4 卷第 5 期，1932 年，第 9 页；《西北归来之感想谈》，《申报》1933 年 6 月 7 日第 3 张第 10 版；邵力子《要开发西北先要救济西北》，载西北导报社编《邵力子先生民国二十四年演讲集》，西北导报社 1936 年版，第 50 页。

④《国库司长谈西北考察经过建设西北为前提》，《申报》1932 年 12 月 23 日第 2 张第 8 版。

⑤ 邵力子：《救济及开发西北问题》，《银行周报》第 17 卷第 13 期，1933 年；《邵力子在中央报告西北开发与建设：开发先救济，建设重交通　希望陇海线西展》，《益世报》1934 年 2 月 1 日第 1 张第 2 版。

⑥ 何应钦、于右任：《发行公债救济陕灾案》，载秦孝仪主编《革命文献》第 89 辑，“中央文物供应社”1981 年版，第 3 页。

⑦ 参见陕西赈务会《陕西赈务汇刊》，第 1—22、33—52 页；李协《陕北水利调查报告》，《大公报》1931 年 4 月 10 日第 2 张第 5 版。

年，自由开采，“以资生活……籍以补赈”[①]。上海成立筹募陕灾急赈会，为旱灾募款，放映有关陕西旱灾的影片，以期引起人们的同情。[②] 东北大学成立急赈陕灾会，向陕西灾区募捐六七百元。[③]

大旱灾发生后，社会各界虽争相赈济，在一定程度上缓解了灾情，救助了嗷嗷待哺、濒于绝境的灾民，但放粮赈灾终究为治标之计，“纵集国人之力鲜克补益于久远”。时人对如何消除及避免大旱灾，提出了各种对策和措施。薛笃弼提出，除了救济灾民之外，“至于根本办法自应开渠凿井兴办水利，或乘此农隙兼办工赈”[④]，这一主张虽无新鲜之处，但对处于连年大旱、饿殍载道这一关节点的西北灾区，不失为一剂对症良药，自能唤起人们的共鸣，“经此大旱灾后，各方对水利工程渐渐重视”[⑤]。后来陕西泾惠、渭惠、洛惠诸渠，甘肃各渠的疏浚与兴修，宁夏、青海水利的小规模整修，无不与此次大旱灾直接相关。旱灾发生后，陕西民众“于是极力筹款以求此工程（指渭北工程——引者注）之早日实现”，“农民对于水利工作亦愿接受指导”[⑥]，且有民众自发来到工地，协助工程进行。[⑦] 王成敬也说：“1928 年以后数年陕西大饥，人民死亡至多，兴修陕西水利之事乃得积极进行。”[⑧] 一些亲自到西北考察的人士则有切身的感受和体验，后来的事实亦证明，在西北各省经过十几年的水利建设之后，灌溉区内居民受益颇大，大规模干旱发生的概率确实降低了很多，在一定程度上增强了抵御旱灾的能力。

第三节　“甜蜜的事业”：民间的主张、声势与活动

大旱灾使得救济西北成为当务之急，在救助过程及之后，民众对何以

---

① 《甘肃建设厅通志材料》，甘肃省图书馆西北地方文献阅览室（图书）藏，1929 年，抄本。

② 参见《沪成立陕灾会》，《大公报》1931 年 3 月 4 日第 1 张第 3 版。

③ 参见《东北大学热心救灾》，《大公报》1930 年 5 月 24 日第 1 张第 4 版。

④ 《中华民国史档案资料汇编》第五辑第一编“财政经济”（七），第 470—471 页。

⑤ 时怀铭：《泾惠渠纪游》，载矛盾等编《西北行》，中国旅行社 1943 年版，第 251 页；《陕南各县兴修水利情况（五）》，陕西省档案馆藏，资料号 72—6—206（5），第 317 页。

⑥ 《陕西省一九四四年小型农田水利计划（一）》，1944 年，陕西省档案馆藏，资料号 72—6—110（1），第 22 页。

⑦ 参见渭北引泾水利工程局编《渭北引泾水利工程报告》，出版时间不详，第 22—23 页。

⑧ 王成敬：《西北的农田水利》，中华书局 1950 年版，第 17 页。

会出现规模如此之大的旱灾深入剖析，提出了修治水利以资救济、继而开发西北的良策。九一八事变发生之后，使得距离事变地点千里之外的西北地区再次成为全国上下注目的焦点，当时人们从各自的角度出发，提出了各种各样的开发设想和途径。开发设想不外乎以下几种主张：优先发展交通；重视农田水利建设；利用西北地下富源，开矿设厂；实施移民垦殖；垦牧及畜牧改良；改善民族关系，改进民族教育；发展合作经济，等等。①如果将这些主张做一大致分析的话，可以发现，经济开发是所有开发设想中提到次数最频繁、数量最多的。如果再细分的话，则可以看出，在众多的经济开发设想中，又以主张优先发展交通、重视农田水利建设、移民垦殖和发展工业的观点最为普遍。

一 开发主张

（一）优先发展交通

孙中山曾经指出，“交通为实业之母，铁道又为交通之母”②，清楚地阐明了发展交通尤其是铁路与经济建设的密切关系。此一时期，许多人也从不同角度阐述了发展交通与开发西北的关系。有人从商品流通的角度出发，认为开发西北，首要在便利交通，交通便利了，商品的流通自然会像流水一样，逐利而行、互通有无、日趋破产的农村经济就有了挽救和振兴的渠道。③ 还有人从加强边疆和腹地紧密联系的角度，认为“现边疆和本部的交通，太不方便，联络太困难了，所以欲使本部与西北打成一片，汉回精神团结，以减西北的危机的话，第一要开发西北的交通，而西北交通的开发，第一就应注意到边疆和本部的联络了”④。苏联学者克拉米息夫也有类似的看法，并列举西北交通运输工具的种种不足：“读者须记忆现在运输之工具为车辆骆驼，后者尤为普遍。其最普遍之缺点在耗费时间金钱，而货物之安全及定期交货皆不可靠。”⑤ 安汉在考察西北后写道：“交通为发展文化之利器，为促进西北发展之先决条件，如交通不能便利，则发展前途不敢预言功效也。”并分析了发展西北交通的若干好处。⑥ 著名地

---

① 参见《实业部渔业司·潘世淮条陈开发西北以改良畜牧为先决问题》，1933 年 11 月—1933 年 12 月，“中央研究院”近代史所档案馆藏，资料号 17—27—213—05。

② 《孙中山全集》第 2 卷，中华书局 1982 年版，第 383 页。

③ 参见时伯齐《开发西北与设计问题》，载《革命文献》第 89 辑，第 222 页。

④ 洪瑞涛：《开发西北交通计划》，载《革命文献》第 89 辑，第 300 页。

⑤ ［苏］克拉米息夫：《中国西北部之经济状况》，王正旺译，商务印书馆 1933 年版，第 49、216 页。

⑥ 参见安汉《西北垦殖论》，国华印书馆 1932 年版，第 62 页。

质学家杨钟健在反思西北问题时亦认为，除了西北边防、民族等问题外，“惟一的基本问题，不能不郑重略述的，就是交通问题。交通便利，一切都有办法，否则一切都是徒费”①。

（二）积极开发农田水利

除了优先发展交通之外，开发农田水利也是呼声很高的一项举措。水利是农业的命脉，农业的发展必须有相应的水利设施来支持，对于干旱少雨的西北地区来说，情况更是如此，同一区域，水田与旱地差别直如霄壤。1943 年陕西水田所植棉花平均亩产皮棉 57.91 斤，而旱地仅收 20.51 斤，1944 年水田收 40.2 斤，旱地仅收 12.13 斤。② 泾阳农场在 1944—1947 年所作的比较试验中，灌溉地产量超出旱地 187.27 斤，旱地较灌溉地减少 54.17%。③ 甘肃永丰渠一带，水车田每亩每年可收麦四斗，而旱田只收四升。据当地人言，水量充足时可种两季，且可种棉花；夏惠渠流域旱田产量平均为五六升，水田则可收三斗以上；汭惠渠一带旱田每亩收 2.5 斗，水田可收 7 斗。④ 因此，古人曾在西北开挖修浚了很多水渠，对当地经济的迅速发展发挥了重要作用。三国时期，诸葛亮屯兵汉中，大兴水利，使汉中地区物阜人丰。唐时，关中规模较大的水利工程达 14 项，灌溉面积可达 6 万余顷。宁夏地处黄河上游，独得河水之利，河渠密布。甘肃河西“有水即为良田，无水便成绝漠”⑤，经过历代开发，河渠密布，水渠数占全省 2/3⑥。

到西北考察或视察的人，除了对大旱灾有触目惊心的观察和记述之外，还对造成大旱灾的原因进行了分析，“每隔数年，西北必遭旱灾一次，该时人民之食粮，必需请求外界之救济，雨水之稀少及河流之深陷——难以灌溉——实为造成旱灾之二要因”⑦。顾执中在陕西考察时，亲眼目睹了缺水对陕西农作物的影响，加深了水对于西北的重要性的认识。⑧ 有些人

---

① 杨钟健：《西北的剖面》，甘肃人民出版社 2003 年版，第 173 页。

② 参见《本厅一九四四年度工作检讨报告（草稿）》，1944 年，陕西省档案馆藏，资料号 72—7—6，第 11 页。

③ 参见李国桢《陕西小麦》，美吉印刷社 1948 年版，第 28 页。

④ 参见《河西水利工程处关于兴修已成各渠概况、工程说明及水利工程规划与计划书一览表》，甘肃省档案馆藏，资料号 38—1—7，第 88—98 页。

⑤ 马凡：《河西的水利问题》，《西北通讯》第 3 卷第 9 期，1948 年 11 月，第 13 页。

⑥ 参见甘肃水利林牧公司编《甘肃水利林牧公司成立两年概况》，1943 年 8 月，甘肃省图书馆西北地方文献阅览室（图书）藏，油印本。

⑦ 中国国民经济研究所编：《中外经济年报》，1939 年，中国国民经济研究所 1940 年印行，第 76 页。

⑧ 参见顾执中《西行记》，甘肃人民出版社 2003 年版，第 12 页。

则把水利与移民垦殖联系起来综合考虑，认为欲大规模移民西北，水利也是必须首先解决的主要问题之一。吴蔼宸游历新疆后认为："故欲图开发新省，非大举移民不为功，而欲移民务农，则首应从事沟渠。"在谈到新疆垦务时，他认为新疆"非地不足垦，特水利未兴耳"，"新疆之垦殖问题，直一水利问题也"①。

（三）移民垦殖

移民垦殖也是当时喊得比较响亮的一个口号。这个口号的提出主要基于西北地域广阔，人口密度小，具备移民垦殖的空间。"移民西北之呼声，已充溢于国内，此可证中国今日移民，实为最要问题，而西北实为移殖最适宜之地方也。"② 安汉认为可将失业之人和所裁之兵移往西北，以利国家、地方发展。③ 张人鉴认为东南地区人满为患，欲消解东南过剩人口，非实施移民不可，而西北地区则是理想的移民之地。④ 还有人从巩固国防的角度出发，认为移民西北是充实国防的有效途径。⑤ 1931年大水灾对东南诸省造成了强烈的冲击，灾民难民遍地，1932年5月，皖北农民协进研究会委员严孝绵、陈福祥、朱德海等向国民政府呈文，建议向西北移民垦殖。⑥ 有人甚至总结了移民实边至少有十大好处。⑦ 更有细心者制订了周密的屯垦计划，对西北移民热潮亦鼓吹甚力。⑧

（四）开办工厂

对于工业建设的呼吁虽不像交通、农田水利和移民垦殖那么迫切，但也有很多人提及。温怀柔在谈到发展宁夏工业时说："宁夏可说没有工业……但如宁夏目前已有的手工业，如造纸、制鞋，皆为日常所必需……

① 吴蔼宸：《新疆纪游》，商务印书馆1935年版，第256页。

② 吴龢：《西北铁道系统与殖边——实业计划研究之二》，《新亚细亚》第1卷第5期，1931年2月，第28页。

③ 参见安汉《西北垦殖论》，第2页。

④ 参见张人鉴《开发西北实业计划》，著者书店1934年版，第7页；李如汉《开发西北问题》，《晨光》第1卷第42期，1931年，第9—10页。

⑤ 参见虞振镛《开发西北之我见》，《开发西北》第2卷第4期，1934年10月15日，第1页；李国斡《开发新疆与我国经济前途》，《新亚细亚》第3卷第6期，1931年，第69页。

⑥ 参见《严孝绵等请组织移民西北垦殖致行政院呈文》，1932年5月31日，载《抗战时期西北开发档案史料选编》，第144页。

⑦ 参见彭家元《中国边地之现况与移民》，《东方杂志》第22卷第6号，1925年3月25日，第41—42页。

⑧ 参见方保汉《边疆屯垦论》，《新亚细亚》第11卷第2期，1936年，第29—38页；《农村复兴委员会关于由东北难民救济委员会核议柳国明〈东北难民移垦西北计划〉致行政院呈》，1933年9月27日，载《抗战时期西北开发档案史料选编》，第154—165页。

政府可有计划的扶植其发展。”① 顾执中、陆诒在1933年考察青海时记述：“西宁全县的手工业，向来不甚发达，所有多系徒弟制的手工业，以机器增其工率者，惟少数的缝工而已。”② 言下之意是青海必须赶快发展现代工业。

当时举国皆认为开发西北是经济建设的当务之急，其原因何在呢？第一，开发西北可以充实国防。西北除陕西而外，其余四省都与外国接壤，尤其是新疆，边境线达5000多公里，与多个国家毗邻，面积广阔而人口稀少，且有苏联虎视眈眈，此种状况，难免不引起国人的警惕与担心。“外蒙新疆，介于日俄英三大强之间，而我国内部十八省之屏藩也。俄人注其全力，以谋扩充其势力于两省之中……然则我西北边疆，于最近及将来，将一边为三强之逐鹿场。”③ 不独新疆如此，其他各省也或多或少有列强染指。“法国对西北也早已垂涎已久，无时不思染指。”④ “西北富藏于地，我不开发，英俄觊觎已久，人将取而代之，此又关于国防上不可不注意者也。”⑤ 据傅振伦回忆：“忆及外人在1856—1932年间，在我西北探险考察的66次之中，俄人居24次之多。盖俄人觊觎我西北已久。”⑥ 在东北地区被日本侵占之后，充实西北边防显得更为重要和迫切，此一言论所在多有。

第二，从安置流民和所裁兵士看，确有开发西北的必要。经过几年的军阀混战，“战区灾区诸地人民，田地荡尽，无法生活，开发西北，安插流民，为唯一救济之方法”⑦。有人从编遣裁军的角度考虑，认为中国的兵太多了，非裁不可。据统计，1914年兵士为45万，北伐结束时达到225万⑧，军队数量庞大，为免中国变成“兵匪国”⑨，把被裁的兵士移往新疆，从事垦殖，一方面既可巩固国防，另一方面又可以安定民生⑩。

第三，可以救济西北民生。郭维屏认为，西北各省除受帝国主义者影

---

① 温怀柔：《宁夏经济现状及其挽救方法》，《西北论衡》第6卷第9期，1938年5月15日。
② 顾执中、陆诒：《到青海去》，商务印书馆1934年版，第299页。
③ 吴觫：《西北铁道系统与殖边》，《新亚细亚》第1卷第5期，1931年2月，第28页。
④ 马一勤：《西北问题的治本与治标》，《伊斯兰青年》第4期，1934年，第26页。
⑤ 郭皋：《开发西北河套之计划》，《新亚细亚》第2卷第4期，1931年，第39页。
⑥ 傅振伦：《蒲梢沧桑》，华东师范大学出版社1997年版，第132页。
⑦ 马鹤天：《开发西北之步骤与方法》，载《革命文献》第89辑，第143页。
⑧ 参见张玉法《中国现代史》上册，东华书局股份有限公司1977年版，第229页。
⑨ 〔美〕菲尔·比林斯利：《民国时期的土匪》，王贤知等译，中国青年出版社1991年版，第59页。
⑩ 参见杨达真《开发新疆之具体计划》，载《革命文献》第89辑，第257页。

响之外，还有重大的天灾、离奇的人祸，重重的压迫早已将西北民众的生路断绝，从事西北开发，则可以“遏乱萌而苏民困”，且西北面积甚广，蕴藏甚富，如果能用科学方法开发，不仅民生得有出路，还可以在一定程度上解决东南失业问题，救济民生。①

第四，开发西北以备战。有先见之明者提出了开发西北是长期抵抗日本侵略的有效手段。“开发西北，有其为长期抵抗的实际性。”② 如郭维屏和郑礼明指出：

> 自“九一八”、“一·二八”事变发生以来，东北四省，既沦日寇之掌中，而东南沿海一带又复备受其蹂躏，我四万万中华民族，几无日不在其暴力威胁之下，言之殊觉痛伤。唯狼子野心，贪得无厌，近复煽动内蒙，以事间离，派员赴新，企图扰乱。种种诡谋，非将我中华民国整个颠覆，使我四百兆黄帝子孙沦为奴隶不可。试观近日之西北与华北，纠纷日益复杂，局面日形严重，危机四伏，状至堪虞，此种事实之证明，益信日寇蓄意亡我之不误也……抗日既为目前自存之要图，则如何方能有效的抗日，此不能不研究也……吾人鉴于过去华北抵抗之失败，益觉自己实力不足之可虞。所谓实力者何？曰物力、人力，与地理之形势也。此三者在今日之西北，实东南为优，故吾人欲作长期有效之抗日，不能不先以西北各省为根据地……西北为我中华民族文化发祥之地，无论在任何方面言，其地位均甚重要。以民族言，西北各省，汉、满、蒙、回、藏，五族俱全，民情诚朴，吃苦耐劳，而体格剽悍，勇敢善战，尤为东南人民所不及，此足以与暴日作长期之抵抗者一也。以物产言，动植五金，食用俱全，而煤铁锰硝，皮棉石油，出产尤富，兴办重工业，制造军用品，取之不尽，用之有余，此足以与暴日作长期之抵抗者二也。次就地理形势言，崇山峻岭，冰天雪地，沙漠荒原，一望无垠，人烟稀少，地面广袤，既可以避飞机轰炸，又可利用地形，设险布防，在在都能为我科学落后国家战争上之利用，此足以与暴日作长期抵抗者三也。抑有进者，即海口如被封锁，则我可在新疆另辟出路，由中亚印度方面，可与欧亚各国，以平等待我之民族联络，以获得国际间物质与精神上之援助，此

① 参见郭维屏《开发西北实时势之需要》，《新西北》第1卷第3、4期合刊，1932年12月30日。

② 《开发西北实业计划》，张静愚序。

> 足以与暴日作长期之抵抗者四也。根据以上所述之理由，抗日为我民族救亡图存之唯一出路，而抗日实力之培养与抗日基础之造成，均有赖于西北之各省。是西北若开发，不仅西北自身之危机泯而险象除，且可以西北之力，收复东北，保持东南，巩固西南也。故曰我中华民族目前救亡图存之唯一出路，在乎开发西北也。①

第五，从民族方面看，开发西北可以加强民族间的交流与联系，促进民族关系和谐发展。西北地区是少数民族杂居地，汉满蒙回羌藏杂居，风俗信仰各异，“苟能于最短期间，开发西北，使交通便利，接触较多，教育普及，通婚通语，耕植牧畜，工商振兴，则自能安居乐业，融洽一致”②。

第六，从地理位置上看，西北是中国的腹心，有建设的必要。孙中山将兰州视为中国的陆都，如果说“东北为我手足，西北则为我腹心”，而现在，“东北亦已暂沦于敌人之手，若再不经营西北，则腹心危矣，以是举国上下，年来对西北问题，倍极注意”③。

第七，从国际地位上看，“西北地接中亚细亚与西伯利亚，故以地势而论，实占亚洲中心，为欧亚交通之要道”，实有开发之必要。④

除了以上原因，更有甚者，怀揣救世主思想的“先进之士”不切实际地将开发西北上升至消弭世界大战、维持世界劳动阶级安全性、致英帝国死命、解放亚洲民族的高度⑤，这些设想乃至空想、幻想对开发热潮的兴起也不无推动之功。

二　浩大的声势

20世纪20年代末至30年代初，外敌压境，国势日蹙，危机日重，引起了国人的极大愤慨，激发了国人强烈的爱国热情。愤慨之余，人们从长远考虑，把目光转向了中国的西北角，研究、考察西北的团体、组织及个人如雨后春笋，风云际会。

---

① 郭维屏、郑礼明：《陇海铁路西段轻便铁道计划书》，《西北问题研究会会刊》“兰州号”，1934年。

② 郭维屏：《开发西北实时势之需要》、《开发西北谭》，《新西北》第1卷第3、4期合刊，1932年12月30日。

③ 冯志翔：《西北游踪（一）》，《中央日报》1934年4月11日第2张第3版。

④ 参见《开发西北实业计划》，导言。

⑤ 参见王聪之《开发西北与革命》，《西北》1929年第1期。

（一）研究西北的团体大量出现

1924年1月，马鹤天在北京成立中华西北协会，创办《西北半月刊》，其宗旨一是促进西北开发，二是介绍西北情形，三是传达西北消息，四是联络西北各族感情，五是宣传西北协会设施。[①] 其后又有西北周刊社（1925）、西北文化促进会（1929）、开发西北同志会（1929）。[②] 九一八事变后，人们把目光投向了中国的西北角，关于西北地域范围的讨论也渐多。基于爱国热忱和共同兴趣，他们自发联合起来，纷纷组织各种社团，或从地理出发研究西北历史地理沿革，或以历史的眼光，回顾辉煌的历史以增强国人的信心，或专门研究西北民族、经济、文化现状以为开发做准备。这些社团主要集中在南京、上海、北平三地，择其要者，北平计有西北研究社（1931）、西北协社（1932）、西北斗争社（1932）、西北学会（1932）、西北公学社（1933）、西北春秋社（1934）、西北论衡社（1936）、新西北社（1937）等，上海有西北实业促进会、西北问题研究会（1932）、西北学会等，南京有西北周刊社、开发西北协会、西北文化社、西北刍议社、开发西北学会（1932）、西北农学社等，西安有西北史地学会（1937）等。1936年9月，顾颉刚与冯家昇在出席燕京大学大学生自治会举行的绥东问题座谈会时，发起成立了边疆问题研究会，并请人就边疆问题展开演讲。[③] 此外，段承泽与顾颉刚1937年4月25日在北平发起成立西北移垦促进会，以促进西北移垦，设立西北移垦实验区，根据实际经验指导辅助移垦团体或个人，以及联合其他团体，研究移垦实施与效果，并引起国人注意为宗旨。[④] 鉴于西北各省地广人稀，该会极力主张移民，并制订了工作计划。[⑤] 该会还与清华大学、燕京大学等组织暑期西北考察团，于1937年7月分赴宁夏及内蒙古归绥、包头等地考察种族、农垦、水利等，到归绥后邀请各界举行座谈，了解情况。[⑥] 但该会旋因卢沟桥事变发生而告解散。[⑦]

---

① 参见赵夏《马鹤天先生对边疆考察和研究的贡献》，《中国边疆史地研究》2003年第4期，第106—107页。

② 参见《开发西北同志会昨在沪举行年会》，《申报》1932年11月7日第3张第10版。

③ 参见顾潮《历劫终教志不灰——我的父亲顾颉刚》，华东师范大学出版社1997年版，第181页。

④ 参见《西北移垦促进会在平成立》，《农业建设》第1卷第4期，1937年，第532—533页。

⑤ 参见《西北移垦促进会成立大会纪要》，载《革命文献》第88辑，第691—693页。

⑥ 参见《西北考察团邀绥各界领袖谈话》，《申报》1937年7月5日第2张第4版。

⑦ 参见《暑期西北考察团沪团员今晚赴平》，《申报》1937年6月25日第4张第14版；《历劫终教志不灰——我的父亲顾颉刚》，第182页。

从九一八事变到抗战爆发是研究西北社团成立最多的时期，“全国统计，三十有七”①。其中规模较大的有西北问题研究会和开发西北协会。

西北问题研究会，1932年7月25日由上海文化界、实业界200多位学者名流发起成立，会员除个人外，还有20多个团体加入，如西北学会、西北评论社、西北屯垦团等。② 研究会分为调查、研究、设计、宣传和组织五个部门，调查股负责调查西北各省民族、国防、交通等13个方面的事项，而由研究股予以研究，再由设计股根据研究结果分别设计，督促实行，宣传股负责对西北各省介绍宣传，以期引起人们对西北的注意，组织股则是组织相关人员或团体赴西北服务。研究会成立的目的是从研究、调查、宣传入手，以冀唤起国人注意，然后再准备切实开发西北③，该会以研究西北问题、发展西北事业、巩固西北国防为宗旨，成立之日通过要案四项：一是请政府速定开发西北之具体计划，并积极筹备实地开发事宜；二是派员调查西北各省最近之灾情，以资救济；三是加入废止内战大同盟，务使西北各省今后不致再有战争发生，影响开发事业；四是定期筹备召集全国边疆会议。④

研究会成立后，鉴于会员散处各地，即着手成立各省分会。郭维屏、胡庶华在随陕西实业考察团及中国科学社赴陕期间，与陕西军政界筹备成立西安分会，1932年8月31日正式成立，杨虎城、邓宝珊均派代表莅会，号召入会者“或制定方案，建议政府，或著专论，贡献国人，或介绍侨胞，投资经营，或集中人材，从事开发”⑤。1932年10月30日兰州分会成立，主要致力于甘肃问题的研究。1933年4月9日，兰州分会在甘肃学院召开干事会，议决在兰州五泉山造林、征集有关西北问题研究参考书和募集款项。⑥ 1933年2月1日，青海分会在西宁成立，将研究青海问题作为主要目标。⑦

研究会先后组织西北物产展览会、西北文物展览会、国货西北流动展览团⑧，并组织暑假考察团赴平、津、察、绥、包等地进行考察，向政府

---

① 汪昭声：《西北建设论》，青年出版社1943年版，自序，第2页。
② 参见《西北问题研究会成立大会纪要》，载《革命文献》第88辑，第612—613页。
③ 参见《西北问题研究会筹备讯》，《申报》1932年7月19日第3张第10版。
④ 参见《西北问题研究会成立》，《申报》1932年7月26日第4张第14版。
⑤《西北问题研究会西安分会正式成立纪要》，载《革命文献》第88辑，第615页。
⑥ 参见《西北问题研究会兰州分会决议事项》，《申报》1933年4月10日第2张第8版。
⑦ 参见《西北问题研究会成立青海分会》，《新青海》第1卷第5期，1933年5月，第3—4页。
⑧ 参见《国货西北流动展览团之消息》，《西北问题》第1卷第1期，1934年9月15日，第129—130页。

部门提供开发建议[①]，并逐渐发展为国民政府西北事务的顾问委员会[②]。1934 年 3 月 25 日，该会创办会刊，先后发行 6 期，总共刊发文章 158 篇，直接以“开发西北”为题的有 14 篇。[③]

开发西北协会成立于 1932 年 6 月，后改为西北建设协会，由戴任、陈立夫、萧铮、戴弘等邀集各方面专家、学者、技术人员及有志于西北建设事业的人士组成，总会设于南京。协会分农业、畜牧、矿业等 9 个组，宗旨是向社会宣传开发西北的意义，通过调查西北各省现状，进行深入研究，拟具开发方案，以便促进开发，达到繁荣西北的目的。[④] 协会成立一年成员即达 600 余人[⑤]，故在西北各省设立了分会。1934 年 4 月 11 日，甘肃分会在兰州成立[⑥]，7 月 29 日，绥远分会成立[⑦]。开发西北协会成立之初，为了筹集经费，特邀大批中央大员和地方长官参加，如戴季陶、张继、杨虎城、邵力子、马鸿逵等皆为该会的会员或名誉理事。

协会成立后，共召开三届年会，筹划并开展了多项工作：一是通过参加学术会议以加强联系；二是派会员赴西北考察。1932 年 8 月，陕西实业考察团成立时，协会派候补理事阎伟和安汉加入该团，分赴陕西各地考察。协会还组织各大学西北考察团利用假期到西北考察。三是举办演讲会，宣传西北开发。四是通过发行月刊及小丛书的形式，调查当地情况，使社会各界能更为细致全面地了解西北。1934 年 1 月，创办《开发西北》月刊，编印各省专号，进行专题介绍。后改出专刊及小丛书，以扩大宣传。协会还公开放映西北科学考察影片及新疆歌舞，以加深人们对西北的认识，激起人们开发西北的热情。1936 年 1 月，所办月刊停刊，1937 年抗战爆发后该协会亦解散。

此一时期有关西北的社团，几乎纯为学术性，参加人员主要为知识分子，也有政府官员，他们以研究西北问题、呼吁西北开发为职志。社团的大量成立既是社会危机在知识分子群体中的折射，或曰是知识分子对民族危机的回应与观照，是传统知识分子爱国、救亡图存思想在新的时代、新

---

① 参见张宪文主编《中华大辞典》，江苏古籍出版社 2001 年版，第 650 页。

② 参见“Nationatists, Muslim Warlords, and the ‘Great Northwest Development in Pre-Communist China’”, *China and Eurasia Forum Quarterly*, Vol. 5, No. 1, 2007, pp. 115—135。

③ 参见孙小娟《西北问题研究会及其季刊研究》，硕士学位论文，南京大学，2012 年。

④ 参见《开发西北协会简章》，《开发西北》第 1 卷第 1 期，1934 年 1 月，第 1 页。

⑤ 参见《开发西北协会设立西北各省分会》，《申报》1933 年 12 月 22 日第 2 张第 7 版。

⑥ 参见《甘肃解放前五十年大事记（1898—1949）》，载《甘肃文史资料选辑》第 10 辑，第 153 页。

⑦ 参见《西北协会绥分会成立》，《申报》1934 年 7 月 31 日第 2 张第 7 版。

的危机下的具体体现与合理表达，也是知识分子与中央政府互动的产物，组建社团的知识分子想借此渠道为政府分忧解难[①]，而政府亦希望多一些渠道了解社情民意，因此，学术性社团的成立无疑是危机与时代的产物。

（二）宣传西北的刊物竞相创刊

各个社团除了派人赴西北各地详细调查或举行集会年会外，还创办专刊，“徒事宣传，竞出刊物”，倡言当时西北存在的问题和相应对策及开发事宜，以期引起国人及国民政府对西北的关注和重视。创办杂志以20年代中期为发轫，九一八事变之后，数量明显增加，地域分布亦更广泛，1931年北平西北研究社创办《西北研究》；1932年西北斗争社创办《西北斗争》，西北协社创办《西北言论》，西北学会创办《新西北》，上海西北屯垦团创办《开发西北月刊》，该刊创刊时，上海市长吴铁城为刊物题词“绝域曙光”，另有黄炎培、袁礼敦等多人题词，何香凝、宋庆龄等为该团赞助人。[②] 以后陆续创办的刊物有西北公学社1933年创办《西北》月刊，西北春秋社1934年创办《西北春秋》，西北农学社1935年4月1日创办《西北农学社刊》（以“结合同志，研究西北农村实际问题，改进农业技术，普及乡村教育，改善农民生活，以求解决西北民生问题，完成西北建设”为宗旨[③]），西北论衡社1936年创办《西北论衡》，新西北社1937年创办《新西北》等，1934年1月，《开发西北》创刊时，蒋介石还亲自题写刊名，以示重视。除了刊名中冠有“西北”二字的刊物对西北大事宣传之外，其他即使无“西北”之名者，亦刊登相关文章论著，如《建国月刊》亦“力主开发西北，最近又拟出‘西北建设专号’，以唤起国人对西北问题的注意”[④]。

（三）西北考察活动接连不断

30年代以来，社会各界赴西北的考察活动此起彼伏，络绎不绝，除了官方考察外，半官方、个人及社会团体亦径赴西北考察，虽然考察者的角度彼此有异，但有一点是相同的，即他们都把开发西北经济的重要性放到了相当重要的位置，有些人在考察的基础上提出了一整套开发计划和开发设想。1932年8月10日至9月29日，陇海铁路局长钱宗泽与陕西省政府磋商，发起并组织陕西实业考察团，利用暑假对陕西实业作具体考察[⑤]，以作“开发

① 参见《西北问题研究会及其季刊研究》，2012年。

② 参见《西北屯垦团会务记录》，《开发西北月刊》第2期，1932年，第44页。

③ 赵俊峰：《发刊词》，《西北农学社刊》第1卷第1期，1935年4月1日，第2页。

④ 向金声：《西北资源的调查》，载《革命文献》第88辑，第370页。

⑤ 参见陇海铁路管理局编《陇海年鉴》，载张研、孙燕京主编《民国史料丛刊》第983册，大象出版社2009年版，第499页。

西北的先导”①。参加者以金融界、实业界、新闻界、商会、学术团体及大学教授为主，并有实业部、铁道部、交通部及陕西建设厅人员参加，侨务委员会也派专人随同考察。② 考察团分南北两组，循南、北两条线路分别考察，南线历时41天，行程2500余里；北路历时35天，行程2000余里。每到一地，“除邀请当地机关团体等谈话，或赴约开会外，并须从事于实地之调查”③，并就“此次考察经过略况暨开发陕西实业急须实施之意见”分门别类写出30万字的考察报告，“为有志开发西北实业者参考之助”，呈送国民政府及陕西省政府以备采择。④ 著名作家张恨水也于1934年5月至8月进行了为期三个月的西北之游，对西安、兰州等地进行了导游式的介绍，并在《旅行杂志》连载。⑤ 1934年10月下旬，太原人吴震华徒步8000余里，历时5个月，亲履陕、甘、青、宁、绥之地，对沿途所见古迹名胜、风土人情、山川形势详加考察，留下了《西北徒步一瞥》一书。⑥ 1935年秋，中央政治学校地政学院组织陕、甘、川、滇、黔五省地政农业考察团，10月14日从南京出发，分西北、西南两组，西北组由汤惠荪、张森二人负责，至2月7日返京，历时三个多月，“每抵一省，先往农村及农业机关实地考察，然后依实地考察所得结果，拟具行地政与改进农业之计划，供各省当局采择施行”⑦。此一时期，赴西北考察的团体还有友声旅行团，中山文化教育馆青海考察团，华侨西北考察团，上海国难宣传团，复旦大学西北考察团，抗日军官王钧等17人组织的西北考察旅行团，暨南大学教育学系组织的西北教育考察团，上海国货工厂联合会组织的西北考察团⑧，等等。

---

① 沈云龙访问，林能士、蓝旭勇记录：《凌鸿勋先生访问纪录》，“中央研究院”近代史所1982年版，第88页。

② 参见赵人俊讲，孟实记《参加西北实业考查团之经过及其工作》，《清华周刊》第38卷第5期，1932年；《侨委会拟考察西北》，《申报》1932年8月2日第2张第8版。

③ 《陕西实业考察》(一)，《民国史料丛刊》第583册，第197页；《陕西实业考察》(二)，载张研、孙燕京主编《民国史料丛刊》第584册，大象出版社2009年版，第135—136页。

④ 《陇海铁路发管理局售陕西实业考察启事》，《申报》1934年2月1日第3张第12版。

⑤ 参见张恨水、李孤帆《西游小记·西行杂记》，甘肃人民出版社2003年版。

⑥ 参见吴震华《西北徒步一瞥》，同仁书店1935年版，自序第1页。

⑦ 国民经济建设运动委员会总会编印：《中央农业实验所及全国稻麦改进所概况》，1937年4月，第29页。

⑧ 参见《友声团组织之西北考察团昨出发》，《申报》1933年9月10日第5张第18版；《中山文教馆青海调查团明日出发》，《申报》1933年7月2日第5张第19版；《华侨西北考察团返京》，《申报》1933年10月22日第3张第12版；《上海国难宣传团蒙边西北展览会开幕》，《申报》1933年12月2日第4张第15版；《西北考察团今日北上》，《申报》1934年8月17日第4张第16版；《前抗日军官组西北考察团》，《申报》1934年8月20日第3版；《国立暨南大学教育学系组织西北教育考察团》，《申报》1935年3月17日第4张第15版；《国货界组西北考察团》，《申报》1936年3月15日第4张第14版。

报刊媒介的报道广度与关注力度空前广大。各大报社以刊载开发西北的文章和报道为时髦，北平的《晨报》、南京的《中央周报》《中央日报》，上海的《时事新报》《申报》，天津的《大公报》，西安的《西京日报》等，皆为报道的先锋。各报社还争相派员深入西北做实地调查，其中尤以《申报》和《大公报》最引人注目。

1934年3月，在一片“开发西北”的呼声中，为进一步了解西北进而研究西北，《申报》社特派记者陈赓雅亲赴西北考察。陈赓雅足迹遍及察、绥、宁、甘、新等省，于1935年5月返回上海，历时一年又两个月，考察途中把所见所闻随时寄回报社发表，后应读者要求，把文章汇集成册，以《西北视察记》为名出版，“公诸社会，并供负责治理及研讨学术者参考”[①]。由于这本书是作者专程考察所得，内容真实可信，角度独特，较为客观地介绍了西北的情况，为远离西北而又想了解西北的同胞提供了极大的方便，在社会上引起了很大反响。《申报》的这一举动无疑对宣传西北、开发西北起到了很好的倡导作用。

此外，申报社还刊发有关西北及开发西北的社评，如《到西北去》[②]《西北亟应注意》[③]《西北边防与开发西北》[④]《西北边防与开发》[⑤]《为开发西北进一言》[⑥]《建设西北水利与救济农村》[⑦]等，从国民政府成立至战前有15篇之多[⑧]，登载的有关开发西北的报道、消息则是不胜枚举。

《大公报》对西北问题亦相当重视，派记者深入西北进行实地报道。1932年4月26日，《大公报》刊载社评《论西北建设》，文章认为：“无论现在之外患如何归宿，今后应以最大之力量，建设西北。此不磨之论，全国应决心图之者也。”[⑨]《大公报》前后刊登有关西北的调查报告、视察记、新闻特写、游记等多达几十篇，很多都是报社派遣记者深入西北实地观察采写得来的，如1933年8月下旬，在绥新公路试车通车之际，特派记者李天织去新疆，返回时已近一年，期间发回了大量第一手资料。《大公报》主编张季鸾不但密切注视开发西北的动态，对开发西北的消息有闻

① 陈赓雅：《西北视察记》，甘肃人民出版社2002年版，自序，第4页。
② 《到西北去》，《申报》1932年7月23日第3版。
③ 明：《西北亟应注意》，《申报》1933年4月26日第2张第5版。
④ 《西北边防与开发西北》，《申报》1933年8月8日第2张第8版。
⑤ 舒：《西北边防与开发》，《申报》1934年4月18日第2张第6版。
⑥ 舒：《为开发西北进一言》，《申报》1934年4月27日第2张第6版。
⑦ 《建设西北水利与救济农村》，《申报》1934年11月17日第2张第8版。
⑧ 参见李玉、于川主编《民国四大报纸社论篇名索引》，国家图书馆出版社2011年版。
⑨ 《论西北建设》，《大公报》1932年4月26日第1张第2版。

必录，且常就西北问题发表社论。尤其值得一提的是，《大公报》还如实刊登了著名记者范长江到西北考察后的游记，即后来闻名遐迩的《中国的西北角》。考察期间，他多方接触社会和民众，对西北地方政治的黑暗、人民生活的困苦及日本图谋中国西北的野心做了淋漓尽致的披露，还就西北国防、宗教及民族关系等问题发表自己的看法，这本书不但对急于了解西北的人们是一本很好的读物，而且书中有些见解在今天看来仍不失其价值。除了派员实地考察，《大公报》对西北的关注还体现在社评上，据统计战前共刊发57篇，内容主要集中在三个方面：一是关注西北社会发展与旱灾救济，二是对西安事变的评述，三是对开发西北的宣传。如《祝泾惠渠》①《西北建设之根本问题》②《西北各省应厉行沟洫之制》③等，抗战爆发后亦有多篇关于西北经济建设的社评。

（四）论著迭出，以事宣传

随着西北地位的日益突出，"开发西北"声势的渐次高涨，人们了解、研究西北的热情也空前高涨，体现在文字上就是各种专著、游记、论文集、调查报告相继出版，尤其是九一八事变之后，关于西北的论著层出不穷。刘镇华《开发西北计划书》，1931年3月出版，是这一时期较早关于开发西北的系统专著，时人对此书评论道："将军（指刘镇华——引者注）治陕有年，与甘，宁，青，新密迩为邻，对于各地情形，当然谙熟。故其所有计划，多属斟酌实际情形，可以渐次实现之计划，迥非'奢谈改革不著边际'者可比。且于每种计划之进行，均先顾虑到困难之点，知其症结之所在，而豫先设法消弭之，尤见深谋硕划。"④截至抗战前有关西北经济的论著有几十种之多。⑤这些著作的出版，"必有补于开发西北，国家久远之谋，其嚆矢或亦在此"⑥。这些论著以客观的态度将西北社会呈现在人们的眼前，使渴望了解西北的人们眼界大开，对西北的了解更深入。而其所反映的西北社会的阴暗面及经济上的落后性，不可能不对关心西北的人们产生刺激作用，尤其是身处经济较为发达地区而心怀天下的人士，在接触了关于西北的论著之后，也不可能无动于衷，漠然处之。生于闽疆、长于

---

① 《祝泾惠渠》，《大公报》1932年6月20日第1张第2版。

② 《西北建设之根本问题》，《大公报》1934年5月10日第1张第2版。

③ 李协：《西北各省应厉行沟洫之制》，《大公报》1937年5月30日第1张第2版。

④ 赵惠人：《跋"开发西北计划书"》，《禹贡》第5卷第10期，1936年，第32页。

⑤ 参见彭竹册主编《民国时期（1911—1949）总书目》经济卷，北京图书馆出版社1993年版。

⑥ 顾执中：《西行记》，李序，第4页。

南洋、留学欧美的林鹏侠女士赴西北考察及撰写《西北行》，起因就是在看到介绍西北的论著后，“奉母命”，“慨国难日亟……遂遍游西北各地，笔之成书”的。[①] 南洋华侨赵昱鉴于国难日急，为唤醒国人注重实业，特将淞沪私产尽行变卖，率同家眷，不避艰险，到绥远、宁夏、甘肃、青海探矿，并拟往新疆考察。[②] 有一普通民众竟也拟具《开发西北林业计划书》，“颇可实行”，“或亦能邀投资者之一顾”[③]。可以说这些著作的出版，使得开发西北的意识渐渐深入人心了。

西北各省地处边陲，向来被人们所忽视，“是天之所忘之地”。然而，自东北沦陷后，国人对于西北开发倍加注意，前往考察者日益增多，应该说，报刊媒介、实地考察、各种论著等对开发西北经济热潮的兴起起到了积极的作用，甚至影响到了当时老百姓的日常生活，如新（疆）绥（远）长途汽车总公司在天津招考测路队练习生时，所出的作文题目为“论开发大西北”[④]。1933 年全国高等考试招录普通行政人员笔试中，甄录试中国地理试题第一题为：“我国目前开发西北应以何地为大本营？使近自青海、宁夏、陕西，远至绥远、新疆、西藏，无论经济、军事皆可以此为居中策应之地，试就过去之形势以卜未来之发展，根据事实而推论之。”[⑤] 良友摄影旅行团 1932 年 11 月至西北一带采集照片，在西北途中停留时间达 40 余日。[⑥] 中国旅行社也不失时机地推出《西北导游》一书，主要介绍西安的沿革、形势、交通金融、食宿、娱乐、物产、民情、名胜古迹和游程等，以满足社会需要。[⑦] 有人甚至专门就如何考察西北在暨南大学作专题讲演，对有志于到西北考察的人士尤其是大学生出谋划策。[⑧] 这些形式多样的举措对宣传、了解西北，继而开发西北起到了很大的推动作用，即使妇孺亦对开发西北产生了浓厚的兴趣。据林鹏侠记述：“某日于公益社内，遇有新自归来之女教士痛述西北灾况严重与妇女愁惨，声泪俱下。全堂黯然，

---

① 林鹏侠：《西北行》，甘肃人民出版社 2002 年版，江亢虎序，第 2 页。

② 参见《华侨赵昱变产开发西北实业》，《边疆》第 2 卷第 11 期，1937 年，第 3 页。

③ 陆亭林：《西宁等处实习调查日记》，载萧铮主编《中国地政研究所丛刊·民国二十年代中国大陆土地问题资料》198 册，成文出版社有限公司 1977 年版，第 94602 页。

④ 戴逸、张世明主编：《中国西部开发与近代化》，广东教育出版社 2006 年版，第 23 页。

⑤ 高等考试典试委员会编：《民国二十二年高等考试总报告》，考试院考选委员会 1934 年印行，第 326 页。

⑥ 参见《西北途中之良友摄影团》，《申报》1932 年 12 月 18 日第 4 张第 14 版。

⑦ 参见《中国旅行社新出导游三种》，《申报》1935 年 9 月 18 日第 3 张第 12 版。

⑧ 参见郭维屏《如何考察西北》，《西北问题》第 1 卷第 4 期，1935 年 8 月 15 日，第 30—33 页。

余母更悲不可抑。时海内新闻亦高传开发西北之声浪，遂更引起吾母注意西北问题……既相聚山中，母子兄弟姊妹，旦夕研讨西北问题，孜孜不辍。余母犹觉兴奋，命余弟入市中遍索有关西北史地图籍，逐日参究，几忘寝食。经两月之久，余母于西北情形，已具相当认识。"[①] 上海西北屯垦团《开发西北月刊》创刊后，有志于西北的一位青年向编辑部写信，询问该团的具体情况，并希望编辑人员"能以同情的友谊，以团体或私人的名义，指点与介绍一条'到西北去'的导线"，以便能"循着这条导线可以探得酬偿素志的总源"[②]。即使受社会影响较小的小学生也有开发西北的远大"抱负"和"志向"，据当时报载：江苏太仓有三位年龄14岁至16岁之间的小学生，在天寒岁暮时节抛弃课本，从本乡经镇江、南京到达蚌埠，目的是要到西北去开发边疆，后因语言不通，行至蚌埠时被警察局阻拦下来。[③] 有些拟到西宁经商的人，也千方百计地询问西北的情况，有的甚至写信给杂志社，询问到西宁的路线、时间、路费及应否穿较为美观的衣服，等等。[④] 人们争相前往，想一睹西北的风采。从西北归来后，皆异口同声地呼吁重视西北、开发西北。林鹏侠女士游历西北归来后，也"冀能察其真实，共发自救救国之心，组合正式考察团体，前赴西北各省，为更精密之调查"[⑤]。因为只有先引起国人对西北的兴趣，才有进一步开发的可能。[⑥] 正如马大正先生在评价20世纪的新疆考察时所言："中国爱国人士和学者热心于考察新疆，或源于消弭边患、拯救民族危机，或源于开发、建设边疆。他们的考察活动与'边政'、'边疆史地'研究的热潮相呼应，代表了民众的利益，顺应了民众的呼声。"[⑦]

三　毕竟是民间：软弱无力的活动

在危机日重、国难当头的紧要时刻，中国民众喊出了开发西北的口号，试图通过开发西北经济以挽救危机重重的国民政府与中华民族的前途命运，并且在此过程中，很多知识分子用自己的满腔热血和聪明才智创办刊物，著书立说，为开发西北不遗余力地宣传造势，在一定程度上改变了

① 《西北行》，第2页。

② 陈佩声：《致本团总务书》，《开发西北月刊》第2期，1932年，第50—54页。

③ 参见《中国西部开发与近代化》，第23—24页。

④ 参见徐俊良《到西宁去的走法》，《新亚细亚》第2卷第2期，1931年，第163页。

⑤ 《西北行》，第218页。

⑥ 参见朱元松《言开发西北者请注意三事》，《西北导报》第3卷第7期，1937年5月，第5—6页。

⑦ 马大正：《跬步集》，兰州大学出版社2003年版，第104页。

以往政府对西北的忽视及认识上的模糊，对开发西北热潮的兴起发挥了极大的作用。他们对开发西北的关注并非仅仅停留在口头上、笔尖上，而是身体力行，组织社团，实地考察，用亲身经历、所见所闻摇旗呐喊，“开发西北之论，倡之颇早。及九一八东北事件起，其说始为一般人所注意。有专门刊物作文字上之积极鼓吹者；有组织团体亲往考察，制成报告，以供日后开发之南针者”①。西北屯垦团从西北考察归来时，从西北带回羊毛、毡帽、毡鞋等到上海展览，以期唤起国人对西北工商业的注意。② 西北教育考察团考察西北教育的理由：一是在复兴中华民族的声浪中探讨如何团结西北各民族；二是到西北即中国文化的发源地去探讨、检视中国本位文化；三是现阶段西北的教育能否适应开发西北。除考察教育之外，西北教育考察团还考察了各省农村经济状况，“感到西北的现状，不仅潜有内在的危机，而且有外来的经济势力的侵略”③。这种面对危机敢于担当而不畏缩的传统士人精神值得肯定和赞扬。

民间的考察与调查，为后来实地开发作了理论上的准备，所拟订的开发计划，既有专项计划，亦有综合方案，既有关于一省一地的，也有涉及整个西北地区的，这些理论上的探索与各种资料的采集无疑为政府的决策提供了极有价值的参考。

然而，我们也要看到，来自民间的声音与身影因为缺乏行政权力和经济实力的支撑，显得形单影只，甚至苍白无力，各个团体及个人大多只能被迫停留在创办刊物、口号宣传等层面，最多也只能派少数人力赴西北作有限的实地考察。考察者归来后据亲身经历现身说法，鼓吹开发西北的重要性与迫切性，而实践方面则因财力、人力、权力等力有不逮，不能亲履其地进行开发实践，只能略尽绵薄或望洋兴叹，甚至有人讥讽道：“现在研究有关西北问题的学术团体虽然日渐发达，然而他们滞留在东南繁华的都市中，只能口里讲一讲，笔下写一写，很少跑到荒凉西北去实际工作。”④ 之所以出现这种状况，是由民间力量本身的属性决定的。

以西北问题研究会为例。该会成立于 1932 年 7 月，入会条件极为简单，即只要具有中华民国国籍，有志于研究西北问题、经营西北事业，由

---

① 褚民谊讲，李光黄记录：《建设西北之要点——褚民谊先生在蒙藏学院讲》，《天山月刊》第 1 卷第 5 期，1934 年，第 37 页。

② 参见《西北屯垦团公开展览西北原料》，《申报》1932 年 10 月 27 日第 4 张第 15 版。

③ 国立暨南大学西北教育考察团编：《西北教育考察报告书》，国立暨南大学出版课 1936 年 7 月版，第 1、8 页。

④ 胡嗣春：《开发西北问题新检讨》，《边疆》第 2 卷第 1 期，1937 年，第 44 页。

三个发起人介绍并审查合格、交纳一定数目的会费就可加入该研究会。后来兰州分会将其细化为四项：一为中等学校毕业，二是有社会经验，三是对西北问题有特殊研究，四是直接或间接赞助该会的。该会会员有社会名流或某些社团集体入会，如发起人有潘公展、贺耀组、张心一、凌鸿勋等 72 人，除贺耀组时为国民党中央执行委员和甘宁青宣慰使兼甘肃省政府委员外，潘公展为上海特别市政府农工商（后改为社会局）局长外，其他皆为文化界名人，而少有军政界实力派人物。实力派人物往往只是赞助会员，如汪精卫、孔祥熙、史量才、马鸿逵、邓宝珊、孙蔚如等。

该会职员中，亦以文化教育界人士居多，如常务干事胡庶华为大学校长，常务干事、《西北问题季刊》主编郭维屏为同济大学教授、甘肃省参议会副议长，常务干事李大超为上海教育局督学科长、市政府秘书，常务干事且为义务职，研究股、宣传股、设计股、调查股职员亦皆为文人出身，而乏真正的“当权派”。

各地分会成立时，亦不乏当地名人或士绅跻身其中，如兰州分会会员有“陇上第一名流”水梓，连续任职兰州大学校长时间最长的邓春膏，曾任甘肃省政府委员兼教育厅长、甘肃学院院长田炯锦，考试院铨叙部育才司司长马鹤天等。除了个别人物如朱绍良外，这些参与者的共同身份是文化人或技术人员，虽与政府保持有一定关系，但均非实权派。①

西北问题研究会是此一时期规模较大的民间社团，无论会员、发起人或赞助会员、作者群，皆是当时比较有声望或社会知名人士，但该会的实际负责人并无叱咤一时的行政权柄操诸手中，其所能为者，亦只是将“考察所得，研究所积”，“尽量供献于政府”，其宗旨虽为“研究西北问题、开发西北事业”，但研究问题尚可，若论开发事业则力有不逮，或仅能“作开发西北之声援”②。

此一时期有关西北的民间社团及其所创办的刊物，基本上都属于社会性社团，成立或创办之初即标榜其纯学术性，而不与闻政治，不以会社名义参与社会斗争，不受个人或团体有条件扶助，尽量杜绝外界干扰，如西北协社及其创办的《西北言论》，“纯粹以研究西北问题，讨论开发西北方法”为宗旨。③ 西北刍议社所创办的《西北刍议》，其宗旨为发扬西北文化，调查西北实况，促进西北建设，表彰西北人物，搜集西北古迹，亦只

---

① 参见孙小娟《西北问题研究会及其季刊研究》，硕士学位论文，南京大学，2012 年。

② 西北月刊社：《本刊紧要启事》，《西北月刊》第 1 期，1933 年 9 月。

③ 西北协社：《本刊启事》，《西北言论》创刊号，1932 年 8 月 25 日，第 1 页。

是把西北的政治、经济、教育以及地理、山川、风俗、人物、古迹等详细调查刊出，“聊供国人之采择”[①]，限于自身人力、物力和财力，这些社团与刊物皆不可能将开发实践定为首要目标，非其不为也，实不能也。

第四节 一箭多雕：国民政府开发西北经济的动机与姿态

一 30年代初的国内外形势

（一）自然灾害交相侵凌

20世纪20年代末至30年代初，对建立未久的国民政府来说确实是多事之秋，“内则水旱交侵，‘匪’患未平，农村破产，民生凋敝，外面世界经济恐慌，不景气之风正盛，均于我国民经济及国库收入，有莫大之影响”[②]。除了全国多个省份发生大范围的旱灾之外，南方苏、皖、赣、鄂等省则是一片泽国。1931年夏秋之交，长江流域大小河流几乎同时泛滥，被灾16省，“不仅超过中国苦难历史中任何一次水灾，而且也是世界历史中‘创纪录的大灾’”[③]。1931年9月，蒋介石巡视时看到的景象是“上下千里，泛滥洋溢，洪水浸淫，庐舍荡然，流亡沟壑，民叹其鱼，悽怆怛恻，极人世惨酷之悲境，未有如今日之甚者也”，“今日之天灾人祸与内忧外患之来，非同寻常之事变，实为我民族莫大之危机”[④]。1935年，陕、晋、甘等13省730县中，216县发生水灾，受灾总面积35002000市亩，损失作物产量55318000市担，旱灾279县，受灾58618000市亩，损失77027000市担[⑤]，“较之民国二十年时代而尤过之……如此普遍严重之大灾，必过数十年或数百年而始一见，今则甫越三年，再遭巨患”。老天爷似乎与国民政府较上了劲，各种灾害接连并至，常常是一省数灾或数省数灾。蒋介石亦认识到，“自经此次水灾，益觉国民经济建设为刻不容缓之要图”，必须在提倡征工、振兴农业、鼓励垦牧、调节消费、振兴工业、开发矿产、流畅货运和调查金融八个方面多加努力，“上列八项，皆所谓

---

① 杜锡五：《发刊辞》，《西北刍议》创刊号，1935年1月，第1—2页。

② 章伯锋、庄建平主编：《抗日战争》第5卷，四川大学出版社1997年版，第81页。

③ 阿瑟·恩·杨格：《一九二七至一九三七年中国财政经济情况》，陈泽宪、陈霞飞译，中国社会科学出版社1981年版，第423页。

④ 周美华编注：《蒋中正总统档案：事略稿本》12，“国史馆”2004年版，第4—5页。

⑤ 参见蔡盛琦编注《蒋中正总统档案：事略稿本》35，“国史馆”2009年版，第557页。

卑之无甚高论，而于挽救目前经济之危机，奠立初步经济建设之根本，则皆为切要之图”，此后蒋又多次强调。①

（二）日本侵华步伐加快，中国民族危机凸显

连年叠至的灾害未及救济，其他严重事件接踵而来。1931 年 4 月至 7 月，在中国吉林长春附近，发生了“万宝山事件”。“万宝山事件”是日本预谋的一起挑衅事件。事件发生后，日本动用一切宣传工具，在朝鲜半岛造谣鼓动，刊登不实消息，在汉城发行“号外”，目的是挑拨中朝关系，使中国官民仇恨东北朝侨，继而借口出兵侵占中国东北。一些不明真相的朝鲜人在别有用心的亲日暴徒分子和日本的怂恿下掀起了排华活动。

万宝山事件尚未解决，即发生了九一八事变。事变后，日军迅即占领中国东北地区，并于 1932 年 3 月成立伪“满洲国”。除了领土被占、人民被奴役外，中国经济损失亦相当严重。东北海关为日本所占，收入急剧下降。1932 年 3—6 月，中国损失海关收入 3080171. 19 元，其中哈尔滨为 771262. 58 元，龙井村 36318. 26 元，安东 1329995. 29 元，牛庄 942595. 06 元。1932 年 6 月，大连海关被日本强占后，情况更为明显。1932 年 7 月，全国海关纯收入只有上海规银 940 万两，与 1931 年月均收入 1933. 1 万两几乎相差 1 倍以上。1931 年全国海关收入为 3. 7 亿元，1932 年仅为 3. 26 亿元，下降了 4400 万元，占当年海关税收的 13. 5%，占当年全国财政总收入的 6%。② 日本在中国东北地区侵占了大量资产，奉系军阀所创办的企业如铁路、兵工、工矿等，全部被侵夺，价值约 15 亿日元。③ 国人内心愤懑不已。“在‘九一八’不抵抗情况下失去沈阳的时候，他们（指侨胞——引者注）在国外羞于见人，茶楼酒馆都不敢去，连在马路上走路都低着头不自在。”④ 章乃器后来追忆九一八事变后自己当时的思想状况时写道：“我们在不久以前，还正在欢呼北伐的胜利，以为祖国从此可以转弱为强，中华民族吐气扬眉为期不远，我们这样生活在租界的人也可以不再受外国人的轻视、侮辱了。孰知大好形势突然逆转，国家又濒于危亡，悲痛的心情真是难以言语形容的。”⑤

---

① 周美华编注：《蒋中正总统档案：事略稿本》32，“国史馆”2000 年版，第 187—192 页；《蒋中正总统档案：事略稿本》35，第 16—23 页。

② 参见郑会欣《改革与困扰——三十年代国民政府的尝试》，香港教育图书公司 1998 年版，第 149 页。

③ 参见孙经纬、傅笑枫《奉系军阀官僚资本》，吉林大学出版社 1989 年版，第 110—114 页。

④ 韬奋：《经历》，三联书店 1978 年版，第 214 页。

⑤ 章乃器：《我和救国会》，载中国社会科学院近代史研究所中华民国史研究室主编《救国会》，中国社会科学出版社 1981 年版，第 430 页。

九一八事变之后，墨西哥再次发生了华侨被驱逐事件。1929 年世界经济危机发生后，墨西哥社会动荡，失业人数增加，民族主义分子再度抬头，再加上日本侨民的挑拨，墨国内乘机掀起有史以来“最烈”“最久”的排华浪潮，直到 1934 年新任总统上台始停。[①]

1931 年是中国历史上最惨痛的一年[②]，而九一八事变对中国影响最大。事变发生后，国人群情激愤，“一日而失地千里，国人视线所集，益觉边远省区建设之急切与重要”[③]。遽料短短四个月之后，1932 年 1 月又发生了令人震惊的“一·二八”事变，中国面临的形势更为严峻。巴金在 1932 年2 月10 日写的《从南京回上海》一文，深刻反映了事变后自己和南京市民及中国人心理上的苦闷、愤怒以至内心的抗争。[④]“‘九一八’的丧钟，惊醒了国人的迷梦！‘一·二八’的炮声，震骇着各个的心灵！大家都感觉口号标语之不足以救国了，于是才换转方向，走向实际救国之路，大声疾呼地到农村去，到西北去！”[⑤]“经此两次事变（指“九一八”和“一·二八”），铁路横遭摧残，损失之巨，难以数计。”[⑥]社会舆论除指向这些事件本身之外，更把目光投向了西北，开发西北的呼声更为激烈，有人认为，“中国今日之大政，莫急于生产建设，生产建设之道，首重开发西北。时论所谓西北为吾国之生命线，而此生命线之持续，要在亟谋开发”[⑦]。“现在举国心理，咸以开发西北为首要。”[⑧]假如说这些言论只是民意的反映的话，那么，1932 年 12 月 19 日国民党四届三中全会通过的《开发西北案》则说明，“方今开发西北，已为中央之固定政纲”，也就是说，南京国民政府已经把开发西北正式提上了政府日程。

1933 年 1 月，日军向长城各口大举进犯，中国驻军奋起反抗，掀起了长城抗战的序幕。经过 5 个月抵抗，5 月 31 日与日本签订了《塘沽协定》，在事实上承认日本占领中国东北地区和热河，冀东成为“缓冲地带”，我国在这一地区只有行政权和警察维持社会秩序权，不得进驻部队。华北门户洞开。《塘沽协定》签订后，中国一般民众心情苦闷而无可奈何，闻一

---

① 参见朱东芹《墨西哥排华初探》，《八桂侨刊》2002 年第 2 期，第 24 页。

② 参见骆清华《五十年来之中国经济》，载中国通商银行编《五十年来之中国经济：1896—1947》，文海出版社有限公司 1973 年版，第 232 页。

③ 《蒋中正总统档案：事略稿本》12，第 356 页。

④ 参见巴金《百年激流——巴金回想录》，南海出版公司 2000 年版，第 133 页。

⑤ 《开发西北实业计划》，张静愚序。

⑥ 姜明清编：《中华民国交通史料·铁路史料》，“国史馆”1992 年版，第 23 页。

⑦ 《开发西北与设计问题》，载《革命文献》第 89 辑，第 219 页。

⑧ 《开发西北实业计划》，第 2 页。

多的心情“极为压抑”，精神苦闷。[①] 黄炎培在1935年10月10日的日记中写了一首寓意为重新光复国土的《重光歌》：“吾和你抬头试望，东北何方？辽沈何乡？白山黑水，是谁的封疆？三千万同胞，强者何法抵抗？弱者更何忍而投降？”“到如今，长城内外，是谁的国防？华北独立，华北自治，到处公开演讲，还公布着报章，得寸进寸，得尺进尺？充彼野心，何难席卷长江，囊括珠江？衰哉中华，其亡其亡！”[②]

（三）中国共产党的威胁

中国共产党自从诞生之日起，就为了实现人类的解放而奋斗，经过10年左右的发展，力量逐渐壮大，而国民党却将之视为“洪水猛兽”和“心腹之患”，多次武力相向。1930年11月至1933年初，国民党调集重兵，先后对中共中央苏区进行了五次“围剿”。1934年10月，中国工农红军第五次反“围剿”失利后，被迫实行战略转移，沿西南各省向西北推进。尽管国民党大军围追堵截，仍然未能阻止红军第一、二、四方面军1936年10月在甘肃会宁胜利会合。随后，中央红军抵达陕北，站稳了脚跟。

二 官方开发西北的言论、主张与举措

在民间开发主张层出不穷之际，国民政府党政要人戴季陶、蒋介石、宋子文等皆先后发表言论与主张，从不同角度论述西北问题及倡言开发西北。考试院院长戴季陶“对于西北之开发，素具热忱”，1929年10月，戴季陶在中央军官学校发表《向西北猛进的两大意义》的演讲，主旨是要把与国民政府貌合神离、具有“反革命”性质的西北各省纳入有效统治范围。同年11月24、25日，戴分别在洛阳和开封再次发表演讲，亦是为国民政府进军西北、扫平西北军阀摇旗呐喊。[③] 除了以政治眼光审视西北之外，戴还注意到西北经济、教育等问题，赴西北考察，倡言振兴西北农林、造就农林人才的重要性[④]，并倡议和发起设立西北农林专科学校，担任西北专门教育委员会常务委员。戴季陶在1929—1934年间关于西北的演讲与文章约有8篇之多。

---

① 参见闻黎明《闻一多传》，人民出版社1992年版，第149页。

② 《黄炎培日记》第5卷，华文出版社2008年版，第88页。

③ 参见戴季陶《西北文明之再造》《救济西北与开发西北》，载《革命文献》第88辑，第11—19页。

④ 参见陈天锡《戴季陶先生编年传记》，载沈云龙主编《近代中国史料丛刊续编》第43辑，文海出版社有限公司1974年版，第133页。

蒋介石真正对西北瞩目始自九一八事变。事变发生第二天，蒋接到日本进占东北的消息后，对日本如此快速采取先发制人的卑劣手段思绪万千。9月25日，距事变发生一周，在此7天内，蒋的言论中多次出现“而亡在即”（9月19日）、“以雪国耻”（9月21日）、“危急存亡之际”（9月22日）、“共救危亡”（9月22日）、“挽救危亡”（9月22日）、“洗雪国耻”（出现3次，9月25日）、“救国”（出现3次，9月25日）、“存亡”（9月26日）、“时局严重，已临亡国惨剧”（9月28日）、“当此国家危急之秋”（9月30日）等字眼，因此，蒋在多方权衡之后，9月26日下午流露出迁都西北之念：“余今决心移首都于西北，集中军队主力于陇海路，严阵以待之也。”虽然蒋此处所说的迁都西北指的是洛阳，但西安亦很快进入其视野。10月3日，蒋介石在与熊式辉商谈对日备战计划时，再次将西北纳入考虑范围，并说：“余意此次无论对日和与战，而西北实为政府之第二根据地。万一首都沦落，即当迁于洛阳，将来平时亦以洛阳与西安为陪都也。”①

此后，西北时常萦绕在蒋介石脑海。1932年10月10日傍晚，蒋介石“考虑东北与西北”②。1933年8月9日，蒋致电邵力子与杨虎城，指示陕西除了继续开挖渠道、兴修水利外，还应将修筑公路作为首要任务，并承诺如果陕西拟订了具体的筑路计划而无资金的话，“中央或可补助经费与开路机器”③，帮助打通与甘、豫、鄂各要道。1933年9月，针对杨虎城、邵力子、朱绍良、邓宝珊等请求中央政府“速筹专款，展筑陇海线之西兰段铁路”之事，致电汪精卫，要其洽商财、铁两部，“速予规划进行”④。1934年5月10日，蒋再次对陕西公路建设发出更为详细的指示⑤，并要求将洛阳至潼关或雒南公路作为“第一要路”，限年内完成⑥。1934年秋，蒋介石视察陕、甘、宁三省，第一次踏上了西北——政府第二根据地——

① 《蒋中正总统档案：事略稿本》12，第78—129页。

② 王正华编注：《蒋中正总统档案：事略稿本》17，“国史馆”2005年版，第120页。

③ 《蒋委员长致邵力子主席并转杨虎城主任指示修筑陕西通甘肃及通湖北与河南各公路电》（1933年8月9日），载秦孝仪主编、中华民国重要史料初编编辑委员会编《中华民国重要史料初编——对日抗战时期》绪编三，中国国民党中央委员会党史委员会1981年版，第458页。

④ 高素兰编注：《蒋中正总统档案：事略稿本》22，“国史馆”2005年版，第210—211页。

⑤ 参见《蒋委员长致邵力子主席并转杨虎城主任指示筹筑陕鄂与陕豫公路电》，1934年5月10日，《中华民国重要史料初编——对日抗战时期》绪编三，第459页。

⑥ 参见《蒋委员长致刘峙主席张静愚厅长令赶筑洛阳经洛宁庐氏能至陕西之潼关或雒南公路电》，1934年5月10日，《中华民国重要史料初编——对日抗战时期》绪编三，第460页。

的土地，在视察期间，蒋除了对中国共产党肆意诬蔑和对西北地方势力恩威并施外，也对开发西北垂询甚详，10月15日和20日分别在西安、宁夏讲演时，结合推行不久的新生活运动，就西北建设方针作了指示："西北各省建设事业，除救济农村另有整个步骤以外，其他自应以造林、水利、畜牧、开垦与交通为最重要。"① 10月17日，蒋在莅陕最后时刻，对陕西考虑甚详，其预定的陕政有修路、设厂等10项。当日，蒋由西安飞赴兰州，在下午视察黄河时叹道："观此更知中国之伟大而可为也，左公当日规模之大，尤为心领。黄河形势雄壮，西北物产之丰富，倭俄虽侵略不止，如我能发奋自强，则彼亦无如我何也。极思经营西北，以为复兴之基。"20日，蒋致电汪精卫，有"引用欧美资本，以开发新疆"等语。②虽然蒋介石的西北之行包含多种意图，既有准备对日军事抵抗，又有探察外交风向之意，既是对外，也在安内③，但其着眼点则是政治高度的，而非仅仅是一渠一路之修筑如此简单。

1934年4月，在开发呼声高涨之时，"对开发西北诸问题兴趣极浓"④的经委会常务委员宋子文率团赴西北考察。在陕期间，宋子文与各界人士商谈建设西北水利、交通、农业、民生等问题，希望西北人士勿存地域观念，共同建设西北。之后，接连考察了甘、宁、青三省，并给西北诸马送了一笔开发经费，但其主要目的在于稳定和安抚诸马，增强国民政府在西北地区的影响力。在兰期间，宋发表演说，为开发西北鼓劲。⑤宋子文并与朱绍良协商，由经委会出资筹备、兴筑甘肃境内渠道。宋子文西北行程达6000里，"所到乡村甚多……不能谓为所见不多"⑥，亦是较早到西北视察的中央大员。除了戴、蒋、宋外，覃振⑦、张继⑧、邵元冲⑨、何应钦⑩、

① 蒋介石：《游陕之感想与对陕西之希望》，《中央周报》第333期，1934年10月22日。

② 高素兰编注：《蒋中正总统档案：事略稿本》28，"国史馆"2007年版，第339—347页。

③ 参见潘晓霞《1934年蒋介石西北之行》，《抗日战争研究》2013年第2期，第14页。

④ 《宋子文返沪将往西北》，《申报》1934年3月2日第3张第11版。

⑤ 参见《宋子文在兰州畅论西北建设》，《申报》1934年5月9日第5版。

⑥ 《宋子文昨晨抵沪》，《中央日报》1934年5月19日第1张第2版。

⑦ 《希望全国人民注意开发西北》，载《革命文献》第88辑，第36—40页。

⑧ 张继：《西北饥荒与交通》，载《革命文献》第88辑，第51—55页；《西北最近情形》，载《革命文献》第88辑，第57—59页；《开发西北问题》，载《革命文献》第88辑，第64—68页；《开发西北途径》，载《革命文献》第88辑，第89—91页；《国人宜注意西北问题》，载《革命文献》第88辑，第91—93页。

⑨ 邵元冲：《开发西北的重要》，载《革命文献》第88辑，第32—33页；《西北建设之前提》，载《革命文献》第88辑，第157—160页。

⑩ 何应钦：《开发西北为我国当前要政》，载《革命文献》第88辑，第35页。

陈果夫[①]、居正[②]等皆对开发西北发表了自己的看法。

党政要人的西北之行，对开发西北起到了很好的宣传与鼓动作用。1934 年 6 月 22 日，经委会召开常委会，为了引起中央政府对西北的重视，宋子文坚持要蒋介石、汪精卫、孔祥熙参加会议，由他报告考察经过，并提出建设计划。党政要员到西北考察获得了民间的认同：宋子文“以政府要员，不辞劳瘁，万里长征，而所去的又是西北这地狱化的天府，不问宋氏此行原定目的如何，原有作用如何，但在表面上总不能不说是一件较有意义的事”，“现在宋氏以国府大员的资格，完全站在政府的立场来实地考察，比较上是应该大有可为的”[③]。“这和许多南京要人，到上海的舞榭歌楼消磨岁月的所谓周末旅行比较起来，当然值得我们的赞美……宋氏今日之行，对于开发西北的工作，一定能有实际的裨益。”[④]

在党政要人接二连三发表开发西北言论的同时，国民政府也采取了相应的措施。一是制订考察办法，派人赴西北考察。1932 年 4 月 29 日，国民党第四届中央执行委员会第十七次常务会议通过《西北考察团章程》，对赴西北考察作了详细规定。[⑤] 内政部颁布《奖励国人考察边境办法》，奖励人们尤其是东南人士到西北考察。[⑥] 国防设计委员会成立后，1933 年 9 月派该会专门委员孙越琦组织人员赴陕北调查石油资源，撰成 10 余万字的《陕北油田调查报告及钻探计划》。[⑦] 经委会派国联顾问赴西北视察交通、水利和卫生。[⑧] 开发西北协会理事长陈立夫致函各大学，鼓励大学生利用假期到西北旅行，借以了解、宣传西北。[⑨] 1932 年 9 月 26 日，内政部、外交部、实业部和教育部召开会议，决定选派专门人才赴绥、宁、甘、陕、晋等省考察。[⑩] 1933 年 2 月，国民党中央执行委员会、中央党部选派职员 100 人，组织考察团，分组赴西北进行实地考察。[⑪]

---

① 陈果夫：《开发西北及建设人才之造就问题》，载《革命文献》第 88 辑，第 43—46 页。

② 《东北沦陷中之西北边陲问题》，载《革命文献》第 88 辑，第 68—70 页。

③ 怀仁：《宋子文到西北》，《申报月刊》第 3 卷第 5 号，1934 年，第 7 页。

④ 《宋子文氏西北之行》，《老实话》第 28 期，1934 年，第 358 页。

⑤ 参见《西北考察团章程》，载《革命文献》第 88 辑，第 347—348 页。

⑥ 参见陈赓雅《西北视察记》，甘肃人民出版社 2002 年版，第 10 页。

⑦ 参见薛毅《国民政府资源委员会研究》，社会科学文献出版社 2005 年版，第 116—117 页。

⑧ 参见《国联顾问定期出发西北视察》，《申报》1934 年 3 月 15 日第 3 张第 9 版。

⑨ 参见《开发西北协会鼓励各大学学生旅行西北》，《申报》1935 年 2 月 28 日第 4 张第 15 版。

⑩ 参见《开发西北问题》，《申报》1932 年 9 月 27 日第 4 版。

⑪ 参见《中执会组西北考察团》，《申报》1933 年 2 月 19 日第 3 张第 9 版；《中央党部组西北考察团　推余井塘负责主持》，《申报》1933 年 2 月 25 日第 19 版。

二是通过议案，拟订开发计划。西北大旱灾引起了社会各界的关心，中央政府除了视察、拨款，还通过一系列提案，目的在于建立长效救济机制和进行经济开发，以减少灾害的发生。[①] 在此期间，行政院向经委会发函，敦促加快建设步伐，尤其是公路建设。国民政府致函国民党中执会，要求“将本届四中全会关于西北各议决案之实施计划及进行程序切实规定，限期实施”[②]。建设委员会特饬设计处人员分拟各种计划达20余件[③]，涵盖交通、水利、农林、工业等西北地区极其缺乏、亟待举办的门类，符合西北实际情况。国防设计委员会组织西北调查团，赴陕、甘、青等省进行为期两年的实地考察，收集了大量资料，拟订开发计划，并提出羊毛改造、森林利用、农垦设施改进等具体规划，至抗战爆发前，编制了13个调查报告，[④] 为开发西北经济做准备。

三是设立全国性机构，统筹开发。在国际联盟的推动下，全国经济委员会的设立提上日程。[⑤] 1931年4月，国民党中央政治会议草拟完成《全国经济委员会组织条例》，交由立法院审议。6月6日，国民政府颁布《全国经济委员会组织条例》，规定其设立的目的是促进经济建设，改善人民生计，调节全国财政。[⑥] 9月25日，九一八事变发生一周后，蒋介石决意设立经委会。[⑦] 1933年10月4日，经委会正式成立，其性质是集顾问、审议、实施于一体的指导国营经济机关，“使得政府各部分可与各界密切联络，协助政府计划及施行一个急要的建设程序”[⑧]。1934年1月27日，

---

① 参见《朱家骅、宋子文等拟具〈河套宁夏垦殖调查团组织章程〉致行政院呈文》，1932年10月7日，载《抗战时期西北开发档案史料选编》，第148—151页；《中央建设西北的政策——中国国民党中央历次会议重要决议案》，载《革命文献》第89辑，第1—76页。

② 全国经济委员会：《国府为经委会有关西北建设实施计划及进行程序致中执会函》，载《革命文献》第89辑，第216页。

③ 参见张人杰《建设委员会拟具开发西北计划呈送国民政府函》，载《革命文献》第89辑，第141页。

④ 参见郑友揆、程麟荪、张传洪《旧中国的资源委员会——史实与评价》，上海社会科学院出版社1991年版，第15、20—21页。

⑤ 参见张力《全国经济委员会与西北开发》，载珠海文史研究学会主编《罗香林教授纪念论文集》下，新文丰出版股份有限公司1992年版，第816页。

⑥ 参见《中华民国国民政府文官处：国民政府公报》第791号，1931年6月8日，成文出版社有限公司1972年版，第1页。

⑦ 参见《蒋中正总统档案：事略稿本》12，第96页。

⑧ 《全国经济委员会第一次委员会议委员长报告书》，载中国第二历史档案馆编《全国经济委员会会议录》一，广西师范大学出版社2005年影印本，第8—10页。

经委会专门处室增为8个，西北办事处即为其一。[1] 西北办事处职掌有五：一是调查研究民情物产，二是拟订核转建设计划，三是对实施建设予以协助指导，四是派员监督指导，五是其他经济建设事项。[2] 1934年2月10日，委派回族人士刘景山为西北办事处主任。经委会西北办事处是国民政府设立的第一个直接负责西北开发的机构。

三　国民政府开发西北经济动因分析

面对国内外的复杂形势，国民政府作出了开发西北的决定，那么，是什么原因促使国民政府在条件并不具备的情况下作出如此决定的呢？

第一，进行备战以长期抵抗日本。

1931年的国际国内局势给接连遭遇困顿的国民政府当头棒喝，尤其是九一八事变，在蒋介石心中也投下了浓重的阴影。在蒋眼里，“从民国十三年到今天，国家危险的程度，从没有像今天这样的”。如何应付这一局面，成了国民政府考虑的头等大事。其实在1928年5月济南惨案发生后，社会舆论及政府要人如蒋介石就认定中日之间必有一战，但限于当时中国国力，如与日本公然对抗，无异于以卵击石，为了减少损失争取战必胜之的资本，必须采取韬光养晦的策略。1931年10月3日上午，蒋介石萌生了迁都之念，一旦南京沦落，即迁都洛阳，继续抗战，并将西北视为政府的第二根据地，将来承平之时亦以洛阳与西安为陪都。[3] 罗家伦在《国防中心论》一文中呼吁：“准备！准备！以国防为一切准备的对象！以国防为一切准备的中心！”并预言“这个更伟大更惨酷的民族斗争，目前纵不大规模的来到，不出五年是一定要来到的”。[4]

因此，1931年11月17日制定的经济建设方针主要着眼于以下方面：第一，水利建设，专设统筹机关，迅即进行各项水利工程，促进造林事业；第二，铁路建设，一是整理现有铁道，二是迅速完成粤汉、陇海两线，三是迅速修筑广东至云南、云南至四川、四川到陕西并与陇海线联络的铁道，其余线路应就实际情形从事规划；第三，注重农业发展，提倡合

---

① 参见中国第二历史档案馆编《中华民国史档案资料汇编》第五辑第一编“财政经济”（一），第88—90页。

② 参见《全国经济委员会西北办事处暂行组织条例草案》，《全国经济委员会会议录》（一），第190页。

③ 参见《蒋中正总统档案：事略稿本》12，第407、129页。

④ 罗家伦：《国防中心论》，载罗家伦先生文存编辑委员会编《罗家伦先生文存》第1册，“国史馆”、中国国民党中央委员会党史委员会1976年版，第81页。

作事业以及土地政策的实施，水陆交通、运输事业、金融事业建设方针均须以便利农业发展与农民生计为要；第四，对于边地开发、屯垦与移民实边，必须订立方案，积极进行，并予以财政及必要援助，并注重边地民众生计；第五，制定相关法律，切实保障发展民营事业，增进劳工与社会利益。[①] 应该说，此一方针是符合当时中国经济发展实际的，体现了政府强烈的备战思想，并且将边地如西北开发纳入考虑范围。11 月 21 日，国民党四全大会制订国家初期建设方案，备战的色彩更为浓厚。[②]

“一·二八”事变除对上海造成极大损失外，还对首都南京造成了直接威胁，为免城下之盟和作长期抵抗的准备，蒋介石、宋子文、汪精卫等皆极力主张迁都。1932 年 1 月 30 日，国民政府移驻洛阳，直到 12 月战事有所缓和后迁还南京。1932 年 5 月淞沪停战协定签订后，国民政府加紧备战工作，展开区域性国防计划的制订，拟于政治、经济、战略中心地区进行最低限度建设。事变之后，“事实上我国已进入备战时期”[③]。国民政府在洛阳的 10 个月时间，“举国乃知开发西北之重要”[④]。1932 年 2 月 2 日至 5 日，蒋介石到洛阳、郑州视察，在行经黑石关以东至汜水关时，对随行的刘镇华、马福祥说：“此间地形复杂，虽有飞机大炮战车亦无所施其伎俩，更可知迁都西北之为必要也。”[⑤]

1935 年 5 月 25 日，蒋致电宋子文，请其筹款速建西安至汉中公路[⑥]，6 月 16 日，再次致电宋子文，指示陕西公路建设及其与西南公路的配合问题。[⑦] 6 月 22 日，蒋介石致电邵力子，催修陕境公路。[⑧] 1937 年 1 月 19 日，蒋再次重申了对西北的政策：“中央无论如何决不能放弃西北，中央数年以来，确认西北尤其陕西为北方国防之根据，关于开发西北与建设西北之事业，无不本于国防之见地，按照计划，尽力进行，不特国家资本，对于开发西北经济交通水利铁道等建设，不遗余力，尤奖励全国企业界大量投资，综计三年以来，合政府人民之资力，总数当在一万万元以上。而

① 参见章伯锋、庄建平主编《抗日战争》第 5 卷，第 3—4 页。
② 参见《蒋中正总统档案：事略稿本》12，第 373—376 页。
③ 章伯锋、庄建平主编：《抗日战争》第 5 卷，第 101—102 页。
④ 凌鸿勋编著：《中华铁路史（1876—1949）》，台湾商务印书馆 1981 年版，第 119 页。
⑤ 周美华编注：《蒋中正总统档案：事略稿本》13，“国史馆”2004 年版，第 146 页。
⑥ 参见《蒋委员长致宋子文董事长令筹借西安至汉中公路经费电》，载《中华民国重要史料初编——对日抗战时期》绪编三，第 334 页。
⑦ 参见《蒋委员长致宋子文董事长告以自汉中至宁羌一段公路务请设法与西汉公路同时完成电》，载《中华民国重要史料初编——对日抗战时期》绪编三，第 337 页。
⑧ 参见高素兰编注《蒋中正总统档案：事略稿本》31，“国史馆”2008 年版，第 460 页。

陇海线之向西延展，及其联络各线之增筑，尤为国防上既定计划，无论如何困难，断不中止进行，财政困绌如此，而不惜竭全力以图之者，诚欲使后方交通与国防要地，得有相当之规模，以为御侮复兴之根据也。”①

第二，从国防角度考虑，西北边疆危机使得国民政府不得不重视西北经济开发。这一点与民间不谋而合。居正认为，“现在东北边陲已失，我们这时对于西北边陲的蒙古新疆西藏等处的情形不可再抱从前的态度，蹈袭歧误政策了”②。新疆问题更是刻不容缓。金树仁主政新疆后，“仅三载而事变纷起，全疆云扰，形成内则民族仇杀，生灵涂炭，外则强邻环伺，危机紧迫，瞻首西顾，能不忡忡”③？日本虽然距离新疆遥远，但也窥伺很久，妄图插手中国西北，密派日僧山本藏太郎、町井猪正、太和清正三人潜匿吐鲁番，图谋不轨。④ 土耳其、阿富汗、德、法、美等国亦皆思染指。⑤ 蒋介石在1934年写给盛世才的信中也表达了此种担忧。⑥ 其他各省也有列强染指。1931年，英国驻华副参赞、少校渥德，以“游历”为名，来西宁进行间谍活动。⑦ 据马鸿逵回忆，卢沟桥事变前，日军派出很多特务人员到定远营及宁夏城一带活动。⑧ 七七事变当天，宁夏财政厅长李翰园在额济纳旗破获日本特务机关，捕获特务13名、汉奸5名。⑨ 可见当时西北危机的严重。

实际上，这些潜在危机不仅是一个地方问题，而且还关系到中华民族的生死存亡，因而，在国民政府看来，进行西北经济开发也是杜绝外人觊觎西北，缓解西北边疆危机的一个手段。正如日本学者所指出的，西北首先是作为国家防卫据点的战略重要性，其次才是发展经济所需的资源支持和文化上的重要性。⑩

---

① 蒋介石：《忠告杨虎城迅使西北规复函》，1937年1月19日，载《总统蒋公思想言论总集》卷37，别录，中国国民党中央委员会党史委员会1984年印行，第146—147页。

② 《东北沦陷中之西北边陲问题》，载《革命文献》第88辑，第69页。

③ 洪涤尘：《新疆史地大纲》，正中书局1936年版，第233页。

④ 参见赵镜元《新疆事变及其善后》，《新中华》第1卷第10期，1933年，第6页。

⑤ 参见《新疆史地大纲》，第240—241页。

⑥ 参见蒋介石《致盛世才督办妥慎处理新疆事务电》，1934年9月26日，载《总统蒋公思想言论总集》卷37，别录，第106页。

⑦ 参见青海省志编纂委员会编《青海历史纪要》，青海人民出版社1987年版，第327页。

⑧ 参见马鸿逵《马少云回忆录》，龙文出版社股份有限公司1994年版，第168页。

⑨ 参见赵世英、王蔼君《抗日战争时期兰州大事记（1937年7月—1949年9月）》，载政协甘肃省兰州市委员会文史资料研究委员会编印《兰州文史资料选辑》第8辑，1988年，第245页。

⑩ 参见〔日〕松本真澄《中国民族政策之研究：以清末至1945年的“民族论”为中心》，鲁忠慧译，民族出版社2003年版，第128页。

第三，利用开发西北之名剿灭中国共产党。中国共产党在江西的壮大使国民党坐卧不安，1930—1931年，蒋介石发动了三次对中共中央革命根据地的“围剿”，但都以失败告终。1932年6月14—16日，蒋介石在庐山召开会议，除了研究抗日事项，即是如何“剿共”。对于剿共，会议决定集中兵力、增加军费，从每月的1000万元增至1800万元。顾维钧写道：“我得到这样一种印象，即政府首先解决江西共产党问题的决心，较全力遏制日军对华北不断入侵的决心为大。”[①] 更有人露骨地指出：“东南各省，共产党猖獗蔓延，原因固非一端，但其重大原因，实因东南人稠地狭，地方已尽，农民贫困，农村经济，行将破产，人民失业，社会恐慌，共产党徒，乘机鼓惑，遂致群相附从，藉求生路。欲使社会安定，必须为国民另辟一谋生新径。开发西北，移东南之民，实为根本铲除共匪之方法。”[②]

中国工农红军第五次反“围剿”失利之后，以毛泽东、朱德为首的红军为了跳出国民党的围追堵截，一路向西进发，给国民党造成了很大的威胁。有人指出，“如果陕甘的建设成功，使中央的政治力量也巩固了，则可以有另外两个作用：一个是使窜入川北的共匪，没有机会窜回陕西，以遂其打通国际路线的企图……因为共匪游击式的战争，只能活动于交通梗塞和民生难苦的地方；建设成功，则失去此种条件”。[③] 中国工农红军长征至陕西后，蒋介石亦一路尾随而至，将所谓江西“剿匪”的成功经验移植至西北“剿匪”战场。[④] 因此，1934年之后，蒋介石对西北交通尤其重视。

1934年8月蒋介石到西北视察时，发布告西北各省民众书，明确“兴筑公路，以利军运”[⑤]，而丝毫未顾及经济层面。“年来对于公路铁路水利航运诸端，进行不遗余力，初以国防建设及便利清剿残匪起见，公路之兴筑，其成绩尤为惊人。”[⑥] 随着红军西进的步伐，蒋也愈益关注西北各省尤其是红军即将进入或经过各省的道路交通、人口状况等，从其密集的言行

---

① 顾维钧：《顾维钧回忆录》第2分册，中华书局1985年版，第241页。

② 《开发西北之步骤与方法》，载《革命文献》第89辑，第143页。

③ 碧笙：《西北建设的两个体系下》，《西北春秋》第6、7期合刊，1934年7月1日，第18页。

④ 参见《蒋中正总统档案：事略稿本》12，第77页；熊式辉《海桑集——熊式辉回忆录(1907—1949)》，明镜出版社2008年版，第119、163页。“江西经验”主要在便利交通。后来又制定了完成交通的目标，即建筑铁路，开辟公路，建设飞机场，完成各县及重要市镇电报、电话及碉堡间电话等。

⑤ 《蒋委员长告西北各省民众书》，《西北问题》第1卷第4期，1935年8月15日，第1页。

⑥ 韦宙：《一年来水利建设之概观》，《复兴月刊》第4卷第8期，1936年4月1日，第1页。

中可窥其一斑。1935 年 5 月 27 日，蒋致电朱绍良，对甘肃、青海各县人口、县长人选作出指示；6 月 18 日，蒋致电胡宗南，对川甘交通尤为关切，同日又致电朱绍良，对临夏、临洮、临潭三县驻军、保甲事宜予以指导。[①] 7 月 23 日，蒋介石电告贺国光，督促尽快完成川陕路。[②] 1936 年 2 月 11 日 10 时，蒋在披阅完文件后考虑应注意的六件事项中三项与西北有关；中午，蒋召见朱绍良，商谈西北事。12 日至 20 日又多次考虑“西北计划”及其进展。[③] 这些计划的中心无疑是“围剿”中国共产党在陕甘的革命根据地。3 月 17 日早起，蒋察看全国铁路里程状况时，对陇海路西展表示出极大兴趣。[④] 5 月 1 日，蒋在早起手撰“四月份反省录”第三条“剿匪”中，记下“唯一要道，在于开辟道路，运积粮秣”[⑤]。17 日下午，蒋决定的各项事务第二条为陕北主持人与公路经费。[⑥] 10 月 22 日下午蒋飞赴西安，晚间预定五项事务，三项与西北交通有关：一是设计咸阳同官间铁路与广水襄樊间铁路；二是设计太原与西安间长途电话；三是设计潼关铁桥。10 月 28 日，蒋致电朱绍良，告以此时以恢复西兰公路交通为第一要务，切盼限期通车。[⑦] 陕北公路如绥宋（绥德—宋家川）公路、绥榆（绥德—榆林）公路、绥清（绥德—清涧）公路及绥德至三边、清涧至延川等公路，限年底上冻前一律完成，“以造成陕北完整之公路线”。因之，此一时期陕西公路修筑较速。1937 年 3 月，陕西汽车营运线路增至 13 条，通车里程 1949 公里，营运里程 1759 公里，关中、陕南、陕北皆实现了汽车运输。[⑧] 陕西公路的修筑是“副蒋委员长之所期”，显然，其“所期者”并非公路沿线经济发展与民众生活改善，而是为了便利运兵运粮，“剿灭”中国共产党。[⑨] 战前西北公路、长途电话等就是在“剿匪”这一大背景下被催生发展的，因此有人指出：“原来以西安事变为契机，渝方国共两党的重行携手，本为一时利害的结合，其内在的矛盾根本依然存在，而共产

① 参见《蒋中正总统档案：事略稿本》31，第 159—160、412—413 页。
② 参见《蒋中正总统档案：事略稿本》32，第 110 页。
③ 参见《蒋中正总统档案：事略稿本》35，第 563、569、570、594、607、649 页。
④ 参见周琇环编注《蒋中正总统档案：事略稿本》36，“国史馆”2008 年版，第 148 页。
⑤ 《蒋中正总统档案：事略稿本》36，第 493 页。
⑥ 参见叶健青编注《蒋中正总统档案：事略稿本》37，“国史馆”2009 年版，第 7 页。
⑦ 参见高素兰编注《蒋中正总统档案：事略稿本》39，“国史馆”2009 年版，第 45、65 页。
⑧ 参见高万福主编、陕西省交通史志编写委员会编《陕西公路运输史》第 1 册，陕西人民出版社 1988 年版，第 38—39 页。
⑨ 参见雷宝华《陕西省一年来之建设》，《陕西建设月刊》第 1 期，1935 年，第 2 页。

党藉着拥护中央的美名，以西北陕甘一带为根据地，逐渐培植其赤化势力……故早即招致重庆当局的愤懑，尤以一般少壮军人痛恨尤甚。这次渝方的建设西北计划，实际上即图遂行‘西北中央化’政策，以逐步排除共产党在陕甘两省所培植的赤色气氛，此就是开发西北的政治上意义。”①

关于交通“剿匪”，朱绍良在甘肃县政人员训练所讲话中，也有十分露骨的表述。朱绍良指出：“匪人行踪不定，必须便利交通，乃能收互助齐一之效，甘省近年关于交通建设，积极兴修，但尚不足充分之需要，故电话之架设，道路之兴修，仍有待于继续之完成，至于电话公路一时不易完成之处，则应设递步哨组通讯组等，以期彼此策应，而收联络互应之效。”其进而指出，清查户口是为了防止共产党“假作各样化装，潜入内地”，“扩大他的势力，刺探我方情态”；推行农村合作事业，救济农村金融，整理新旧仓储，调节地方粮食，目的是为了防止所谓“赤匪”利用农村经济濒于破产之际，“设法诱惑”“一般工农”；整理土地与农作物，是针对共产党分田分地而采取的对策。② 这些看似开发经济的措施，实际都含有浓重的政治目的，即妄图消灭中国共产党。

第四，利用开发西北向西北各省渗透。国民政府建立之初，并未在全国建立有效的统治，真正的版图不出长江下游一带，其他各省只是“奉国民党正朔”而已。国民政府成立前，西北军阀林立，陕西处在冯玉祥的控制之下；甘肃处在诸马的控制下，为所欲为；新疆有杨增新独盘边陲。国民政府成立后，各路军阀阳奉阴违。对此，国民政府并不甘心。中原大战中蒋系军阀取得胜利，除新疆外，西北各省表面上归附了南京政权，实则仍具有较大的独立性，各地方实力派仍然存在。为加强控制，国民政府借开发西北之机，开始逐步向西北渗透。为了向青海渗透，1931 年以开发西北为幌子，由复兴社操纵青海籍中央政治学校附设蒙藏学校、中央大学、中央军校在南京的学员谈明义、邹国标、朱庆等人，创办《新青海》杂志，收集青海军政经济情报，并提出“到青海去”“建设新青海”等口号，以期制造舆论。九一八事变发生后，西北重要性凸显，国人皆以开发西北相号召，这更是给了国民政府一个极好的插手西北、进一步控制西北诸军阀的借口和契机。1932 年，胡宗南派其部下彭进之赴青海，提出建设青海的计划。显然，“建设青海”的国是非胡宗南所能决定，而是蒋介石

---

① 永俊：《重庆开发西北计划的检讨》，《协建月刊》第 1 卷第 3 期，1942 年，第 19 页。

② 参见朱绍良《西北剿匪区内政治工作的标准与现代公务员应有的努力及认识》，《西北导报》第 1 卷第 12 期，1936 年 7 月，第 8—13 页。

授意的。

1934 年初的孙马大战则是开发西北过程中，中央政府与地方政府之间控制与反控制在军事上的表现。1933 年 9 月 19 日，国民政府行政院第 126 次会议通过了《青海西区屯垦案》，意欲办理青海西区垦殖事务。西北诸马洞悉了蒋的意图，故联合反对。但蒋介石仍令孙殿英尽速西进，于是蒋一手导演的孙马大战随即爆发。① “孙马战起，六省动员；吃亏最巨，数甘、宁、青。年来之些许休养，一举而又彻底扩清，九百万之灾余同胞，全数又入于饿鬼世界。”② 据载，此役宁夏耗费军饷百余万元，甘肃耗费 30 万元，青海运出军粮 3000 余石。宁夏在给经委会的报告中称：“村舍为墟，房屋被毁，田园荒芜，食粮、财物、农具、牲畜一无所有，灾民扶老携幼，无衣无食，迁徙逃亡者，触目皆是。”③ “宁马”大将马全良肯定这是蒋介石借开发西北之名而挑起的消灭杂牌军的毒辣手段。④ 杨效平亦指出，蒋介石为了笼络西北各方势力，转移西北诸马以及全国人民反蒋抗日的视线，提出了“开发西北，建设西北”的口号。

1934 年 1 月，蒋介石授意朱绍良发起组织西北建设促进会，该会以朱绍良、马鸿逵、马麟、胡宗南、邓宝珊等 30 多人为委员，并呈中央备案。4 月，戴季陶在蒋介石的指使下，打着为开发西北做准备的幌子视察青海，实际上是对孙马大战之后的“青马”进行抚慰。时隔一个月，宋子文飞赴西宁，名为视察，向青海赠送开发经费，实为进一步拉拢“青马”。10 月，在张学良陪同下，蒋偕宋美龄飞至兰州，亲自接见朱绍良、马鸿逵、马麟等，在对西北建设表示一番决心和“剿共”外，主要目的之一仍是控制西北诸省军阀。⑤ 邵力子夫人傅学文亦曾指出：“那时，以蒋介石为首的国民党政府高唱开发西北，实际是借此将权力伸到西北各省。”⑥ 也有学者指出，“国民政府‘开发西北’、‘建设西北’口号的提出，其背景一方面是在东北沦陷之后，国难当头，许多有识之士开始注目于因僻处边陲而资源尚未开发的西北，促进了蒋介石国民党中央注意力对西北地区的

① 参见对于此一问题的最新论述，可以参看卢艳香《孙殿英屯垦青海事件之重考——以“蒋介石档案”为中心》，《民国档案》2013 年第 3 期，第 108—116 页。

② 鸣新：《甘宁青何以善后》，《拓荒》第 2 卷第 2 期，1934 年，第 8 页。

③ 《全国经济委员会·赈济事项》，1934 年 3 月—1935 年 8 月，“中央研究院”近代史所档案馆藏，资料号 26—00—56—001—01，第 23 页。

④ 参见马全良《甘宁青三省合拒孙殿英战事的回忆》，载政协甘肃省委员会文史资料研究委员会编《甘肃文史资料选辑》第 3 辑，甘肃人民出版社 1987 年版，第 123 页。

⑤ 参见杨效平《马步芳家族的兴衰》，青海人民出版社 2007 年版，第 123—125 页。

⑥ 傅学文编：《邵力子文集》，中华书局 1985 年版，第 23 页。

投入；另一方面，是当时国民党中央军事初定，其力量尚不足以直接控制西北地区，然他又不情愿放弃西北，欲以军事以外的各种方式加强对西北地区的渗透和控制，故乘机利用一些人的主张而谋求对西北地区政治、经济的统一。‘开发西北’、‘建设西北’口号的真正目的在于加强与‘西北马’等西北地方实力派的政治、经济联系，为官僚垄断资本渗透到西北地区创造条件，以利于掘取西北地区丰富的自然资源，进而达到通过经济的联系而在政治上完全控制西北地方实力派的目的”①。可以说，试图进一步控制西北军阀以维护来之不易的统一局面是国民政府开发西北经济的又一动机。

第五，完成“总理遗教”。孙中山提出阐发的“三民主义”中，民生主义就是关于民生问题的学说和纲领。民生是“人民的生活，社会的生存，国民的生计，群众的生命”。为了实现民生主义，孙中山拟具的《建国方略》对此多有阐述，对开发西部也规划良多。这些规划对国民政府及当时人们的开发思想都产生了一定的影响，很多人在谈到开发西北时，都会首先提到孙中山的民生主义及其开发西部的思想，认为以三民主义为治国纲领的国民政府开发西北，就是完成孙中山未竟的事业和遗愿。张人鉴指出：“欲实施民生主义，须先垦殖国内所有土地，开发所有富藏，此项工作，实为贯彻民生主义之先决条件，亦即吾人所云之建设也……西北既经开发，则中国其他各地，亦不难徐图建设，而民生主义，亦可易于实施也。”② 徐旭亦言：“西北经济建设的计划，应遵照国父节制资本的遗教。”③ 日本学者也指出：“孙文逝世后，随着国民党北伐的完成，出现了把孙中山的边疆开发计划付诸实施的倾向性。”④ 可见孙中山开发西北、西部的思想或后来的“总理遗教”对当时人的影响是非常深刻的，而开发西北正是完成孙中山未竟事业的最好方式之一。

国民政府开发西北经济的如意算盘是一箭多雕，当然亦包括改善民生的成分，尽管蒋介石在陕期间所“预定”的事务中有“公共厕所”“取缔乞丐”等内容，但这与以上“大局”相比，则相形见绌了。不管怎么说，在国民政府的重视与支持及地方政府的配合下，战前经济开发毕竟取得了一定的成果。

---

① 高屹：《蒋介石与西北四马》，警官教育出版社1993年版，第130—131页。

② 《开发西北实业计划》，导言。

③ 徐旭：《西北建设论》，中华书局1945年第2版，第98页。

④ 《中国民族政策之研究：以清末至1945年的“民族论”为中心》，第129页。

第五节 西北经济开发的主要成果

为了应付纷至沓来的危机，国民政府及地方政府投入了一定的人力物力财力，以开发西北地区经济，交通、水利、移民、工业取得了一定的发展，尤其是交通和农田水利方面，成果最为显著。

一 交通

（一）铁路

西北铺设铁路之议起于1905年，这年12月，陕西巡抚曹鸿勋奏请筹办西潼铁路，潼关东西两段分别由豫、陕两省负责，允准后即聘请日人勘测线路，估价400万两，但河南倡议缓办，而甘肃“毫无响应”，加之费用无所出遂作罢。[①] 1908年清政府产生了修建一条东西干线铁路的想法，即陇海铁路。陇海铁路东起海州，西至兰州，总长度约为1735公里。国民政府接管北洋政府的国有铁路后，对于陇海铁路西展工程，颇为积极，设管理局专管行车，工程局专管西段工程，并派凌鸿勋为局长，专负其责。

1929年，甘肃建设厅曾有利用工赈修筑潼关以西至皋兰一段路基的提议，并交铁道部办理，但未见实施。[②] 1930年11月，灵宝至潼关段（72公里）开工建设，经过13个月时断时续的修建，1931年12月底完工。灵潼段陕西境内部分是中国修筑铁路以来进入西北地区的第一段铁路。铁路通至潼关后，带动了当地经济的发展，荒原陆续修盖房屋，开设店铺，渐有繁盛气象。[③] 1921年，渭南只有花行10多家，铁路通车后增至32家，外镇花行及自购自运棉花商增至100家以上，销路扩大到临潼、华县、高陵等地，年收购量约500万斤。后来花行和棉花商分别增至52家和118家，采购地区扩大到晋南、豫西一带。[④]

之后，潼关至西安段提上了日程。1931年4月，铁道部设立潼西段工

---

① 参见交通部交通史编纂委员会、铁道部交通史编纂委员会编《近代交通史全编》第39册，国家图书馆出版社2009年版，第233页。

② 参见《甘肃建设厅通志材料》，甘肃省图书馆西北地方文献阅览室（图书）藏，1929年，抄本。

③ 参见中国国民党陇海铁路特别党部编《陇海铁路全路调查报告（1935年度）》，张研、孙燕京主编《民国史料丛刊》第395册，大象出版社2009年版，第531、532—533页。

④ 参见杨树民《建国前的渭南棉业》，载渭南市政协文史和学习委员会、渭南市水务局编印《渭南文史资料》第1辑，2002年，第90—92页。

程局，凌鸿勋任局长兼总工程师。潼西段全长132公里，地势平坦，最大坡度为千分之五，最小弯道半径为500米，1931年秋全线测定，但由于工款不足，至1932年底只修筑了潼关至华阴段路基桥工。1933年，全段土方桥洞工程悉数完成，材料运到即行铺筑，1934年12月底，该段通车，全路用款10728400余元。①

陇海铁路展筑至西安后，加强了陕西与外界的联系，“该省始渐为人所注意，远见之士，乃相率至西安咸阳一带，经营工商业”②，极大地带动了西安乃至陕西商业的繁盛与经济的发展，“匪特该路营业增加，而平时无法运销之农产，亦能运输出来，于国计民生，大有裨益”③。1934年前，西安商店虽号称5000多家，但以小商贩居多，资本最大的5万元，小的如经营笔墨的仅100元，大多属于传统行业，且面临经营亏损乃至倒闭的境地。1935年9月，西安较具规模的商号有3000余家。④ 该路西展以前，陕西周边以郑州为棉花集散地，西展之后，“转运公司随之而来，陕西棉花之东运者，皆由此处装车，棉商运输，不特免除危险，而节省运费，缩短时间，更称便利，此为陕西棉花运输史上最光荣之一页……23年火车通至渭南，大部分棉花皆由渭南装车……继则火车达至西安，则更由多数由西安起运”⑤，多在渭南、西安一带设市交易，西安成为陕西商业枢纽和西兰线陕西段区域内最大的市场，津、沪、汉的绸缎、布匹等日用品等，先由火车运抵西安，再转运省内各地⑥。

铁路还给西安人民带来了新鲜事物，改变了当地人民的生活。据记载，自从铁路通至西安，各种商品经由陇海路从外省各大商埠运进；西安市民开始和各种新奇的商品接触，生活从古老守旧逐渐迈向新的方面，时尚随之而来，“水门汀的楼房，流线型的汽车，一天一天的加多”，西安人甚至也开始欣赏“京沪的电影，平津的旧剧”⑦ 了，餐饮业骤增，设备亦

---

① 参见凌鸿勋《中华铁路史（1876—1949）》，第118—119页；陇海铁路潼西段工程局编印《陇海铁路潼西段工程纪略》，1934年，第19页。

② 许济航：《陕西省经济调查报告》，载张研、孙燕京主编《民国史料丛刊》第354册，大象出版社2009年版，第57页。

③ 《陇海路展筑近况》，《中央日报》1934年6月17日第1张第3版。

④ 参见陕西银行经济研究室编《陕西经济十年》，西安市档案局、西安市档案馆1997年版，第186—187页。

⑤ 《陇海铁路调查报告》，载《民国史料丛刊》第395册，第94页。

⑥ 参见国民政府铁道部业务司商务科编印《陇海铁路西兰线陕西段经济调查报告书》，1935年，第58—59、107页。

⑦ 杜重远：《盛世才与新新疆》，生活书店1938年版，第9页。

趋时尚，有些饭馆还备有西餐[1]，西安已成为西北首屈一指的大城市和现代都市[2]。

继潼西段之后，西安至宝鸡段也迅速修筑。该段全长172公里，除渭河需要架设桥梁外，其余皆较易，所需工料由铁道部筹拨。1935年6月设立西宝工程局，1936年12月7日路轨铺竣，抗战全面爆发前通车，用时约17个月，用费1300余万元。[3] 至此，陕西或曰西北境内铁路总里程约317公里，占全国铁路总长度的2.2%。[4] 西宝段通车后，极大地带动了咸阳、宝鸡经济社会的发展。宝鸡在未通铁路前，城内有资本微薄的商号百余家，铁路通后，“商业始渐繁盛”[5]。1936年2—6月，经由铁路输入的货物达13700余吨，输出3900余吨，2—10月客货运费收入59350.55元[6]，“陕省昔日以交通闭塞，产业不振，金融业亦较落后。自陇海路通至宝鸡，各重要县市，新式银行之设立，乃渐增加”[7]，“沿线各地，遂得因利乘便”[8]。该路还在抗战全面爆发后的工厂内迁中发挥了巨大的作用[9]，而内迁工厂反过来又极大地促进了西安、宝鸡及陕西经济社会的进步与发展。

1935年，为了解决宁夏民众食盐用煤之需，马鸿逵曾有修筑宁夏至盐池轻便铁路之议，除去以工代赈外，预计用款200多万元，但因款无所出，遂作罢。[10]

（二）公路

国民政府成立时，全国公路里程为29127公里，1930年增至4.5万公里，均以各省自筑为主。1931年11月经委会成立后，开始督造各省联

---

① 参见李亦人《开发西北声中之西安商业观（续）》，《钱业月报》第15卷第5号，1935年5月，第103页。

② 参见倪锡英《西京》，中华书局1936年版，第131页；王望《新西安》，中华书局1940年版，第114页；麦吉玉《西安见闻　西北行》，《申报》1939年1月26日第2张第6版。

③ 参见陇海铁路西段工程局编印《陇海铁路西宝段工程纪略》，1936年12月，洪观涛序第2页、第2章第3页。

④ 参见姜明清编《中华民国交通史料·铁路史料》，“国史馆”1992年版，第86页。

⑤ 《陕西省经济调查报告》，载《民国史料丛刊》第354册，第75页。

⑥ 参见陇海铁路西段工程局编印《陇海铁路西宝段工程纪略》，第11章第1—2页。

⑦ 屈秉基：《陕西金融业之现状及其展望》，《陕行汇刊》第8卷第1期，1944年1月，第5页。

⑧ 陇海铁路西段工程局编印：《陇海铁路西宝段工程纪略》，第11章第1页。

⑨ 参见何敏求、陈尔寿、程璐编著《中国地理概论》，正中书局1946年版，第174页。

⑩ 参见《宁夏筹修宁盐轻便铁路》，《晨熹》第1卷第3号，1935年2月15日，第19页。

络公路，1933年10月范围扩大至陕、甘、青等13省。据统计，截至1933年，全国公路干道总长度为68619.838公里，已完成54552.135公里。西北各省公路里程分别为：陕西全线长度为4156.95公里，完成771.8公里；甘肃全线长度为1884.16公里，其中1704.16公里已通车；青海3137.4公里，可以行车的有653.8公里；宁夏全线754公里，都已完成；新疆全线长度为3553公里，已完成1317公里。全国支线总长度为97142.30公里，已完成26726.23公里。西北各省除新疆情况未详外，陕西支线全长1364.1公里，已完成823.81公里；甘肃5633.38公里，完成525公里；青海7360.2公里，已完成449.8公里；宁夏2549公里，完成1223公里。[①]“吾国中部暨东南西北各省，凡铁路、航路经行不及之重要地点，均有公路可通。”[②]

1935年1月1日，经委会在西安成立西北国营公路管理局，制订公路运输计划大纲，整修西兰公路，新建西汉公路。西兰公路是中国第一条国营公路，全长753公里，旧为陕甘驿道，后经驻军修筑，略具雏形。20年代“华洋义赈会”曾以工赈方式对此路段增筑简易桥梁，但限于经费，未能完备。[③] 在陇海路修通前，该路是西北与沿海各省及欧亚国际交通重要干路，蒋介石“极为重视”，屡次催促修筑。[④] 经委会为了“树开发西北之先声”[⑤]，“树立西北公路之骨干”，决定“担负全部经费”[⑥]，拨款修筑。该路工程规模巨大，初为兵工修筑，后改为民工修筑，限期完成。[⑦] 第一期工程1935年4月竣工，5月1日全路正式通车，筑路费用为93万元。[⑧]

---

① 参见《路市建设》，《道路月刊》第40卷第1号，1933年，第15—17页。

② 《全国经济委员会工作报告（节录）》，载《革命文献》第28—30辑精装合订本，“中央文物供应社”1978年10月影印再版，第896页。

③ 参见《全国经济委员会拟〈兴筑西北公路进行办法〉》，1934年，载《抗战时期西北开发档案史料选编》，第189页。

④ 宋子文：《西北考察报告》，《中央日报》1934年6月23日第1张第3版。

⑤ 中国第二历史档案馆编：《中华民国史档案资料汇编》第五辑第一编“财政经济”（九），第258页。

⑥ 《全国经济委员会工作报告（节录）》，载《革命文献》第28至30辑精装合订本，第897—898页。

⑦ 参见《西兰公路加紧修筑》，《中央日报》1934年6月9日第2张第3版。

⑧ 参见全国经济委员会西北办事专员办公处编印《西北建设事业概况》，1937年，第2页；中国经济建设运动委员会总会编印《中央暨各省市经济建设事业一览》，1937年2月，第18页。

西兰公路贯通后，西安、兰州间客车 4 天可达，行程大为缩短。[①] 1936 年，经委会购买汽车，降低运费，加建正式车站、车库、加油站等，提供更为便利的条件。同时，营业收入也有较大增加，1936 年全年客运收入 367061.64 元，货运收入 118172.74 元，邮运收入 485884 元，行政收入 96826.11 元，创下单月收入最多时达 10 万元以上，“打破空前未有之纪录”，除去管理费、车务费、运务费等项支出，共结余 82480.2 元。[②] 西兰公路“亦为‘开发西北’以来，所表现的最大结果”[③]，“在我国是很有声望的了，随便问甚么人他都晓得她”[④]。西兰公路也是甘肃兴筑现代公路之滥觞。[⑤] 兰州在西兰路修筑完成后，交通日称便利，人口繁众，地价日昂。[⑥]

西汉公路全长约 390 公里，为联络陕、甘、川三省干道，亦为西北各省商业军事运输要道，当地民众渴望早日修通。该路修筑前，已有土路可勉强通行汽车，宝鸡至汉中段长约 223 公里，路途崎岖。1934 年夏，经委会派队测量后，预算本年所需经费约 35 万元，分宝凤、凤留、留汉三段施工兴筑。[⑦] 1935 年 5 月 25 日，蒋介石致电宋子文，请其筹款从速修建该路。6 月下旬，经东挪西凑，经费大致筹定。[⑧] 在经费到位的情况下，工程进展较速，1935 年 12 月下旬全线打通。1937 年 2 月，除鸡头关钢架大桥，其余均竣工。西兰、西汉公路奠定了西北公路的基础。[⑨] “西北交通，骤增便利。”[⑩] 此外，经委会还改修了凤翔至宝鸡段线路，全长 36 公里，1936 年 10 月完工。据统计，西汉路宝鸡至汉中段、凤翔至宝鸡段两项工

---

① 参见《全国经济委员会工作报告（节录）》，载《革命文献》第 28 至 30 辑精装合订本，第 900 页。

② 参见全国经济委员会西北办事专员办公处《西北建设事业概况》，第 7—8 页。

③ 范长江：《中国的西北角》，1937 年，《民国丛书》第三编 70，第 104 页。

④ 西北公路运输管理局编印：《西北公路交通要览》，1940 年 10 月，第 153 页。

⑤ 参见王勤堉《民国以来之中国公路建设》，出版信息不详，第 170 页。

⑥ 参见《甘肃省地政工作报告、纲要、计划、细则、规程、章程、办法及华西建设股份有限公司各垦区招垦章程》，1940 年，甘肃省档案馆藏，资料号 26—4—324，第 5 页。

⑦ 参见《全国经济委员会拟〈兴筑西北公路进行办法〉》，1934 年，载《抗战时期西北开发档案史料选编》，第 190—191 页；《全国经济委员会工作报告》，载《革命文献》第 28 至 30 辑精装合订本，第 530—531 页。

⑧ 参见《蒋中正总统档案：事略稿本》31，第 460 页；《秘书长关于核拨西汉公路工款案签呈》，载中国第二历史档案馆编《全国经济委员会会议录》三，广西师范大学出版社 2005 年影印本，第 218—219 页。

⑨ 参见《本处交通管理报告》，《西北公路月刊》第 1 期，1942 年，第 10 页。

⑩ 《全国经济委员会工作报告（节录）》，载《革命文献》第 28 至 30 辑精装合订本，第 900 页。

程，共支出工程费与管理费240余万元。①

从1936年起，经委会对于公路的主要工作侧重于铺筑路面及加固桥涵，督造未完成的各主要干线公路，并“由会拨借全部或大部分之工程经费”，积极修筑边远地区公路，如汉宁、汉白、甘新、甘青、宁平等线，并完成了汉宁、宁平两线。截至1936年底，各省联络公路里程已达23800余公里，全国互通公路达10万公里，历年拨借各省公路基金达1178万元之巨。经委会还对各省公路进行勘测、选线，至1936年底，勘测西北路线有兰州至西宁线、凤翔至亭口线及汉白公路、宁平公路等。经委会派遣测量队前往各省协助测量线路，全长达2000余公里，其中在甘肃协测天广线，长267公里，及甘新公路部分路段。②

除了经委会，西北各省政府也次第筹集资金，修建省内公路。陕西自筹资金先后建成西（安）凤（翔）路、西（安）朝（邑）路、西（安）周（至）路、咸（阳）榆（林）路等18条，全长2775.8公里。③

1933年秋，在朱绍良督促下，甘肃建设厅规划了以兰州为中心的6大公路干线，境内总长度3690公里，支线总长度3540公里，预算经费3289.4万元，计划5年完成，但由于各种原因，此一计划未能实施，战前修成了华（家岭）双（石铺）公路华（家岭）天（水）段和甘川公路兰（州）会（川）段。

宁夏1925年提倡兴筑公路，但因经费关系，未能全面展开。1929年设省后，各项建设渐上轨道。1932年春至1934年，建设厅利用第十五路军和沿路饥民以工代赈，对省内南北两路进行了较大规模的整修，建成了“三大干线”和“十条支线”。④ 截至1935年，宁夏公路里程总长度约为1700公里⑤，与其他省份相比，仅比察哈尔、热河、河北、西康、西藏为

① 参见《全国经济委员会工作报告（节录）》，载《革命文献》第28至30辑精装合订本，第898页；中国经济建设运动委员会总会编印：《中央暨各省市经济建设事业一览》，1937年2月，第18页。全路工程管理等费用有的记载大约220万元，见《中华民国史档案资料汇编》第五辑第一编“财政经济”（九），第261—262页，录此备考。

② 参见《全国经济委员会工作报告（节录）》，载《革命文献》第28至30辑精装合订本，第897—899页。

③ 参见中国国民党中央党部国民经济计划委员会主编《十年来之中国经济建设》，扶轮日报社1937年版，第17章第14页。

④ 参见《十年来之中国经济建设》，第21章第7—9页。

⑤ 参见绍武《一年来宁夏公路建设及未来计划述略》，《开发西北》第3卷第1、2期合刊，1935年1月，第204—206页；胡平生《民国时期的宁夏省（一九二九——一九四九）》，台湾学生书局1988年版，第308页。

长，但“较之东南诸省，则仍不可同日语也”[①]。

青海建省之后，公路渐有发展。1931 年，青海驻军实行兵工政策，各县政府加派民夫协助修筑。[②] 建成或正在修筑者有宁河路（西宁—临夏），全长 270 公里，1930 年完成；宁玉路（西宁—玉树），全长 800 公里，分为两段，西宁至大河坝长 250 公里，1932 年修成，大河坝至玉树段因路途遥远，山脉迂回，工程浩大，一时难以完成；青藏路（西宁—西藏拉萨），沿途均系牧区，人烟稀少，海拔高，修筑不易；宁甘路（西宁—甘肃张掖），全长 340 公里，1933 年修通；宁凉路（西宁—甘肃凉州），全长 260 公里，1934 年通车；宁敦路（西宁—甘肃敦煌），已修至大柴旦。除了上述干道之外，另有支路 3 条，长 225 公里，皆在 1934 年修成通车。[③]

新疆地域广大，地理情况复杂，“山岭高，沙漠大，水站少”[④]，交通建设殊为不易。1928—1933 年间，省内形势扰攘，尤其是“哈密事变”的影响，各方面建设没有大的发展，交通方面虽然拟订了颇为庞大的建设计划，但成效并不显著。截至 1932 年底，新疆已完成的公路干线为 633. 60 公里，修筑中的干线有 230. 40 公里，合计为 864 公里；已完成支线 691. 20 公里，干、支线总里程为 1555. 2 公里。[⑤] 战前完成新疆至绥远公路，1937 年 7 月 1 日完成全长 1859 公里的迪（化）伊（宁）、迪（化）哈（密）国际交通线，抗战爆发后有所展筑，战时大批苏联援华物资就是通过这条公路运往中国抗日前线的。[⑥]

截至抗战前夕，全国公路总长度为 109500 公里，其中有路面者 43521 公里，土路 65979 公里。[⑦] 西北五省公路建设总体而言也有较大改观，陕西有公路 4093 公里（有路面者 1171 公里），宁夏 2266 公里，青海 2337 公里，新疆 4853 公里，甘肃 3739 公里（有路面者 1726 公里），合计占全国总里程的 15% 左右（有路面的占 28% 左右）。

各路工程费用有中央政府直接办理者，亦有中央拨款、各省自行修筑者。陕甘两省主要是经委会拨借，1932 年至 1935 年 6 月，江苏、陕西、

① 王勤堉：《民国以来之中国公路建设》，第 171 页。

② 参见张其昀、李玉林《青海省人文地理志（续）》，《资源委员会月刊》第 1 卷第 6 期，1939 年，第 437 页。

③ 参见《十年来之中国经济建设》，第 22 章第 1 页。

④ 张大军：《新疆风暴七十年》第 7 册，兰溪出版社有限公司 1980 年版，第 3893 页。

⑤ 参见张大军《新疆风暴七十年》第 6 册，兰溪出版社有限公司 1980 年版，第 2994 页。

⑥ 参见《新疆风暴七十年》第 7 册，第 3893 页；新疆社会科学院历史研究所编著《新疆简史》第 3 册，新疆人民出版社 1980 年版，第 222—223 页。

⑦ 参见章伯锋、庄建平主编《抗日战争》第 5 卷，第 28 页。

甘肃等11省总额为8474532元，其中甘肃39400元，约占经费总额的0.46%；陕西1934年为100000元，约占1.18%。[①] 据测算，1927—1936年中国（包括1931年后的东北地区）经济增长率为8.4%[②]，而中国公路的年增长率为15.8%[③]，成效有目共睹。

战前公路建设取得很大成绩，蒋介石相当满意，1936年5月16日，蒋在一次讲话中充溢着欣喜与快慰。[④] 但不可否认的是，西北公路因全是土路，雨季一到，路面很容易被冲毁；桥梁大多为木质，涵洞太小，易被洪水冲损。并且修筑时限于经费与工期，因陋就简，质量不高，故而抢修费用非常可观。[⑤] 西兰公路"湾（弯）急坡陡，视距太短"，"坡度超过百分之十而视距仅及十五公尺者，行车极属危险"[⑥]。国联专家顾桑1934年、1935年先后两次视察该路，认为该路桥梁、排水、路面等皆存在较大问题，如果路面平整，兰州、西安间行程还可缩短一天。[⑦] 据亲历者描述，西兰公路"路幅最阔处十公尺，最窄处仅敷一车通行"，"沿线均为土床，天雨即泥泞载道，车辆陷入泥中，有深至一尺者"[⑧]，汽车（有人称为"气车"，因"凡坐车者无不生气也"[⑨]）过后，"无风三尺土，有雨满车泥"，因而被称为"稀烂公路"[⑩]。其实不只西兰公路质量如此糟糕，西汉路"宝鸡郊外一带，遍地沼壑，行车尤见艰险"[⑪]。宁夏公路的质量也较差，因为所有的公路都是由原有大车路略加修补改筑而成，并未铺设路面，或纯系土路、沙路，一遇雨天，即泥泞难行，且农忙时节多有农民引

---

① 参见周一士、胡美璜编著《中华公路史》上部，台湾商务印书馆股份有限公司1984年版，第170—171、228页。

② 转引自托马斯·罗斯基著，唐巧天、毛立坤、姜修宪译《战前中国经济的增长》，浙江大学出版社2009年版，第217页。

③ 参见阿瑟·恩·杨格《一九二七至一九三七年中国财政经济情况》，第344页。

④ 参见《蒋中正总统档案：事略稿本》36，第645—647页。

⑤ 参见《凌鸿勋先生访问纪录》，第168页。

⑥ 孙发端等编：《交通部公路总局第七区公路工程管理局工作报告（1947年1—8月）》，甘肃省图书馆西北地方文献阅览室（图书）藏，油印本，1947年。

⑦ 参见顾桑《西兰西汉公路视察报告》，魏秉俊译，《公路》第1卷第4期，1935年，第411页。

⑧ 《陕西邮管局自置汽车运邮建议》，中国第二历史档案馆藏，资料号137（5）—0917，第7—8页。

⑨ 范长江：《中国的西北角》，《民国丛书》第三编70，第111页。

⑩ 赵敏求：《跃进中的西北》，新中国文化出版社1941年版，第51页；董涵荣：《开发西北者应有之态度与认识》，《新青海》第5卷第4期，1937年4月30日，第20页。

⑪ 顾桑：《西兰西汉公路视察报告》，魏秉俊译，《公路月刊》第1卷第4期，1935年，第412页。

水灌田而截断公路之事发生。

（三）民航业

国民政府建立后，即着手发展中国的航空事业，除了空军之外，民航业也是重点发展对象。1929 年 1 月，交通部筹设航空筹备委员会，先后成立三家航空公司：一为中国航空公司，成立于 1930 年 8 月，由交通部与美国飞运公司（后为联美公司）合资经营，以贯通国内主要空运干线为主。一为欧亚航空公司，1931 年 2 月成立，系由交通部与德国汉莎航空公司合办，以沟通欧亚国际干线为主。一为西南航空公司，成立于 1934 年，由西南各省军政长官发起创办。[①] 抗战前开辟 12 条航线，通航总里程为 12840 公里，有 40 个左右的主要城市开通了客运航班。[②]

西北航空事业发轫于 1924 年，当时北京政府设立筹办西北航空委员会，议决西北航空干线以河南陕州为起点，经陕西、甘肃、新疆连接中亚和西亚，并分为南北两条支线，南线由西安经汉中、保宁、阆中、成都至重庆；北线由兰州经宁夏、五原、包头，与平绥路相连。但这一计划并未实施。[③] 国民政府成立后，交通部制定了发展欧洲航线的计划，1931 年春蒋介石亦曾有开通南京至新疆间航线的打算[④]，这一计划与汉沙公司开拓远东航线的打算不谋而合，经过努力，欧亚航空公司 1931 年 5 月正式成立，总公司设在上海。1932 年 4 月 1 日至 1934 年 5 月 1 日，欧亚航空公司因必须每两周到北平维修一次飞机，曾开办过为期两年又一个月的北平、洛阳、西安航线，后因修理厂从北平迁走，此航线亦停办。[⑤]

对西北影响较著的是沪新线（上海至塔城）。1932 年 4 月，欧亚航空公司首先开办了上海、南京、洛阳、西安航线，5 月 18 日扩展至兰州，至此，公司开通了上海至兰州的定期航班。[⑥] 1931 年 12 月中下旬，公司首次试航上海至迪化线，所经线路为上海、北平、归绥、百灵庙、弱水河、哈密、迪

---

① 参见行政院新闻局编印《民用航空》，1947 年，第 2 页；马寅初《十年来的中国经济建设》，载中国文化建设协会编《十年来的中国》，商务印书馆 1937 年版，第 125—126 页。

② 参见行政院新闻局编印《民用航空》，1947 年，第 2—3 页；S. K. Yao，“Aviation”，*The Chinese Year Book*，*1935—1936*（Reprint Nendeln，1968），1，p. 594，转引自〔美〕托马斯·罗斯基《战前中国经济的增长》，浙江大学出版社 2009 年版，第 218 页。

③ 参见汪公亮《西北地理》，正中书局 1936 年版，第 142—143 页。

④ 参见《新疆风暴七十年》第 6 册，第 2995 页。

⑤ 参见广东省集邮协会、佛山市集邮协会编《中国早期航空邮政（1920—1941）》，人民邮电出版社 1993 年版，第 82 页。

⑥ 参见欧亚航空公司编印《欧亚航空公司二十五年营业概况》，1936 年，第 2 页。

化。[1] 1932年11月19日，再次试飞上海至新疆航线，较为顺利，遂从1932年12月15日起，正式开通了上海至新疆的定期航班，航程6000公里。沪新航线开创了西北航空业的新纪元。[2] 但因多种原因，此一航线航班经常不能正常执行，1933年4月22日停航，7月下旬复航，并延伸至塔城。9月下旬，新疆发生变乱，与内地航线陷于停顿。盛世才上台后，因不愿蒋介石势力介入，1933年12月14日电拒飞机进入新疆，并撤销了在迪化的航空站，没收了公司财产，至此，通航不到两年的沪新线停办。

1934年7月20日，兰州至宁夏航线开通，里程380公里，首航班机从包头携出信件126件，从宁夏携出100件。由于业务量较小，不敷成本，更无利润，旋即停办。同年11月1日复航，并扩展至包头，全线800公里，改称包兰线。陕蓉线，1935年9月开通，自西安经汉口至成都，以上三条线路皆为欧亚公司营运。[3]

（四）邮政

陕西邮政事业兴起较早，1904年有各类局所49处，1914年增至197处，民国初年邮区重班邮件，主要靠畜力车运送。[4] 管理局设于西安，下辖二等邮局24所，三等邮局26所，全省通邮里程9175公里。[5] 1934年邮局增至65处，代办所208个，平均741.29平方公里有1处邮政局所，各类邮政职员206人，加上信差、邮差等共有727人，平均近6万人有1处邮政局所，远远落后于全国平均水平。[6]

甘肃邮政创始于1905年，宁、青两省邮务亦隶属于兰州邮务管理局，管理局下辖二等邮局21个，三等邮局24个。[7] 1934年时，甘肃邮区共有职员132人，其他人员499人，每1702平方公里、33627人拥有1处局所。[8]

新疆邮政事业创始于1909年底，迪化设立邮务管理局，1912年新疆

---

① 参见《西北试飞成功》，《申报》1931年12月25日第3张第9版。

② 参见《交通部、甘肃省政府关于欧亚航空公司开发西北航线的训令、指令、公函等》，1931年9月24日，甘肃省档案馆藏，资料号4—6—353。

③ 参见朱家骅《我在交通部任内的重要改革》，载王聿均、孙斌编《朱家骅先生言论集》，"中央研究院"近代史所1977年版，第419—420页；《中国早期航空邮政（1920—1941）》，第82页。

④ 参见交通部交通史编纂委员会、铁道部交通史编纂委员会编印《交通史邮政编》第2册，1931年7月，第382、389、440—441页。

⑤ 参见王金绂《西北地理》，立达书局1932年版，第246页。

⑥ 参见张樑任《中国邮政》中卷，1935年，《民国丛书》第二编40，上海书店1990年版，第13—15、194—196页。

⑦ 参见《西北地理》，第246页。

⑧ 参见《中国邮政》中卷，《民国丛书》第二编40，第13—15、194—196页。

划设为独立邮区，由外人担任邮务长之职，直到1933年。经过5年发展，至1917年时，邮政局增至20处，代办所31处。[①] 1921年，全省邮路长约9310公里。[②] 1927年后，改名为邮政管理局，邮政局增至33处，代办所53处，邮路14条，全长9700余公里，皆为马班邮路，南疆甚至用毛驴代替。此外有3条特殊邮路，即西伯利亚铁路邮路；北京至迪化的马班邮路，长5270余公里；归化至迪化的骆驼班邮路，长2935公里。[③] 但因业务少，支出多，每年亏损10万元至40万元不等。[④] 1934年新疆邮区有各类人员491人，每19013平方公里、27844人有1处局所。[⑤]

二 农田水利

对于干旱少雨的西北而言，农田水利的兴废关乎农民、农村和农业至巨，左宗棠曾言："西北素缺雨泽荫溉，禾稼蔬棉专赖渠水……治西北者，宜先水利，兴水利者，宜先沟洫，不易之理。惟修沟洫，宜分次第，先干而后支，先总而后散；然后条理秩如，事不劳而利易见。"[⑥] 但清末民初之际，政局变幻，水政废弛。国民政府成立后，各种灾害纷至沓来，大旱灾则是引起政府重视水利并大力发展、取得较大成就的直接原因。

（一）陕西水利建设

陕西水利发达甚早，尤以关中称著，泾水、渭水流域沃野千里。但河渠流经之处多沙碛，"沙性松浮"，须疏浚"而水力始溥"[⑦]。汉中地区褒水、湑水等河沟密布，水利亦发达，褒城、南郑、城固等县皆有可浇灌数万亩田地的水渠池堰。[⑧] 但各县水渠系由民间"各自出力出款局部为之，无坚实永久计划"，一遇山洪，即被冲毁，且年代久远，"或淤或决，顿失其利"[⑨]。大旱灾再次向人们敲响了水利失修的警钟，也引起了政府和陕西

① 参见马飞熊《回顾解放前的新疆邮政》，载政协新疆区委员会文史资料研究委员会编《新疆文史资料选辑》第1辑，新疆人民出版社1979年版，第126页；樊伯钦编著《新疆邮政简史》，新疆人民出版社2003年版，第47页。

② 参见《西北地理》，第241—242页。

③ 参见樊伯钦编著《新疆邮政简史》，第27—35页。

④ 参见《新疆风暴七十年》第7册，第3899页。

⑤ 参见《中国邮政》中卷，《民国丛书》第二编40，第13—15、194—196页。

⑥ 《左宗棠全集·书牍》第21卷，岳麓书社2009年版，第9页。

⑦ 张慰西：《近五十年中国之水利》，申报社编《最近之五十年》，《近代中国史料丛刊三编》第90辑，文海出版社有限公司2001年版，第4页。

⑧ 开发西北协会：《西北水利计划》，载《革命文献》第89辑，第341—342页。

⑨ 《各县农田水利现状调查案（二）》，1933—1937年，陕西省档案馆藏，资料号96—1—894（2），第82—84页。

水利专家的重视。李仪祉是其中的杰出代表，而泾惠渠则是此一时期关中现代化水利事业的发端①和陕西水利的示范工程，也是中国水利现代化的标志工程。

李仪祉（1882—1938），名协，陕西蒲城县人，1913 年留学德国但泽工业大学，专攻水利，“早年即以献身水利事业自矢”②。1915 年学成回国后，曾任南京河海工程专门学校校长、陕西水利局局长、渭北水利工程局总工程师、陕西建设厅厅长、黄河水利委员会委员长等职，为中国水利工程学会创始人之一，并多次担任会长一职，著名的“治理黄河方策”即由他提出，对多条江河都有改良计划。③ 李仪祉每到一处即实地考察，笔之成书，据统计其有关西北水利建设方面的著述有几十种之多，内容涉及水利考察报告、计划大纲、组织规程、治黄意见等。④ 在李仪祉的主持下，“首开泾惠渠，继定关中八渠”⑤，战前主要修筑了泾惠渠、渭惠渠、梅惠渠和洛惠渠等。

1919 年前后，陕西遭遇旱灾，当地士绅提出修浚泾渠以解民困，但因政局不稳、经费无着而作罢。1921 年陕西发生饥荒，于右任、胡笠僧等倡议利用救灾余款兴办引泾工程，成立渭北水利委员会和渭北各河渠工程局。1922 年李仪祉从南京回陕，任陕西水利分局局长兼渭北水利工程局总工程师，着手勘测设计，但旋以战事未实行，李仪祉也无奈离去。1928 年大旱灾发生后，兴修水利再次成为人们关注的焦点。1930 年，李仪祉应杨虎城之邀回陕，主持建设厅，正式开办引泾工程。工程分两期实施，第一期工程 1931 年 1 月开工，1932 年初完成渠首引水工程、总干渠、南北干渠及中白渠土方工程，引水量为每秒 16 立方米，总干渠长 11 公里，南干渠长 44.5 公里，北干渠长 30 余公里，中白渠长 24 公里，大小支渠 8 道，长 150 公里，“小渠无数”。4 月 6 日，省政府政务会议将该渠命名为“泾惠渠”⑥。

---

① 参见王成敬《关中水利建设》，《中国银行月报》第 4 卷第 4 期，1949 年，第 71 页。

② 参见娄献阁《李仪祉》，载宗志文、朱信泉主编《民国人物传》第 3 卷，中华书局 1981 年版，第 301 页。

③ 参见 *Who's Who in China*, *Biographies of Chinese Leaders*, Fifth Edition, *The China Weekly Review*, Shanghai, 1936, p. 140。

④ 参见胡步川《李仪祉先生年谱》，载《陕西文史资料》第 11 辑，陕西人民出版社 1981 年版，第 108—124 页。

⑤ 蒋鼎文：《李仪祉先生逝世三周年纪念刊序》，载陕西省水利局编印《李仪祉先生逝世三周年纪念刊》，1941 年 3 月，不分页。

⑥ 李仪祉：《陕西泾惠渠工程报告》，《水利月刊》第 3 卷第 1—2 期合刊，1932 年。

6月20日，第一期工程建成放水[①]，国民政府派代表吴稚晖、褚民谊亲临祝贺，各界代表数千人参加仪式，盛况空前。1933年第二期工程开工，主要修筑中下游支渠，共建支渠7道，1934年底各项工程先后完成，随即成立泾惠渠管理局进行后期管护。经费方面，第一期工程费1204300.56元，第二期421091.62元，加上初期勘测费50000元，总计1675392.18元，主要来自经委会、省政府、华洋义赈会、个人捐助和水利奖券。[②] 泾惠渠全长252.48公里，各期工程次第完成后，干支渠灌溉面积逐年扩大，1932年灌溉面积40余万亩，1934年为577499亩，1935年实际面积为590222亩，1936年增灌158617亩，1937年增加110499亩，总计达659928.2亩，1942年达到729840亩。[③] 见表5。

表5 **泾惠渠各干支渠灌溉面积逐年增进统计（1934—1936年）** （单位：亩）

年份	总干渠	南干渠	北干渠	第一支渠	第二支渠	第三支渠	第四支渠	第五支渠	第六支渠	第七支渠	第八支渠
1934	8804	203761	51925	21676	—	120878	9198	—	6774	—	29999
1935	10009	122588	26095	28589	19025	107186	80187	15133	31746	12243	75843
1936	13177	133360	29532	33841	25850	117059	85775	69189	40600	13946	84023

资料来源：《全国经济委员会·水利局泾惠渠灌溉成绩统计表》，1934—1936年，“中央研究院”近代史所档案馆藏，资料号26—00—05—001—08，第3页。

泾惠渠是陕西成效最著的水利工程，灌区东西长60公里，中部幅宽20公里，1932年夏渠道初步完工后，“当地人民欣喜若狂”[④]，逃荒民众相率归来，重事耕作，年告丰稔，与大旱灾时相比，“恍如隔世”[⑤]，“目前泾原富庶状况，较之昔日，真不可同日语矣”[⑥]。该渠建成后，陕西省政府特立碑纪念，碑文中有“此后农产丰，居民庶，旱荒免，盗贼熄，政府无烦再

① 参见《各县农田水利现状调查案（二）》，1933—1937年，陕西省档案馆藏，资料号96—1—894（2），第85页。

② 参见叶遇春主编《泾惠渠志》，三秦出版社1991年版，第116—123页。

③ 参见《各县农田水利现状调查案（二）》，1933—1937年，陕西省档案馆藏，资料号96—1—894（2），第85页；陕西泾惠渠管理局编印《泾惠渠报告书》，1934年12月，第23—24页；李仪祉《陕西泾惠渠工程报告》，《水利月刊》第3卷第1、2期合刊，1932年，第3—17页；《泾惠渠志》，第4—20、258页；《泾惠渠管理局工作报告（五）》，1941—1943年，陕西省档案馆藏，资料号96—1—540（5），第328页。

④ 《民国二十四年全国水利建设报告》，编者不详，1937年2月，第233页。

⑤ 《泾惠渠农村概况》，行政院新闻局1948年9月印行，第1页。

⑥ 陕西泾惠渠管理局编印：《泾惠渠报告书》，第3页。

蠲田赋，慈善团体不须继縻赈金，食足兵去，既富六方"[①] 之语。过往之人对此渠"化除水患而为水利"[②] 亦无不钦佩。国民政府对此渠也相当满意，1934年11月18日，蒋介石在谈及视察西北后的感想时说："陕西对于水利工程，颇为注重，泾惠渠之建设，可谓一大成功。据报告此渠可灌溉之区域农品产额，约视昔增加三倍至四倍，该省有兴修水渠之整个计划，引泾工作既已相当收效，引惠、引洛工作亦在积极进行，农村复兴，计日可待。"[③] 即使外国专家考察后，也"无不交相称誉，表示满意"[④]。《大公报》社评将其称为"西北建设之象征，大灾孑遗之福利"[⑤]。

水利设施改善提高了各种农作物产量。泾惠渠灌区土质最宜植棉种麦，豆类和杂粮次之，农民因植棉利厚，且质优量丰，故植棉者最多。陕西水利工程修治以前，农作物种植面积相对较小，产量较低。1920—1932年全省每年平均种植棉花1454613亩，计产皮棉308570担，平均亩产0.21担，1928年锐减至0.07担，1932年只有0.11担。[⑥] 但到了1934年，这一局面陡然改观，该年共种植棉花3710938亩，计产皮棉1004114担，平均亩产0.27担。[⑦] 之所以出现丰产丰收的景象，主要得益于"泾渠落成，麦棉产量激增"[⑧]，而泾阳棉花产量更是增长迅速，1935年价值百万元以上，灌区亩产80斤，净增50斤，而一等农田可多产60市斤。[⑨] 据统计，泾惠渠灌区平均亩产0.48市担，1936年增至0.62市担[⑩]，最多时竟然能达到180斤，而与之一河之隔的咸阳原上，每亩少至数斤，最多40多斤[⑪]。

除了棉花，泾惠渠流域的小麦及各种杂粮种植面积与产量也逐年递增。1934年小麦面积182334亩，平均亩产210斤，1935年分别增至220697亩和

---

① 李协：《泾惠渠锡名记》，《渭北引泾水利工程报告》，第23—24页。

② 陆亭林：《西宁等处实习调查日记》，载萧铮主编《中国地政研究所丛刊·民国二十年代中国大陆土地问题资料》198册，成文出版社有限公司1977年版，第94654页。

③《蒋中正总统档案：事略稿本》28，第457—458页。

④《陕西泾惠渠工程之完成》，《科学的中国》第6卷第5期，1935年，第197页。

⑤《祝泾惠渠》，《大公报》1932年6月20日第1张第2版。

⑥ 参见杨文洵、韩非木、葛绥成等《中国地理新志·黄河和沽河流域》，中华书局1936年版，第195—196页。

⑦ 参见刘阶平《陕西棉业改进之检讨》，《国闻周报》第13卷第26期，1936年。

⑧ 参见李仪祉《陕西水利工程十年计划纲要》，载《革命文献》第89辑，第348页。

⑨ 参见茹焘之《战时农业生产》，战争丛刊社1937年12月版，第26—27页；《泾惠渠农村概况》，第10页。

⑩ 参见《陕西已成各渠灌溉成绩统计》，《陕西水利》第1卷第1期，1933年。

⑪ 参见李国桢《洛惠渠放水后之陕西棉业》，《中国棉讯》第2卷第1—23期合刊，1948年，第78页；《泾惠渠区域十年来棉田棉产比较表》，《陕西棉讯》第2卷第2期，1936年，第6页。

220 斤，总产量由 38290140 斤增至 48553340 斤，成效十分明显。[①]

在泾惠渠未修筑前，大旱灾使得渭北平原人民相率逃亡，盗匪遍地，土地荒芜。该渠修竣后，逃亡人民相继返乡，嗣后家给户足，人口渐繁，收入陡增。据 1936 年在泾阳和高陵 2 县 5 村的抽查，结果与旱灾时判若霄壤，详见表 6。

表 6 泾惠渠农村实况调查（1936 年）

村名			斜刘村	瓦王村	北师家村	裴家村	摆家村
接近泾惠渠干支渠名			总干渠	南干渠	第三支渠	第五支渠	第六支渠
县属			泾阳	泾阳	泾阳	高陵	高陵
本村农民	户口	1929 年	12	13	19	15	20
		调查时	14	32	19	15	35
	人口数	1929 年	46	21	63	72	250
		调查时	73	130	84	95	420
本村普通农家经济状况	全家人口		12	12	6	5	9
	耕地亩数	水田	36	78	88	30	30
		旱地	—	32	47	15	20
	全年农产收获情形	麦（斤）	2000	2750	3750	2500	2500
		棉（斤）	1200	2500	1730	450	500
		谷豆（斤）	500	6000	2750	750	750
	全年农产价值（元）		720	1608	1420	375	345
	全年担负捐税（元）		36	110	134	45	50
	全年一家消费（元）		658	656	650	200	200

资料来源：《全国经济委员会·水利局泾惠渠灌溉成绩统计表》，1934—1936 年，"中央研究院"近代史研究所档案馆藏，资料号 26—00—05—001—08，第 6 页。

泾惠渠的修筑径直抬高了周边土地的价格。该渠修成前，地价落至 1 元，城镇繁盛之地亦不过 3 元，水浇地最高不过 10 元，甚至只要花 5 角、1 元钱即可购得 1 亩田地。该渠完工放水后，每亩地价由之前的三五元猛涨至 1934 年的三四十元[②]，1936 年秋每亩水田 45 元，普通浇灌地 40 元，是原来

① 参见《全国经济委员会·水利局泾惠渠灌溉成绩统计表》，1934—1936 年，"中央研究院"近代史所档案馆藏，资料号 26—00—05—001—08，第 5 页；《泾惠渠》，第 22—23 页；《历年农产收获情形及价值比较表》，《陕西水利季报》第 2 卷第 3、4 期合刊，1937 年，第 17 页。

② 参见《兰州昨开迎宋大会》，《中央日报》1934 年 5 月 6 日第 1 张第 2 版；宋子文《西北考察报告》，《中央日报》1934 年 6 月 23 日第 1 张第 2 版。

的40倍，旱地亦涨至10元，增长了9倍[①]，并且没有愿意卖地之人，其主要原因则是土地的持续收益远远高过了出卖土地的价格，而且这种收益是有坚实保障的。据统计，1934年、1935年该渠流域每年增加收益300万元，1936年增加800万元，1937年为600万元，1938年为700万元。[②]

泾惠渠修成后，人民受惠，“人知新式工程可恃”[③]，带动了其他各渠的修建。“泾惠渠成效大著以后，国内各银行，群集其力以惠农民。更欲推而广之。于是对于灌溉事业，大加注意。”[④] 此一时期陕西还修建了如下各渠。

洛惠渠。1933年春，在杨虎城提议下，陕西水利局组织引洛工程处，对该渠测量设计，一年后测竣开工，计修筑分水闸2座，桥梁45座，涵洞31道，支渠桥梁9座，隧洞共长4842米，“据报成绩甚佳”[⑤]。但洛惠渠第五号隧道长3000多米，施工难度很大，1935年春两端同时动工，至1936年春尚有600多米未能凿通，1937年夏部分竣工。[⑥]

泾惠渠的成功使得“利用渭河修渠之议，便很顺利的为陕省当局所接受”[⑦]。渭惠渠可以灌溉渭河以北扶风、武功、兴平、咸阳、眉县70万亩土地[⑧]，“面积甲诸渠”[⑨]。工程分为两期，约需经费200万元，但省政府无力承担，经宋子文、杨虎城等人与中央、中国、交通、金城、上海五家银行商洽，以长安等县营业税及泾惠渠水费为担保，贷款150万元实施第一期工程（后降为78万元）。1935年春测竣备料，8月正式开工，工人仅二三百名，进度缓慢，9月增至2000名以上，加上工价较优，经过一年半时间，第一期工程基本完工，1936年12月15日举行放水，可灌溉农田17万亩[⑩]，漆水河以西眉县、扶风、武功3县“充分灌溉，收获数量，大有增进”，夏禾种植27080亩，价值估计479430.14元，秋禾34329亩，价值242693.64

---

① 参见《全国经济委员会·水利局泾惠渠灌溉成绩统计表》，1934—1936年，“中央研究院”近代史所档案馆藏，资料号26—00—05—001—08，第5页。

② 参见时怀铭《泾惠渠纪游》，载矛盾等《西北行》，第253—254页；赵敏求《跃进中的西北》，第37页。

③ 王成敬：《关中水利建设》，《中国银行月报》第4卷第4期，1949年，第72页。

④ 黄河水利委员会导渭工程处编印：《陕西渭惠渠计划书》，1935年1月，第2—3页。

⑤ 全国经济委员会编印：《全国经济委员会会议纪要》第7集，1935年7月，第27页。

⑥ 参见陈靖《检讨开工十二年之洛惠渠工程》，《工程》第2期，1946年，第111—112页。

⑦ 《二十八年渭惠渠灌溉区域农村经济状况调查》，《陕西水利季报》第5卷第3、4期合刊，1940年，第63页。

⑧ 参见李仪祉《陕西之灌溉事业》，《水利月刊》第11卷第6期，1936年。

⑨ 陕西省水利局渭惠渠工程处编印：《渭惠渠第一期工程纪略》，1936年，第1页。

⑩ 参见《渭惠渠第一期工程纪略》，第1页；全国经济委员会水利处：《陕西省水利概况》，第244—245页。

元，除去成本，分别净增327747.68元和80382.87元。[①] 但限于经费、筑渠材料等因素，第二期工程未及举办。如果该渠全部完成，则“八惠之中，有其三，而灌溉面积有其半矣。五惠继之而起，必非难事”[②]。

梅惠渠是在原梅公渠的基础上整修而成的，1936年7月兴工修筑，计有分水闸1座，跌水6座，桥梁13座，涵洞5道，斗门30座[③]，抗战前未完成。

陕南地区渠堰较多，灌区广大，如山河堰引褒河水，宋朝时可灌田23.3万余亩，后来堙废甚多，清康熙年间该堰仅灌田55000余亩，相差甚远[④]，“且多拘泥旧法，不谋改善，利益殊微，应开之新渠堰，亦未暇着手办理”[⑤]。战前陕南各县积极修治渠堰沟坝，扩大灌溉，取得了不俗的成绩，详见表7。

表7 **陕西汉中灌溉地亩**

县别	渠名	灌溉亩数	县别	渠名	灌溉亩数
南郑	芝字堰、黄土堰等	1.6万亩	褒城	山河大渠	15万亩
	南江、白杨等	每池数千亩		流珠堰	
	娘娘山堰	1万亩	西乡	金洋堰	1.2万亩
城固	杨填堰	2万亩	洋县	洋县各小渠	10万亩
	上官、枣河、上下盘等十数堰	4万亩	勉县	琵琶堰 马家堰	每堰 6万亩
	五门堰	5万亩		山河、东堰及天分堰	每堰 6万亩
商县	商县各渠	7万亩	汉阴	月河	2.3万亩
宁强	大安驿等	1.8万亩	安康	千工堰等	0.7万亩
平兴	大贵、坝丰等堰	5万亩	镇巴	固乡坝等	3万亩
石泉	石泉各渠	0.3万亩			

资料来源：陈言：《陕甘调查记》上，第63页。

① 参见《渭惠渠第一渠灌溉区域二十六年份农产收获统计》，《陕西水利季报》第2卷第3、4期合刊，1937年，第18页。

② 《陕西渭惠渠计划书》，第3页。

③ 参见《全国经济委员会·全国水利报告汇编》，1937年2月，“中央研究院”近代史所档案馆藏，资料号26—21—007—07，第28—31页。

④ 参见《全国经济委员会·整理南褒参河大堰计划大纲》，“中央研究院”近代史所档案馆藏，资料号26—00—05—001—02，第3页。

⑤ 参见《全国经济委员会·分期整理开发汉中区水利计划》，“中央研究院”近代史所档案馆藏，资料号26—00—05—001—01，第3页。

除兴修水渠外，陕西还提倡凿井灌田，制定凿井办法，成立凿井队，督促各县掘凿灌田、饮用各井，1931—1936 年 6 月底，共在长安县乡村和西安市及周边各县打井 225 眼，半数以上是灌田井，对缓解当地旱情也不无裨益。①

陕北地区战前拟订了兴修神木河、无定河和延水的计划，预计灌溉面积可从 8916 亩增至 60916 亩，如果按每亩增益 10 元计，每年可增益 50 万元之多。②

1936 年，全国经济委员会鉴于陕西水利建设取得的巨大成就，组织举办了陕西水利成绩展览会，责令泾洛工程局、洛惠渠呈送各类展览品如计划图（33 张）、工程照片（33 张）、统计图表（11 张）、模型（5 副）、计划与报表（18 份），总共 100 件③，全面展示了泾惠渠、洛惠渠修建过程及取得的成绩。展览会规模虽然不算很大，展出内容亦十分有限，但能为地处西北的陕西举办水利建设专题展览，本身既是对兴修水利工程成绩的一种肯定，也为以后更加重视水利工作，积极兴修水利立下了标杆，其示范意味不言而喻，同时也起到了“以为他省之倡”的作用④，而国民政府借此树立的德政不言而喻。

（二）甘肃水利建设

大旱灾使得社会各界进一步认识到了发展西北水利的重要性。甘肃省当局对此也深有同感。1934 年，甘肃省政府为了在全省实现“不患旱年而足民食”的良好愿望，制定了宏伟的每人 1 亩水田的计划。⑤ 甘肃当时总人口为 670 万左右⑥，而据 1933 年统计，全省水田面积只有 380 万亩⑦，可谓目标远大，任重道远。因此，在全省范围内修治水利工程成为当务之急。在各县士绅倡导和政府协助下，各县次第开渠浚沟，挖河凿井，并利用传统水车

---

① 参见《陕西省建设厅推广凿井实施办法》，《陕西建设月刊》第 7 期，1935 年，第 3—4 页；《陕西省督促各县农村自动组织凿井班办法》，《陕西建设月刊》第 7 期，1935 年，第 4—6 页；陕西省政府编《陕西省之经济建设》，载《革命文献》第 89 辑，第 493—494 页。

② 参见《全国经济委员会 · 陕北灌溉工程建议书》，1935 年 9 月—1936 年 4 月，“中央研究院”近代史所档案馆藏，资料号 26—00—05—001—13，第 12 页。

③ 参见《全国经济委员会 · 检送洛惠渠展览品参加陕西省水利成绩展览会》，1936 年 1 月—1936 年 2 月，“中央研究院”近代史所档案馆藏，资料号 26—43—002—05。

④ 参见李仪祉《陕西水利工程十年计划纲要》，载《革命文献》第 89 辑，第 348 页。

⑤ 参见甘肃省政府编《甘肃省之经济建设》，载《革命文献》第 89 辑，第 569 页。

⑥ 参见《全国面积人口统计》，《中国经济统计》创刊号，1940 年；侯扬方《中国人口史》第 6 卷，复旦大学出版社 2005 年版，第 134 页。

⑦ 参见陈华柏《中国实业概况》，《实业统计》第 1 卷第 5、6 号合刊，1933 年，第 2 页。

以资灌溉，成效显著，尤以临洮水渠修筑成绩最著，计开渠 12 道，可灌田 57700 亩，“全县旱地二十余万亩，因开渠而培成良田者实居三分之一”①。

除了临洮之外，其他各县也先后修治水渠多道，如天水通惠渠，引渭水灌溉，渠长 6000 余米，由当地士绅负责督修，工程费由用水农户分担，可灌田 1000 余亩。② 皋兰、临夏、张掖等 32 个县共计开凿、疏浚水渠 213 道，可灌溉田地 2647460 亩，加上临洮的 32 道水渠、57700 亩，共计为 245 道、2705160 亩，而已经开工但尚未完成的水利工程如临洮济生渠、溥济渠、抹挪河渠、东峪渠等 4 渠（完成后可灌田 7 万亩，其中溥济渠4 万亩，抹挪河 1 万余亩，济生渠 1 万余亩，东峪渠 6000 余亩），永靖永丰川渠、喇嘛川渠等还不包括在内。③ 武威、陇西、永登、泾川、天水、静宁等县拟订了修筑计划，如若完成，可增加灌溉面积 60 余万亩，增益 200 余万元。④

值得一提的是洮惠渠的修建。洮惠渠原名民生渠，由地方缙绅刘笠天等所倡办，1933 年冬筹划施工，但因工款支绌而停工。1934 年 5 月，宋子文视察甘肃期间，朱绍良与宋子文协商由经委会出资 50 万元筹备、兴筑甘肃境内渠道，初步确定修筑临洮惠渠和永登通惠渠。12 月，经委会组建甘肃水渠设计测量队施测全渠，1935 年 3 月测量完毕后即由该队负责施工，甘肃省政府成立征工委员会，每日募集民夫 2000 人予以协助，1938 年 8 月 15 日全渠竣工，渠长 28. 3 公里，引洮河水灌溉临洮县农田 35000 市亩，工程费总计为 75000 元。甘肃省水渠修筑的传统是“率多视各地绅民能力所及，由政府加以协助”⑤，而洮惠渠修筑经费皆由中央政府补助，此渠为国民政府补助经费兴办甘肃新型水利工程之滥觞⑥。

---

① 参见《全国经济委员会·甘肃水利过去情形及将来计划》，1934 年 5 月，“中央研究院”近代史所档案馆藏，资料号 26—00—06—007—04，第 5—7 页。

② 参见《全国经济委员会·甘肃水利过去情形及将来计划》，1934 年 5 月，“中央研究院”近代史所档案馆藏，资料号 26—00—06—007—04，第 6 页。

③ 参见《全国经济委员会·甘肃水利过去情形及将来计划》，1934 年 5 月，“中央研究院”近代史所档案馆藏，资料号 26—00—06—007—04，第 8—11 页；《甘肃省之经济建设》，载《革命文献》第 89 辑，第 569—572 页；佚名《甘肃水利过去情形及将来计划》，《新亚细亚》第 7 卷第 5 期，1934 年，第 46 页。

④ 参见《全国经济委员会·甘肃水利过去情形及将来计划》，1934 年 5 月，“中央研究院”近代史所档案馆藏，资料号 26—00—06—007—04，第 11—14 页。

⑤ 中国经济建设运动委员会总会编印：《中央暨各省市经济建设事业一览》，1937 年 2 月，第 81 页。

⑥ 参见甘肃省政府建设厅编《洮惠渠工程》，《甘肃省经济建设纪要（1940. 12—1946. 12）》第 17 号，甘肃省图书馆西北地方文献阅览室（图书）藏，油印本；甘肃省政府建设厅编《水利林牧公司》，《甘肃省经济建设纪要（1940. 12—1946. 12）》第 59 号，甘肃省图书馆西北地方文献阅览室（图书）藏，油印本；《民国二十四年全国水利建设报告》，第 285 页。

利用水车灌溉农田是古代劳动人民的聪明创造，全国各地皆有，甘肃亦不少。水车系木制，轮径小者三丈，大者六七丈，造价三五千元不等，可用 20 年，每年维修费约 300 元。水车适合低地灌溉，“是沿河居民的生命线”①。但有两个缺点，一是有被洪水冲毁的危险，二是河渠水位稍低时，水车车轮不转，因此“殊觉费巨而益鲜”②。然而，对于干旱少雨、地高水低的县份，水车的作用不可低估。水车主要集中在皋兰、永靖、靖远和洮沙 4 县，共有 254 辆，可灌田 50249 亩（原书灌溉田亩总计为 50449 亩，疑有误，已改），平均每辆可灌溉约 200 亩，皋兰水车最多，灌田亦最丰，分别占 69. 29% 和 59. 13% 。③

农田水利设施的修建和改善，提高了农作物单位面积的产量和总产量，亦无形中抬高了田地的价格。1931 年皋兰上等水田价格约为 7 元，两年之后即 1933 年即上涨至 14 元，翻了一倍，1936 年更是涨至 62 元，高出原来近 8 倍。旱地、园地及荒地价格也有不同程度的上涨。④ 农田价格的上涨从一个侧面也反映出此一时期甘肃水利设施取得了较大的成绩，应该说水利设施的改善是土地价格直线上升最主要的推动力。

（三）宁夏水利开发

宁夏地势平坦，中有黄河穿境而过，农田水利全赖开渠引河水灌溉，水利发展较早，秦汉即有水利灌溉设施，百姓俗有“靠河吃饭”和“天下黄河富宁夏”的说法，唐时就有“塞北江南”的美誉，有人则称为“朔方天府”。经过各个朝代的开发，宁夏境内除同心、磴口、盐池无灌溉渠道外，其余各县渠道四布，“大者百余里，小亦数十里”⑤，流经里程 2293 里，大小支渠 2819 条，灌溉面积达 1762430 亩⑥。“虽终年不雨，亦可丰收。”⑦

---

① 李书田等:《中国水利问题》上册，商务印书馆 1936 年版，第 184—186 页；赵敏求:《跃进中的西北》，第 71 页。

② 《河西水利工程处关于兴修已成各渠概况、工程说明及水利工程规划与计划书一览表》，甘肃省档案馆藏，资料号 38—1—7，第 52 页。

③ 参见陈言《陕甘调查记》下，北方杂志社 1937 年版，第 42 页；《甘肃省之经济建设》，载《革命文献》第 89 辑，第 572 页。

④ 参见中国农民银行土地金融处调查，中国农民银行经济研究处编制《甘肃皋兰历年农地价格指数》，《中农经济统计》第 3 卷第 8 期，1943 年，第 15 页。

⑤ 李翰园:《宁夏水利》，《新西北月刊》第 7 卷第 10、11 期合刊，1944 年 11 月，第 70—71 页。

⑥ 参见《全国经济委员会 · 宁夏省渠道概要》，“中央研究院”近代史所档案馆藏，资料号 26—00—56—001—04，第 1—21 页。

⑦ 朱耀初:《宁夏水利事业概况》，《经济汇报》第 7 卷第 10 期，1943 年，第 78 页。

但自清同治年间战乱以来，宁夏的多条水渠“汙塞尤甚，而水量顿减”[①]，20 年代末的大旱灾虽然对宁夏影响不大，但水利设施失修仍较普遍。

马鸿逵主政宁夏后，采取了一些发展经济的措施。水利方面，动用兵工合力整修十大干渠，并用6 个团的兵力，辟建了民生渠。民生渠由王太乡惠农渠开口引水，流经黄河西岸和黄渠渠堤以东的大片荒地，经宁朔、宁夏直到平罗通吉乡，全长120 里，1934 年11 月1 日开工，次年5 月10 日完工放水，“是年灌溉成绩甚佳；两岸荒地，亦渐拓垦”[②]，可灌田 20 余万亩，宋子文到宁夏视察时，为了纪念马鸿逵的父亲改名为“云亭渠”。修筑该渠各项费用共计 376223 元，经委会拨款 20 万元作为补助。[③] 该渠被称作“开发西北之一伟大工作”[④]。据马鸿逵自述，1932—1939 年 8 年间，宁夏水利经过全面整修后，共有主要渠道 43 条，长达 2692 里，中渠 13 条、支渠 2942 条、子渠近万，合计全长 5000 余里，灌溉农田约 250 万亩[⑤]，使得宁夏尤其是卫宁平原阡陌纵横，沃野千里，是西北少有的粮仓。

1934 年 6 月，宁夏省政府规划了全省水利工程，如果全部完成可灌溉地亩 120 万亩左右，需款 132 万元[⑥]，但因时局不稳及工款无着落，遂无疾而终。

（四）青海水利建设

青海海拔较高，省内山地广袤，不适合大面积农耕，仅海东地区地势平坦，可以进行大规模农业生产，但亦主要依靠引水灌溉。水源主要有三，一是湟水，汉代赵充国即屯田湟中，以位于南北两川与湟水交汇处的西宁最为发达，次为互助与乐都等县，但乐都所引之水大多为山涧水，利用湟水较少。二是引用黄河水，但为数较少，因为黄河水流较低而农田地势较高，在当时条件下并未大规模有效利用。三是雪水，如都兰境内 8 条水渠主要引用高山雪水，可灌溉农田 9000 亩。青海旧有渠道及灌溉面积见表 8。

---

① 钟觉民：《西北屯垦计划说略》，出版时间不详，第 3 页。

② 《民国二十四年全国水利建设报告》，第 278 页。

③ 参见《民国二十四年全国水利建设报告》，第 278 页；刘柏石《云亭渠》，宁夏区政协文史委员会藏，手稿；《马少云回忆录》，第 128 页。

④ 《全国经济委员会 · 宁夏渠道概要》，“中央研究院”近代史所档案馆藏，资料号 26—00—56—001—04。

⑤ 参见《马少云回忆录》，第 128 页。

⑥ 参见《全国经济委员会 · 宁夏拟修新建各渠图说》，“中央研究院”近代史所档案馆藏，资料号 26—00—56—001—05。

表8 **青海旧有水渠灌溉面积统计**

地别	渠数	灌溉面积（市亩）	地别	渠数	灌溉面积（市亩）	地别	渠数	灌溉面积（市亩）
西宁	21	145250	同仁	7	4560	民和	30	20820
湟源	20	37380	大通	4	61200	玉树	3	9000
乐都	36	72060	共和	16	28000	囊谦	3	9000
贵德	12	80930	都兰	8	9300	旂地		35000
互助	8	150900	亹源	2	12000	合计	189	702100
循化	12	15000	化隆	7	11700			

资料来源：王成敬：《西北的农田水利》，第59—60页。

此外，青海亦利用水车灌溉，但水车数量较少，只有16辆，灌溉面积甚小。

1936年11月，青海省主席马麟拟具《青海省黄河水利复兴农村计划书》，计划开辟宿海渠、珠敖渠、河阳渠等12道渠，并计划在湟水开渠5道、在大通河开渠2道①，但因工款等因素而未能实施。

（五）新疆水利开发

新疆水利在此一时期也有了长足发展。新疆共有水渠1584条，长39305公里，灌溉面积17045326市亩。详见表9。

表9 **新疆旧有渠道统计**

县名	渠数	灌溉面积（市亩）	县名	渠数	灌溉面积（市亩）	县名	渠数	灌溉面积（市亩）
迪化	68	160290	温泉	45	37040	焉耆	27	10000
阜康	20	76512	博乐	21	25174	和清	5	270000
乾德	21	67475	精河	10	77357	库尔勒	17	198000
孚远	23	121753	昭苏	5	30000	且末	4	75000
奇台	24	183400	巩留	14	289665	轮台	21	211700
呼图壁	3	69570	巩哈	55	91437	尉犁	10	71012
木垒河	5	26500	霍城	9	206214	若羌	20	23200
和丰设治局	2	1075	裕民设治局	12	4820	和硕设治局	3	11155
吐鲁番	2	254524	特克斯	7	70000	阿克苏	15	619265

① 参见《全国经济委员会·青海省黄河水利复兴农村计划》，1935年4月—1936年1月，“中央研究院”近代史所档案馆藏，资料号26—00—62—001—04。

续表

县名	渠数	灌溉面积（市亩）	县名	渠数	灌溉面积（市亩）	县名	渠数	灌溉面积（市亩）
鄯善	8	56400	新源	14	52741	温宿	20	474640
昌吉	8	111991	塔城	76	78960	库车	102	490583
绥来	9	154912	额敏	18	13270	拜城	17	490356
伊宁	13	989419	河南	12	236454	乌什	25	445237
绥定	11	243000	沙湾	23	54584	沙雅	52	632064
乌苏	9	71540	吉木乃	10	16225	阿瓦提	30	241201
托克逊	2	35740	青河	5	2380	柯坪	2	5107
承化	31	60000	布尔津	21	10912	新和	11	577207
富蕴	3	6285	哈密	6	60410	阿和其	3	13962
福海	4	12000	镇西	32	53525	疏附	32	443815
哈巴河	12	2521	伊吾	8	11281	疏勒	4	545089
岳普湖	11	175780	阿图什	10	87420	麦盖提	49	290102
伽师	17	86200	蒲犁	3	29800	叶城	20	1200000
英吉沙	4	524927	莎车	10	562488	和阗	43	390000
乌恰	5	57400	叶尔羌	82	1261958	于阗	7	372120
巴楚	50	300000	泽普	64	194000	洛浦	12	425900
墨玉	11	441000	皮山	60	509262	策勒	25	161055

资料来源：王成敬：《西北的农田水利》，第67—73页。

三　移民垦殖

移民垦殖是古代中国充实边地的一项有效措施，也是国民政府时期开发西北经济中呼声较大的一个口号，这一口号的提出主要是基于西北地广人稀，荒地较多。据1933年在陕、甘、宁、青四省所做的调查，四省荒地平均占土地总面积的19.1%，宁夏最高，为53.3%，甘肃最低，为17.8%。然而，可垦荒地占土地总面积的比例却较低，四省分别为4.53%、2.81%、7.74%和11.57%。[①] 另据1936年1月实业部填报的荒地亩数，甘肃为461297.49亩，陕西为198620.50亩，宁夏为2021624.00亩。同年2月，内政部调查各省荒地数据，陕西339730亩，甘肃161200

① 参见《近六十年中国耕地面积增减之趋势》“第二表”，《农情报告》第2卷第12期，1934年12月1日，第118页。

亩，宁夏 423018 亩，青海 99500530 亩，新疆 710132 亩①，应该说有较大的移殖空间，但限于交通、水利、气候、土壤等因素，战前移民垦殖并未取得想象中的成绩。

《全国垦务计划大纲》将全国分为 5 个垦殖区，边疆垦区注重兵工屯垦，内地注重移民开垦。移民垦殖程序颇为复杂，大纲规定的标准程序有 13 项②，所需要的生产资料大约有 12 大类之多，“较一般的农业所需要的为多”③。如果按大纲规定的程序运作，虽然“组织新县”的结果很美妙，但过程、手续太过复杂，所需时间、人力亦较长、较多，显然无法一一实行，因此，各省根据实际情况，采取了操作性更强的做法。

1927 年 4 月，青海成立西宁道属垦务局，由总局兼办，各县设分局，以县长兼任局长，负责办理。荒地分为三等九则，各定地价，承领时先由垦户向主管分局购取呈请书，并注明垦户姓名及承领地的名称、地界，之后分局派员清丈，规定土地等则，发给丈量单，垦户凭单到分局缴清地价与执照费后发给承领执照，即完成整个程序。承领执照标志着垦户对此地拥有所有权。此次放领荒地 28280 余亩，清查私垦熟地 8914 亩，收取过地价大洋 21240 余元，正粮 150 余石，草 131 束。④

青海建省后，省政府将西宁道属垦务总局改组为青海省垦务总局，任邓德堂为局长，余袭旧制。此年甘肃遭遇旱灾，粮食多仰给于青海，因之青海粮价飞涨，承领荒地踊跃，垦务总局亦将荒地价目提高，此次放垦荒地共计 207750 余亩，收过地价 154208 元。1929 年 11 月，国民军入青，任命居占鳌为垦务局长，其他如旧。但因地价过高，承领者减少，即使地价每亩降低 4 角，仍然承领者乏人，以致所收垦款，几不足以开支本局经费。1930 年 10 月，垦务总局并入财政厅，改为青海省财政厅清垦总处，各县相应改设分处，原有垦务章程略加修改沿用。经过整顿，共放荒 9850 亩，收过地价 41500 余元（内有前垦务总局未收竣款项）。1933 年 3 月，国民政府下令各省成立土地机关，青海遂全部裁撤，设立青海土地局。⑤ 1927 年至 1933 年，青海共开垦生熟荒地 284600 余亩。⑥

马鸿逵主政宁夏后，地政方面以垦荒与清丈土地为本省两大要政，在

① 参见《蒋中正总统档案：事略稿本》35，第 561—562 页。

② 参见《全国垦务计划大纲》，《银行周报》第 13 卷第 29 期，1929 年，第 8 页。

③ 王文萱：《战时移垦边疆问题》，正中书局 1939 年 12 月版，第 4—5 页。

④ 参见佚名《青海之垦务》，《新亚细亚》第 11 卷第 1 期，1936 年，第 41—42 页。

⑤ 同上书，第 42 页。

⑥ 参见青海省地方志编纂委员会《青海省志·财政志》，黄山书社 1995 年版，第 4 页。

省垣成立垦殖总局，设总办1人，“秉承省政府之命，综司全局事务”，下设秘书2人，科长2人，第一科掌理土地整理、移民垦荒事宜，第二科掌理总务及统计事宜，设3个土地清丈队，办理具体土地整理工作。在1933年4月19日召开的第一次全省省政会议上，马鸿逵申述了整理土地的意义，并通过《清丈全省土地案》，着手进行土地整理。1935年11月，垦殖总局改为垦殖局，1936年旋改为地政局，至1940年形成了组织完备的行政机构。①

根据清查结果，宁夏7县共有荒地2397978亩②，1934—1935年，指定云亭渠、河忠乡、镇朔乡、李刚乡、广武等地为移垦区，设置隶属于地政局的垦殖分局，并规定移民手续和办法。如在云亭渠设立区域屯垦筹备处，指定军队人员负责，实施兵民屯垦。镇朔乡屯垦区域内，建成2处村寨，后因故作罢。③

1935年，宁夏省政府将土地工作重点放在策划垦务上。开垦熟荒方面，分步实施，第一步是省内移垦，对于面积较大区域，“施用募民移垦法，由人口较密之乡……劝导移垦”，而对于“零碎区段，则择邻近农户，田地不足耕种者承领”，并给予升科年限、贷给资金且分年偿还等优惠。第二步是招徕省外移民垦殖，在荒地面积约20万亩的云亭渠垦区划出一部分外省移民垦殖试办区，由甘肃、山东两省募民屯垦，3年后如果效果显著，即设立新村。第三步是移犯开垦，当时厘定的垦殖区域包括磴口县，实有荒地30万亩；平罗县镇朔乡，可垦区域30余万亩；云亭渠屯垦陶乐垦殖区，“全滩可垦荒地甚多……面积约数百方里”，并筹划移犯开垦河中堡荒地7万亩。开垦生荒方面，据省政府清查，具备土质、灌溉等开垦条件的生荒地主要集中于云亭渠、河中堡、镇朔堡、白马滩、姚伏堡、李岗堡和广武等处，这些地方的生荒地均准承领垦种。为了广事招徕，修订《宁夏省荒地承领暂行办法》，将原来规定不论农户是否拥有土地，只要承领生荒地就要交纳每亩8角地价，修改为拥有耕地在10亩以下者，不收地价，10亩以上100亩以下的农户，初次承领时才需交纳地价8角。④

① 参见宁夏省政府秘书处编印《十年来宁夏省政述要·地政篇》，1942年，第1—4、173页。

② 参见《十年来宁夏省政述要·地政篇》，第184—185页。1934年夏，安汉、李自发等调查宁夏10县荒地总数为2021624.27亩。其中官荒1861446.77亩，逃荒140177.5亩（此处荒地总数疑有误）。时人有谓“宁夏省可供农垦使用之荒地有千四百九十万亩者”，或曰“宁夏、灵武两县……可垦荒地共二百余万亩”，夸大了六七倍。

③ 参见《中华民国史档案资料汇编》第五辑第一编“财政经济”（七），第278页。

④ 参见《十年来宁夏省政述要·地政篇》，第174—178页。

这些措施对开垦荒地起到了一定作用。

四　工业

中国工业兴起于清末自强运动时期，经过一战时期的快速发展，1919年各种新式工厂共有335家，资本总额为133228690元。1927—1937年，中国又迎来了一个经济发展的黄金时期，工厂数量明显增长，据实业部1932—1937年工厂登记，符合工厂法的共有3935家，资本总额为377857742元，工人总数为457063人，门类主要有食品业、纺织业、化学工业、机器工业、服饰品工业等。[①] 然而，地域分布却严重不平衡，主要集中在上海、江苏、青岛等地，1935年6435家工厂中上海一地即拥有5418家，占84.20%；全国工人总数为505195人，上海即达299585人，占59.30%；上海工业生产占全国工业生产半数以上。

战前西北工业相当落后，乏善可陈。1935年，西北地区仅陕西有2家工厂，工人82人，分别占全国0.03%和0.02%，在统计省市中与威海并列末位，甘、宁、青、新四省皆无新式工厂。[②] 战前这种状况有所改善，陕西共设立工厂41家，资本总额为8577000元，但符合工厂法的仅10家，工人4635名，资本额276万元，分别占全国的0.25%、1.01%和0.74%；甘肃9家，工人1152名，资本额30万元。[③] 宁夏2家，一是甘草药膏厂，一是电灯股份有限公司。[④] 新疆工业也有一定发展，主要集中在迪化、塔城及阿克苏3个地区。[⑤]

总体而论，战前西北经济开发的进展并不大，尤其是工业和移民垦殖方面，与朝野上下一致呼吁的开发呼声很不相称，时人中有“开发之声盈于朝野，而实际效果渺若神山”[⑥] 的偏激之语，但其积极作用却不可低估。以陇海铁路西展为例，虽然速度较慢，且工程质量有待提高（著名史学家吴相湘对此有切身体验和生动描述[⑦]），但毕竟有首创之功，符合现代社会发展潮流，结束了西北无铁路的历史，掀开了西北铁路近代化的先声，对

① 参见陈真编《中国近代工业史资料》第4辑，三联书店1961年版，第92页。

② 参见陈真、姚洛编《中国近代工业史资料》第1辑，三联书店1957年版，第87页；《中国现代史》下册，第503页。

③ 参见《中国近代工业史资料》第4辑，第97页。

④ 参见纪坤《宁夏甘草药膏厂的变迁》，载《西北近代工业》，甘肃人民出版社1989年版，第474—477页。

⑤ 参见杜重远《盛世才与新新疆》，生活书店1938年版。

⑥ 《〈新西北〉月刊发刊词》，《新西北月刊》创刊号，1939年。

⑦ 参见吴相湘《三生有幸》，中华书局2007年版，第107页。

于经济发展一向受交通限制的西北地区来说，无疑起到了推动作用，铁路沿线先后建起了纺织、面粉、火柴、化学、机器制造等工业，为以后进一步发展打下了一定的基础。

小　　结

从国民政府成立到抗战全面爆发，国内外局势越来越严峻，民族危机亦越发高涨，面对内外重重危机，国民政府勉力奋斗，经济建设取得了相当大的成绩。就西北经济开发来说，以九一八事变为分界线，之前和之后表现出不同的目的、主张、措施和效果。

九一八事变发生前，由于大旱灾的影响，无论民间或政府层面，考虑更多的是救济西北而非开发西北，尽管民间呼声渐趋高涨，主张层出不穷，甚至有一些实际措施，但大旱灾却把人们的视线集中在兴修水利、便利交通以调节民食等方面。政府层面则是在舆论的引导下，对旱灾展开了有限的赈济，也有借开发西北向西北各省渗透、进而完成实质上统一的言论，但究其主流言论，还是以救济为主，谈不到经济开发。这一点政府与民间的出发点、目的、主张基本一致。

九一八事变发生后，日本占领了中国东北地区，并把矛头指向了华北，进一步侵略中国的野心昭然若揭，中国面临的局势陡然急转直下，危机日甚一日。东北地区的丢失促使人们将目光转向了距离遥远、曾经无限辉煌的西北地区，人们坚信开发西北是挽救危机并使中国走向强大的不二法门。一时间，开发西北的呼声此起彼伏。在民间，广大民众出于爱国热忱和对西北民众的同情，简单而热烈地喊出了“开发西北”的口号。在他们看来，开发西北经济无非就是修治水利、整修道路、兴建工厂、移民实边等，目的则是挽救西北民众于水火，更好地建设西北社会，充实国防，从而杜绝外人觊觎西北的野心，收到“失之东隅，收之桑榆”之效，待到开发有成效时，即可转而收复东北，最终实现民族复兴。为此，声势浩大的考察、创办刊物、积极宣传等活动，有力地推动了西北经济开发的进程。

而中央政府则是多种目的掺杂，多种动因并存。九一八事变使得西北真正进入国民政府当权者视野，有将西安设为陪都的打算，并且有了设置全国经济委员会的提议。“一·二八”事变之后，危机逐步升级并达到最高点，迫使中央政府做出了历朝历代慎而又慎的迁都举动。迁都显示了国民政府长期抗战的决心，但并未解决日益加剧的外部危机。此后，日本对中国的侵略脚步日益加快，直到抗战全面爆发。

在中国内部，各种对抗、反抗国民政府的力量也潜滋暗长、此起彼伏，西南、西北各省军阀的存在是全国形式上统一的一个注脚，中国共产党力量的日渐壮大对其构成了极大威胁。为了巩固统治，国民政府不得不武力相向，发动新的军阀战争及对中共中央苏区进行“围剿”。

在内外交困下，开发西北的呼声渐趋高涨。为了应对和化解各种危机，国民政府打出了开发西北这张牌。开发西北只是国民政府被动采取的权宜之计和无奈之举，而非主动行为。尽管出于被动，但仍然取得了一定的成果，交通、农田水利建设成效显著，工业、移民缓慢发展，而这一被动开发的进程与步伐，随着危机再次袭来，被大大推进。

第三章　危机高涨与抗战时期的西北经济开发（1937年7月—1945年8月）

第一节　抗战全面爆发，危机空前高涨

一　抗战经济损失概况

七七事变标志着日本侵华战争全面开始。中国虽然起而抵抗，但由于中日两国实力相差悬殊及蒋介石“以空间换时间”的错误抗战方针，中国大面积国土接连沦丧，各项损失惨重。1937年7月29日，北平沦陷，30日天津陷落。8月13日，日本发动“八一三事变”，11月12日，中国最大的城市，经济、金融中心上海沦陷。此次事变对上海造成的经济损失巨大。据统计，从1937年8月至1938年1月，上海出口额减少4.78亿元，进口减少2.65亿元。① 机器业损毁较重者360余厂，损失1400余万元；棉纺织工业损毁最为严重，据日本纺织联合会估计，毁于战火的纱锭30万枚，线锭2万枚，织布机4600台，遭受重大损坏纺锭约50万枚，线锭5万枚，织布机5000台。申新一厂和八厂损失法币3836786元，英镑1009镑，美元1961元；机制面粉业产量不足战前的四分之一，而据美国经济专家精密调查统计，自1937年8月中旬至10月中旬，上海所受损失在30亿元以上（闸北、浦东尚不在内），八成外贸被迫停顿，90%工人失业。② 据日本估计，上海被毁工厂

---

① 参见中国通商银行编《五十年来之中国经济：1896—1947》，文海出版社有限公司1973年版，第235页。

② 参见上海社会科学院历史研究所《“八一三”抗战史料选编》，上海人民出版社1986年版，第96—109页。

达 2000 余家，直接经济损失约 8 亿元，而其他损失尚不计及。① 上海及附近纺织业中心受战祸最惨，华商工厂除战前设于租界的纺锭 37 万枚，织机 1700 台之外，由闸北及杨树浦搬入越界的纺锭约 13 万枚，其余大约 130 万枚纺锭、13000 台织机全部沦陷。②

在炮火摧残下，上海文化教育方面亦损失惨重。据统计，1937 年 8 月中旬至 10 月 15 日各大学共损失 6623159 元，中学损失 2199954 元，小学损失 259129 元，社教机关如博物馆、图书馆、体育场等损失 186 万元(商务印书馆未在内)，总计 10942242 元。③

随着战火蔓延，中国失地越来越多，各项损失也愈发严重。从 1937 年 8 月至 1940 年 6 月，有 39 个主要城市相继失陷，包括上海、武汉、广州、杭州等主要城市。④ 1937 年 12 月 12 日，首都南京陷落。国民政府被迫在短短五年时间内第二次迁都。迁都一般而言有两种，一为主动迁都，一为被动迁都，前者是政治势力强大，弘扬国威，实施国家进取战略的表现，而后者则是国势衰微，为了挽救败局而采取的退却性战略。很显然，国民政府两次迁皆属被动，都是在日本侵略者侵犯上海、民族危机高涨时的无奈之举。

抗战期间，中国沦陷的城市共为 933 个，占全国城市总数的 47%；沦陷国土面积最大时为 2753254 平方公里，占国土总面积的 24.6%；沦陷区人口 257132389 人，占人口总数的 56%，战时全国蒙受战祸区域达 15 省 467 市县。⑤

日本每侵占中国一地，即展开无情掠夺。据统计，战时日本共侵占中国工厂 1465 家，造成损失 237403568 元，尤其战前工业较为发达的省市。如青岛被占工厂 137 家，损失 10618980 元；江苏 372 家，损失 61191250 元；山东 243 家，损失 13492212 元；浙江 269 家，损失 15402884 元。⑥

抗战时期日本对中国经济采取多种掠夺方式：一是将沦陷区交通工具和工厂设备以及各种重要物资掠夺和迁回本国运用；二是发行联银券、华兴券、军用票等，以无价值的纸币吸取中国物资；三是成立华北开发会社

---

① 参见《五十年来之中国经济：1896—1947》，第 181 页。

② 参见谭熙鸿主编《十年来之中国经济》，中华书局 1948 年版，第 79 页。

③ 参见何应钦《八年抗战》，“国防部”史政编译局 1982 年印行，第 41 页，转引自迟景德《中国对日抗战损失调查之研究》，《“国史馆”馆刊》复刊第 2 期，1987 年，第 189—230 页。

④ 参见张玉法《中国现代史》下册，东华书局股份有限公司 1977 年版，第 599 页。

⑤ 参见章伯锋、庄建平主编《抗日战争・军事》（下），四川大学出版社 1997 年版，第 2371 页；章伯锋、庄建平主编《血证——侵华日军暴行纪实日志》，成都出版社 1995 年版，第 2 页。

⑥ 参见陈真、姚洛编《中国近代工业史资料》第 1 辑，三联书店 1957 年版，第 85—86 页。

和华中振兴会社，将华商企业变为其殖民地企业；四是将华北、华中、华南各地的经济分割独立，使之无系统性，以便于蚕食鲸吞[①]，对中国东北、华北、华中和华南地区大肆掠夺。

日本占领中国东北之前，东北地区工业以食品工业居主要地位，资本额占全部工业资本总额的41.1%，而到了1940年，当地工业中与军事相关的工业门类大大膨胀，金属工业上升至首位，占32.8%，次为化学工业，占24.8%，再次为机械工业，占21.9%，而食品工业降至8.3%，纺织工业仅为3.8%。据调查，1940年东北工业日资占资本总额80.8%，其他国家占2.2%，中国民族资本仅占17%，1945年更是降至0.5%[②]，几近全无。华北事变发生后，中国产煤大区沦陷，产量急剧下降，经济部统计处发表报告称，全国煤的产量1936年为34250046吨，1937年骤降为6599070吨，1938年再降为470万吨，1939年为550万吨，1940年为570万吨，1941年为600万吨，1942年为6313697吨，1943年为6617000吨，1944年为5502000吨。[③] 据不完全统计，1937年至945年8月，日本从东北掠夺的工矿业资源有：生铁420万吨，原煤780万吨，液体燃料52万吨，铝1.2万吨，镁550万吨，铅1.7万吨，钼3000吨，盐300万吨，黄金价值580万元。此外，尚有特殊钢、白金、亚铅等资源。[④] 1938—1945年，日本从中国掠夺的铁矿石46303685吨，生铁10575850吨，煤346242011吨。[⑤]

日本侵占华北地区后，设立“华北政务委员会”和“蒙古联合自治政府”两个伪政权，统辖区域总面积达100余万平方公里，人口1亿多，是日本在中国侵占的第二大占领区。华北地区交通发达，铁路、公路、内河航运纵横交错，实为中国的咽喉与心脏地带。日本侵占华北地区后，即展开大肆掠夺。龙烟铁矿所产的200万吨铁矿砂中，70万吨必须运往日本，其余130万吨则在石景山铁厂炼成生铁后全部运往日本，华北65%的煤运往日本，长芦、山东、海州盐区所产的盐也要大部分运往日本。[⑥] 另据战后

---

① 参见高叔康《十年来之经济政策》，载《十年来之中国经济》，第21—22页。

② 参见史革新等编著《帝国主义侵略下的旧中国》，北京师范大学出版社1991年版，第178—179页。

③ 参见《十年来之中国经济》，第1102、1142页。

④ 参见袁秋白、杨瑰珍《罪恶的自供状——新中国对日本战犯的历史审判》，解放军出版社2001年版，第89页。

⑤ 参见严中平编《中国近代经济史统计资料选辑》，科学出版社1955年版，第143页。

⑥ 参见郑伯彬《日本侵占区之经济》，资源委员会经济研究室1945年印行，第72—73页；居之芬、张利民主编《日本在华北经济统制掠夺史》，天津古籍出版社1997年版，第417页。

初期美国的统计，1943年日本国内铁矿石、铣铁、煤和盐的产量分别是383.8万吨、380.6万吨、5553.8万吨和45.7万吨，而同期从中国华北等地掠夺的数量分别为368.6万吨、113.4万吨、602.9万吨和155.6万吨。①

日本占领中国东南地区之后，对中国的桑蚕业采用毁灭政策。对苏、浙、皖等省桑树大肆砍伐，摧毁丝场与制种厂，被毁桑园218万亩，受损桑园536万亩，桑株损失总数20亿株；养蚕业受损蚕户260万户，总值236亿元；减少制种量460万张，总值1090万元；制丝业损失丝车45000部，总值2810万元；其他方面损失总值2500万元。生丝产量方面，家蚕丝战时损失101.8万担，战后减产损失58.5万担，合计160.3万担；柞蚕丝战时损失29.4万担，战后减产损失10.6万担，合计40万担，总计损失203余万担。②

其他行业的情况同样如此。据统计，沦陷区内的面粉厂有36家完全被日本企业或个人瓜分，太原、汉口、开封等地的17家工厂悉数被日本制粉会社侵占，天津、徐州、上海等地的15家面粉厂皆被日东制粉会社把持，日清会社经营着北平和济南的各一家工厂，无锡九丰面粉厂、南京扬子面粉厂皆被日商侵占。烟草业全部被东洋烟草会社独占。火柴业由伪"中华民国火柴产销联营社"经营，沦陷区内水泥业被名为小野田会社、盘城会社和浅野会社瓜分。诸如硫酸、油漆等化学工业，亦被日本油脂会社和日本涂料会社占据。③ 面粉厂损失50%以上，产量减少60%以上，火柴业损失53%，缫丝业损失超过50%，造纸业损失80%，盐酸业损失80%，制碱业损失82%。④"故九一八以后直至抗战前夕为止之经济困难，不仅包括工业，抑且包括农业；不仅包括城市，抑且包括农村。"⑤

据估计，截至1943年7月，中国各项损失总计约449.68亿元（1936年币值），工商业直接损失50.35亿元，其中工业5.18亿元，交通4.19亿元，金融业4亿元，矿业0.68亿元，商业36.3亿元。沦陷区工业资产，上海损失52%，南京80%，杭州28%，无锡64%，武汉12%，广东31%，湖北十六区22%。⑥ 全国精华地区几乎全部遭到重大破坏，上海闸北区完全损毁，虹口与杨树浦为70%。⑦ 沿海沿江各大都市相继沦陷，占政府财政收入90%

① 参见单冠初《日本侵华的"以战养战"政策》，《历史研究》1991年第4期，第85页。

② 参见《十年来之中国经济》，第103—104页。

③ 同上书，第584页。

④ 参见《五十年来之中国经济：1896—1947》，第235页。

⑤ 同上书，第234页。

⑥ 参见韩启桐编著《中国对日战事损失之估计（1937—1943）》，中华书局1946年版，第32、83—84页。

⑦ 参见郑克伦《沦陷区的工矿业》，《经济建设》第1卷第4期，1943年，第247页。

以上的关、盐、统、烟酒税亦大为丧失，[①] 抗战8年间关税被敌伪劫夺总数在226亿元以上。[②] 另据农本局调查，主要农产品损失少者19%，多者80%。[③] 按照资源委员会估计，全国11.4亿亩耕地中有6亿亩遭受破坏，如果按此比例推算，全国农户受害总数当在5200万户；全国2300万头耕牛中损失800万头。[④] 如果按1937年币制计算，中国农民的损失接近60亿元。[⑤] “这场侵略战争的时间之长、规模之大、手段之凶惨、破坏之惨重，不仅远远超过帝国主义发动的历次侵华战争，而且在世界历史上也极为罕见。”[⑥] 据学者推算，日本的侵略至少使中国工业化进程延误了20年。[⑦] 见表10。

表10　**全国抗战各项损失统计**

<table>
<tr><td colspan="2">公私财产直接损失</td><td>31330136000 元</td><td colspan="2">军费损失</td><td>4168967000 元</td></tr>
<tr><td rowspan="8">其中</td><td>金银币、金银条</td><td>120566000 元</td><td rowspan="3">其中</td><td>陆军</td><td>3016185000 元</td></tr>
<tr><td>船舶（包括海船渔船）</td><td>138812000 元</td><td>海军</td><td>472710000 元</td></tr>
<tr><td>工商矿业及动力</td><td>4053647000 元</td><td>空军</td><td>680072000 元</td></tr>
<tr><td>交通（包括港口）</td><td>635371000 元</td><td colspan="2">人员伤亡</td><td>12784974 人</td></tr>
<tr><td>道路</td><td>215062000 元</td><td rowspan="9">其中</td><td>军人作战伤亡</td><td>3227926 人</td></tr>
<tr><td>农林水利</td><td>3976127000 元</td><td>死亡</td><td>1328501 人</td></tr>
<tr><td>公共机关（包括教育文化事业）</td><td>1157290000 元</td><td>负伤</td><td>1769299 人</td></tr>
<tr><td>住户房屋家具及私产</td><td>21033261000 元</td><td>失踪</td><td>130126 人</td></tr>
<tr><td colspan="2">公私财产其他（间接）损失</td><td>20444741000 元</td><td>军人因病死亡</td><td>422479 人</td></tr>
<tr><td rowspan="4">其中</td><td>对日作战国库经常及非常支出</td><td>6356271000 元</td><td>民平伤亡</td><td>9134569 人</td></tr>
<tr><td>沦陷区内政府及人民赔偿要求</td><td>4464211000 元</td><td>死亡</td><td>4397504 人</td></tr>
<tr><td>资源减损</td><td>6485741000 元</td><td rowspan="2">负伤</td><td rowspan="2">4737065 人</td></tr>
<tr><td>其他</td><td>3138518000 元</td></tr>
</table>

资料来源：“国史馆”典藏行政院赔偿委员会档案：卷号八，本会工作报告卷，赔偿委员会民国三十六年三月三日京（卅六）二字第〇〇二五七号公函，转引自迟景德《中国对日抗战损失调查之研究》，《国史馆馆刊》（复刊第2期），1987年，第189—230页。

① 参见《十年来之中国经济》，第46页。

② 参见《财政年鉴》第3编第6篇，第1页，转引自张静如、卞杏英《国民政府统治时期中国社会之变迁》，中国人民大学出版社1993年版，第29页。

③ 参见《五十年来之中国经济：1896—1947》，第235页。

④ 参见郑伯彬《日本侵占区之经济》，资源委员会经济研究室1945年版，第21—23页。

⑤ 参见郑竹园《日本侵华战争对中国经济的影响》，载罗荣渠、牛大勇编《中国现代化历程的探索》，北京大学出版社1992年版，第218页。

⑥ 史革新：《帝国主义侵略下的旧中国》，第4页。

⑦ 参见罗荣渠《现代化新论——世界与中国的现代化进程》，北京大学出版社1993年版，第317页。

二　危机再次催生经济开发热潮

国民政府内迁重庆后，西南、西北成了抗战大后方基地，严重的民族危机使得西北的战略地位又一次被中央政府和社会各界重视，西北经济开发热潮因之再次涌起。

与战前相似，战时国民政府也通过了关于开发西北的议案①，各种考察活动络绎不绝，丝毫不亚于战前，尤以 40 年代初次数多，规模大。赴西北考察者既有新闻记者、作家，也有金融家、企业家，官方的考察活动更是规模浩大，成效显著。1940 年 4 月中下旬，陈嘉庚到甘、青、宁、陕四省考察，“观感甚佳”，在目睹西北各地军政社会生产建设皆有长足进步后，认为大西北正在抗战中逐渐长成。② 1941 年 6 月，虞洽卿赴西北考察后拟利用沪港及各地游资，会同陕西实业界，共同组织大规模企业公司开发西北资源。③ 1941 年 7 月底，农林部长陈济棠赴陕、甘、宁视察。④ 蒋经国在 1941 年夏视察归来后呼吁有志的青年应当到西北去。⑤ 1941 年秋，朱家骅视察甘、宁、青、陕四省，归来后勉励国人“重建西北”。1941 年 11 月 25 日至 1942 年初，他呼吁“同胞们风起云涌，赶快到西北去工作”⑥。1942 年秋，国民党中央设计院西北建设考察团在蒋介石授意下到甘肃实地考察时，针对河西水利的十年发展计划，考察团认为应从速完成，以便在抗战结束后屯垦。⑦

各种组织也相继赴西北考察。1940 年 8 月初，三民主义青年团中央大

---

① 参见《李鸿文、董必武、沈钧儒等〈请速筹西北经济建设机关发展西北利源以增强抗战建国力量案〉》，1939 年 1 月，载马振犊主编《抗战时期西北开发档案史料选编》，中国社会科学出版社 2009 年版，第 28 页。

② 参见《陈嘉庚发表视察西北印象》，《申报》1940 年 6 月 27 日第 2 张第 6 版。

③ 参见《虞洽卿发动组织企业公司　冀能利用沪港各地游资开发西北大后方之资源》，《申报》1941 年 6 月 25 日第 2 张第 7 版；《组织西北企业公司　资本一千万元　虞洽卿发起自认二百五十万　目的在导引沪港游资之内移》，《申报》1941 年 6 月 30 日第 2 张第 7 版。

④ 参见《陈济棠将赴西北视察》，《申报》1941 年 7 月 17 日第 2 张第 7 版。

⑤ 参见蒋经国《伟大的西北》，宁夏人民出版社 2001 年版，第 34—35 页。

⑥ 参见朱家骅《到西北去——朱部长家骅在中央电台广播词》，《中央党务公报》第 3 卷 24 期，1941 年，第 10 页。

⑦ 参见《建设厅关于甘肃省经济建设纪要（农林水利类）、河西水利工程历年成果概述和湟惠渠工程报告书纪要》，1942 年 12 月 20 日，甘肃省档案馆藏，资料号 38—1—11，第 4—5 页。

学西北访问团到陕甘两省考察。[①] 1941 年 7 月至 1942 年 1 月，行政院会同军事委员会组织青康考察团，调查两省物资及工农业状况，编有《康青视察报告》。[②] 1941 年 7 月 17 日至 9 月 2 日，华西协合大学联合金陵大学农学院，商同西北公路管理处，对西北公路附属事业进行考察，编有《华西协合大学西北考察团报告》。[③] 1941 年 7 月至 9 月，中华自然科学社组织西北科学考察团，自重庆赴川、甘、青考察西北羊毛、森林及垦殖事业。[④] 1941 年 8 月 9 日至 10 月 2 日，农林部垦务总局组织西北垦区调查团，调查甘宁两省荒地，并拟具《甘肃河西荒地区域调查报告（酒泉、张掖、武威）》，以备政府采择。[⑤] 1942 年初，农林部垦务总局组织边疆荒地调查团，调查历时三阅月。[⑥] 中央研究院、中国地理研究所与中央博物院共同组织西北史地考察团。[⑦] 1943 年有西北盐产调查团、西北水土保持考察团、实业计划研究会蒙新考察团等。1945 年 6—9 月，行政院组建祁连山综合调查队，调查当地的矿产、水利、农林、畜牧和地质等。[⑧]

尤其值得一提的是 40 年代初的两次考察活动，这两次考察声势浩大，足以引起世人瞩目。第一次当属 1942 年经济部组织的西北工业考察团。该团由经济部长翁文灏提议组设，主要由工矿调整处及迁川工厂联合会约集重庆市工业界人士组成，均为具有一定专业技术的企业家。该团目的在于“实地勘察设立工业区地点后拟定设置工厂种类及数量，以便着手开发”[⑨]。在团长林继庸带领下，9 月 21 日从重庆出发，由川入陕，经宁夏

① 参见《西北访问团由渝抵蓉》，《申报》1940 年 8 月 10 日第 3 版，10 月 5 日第 4 版，10 月 18 日第 4 版。

② 参见《军政机关组织青康考察团》，《申报》1941 年 7 月 17 日第 2 张第 7 版；洪文瀚《论战后的西北经济建设（续）》，《建设评论》第 1 卷第 4 期，1948 年，第 29—31 页。

③ 参见华西协合大学西北考察团编《华西协合大学西北考察团报告》，1941 年 12 月，载张研、孙燕京主编《民国史料丛刊》第 818 册，大象出版社 2009 年，第 277—289 页。

④ 参见《中华自然科学社筹组西北考察团　考察森林羊毛及垦殖事业》，《申报》1941 年 8 月 30 日第 3 张第 11 版。

⑤ 参见张丕介、杜竹铭、徐书琴等《甘肃河西荒地区域调查报告（酒泉、张掖、武威）》，农林部垦务总局 1942 年 5 月编印；《西北垦区调查团抵达兰州》，《申报》1941 年 8 月 8 日第 4 版；《中央研究院将组织西北考察团》，《申报》1941 年 9 月 16 日第 4 版。

⑥ 参见陈恩凤、李宗可、马秀藻《青海省中部荒区调查报告》，农林部垦务总局 1942 年 12 月编印，第 1 页。

⑦ 参见《考察西北史地　辛树帜等抵兰》，《申报》1942 年 4 月 23 日第 2 版；《西北史地考察团地理组考察记》，《中央日报》1942 年 8 月 27 日第 5 版。

⑧ 参见洪文瀚《论战后的西北经济建设（续）》，《建设评论》第 1 卷第 4 期，1948 年，第 23、30 页。

⑨ 《经济部组织西北工业考察团》，《经济汇报》第 6 卷第 8 期，1942 年。

再到甘肃、青海、新疆[①]，直至 1943 年 2 月 12 日返回，历时近 5 个月，考察团根据各省情况，因地制宜，对各省工业予以规划，协助西北各省民营工业发展。颜耀秋亦有考察归来后“再以全力促使工厂向西北迁移，作开发西北之实践”的想法与计划。[②] 林继庸也疾呼：“建工业者向西北去!”[③] 庄晚芳在日记中对考察作了这样的总结：“自九月二十一日出发以来，经过了整整四个月，跋涉了两万余里的路程……我获得了不少的经验和知识，更清楚地了解了祖国的伟大和富裕，我感到骄傲，我感到前途是充满了光明!”[④]

另一次规模较著的考察活动是西北建设考察团。1943 年 6 月，在蒋介石的提议下，国民党中央设计局组织西北建设考察团赴西北考察，由于此团是蒋介石提议设立，因而阵容更为强大，考察范围亦更广泛，所涉及的 12 个部门都由知名的专家学者负责。考察团任务“为考察西北五省建设现状，拟具战时及战后十年建设计划，以备垂择。其工作性质与一般科学考察团之注重某一部门类中某一事实之发现者，实异其趣。故本团之工作应为全面的、综合的，旨在认识西北五省在各项建设部门中已有之基础、现在之缺陷及今后发展之可能，从而寻取改进发展之途径”[⑤]。考察团每到一地，首先商请地方当局召开负责人及技术人员座谈会了解情况，然后再根据分工分别走访，参观现有建设项目或预期项目。每完成一省考察，均召开团务会议，交流所得，“尽情发挥其主张与意见，共同商讨，以求得一共同认识与互相配合”[⑥]。此次考察为时八阅月，历程 17022 公里，“其在各地分别考察参观之短程尚未计入也”，用考察团的话说就是“道途悠长，寒暑备历”[⑦]。考察确实不虚此行，活动结束后，团长罗家伦于 1944 年 2 月 22 日撰成《西北建设考察团报告》进呈国民政府。报告有附图 40 余张，各种表格 100 多份，分门别类详加论述，并根据各省实际提出许多建设性方案，这是国民政府时期西北考察活动中门类最全、最为详备的一次。

---

① 参见中国第二历史档案馆《经济部西北工业考察通讯》（上），《民国档案》1995 年第 4 期，第 54 页。

② 《西北工业考察团考察范围已确定　林继庸谈此行计划　特别注意各地设厂条件》，《中央日报》1942 年 9 月 5 日第 5 版。

③ 林继庸：《西北工业考察归来的感想》，《大公报》1943 年 2 月 28 日第 1 张第 2 版。

④ 庄晚芳：《西北纪行》，艺声图书出版社 1948 年版，第 79—80 页。

⑤ 罗家伦：《西北建设考察团报告》，“国史馆”1968 年版，第 18—20、3 页。

⑥ 张晓京：《近代中国的“歧路人”——罗家伦评传》，人民出版社 2008 年版，第 257 页。

⑦ 《西北建设考察团报告》，第 23 页。

除了考察，各种学术团体和刊物论著亦步战前后尘，相继创办出版。1940 年 8 月，顾颉刚与韩儒林等在成都筹备中国边疆学会，国民党社会部赵守钰在重庆，马鹤天在榆林地区也成立了同名组织，于是“三合为一”，重庆设总会，陕西、四川各设分会，会员一度达 600 余人，凡边疆的知名人士及内地对边疆有研究者都网罗在内。随着学会进一步壮大，云南、西康、甘肃等省相继设立分会，制订工作计划。

战时刊物也较多，如《西北经济通讯》1941 年 1 月创办于兰州，由西北经济研究所、行政院第八战区经济委员会和四联总处兰州分处共同编辑出版发行，主要为西北地区土地、人口、财政、金融、交通、资源、畜牧、工矿的调查报告、统计表、研究论著等。[①] 与战前相似，战时也涌现出了一批讨论西北问题的论著，进一步申述西北经济开发尤其是战时与战后的开发问题。[②] 这些论著保存了 20 世纪 40 年代关于西北地区的原始资料，对当时西北经济问题的研究及推动地方经济发展起到一定的指导作用，今天看来仍不失为研究此一问题的第一手资料。

1942 年 7 月，兰州也有一项与建设西北相关的活动正在紧锣密鼓地进行，那就是中国工程师学会与各专门工程学会第十一届联合年会的举行。年会 7 月 7 日开幕，约有 520 人参加了此次盛会，在大会上，全国工程专家就如何建设西北，如何发展西北铁路、水利、冶铁及轻重工业等畅所欲言，并对一些重大工程问题作出了规划。学会主席翁文灏莅会并讲话，提出开发西北经济的两大先决问题：一为水利工程，一为铁路建设，以唤起与会者的注意并加以研究。本届年会是西北城市举办的为数极少的一次学术盛会，使得“全西北普遍发生了一种高度的兴奋，这兴奋是西北人民衷心渴望的一种企求”[③]。甘肃水利林牧公司总经理沈怡作了题为“水利与甘肃经济建设”的演讲，听者“极感兴奋”[④]。“中央研究院”代理院长朱家骅发来贺电，祝贺年会成功举办，祝愿西北各地快速发展。[⑤] 这兴奋的企

---

① 参见《西北经济建设的准备工作——代发刊词》，《西北经济通讯》第 1 卷第 1 期，1941 年 1 月，第 2 页。

② 参见彭竹册主编《民国时期（1911—1949）总书目》经济卷，北京图书馆出版社 1993 年版；刘鸿石主编《民国时期（1911—1949）总书目》政治卷，北京图书馆出版社 1996 年版。

③《总经理沈怡就筹办省水利林牧公司等的函》，1941 年 9 月 27 日，甘肃省档案馆藏，资料号 39—1—259，第 46 页；《祝工程师联合会》，《工程》第 15 卷第 6 期，1942 年。

④《总经理沈怡就筹办省水利林牧公司等的函》，1941 年 9 月 27 日，甘肃省档案馆藏，资料号 39—1—259，第 47 页。

⑤ 参见朱家骅《电贺中国工程师学会在兰州举行年会》，载王聿均、孙斌合编《朱家骅先生言论集》，“中央研究院”近代史所 1977 年版，第 12 页。

求和美好的祝愿就是希望工程师到西北去，使宝藏得到开发，从而大力建设，改善人民生活。这次会议的意义还在于，它不仅使西北人民看到了“希望的曙光”，而且在国统区造成了很大影响。

随着滇缅战局的变化，1942 年 3 月 13 日，蒋介石明确提出，今后我国局势，西北重于西南，对内重于对外，整军重于作战，经济重于政治。在这一方针指导下，西北的政治地位明显提升。8 月，蒋介石再次视察西北，历时一个月，对西北各省抗战以来政治、经济、文化各方面的进展表示称许，对以后在党务、政治、经济、军事各方面的工作做了指示，要求西北驻军在军事训练之外，要致力于开发建设，完成屯垦、畜牧、兴办水利、植树造林和发展交通运输五大任务，并特别指示了开发西北的方针。① 蒋多次颁发手令，要求研究西北建设方案，内容包括交通、造林、水利、移民等 13 项。②《中央日报》将蒋介石此行称为西北的建设“展开新页”，是“西北的新生”③，特别是蒋回到重庆，宣告“西南是抗战的根据地，西北是建国的根据地”之后，号召要切实加强对战时西北的建设，并在国民党五届十中全会通过了《关于积极建设西北增强抗战力量奠定建国基础案》，规定了建设的基本原则和建设事项。④ 第八战区司令长官朱绍良在 1942 年 8 月甘肃省召开的全省行政会议上亦表示，自从缅甸战局转变以后，抗战的中心已由西南移至西北，因此，西北不但要代替西南，而且要负起整个战局的责任。⑤“于是随着这样重视西北的号召，怎样开发西北和怎样建设西北的呼声，又响遍了全国，而吸住了每个关心西北问题的人们，因为抗战建国到了今天，才正确地和明白地决定抗战中建国的根据地是在大后方的西北，这实在是一个有深长意义的抉择。”⑥ 为了更广泛地引起人们对西北的重视，国民政府将自 1943 年 1 月 15 日起的一周定为“开发西北资源宣传周”，电台、报刊同时作大规模宣传，以唤起人民认识开发西北资源的重要性。⑦

---

① 参见蒋介石《开发西北的方针》，《中央周刊》第 5 卷第 27 期，1942 年 2 月 18 日，第 3 页。

② 参见章伯锋、庄建平主编《抗日战争》第 3 卷，四川大学出版社 1997 年版，第 466—467 页。

③《蒋委员长亲临视察，建设西北展开新页》，《中央日报》1942 年 9 月 23 日第 5 版。

④ 参见中国第二历史档案馆编《中华民国史档案资料汇编》第五辑第二编“政治”（一），江苏古籍出版社 1997 年版，第 592 页。

⑤ 参见甘肃省政府秘书处编《甘肃省三十一年全省行政会议汇刊》，载张研、孙燕京主编《民国史料丛刊》第 95 册，大象出版社 2009 年版，第 22 页。

⑥ 徐旭：《西北建设论》，中华书局 1945 年第 2 版，第 1 页。

⑦ 参见《重庆注意开发西北资源　因滇缅公路重开无望》，《申报》1943 年 2 月 21 日第 2 张第 6 版。

战时国民政府要人及时人的言论与战前并无实质性改变，仍然集中于交通、水利、移民、工业等范畴。朱家骅指出：“西北目前最急切需要的，要算是交通建设。交通事业为一切经济建设之基础，全国各地皆然，但就经济的国防的观点来说，则西北的交通建设，尤其重要。”因此他认为，“要推进西北经济建设，就非首先发展交通不可”①。西北工业考察团成员胡元民在考察青、宁、甘三省后，对因交通、农业及工业落后而制约当地经济发展的情形也有相当认识，指出便利交通的重要性。② 胡纯坛、汪昭声撰文论述移民西北有八九项好处。③

西北经济开发的第二次高潮为什么会在40年代初出现呢？换句话说，国民政府在40年代加紧了对西北的工作，将其定位为“建国的根据地”，原因何在？

从国际上看，1940年9月日军强占越南，滇越铁路中断，滇缅公路成为抗战物资输入中国唯一通道。该路修于1938年11月，原本是为了抢运中国政府在国外购买和国际援助的战略物资而紧急修建的，武器装备、生产物资、基本消费品及中国不能生产的物资，都依赖这条生命线。1941年12月，日本企图借助对缅甸的占领，侵夺美国取道缅甸的大批援华战略物资，直接切断国民政府唯一的海外交通补给线——滇缅公路。1942年1月,滇缅战役打响，中国军队血战两个多月后失利，5月滇缅公路要道惠通桥被炸断，滇缅公路被切断。中国所凭借的运输通道被切断后，必须寻找新的运输通道，“重庆的目光遂移注至西北的交通和资源开发方面”④，而这一任务最终落在甘新路上，这使得西北地位骤然上升。

在中国方面，由于东北、东南等大片国土相继沦陷及迁都重庆，从客观上来说，国民政府有效控制的地方仅有西南和西北地区，西南边境成了抗日的最前线。滇缅路被切断后，除了给同盟国的援华物资运输带来极大不便外，西南各省的建设也受到威胁，而僻处后方的西北国际运输线却畅通无阻，新疆、甘肃成了国际运输线的必经之地，地位日显重要，“修建从内地省份到缅甸、新疆、外蒙的公路”，使得“中国的西北、新疆和内

---

① 朱家骅：《西北经济建设之我见》，《国民政府资源委员会公报》第1卷第4期，1941年，档案出版社1990年影印版，第95页。

② 参见中国第二历史档案馆《经济部西北工业考察通讯》上，《民国档案》1995年第4期，第61、64页。

③ 参见胡纯如《西北经济建设之根本问题》，载中央训练委员会西北干部训练团、西北问题研究室编印《西北问题论丛》第2辑，1942年12月，第11页；汪昭声《西北建设论》，第14—15页。

④ 社评：《重庆政权西北“中央化”的困难》，《申报》1942年12月16日第2版。

蒙，成为中苏之间紧密联结和经济交往的重要通道，也是军用物资输入中国、甚至在紧急关头进行国际贸易的主要路线”[①]。在此种情势下，国民政府自然把目光转向西北，倡言建设西北，“因之，西北已成抗战基石，复兴民族之根据地”[②]。可以说，支援抗战是此一时期进行西北经济开发最根本的原因，而新疆问题的解决则为经济开发注入了新的活力。

一直以来，困扰国民政府的西北边疆问题并未得到彻底解决，尤其是实行亲苏政策并和中国共产党结成统一战线的新疆，“令得南京当局感到最不安的，是新疆早晚将为苏联所吞并，划入红色帝国的版图，这是远虑”[③]。盛世才虽于 1941 年被任命为新疆省主席，但盛却不是国民党党员，少了一层约束的盛世才自然不肯为“牛后”。鉴于此，国民政府加紧了对西北五省特别是新疆的渗透及控制工作。因为“保卫大西北，尤其保障新疆，实为我中华民族之历史的使命”[④]。1941 年秋，国民党组织部长朱家骅视察甘、宁、青三省，国民党在甘肃的基础逐渐牢固，显示出入疆的姿态。经过中央政府多方工作，1942 年 7 月新疆“对中央心理已完全悦服”，“完全向内”，蒋介石将之称为本年“内政惟一之进步”[⑤]。8 月 15 日，蒋介石亲临西北视察，在此期间，蒋考虑最多的就是新疆问题[⑥]，并于 1942 年 7 月到 1943 年 1 月，派朱绍良 5 次入疆安抚劝说，宋美龄也于 1942 年 8 月 29 日飞赴新疆，代表蒋介石进一步安抚和拉拢盛世才。之后，朱绍良与盛世才达成了包括“成立国民党新疆省党部，自上而下地发展国民党组织；新疆遴选干部进国民党中央训练团轮训；在新疆传布三民主义（包括开展国民党文化宣传运动）；物资交流问题；对外政策方面，新疆与国民党中央步调一致及新疆内部的整肃问题”等 6 条协议。这些举措一方面进一步加强了国民政府对甘、宁、青三省的控制；另一方面，则把实际统治的力量延伸到新疆，为全面控制新疆铺平了道路。1943 年 1 月，盛世才加入国民党，并表示“矢志拥护中央，尽忠党国，绝对服从领袖”[⑦]。7 月，国民党任命盛

① 汉斯·希伯研究会：《战斗在中国大地——汉斯·希伯在中国》，山东人民出版社 1990 年版，第 663 页。

② 张光祖：《开发西北应先建设甘肃》，载《西北问题论丛》第 2 辑，第 4 页。

③ 江南：《蒋经国传》，中国友谊出版公司 1984 年版，第 107 页。

④ 《西北建设考察团报告》，第 23 页。

⑤ 周美华编辑：《蒋中正总统档案：事略稿本》50，“国史馆”2011 年版，第 504 页；周美华编辑：《蒋中正总统档案：事略稿本》51，“国史馆”2011 年版，第 128 页。

⑥ 《蒋中正总统档案：事略稿本》51，第 58—143 页。

⑦ 盛世才：《四月革命的回顾与前瞻》，载张大军《新疆风暴七十年》第 9 册，兰溪出版社有限公司 1980 年版，第 4908 页。

为新疆省党部主任委员等职。是年春天，新疆省政府改组。1943 年 1 月 16 日，国民党新疆省党部在迪化成立，“具有历史意义”[①]，国民党中央党部派黄如今主持，至 1943 年夏，国民党派入新疆的各级公务员已有数百名之多，在公务员入疆之际，朱家骅还专门为其壮行。[②] 外交方面，1942 年冬国民党中央已派吴泽湘为新疆外交特派员，协助盛办理一切外交事务。随后，盛取消了原来奉行的“六大政策”，代之以三民主义，六星旗改为青天白日旗[③]，这标志着国民政府完成了对新疆的全面控制，富饶的新疆结束了游离状态，重新回到了中央政府的怀抱。新疆的“归诚”使得西北边疆危机减小到最低限度，开发、建设随之提上日程。因此可以说，西北边疆危机的解决也是西北经济开发热潮升温的原因之一。

第二节　工厂内迁：西北工业的春天

近代以来，中国工业的发展与布局皆为自发行为，缺乏科学合理的规划，地域分布极不合理，上海尤为集中。据统计，抗战全面爆发前，中国符合工厂法的企业共有 3935 家，分布在川、黔、滇、桂、湘、赣、鄂、陕、豫、甘、闽等省的仅有 279 家，以生产能力而言，后方工厂电力占全国总量的 3%，纺织占 1%，面粉占 2%。[④]

抗战全面爆发后，鉴于战争发展态势和上海的战略意义，国民政府作出了把沿海工厂向武汉迁移的决定，甚至有人主张尽量再向内地迁移。[⑤] 工厂内迁始于“八一三”抗战，至 1940 年底基本结束，经历了三个阶段。第一阶段从 1937 年 7 月到 11 月 12 日上海沦陷，迁出的主要是苏、浙、沪一带工厂，迁入地以武汉为主，利用水路从上海迁出工厂 146 家，抢运机料 1.46 万吨；随迁技师和工人 2500 余名。[⑥] 第二阶段从上海沦陷到 1938 年 12 月，内迁厂矿 306 家，物资总吨数 51182.5 吨，工人 1793 人，门类有矿冶业、机器五金业、电气工业等。其中迁入陕西的有 20 家，物资重

① 黄奋生编著：《边疆人物志》，正中书局 1945 年版，第 47 页。

② 参见朱家骅《新疆壮行词——在中央组织部招待新疆工作同志茶会席上讲》，《时兆月报》第 1 卷第 5 期，1943 年，第 30—32 页。

③ 参见朱信泉、宗志文主编《民国人物传》第 7 卷，中华书局 1993 年版，第 180 页。

④ 参见《十年来之中国经济》，第 1319 页。

⑤ 参见中国第二历史档案馆《抗战时期工厂内迁史料选辑》（一），《民国档案》1987 年第 2 期。

⑥ 参见林继庸《民营厂矿内迁纪略》，1942 年，第 14—15 页。

量为 10199 吨，工人 58 人。以业别论，机器五金业 3 家，机料 138 吨，技师 4 人；化学工厂 2 家，物资重量 2 吨；纺织业 14 家，物资 9659 吨，工人 54 人；其他业别 1 家，机料 400 吨。[①] 第三阶段从 1939 年 1 月到 1940 年底，共迁出 452 家，抢运机料 12 万吨，技师和工人 1.2 万人。据 1941 年统计，内迁的工程技术人员共计 2 万余人。[②] 此外，未及统一内迁而流亡到西北的技术人员也有很多，如中国工业合作协会西北区办事处 1938 年 8 月在宝鸡成立，该处有许多此类人员。[③]

内迁工厂最初迁入地为武汉，南京失守后，战火随之蔓延到华中地区，且迁汉工厂复工率很低。[④] 因此，一些大厂负责人联合于 1938 年 1 月飞赴重庆，考察迁川的可能性，归来后一致认为以工商业“稍有发展”[⑤]的四川为宜，并成立迁川工厂联合会。9 月，迁汉各厂连同当地工厂开始向川、湘、滇、鄂、桂、黔、陕、甘等省迁移。[⑥]

“我国战前内地机器工业，毫无基础可言”[⑦]，机器工业极其幼稚，重庆有机器工厂 10 余家，成都 23 家，西安数家[⑧]，此次工厂内迁，西南地区以四川、湖南为主，西北地区主要集中在陕西。至 1940 年底，陕西迁入工厂 27 家，技工 432 人。[⑨]

在内迁工厂的带动下，后方新设厂数明显增长。至 1942 年底，后方民营工厂在经济部登记者已达 3111 家，较战前超出近 5 倍。[⑩] 以地域言，四川从 240 余家增为 1600 余家，占 48%；湖南增加四倍，占 14%；陕西五年间增加了四倍多，占 10%；广西占 8%，甘肃占 4%，贵州占 3%，云南占 2%，其他省份占 11%。工人约 17 万人，资本总额为 589774631 元。

---

① 参见《工矿内迁概况》，《统计月报》第 38 号，1939 年 3—6 月，第 22—23 页。

② 参见陆仰渊、方庆秋《民国社会经济史》，中国经济出版社 1991 年版，第 585 页。

③ 参见伍启元《中日战争与中国经济》，商务印书馆 1940 年版，第 29 页。

④ 参见吴文建《中国工矿业之内迁运动》，《新经济》第 7 卷第 9 期，1942 年 8 月，第 172 页。

⑤ 中国第二历史档案馆：《抗战时期工厂内迁史料选辑》（三），《民国档案》1987 年第 4 期，第 60 页。

⑥ 参见翁文灏《经济部的战时工业建设》，《国民政府资源委员会公报》第 1 卷第 1 期，1941 年，档案出版社 1990 年影印版，第 91 页；孙果达：《民族工业大迁徙——抗日战争时期民营工厂的内迁》，第 107—108 页。

⑦ 中国国民党中央执行委员会宣传部编：《抗战六年来之工矿》，中国国民党中央执行委员会宣传部 1943 年 7 月印行，载秦孝仪主编《中华民国史料丛编 · 抗战建国六周年纪念丛刊》，“中央文物供应社” 1976 年版，第 321 页。

⑧ 参见陈真编《中国近代工业史资料》第 4 辑，三联书店 1961 年版，第 826 页。

⑨ 参见《中国近代工业史资料》第 1 辑，第 88 页。

⑩ 参见吴文建《我国战时民营工业之鸟瞰》，《西南实业通讯》第 8 卷第 4 期，1943 年，第 12 页。

因此，战时工厂内迁是后方工业一个划时代的转变。[①] 这次工厂内迁给内地带来了新式工矿业的种子，奠定了内地新式工矿业的初步基础，完全改变了此前西南与西北地区工业落后的面貌。有人评论道："抗战后，沿海沿江民营厂矿的内迁运动，可以说是近六年来中国经济史以及民族战史上最精彩最灿烂的一页。政府又代为动员无数万的人力，耗用几千万的资财，利用了一切可能利用的运输工具，从火车轮船，一直到独轮车马车，不分昼夜，经常在敌人飞机大炮火网的每一个空隙里，不断的牺牲，不断的奋斗，才使这无数吨的钢铁的行列，在血与汗的交流中，完成其有史以来最伟巨最辛苦的万里长征！"[②] 外人称此次工厂内迁为"奇观"[③]。正是在这血与火的交流中，成就了后方工业成长的神话。工厂内迁不仅刺激了重庆、昆明、桂林、西安等地近代工业的发展，同时造成了若干新的生长点，也是西部经济发展最重要的契机。[④]

在内迁各业中，以机器工业最多，占40.40%，厂数为181家，设备约13000余吨，至1942年底，已增为682家，资本总额3.3亿元，工人3万名以上，使用动力1.6万匹马力，在全部工业中占第三位，产品以工具机、作业机和动力机为主。[⑤]

工厂一边内迁，一边着手复工，1938年复工厂数占总数的26.16%，1939年占58.95%，1940年占12.93%，至1941年底已有70%复工。[⑥] 内迁工厂不但能在四年内基本完成复工，而且还实现了新的发展，不断有新厂创设，1938年开设209家，1939年新增419家，1940年新开517家，1941年增设866家，1942年开设1138家，1943年新设1049家，后方工厂总数达5266家，资本总额4.87亿元，工人359600多人。[⑦] 如以产值论，除了防毒面具外，其余皆飞速增长，尤以陶瓷砖瓦业增幅最快，1940年产品价值是1938年的853倍。而油漆颜料业则实现了零的突破，1940年底产品价值指数达

---

① 参见吴文建《我国战时民营工业之鸟瞰》，《西南实业通讯》第8卷第4期，1943年，第12页；经济部统计处编印《后方工业概况统计（1942年）》，1943年5月，第3页。

② 《抗战六年来之工矿》，载《中华民国史料丛编·抗战建国六周年纪念丛刊》，第327页。

③ 〔美〕白修德、贾安娜：《中国的惊雷》，端纳译，新华出版社1988年版，第60—66页。

④ 参见黄立人《抗战时期大后方经济史研究》，中国档案出版社1998年版，第175页；戴逸、张世明主编《中国西部开发与近代化》，广东教育出版社2006年版，第43页。

⑤ 参见《后方工业概况统计（1942年）》，第7页；经济统计处《历年迁建厂矿情形》，《统计月报》第70期，1942年6月，第42—43页。

⑥ 参见吴文建《中国工矿业之内迁运动》，《新经济》第7卷第9期，1942年8月，第174页。

⑦ 参见张宪文《中华民国史纲》，河南人民出版社1985年版，第582页。

132.87。据估计，1940年后方各重要厂矿全年出品价值47亿元，随着市场的扩大，企业资产也迅速增长。① 内迁各厂及10余万吨的新式器材与万余名的熟练技工，立即成为当地工业发展的骨干力量。②“中国抗战工业之建立，即以此种内迁工厂为基础。”③ 因此翁文灏认为，“后方新兴工厂，四年之间，其发展的速度，确使人感到满意”④。战争结束时后方工厂已达6000家之多，设于战前的不过7%，资本总额85亿元，约合战前币值5亿元。⑤

工厂内迁对西北经济开发产生了最强烈的刺激。如前所述，西北尤其是陕甘两省部分地区，工厂数目明显增多。据甘肃省银行经济研究室1944年6月调查，甘肃共有棉毛纺织工厂206家，其中1938年以前成立者仅有5家，1939年设立24家，1940年36家，1941年47家，1942年到1944年6月共设立94家。⑥ 西北地方政府及一些较为精明而又富于财力的人士则以此为契机，大力投资地方工业，很多工厂都是此一时期兴建起来的，不但数量激增，而且布局、结构也有改善和优化。“战时工业生产力的重新配置不容忽视；它完全改变了过去以口岸和外国租界为基地的布局，具有独立发展的意义。实际上，在昆明、桂林、衡阳、宝鸡、兰州也都形成了新的工业区，并依地方特点，各有偏重。”⑦ 就西北地区而言，则形成了一个“秦宝工业区”，据统计，到1941年，迁至宝鸡的工厂有申新第四纱厂、洪顺机器厂、华兴机器厂、民康棉毛纺织厂、福新面粉厂、大新面粉厂、维勤纺织用品制造厂等，都已投产，尤其是申新四厂，不仅在宝鸡首屈一指，而且“可为整个西北工业之模范”⑧，宝鸡俨然成了西北地区工业重镇。⑨ 1937年、1942年西北各省工厂对此情况见表11。

---

① 参见翁文灏《经济部的战时工业建设》，《国民政府资源委员会公报》第1卷第1期，1941年，第93页；吴文建《中国工矿业之内迁运动》，《新经济》第7卷第9期，1942年8月，第174页。

② 参见许涤新、吴承明主编《中国资本主义发展史》第3卷，人民出版社2003年版，第546页。

③ 章伯锋、庄建平主编：《抗日战争》第5卷，四川大学出版社1997年版，第22页。

④ 翁文灏：《抗战以来的经济》，载张研、孙燕京主编《民国史料丛刊》第325册，大象出版社2009年版，第153页。

⑤ 参见《五十年来之中国经济：1896—1947》，第182页。

⑥ 参见甘肃省银行经济研究室编《甘肃之工业》，载张研、孙燕京主编《民国史料丛刊》第584册，大象出版社2009年版，第427页。

⑦《中国资本主义发展史》第3卷，第550页。

⑧ 中国第二历史档案馆：《经济部西北工业考察通讯》上，《民国档案》1995年第4期，第55页。

⑨ 参见秦宝工业区公共事业委员会筹备会《秦宝工业区之缘起》，1941年9月20日，转引自《抗战时期大后方经济史研究》，第176页。

表 11　　1937 年、1942 年西北各省工厂对比

年份	省别	厂数	百分比	资本（千元）	百分比	工人数	百分比	动力设备（马力匹）	百分比
1937	全国总计	3935	100	373359	96	456973	100		
	陕西	10	0.25	2757	0.74	4635	1.01		
	甘肃	9	0.23	295	0.08	1152	0.25		
	两省合计	19	0.48	3052	0.82	5787	1.26		
1942	后方总计	3758	100	1939026	100	241662	100	143916	100
	陕西	385	10.24	105319	5.43	23510	9.74	13855	9.63
	甘肃	139	3.69	61906	3.19	7888	3.26	1638	1.14
	青海	1	0.03	1000	0.05	11	—	70	0.05
	宁夏	14	0.40	950	0.05	1448	0.60	155	0.11
	四省合计	539	14.36	169175	8.72	32857	13.6	15718	10.93

资料来源：根据陈真编《中国近代工业史资料》第 4 辑，第 96、97 页表改制。

说明：1. 本表仅限于国民党统治区工厂数目，不包括日本占领区；2. 原表为全国工厂的统计数，为了行文需要只选取了西北各省的数据及 1937 年全国总计数和 1942 年后方总计数。

从表 11 可以看出，经过近 5 年的发展，西北工业有了长足发展。一是工厂数量有了惊人增长。抗战前陕甘两省工厂合计 19 家，占全国总数的 0.48%，1942 年分别上升至 385 家（10.24%）和 139 家（3.69%），净增 375 家和 130 家，宁夏、青海工厂小幅增长，合计 15 家。四省新增 520 家工厂，共有 539 家，占后方工厂总数的 14.34%，五年间增长了 30 倍。二是资本额有了大幅度提高。内迁前陕甘两省资本总额 305.2 万元，占全国 0.82%，1942 年四省资本额达 16917.5 万元（约合战前 381 万元），占后方资本总额的 8.72%，工人数、动力数分别占 13.6% 和 10.93%，皆有显著增长，其中又以陕甘两省增速最快，如资本额一项，分别由战前的 0.74% 和 0.08% 增至 1942 年的 5.43% 和 3.19%，分别增长 7 倍和 40 倍。如果从人员增加的角度来看，增幅也不小。如资源委员会在后方经营的工、矿、电三项事业，1941 年 7 月共有各类人员 7360 人，1945 年 7 月增至 53133 人①，抗战胜利前仅技术人员即有 35000 人。② 西北 19 个部门 1941 年有各

① 参见《本会附属机关员工人数薪资统计》，《国民政府资源委员会公报》1941 年第 1 卷第 3 期，第 47 页；《国民政府资源委员会公报》1945 年第 9 卷第 4 期，第 39 页。

② 参见吴福元《资源委员会的人事管理制度》，载全国政协文史资料研究委员会工商经济组编《回忆国民党政府资源委员会》，中国文史出版社 1988 年版，第 197 页。

类人员422人①，1946年8月增至6900人，增加了16倍多②。这对于教育滞后、交通闭塞、工业基础薄弱的西北内陆省份来说，殊为不易。而之所以会在短期内获得如此巨大的进步，其原因则为工厂内迁的刺激。

在内迁厂矿的刺激下，本地也掀起了兴办工厂的热潮。以陕西为例，抗战爆发前，陕西工业微不足道，即使与后方各省相比，也并无明显优势，而内迁工厂极大地带动了陕西工业的发展。据1943年4月统计，经济部核准的各类工厂237家，其中西安123家，宝鸡44家，渭南8家，其他各县62家③，以后又有增加。据经济部工矿调查处统计，1943年底登记的民营工厂数上升为343家。以成立时间而论，明显看出工厂内迁对陕西工业的促进作用，1937年以前成立的有72家，1938—1943年间252家，时间未能确定者19家，1942年底资本总额为61702561元，平均资本额179891元，行业涉及电力、冶铁、五金制造、面粉、棉织等35个门类。④1944年，工厂数增至367家，占后方厂数的6.97%；资本额31594万元，占6.58%；币值资本3540万元，占7.26%；工人31204人，占8.68%。⑤有些工业门类的产品产量占全国半壁江山，如1945年所产刨床占全国产量的59.46%，烧碱占56.07%，毛呢占51.32%⑥，陕西企业公司机器厂每年可在陕、甘、宁、青四省销售各种动力机械约200匹马力，工作机20余吨，价值七八百万元⑦，亦可看出战时发展之快。抗战爆发前后陕西民营工厂比较情况见表12。

---

① 参见《资源委员会附属工业、矿业、电业机关职员人数薪额统计表》，《国民政府资源委员会公报》第1卷第3期，1941年，第49—53页。

② 参见《资源委员会所属事业雇佣员工人数统计》，《国民政府资源委员会公报》第11卷第4、5期合刊，1946年，第141页。

③ 参见《一九四三年农业杂项电、函（二）》，1943年，陕西省档案馆藏，资料号72—8—179（2），第83—97页。

④ 参见许济航《陕西省经济调查报告》，载张研、孙燕京主编《民国史料丛刊》第354册，大象出版社2009年版，第57—61页；《工厂登记（机器、铁工业）》，1942年，陕西省档案馆藏，资料号72—3—1268；《西安市各工厂向经济部呈请工厂登记及附表（一）》，1945—1946年，陕西省档案馆藏，资料号72—3—640（1）；《西安市各工厂向经济部呈请工厂登记及附表（二）》，1945—1946年，陕西省档案馆藏，资料号72—3—640（2）；《经济部核准陕西省工厂登记分类表（二）》，1945年，陕西省档案馆藏，资料号72—3—567（2）；《一九四三年农业杂项电、函（二）》，1943年，陕西省档案馆藏，资料号72—8—179（2），83—96页。

⑤ 参见宋仲福主编《西北通史》第5卷，兰州大学出版社2005年版，第466页。

⑥ 参见范宝信《陕西省政述要》，陕西省政府统计室1947年版，第64页。

⑦ 参见《永丰面粉厂有关工厂登记甲乙两种表》，陕西省档案馆藏，资料号72—3—420，第10页。

表 12 **抗战爆发前后陕西民营工厂比较**

业别	战前厂数	资本额（元）	战时厂数	资本额（元）	业别	战前厂数	资本额（元）	战时厂数	资本额（元）
机器	7	343000	14	4123000	玻璃			4	242000
电器	1	1000000			酒精			6	2660000
面粉	4	1323000	9	1010000	制油			2	420000
棉纺	4	3031000	23	16593000	陶器			2	150000
毛织	1	20000	5	710000	猪鬃			2	20000
颜料	1	45000	2	630000	水泥			2	2200000
火柴	4	324000	1	420000	碾米			2	210000
制革	1	200000	4	642000	造纸			3	396000
印刷	1	80000	2	550000	纸烟			3	1350000
化学	1	120000	4	1135000	液体燃料			2	20000
制药	1	300000	2	300000	卫生材料			1	5000
打包	3	1110000			合计	30	7966000	95	33786000
砖瓦	1	80000							

资料来源：《陕西省经济调查报告》，载《民国史料丛刊》第 354 册，第 61—62 页。

第三节　战时主要建设成就

一　交通

（一）铁路

抗战时期，西北地区铁路建设最重要的是陇海路宝天段的完成，并且为了解决陇海路机车燃料问题，修筑了三条支线。

陇海路宝鸡至天水段沿渭河北岸向西，依山傍水，地质情况之复杂为当时国内所罕见，全长 172 公里。此段本无修筑计划，只预先设立工程处，开凿了几座隧道，但战事的变化使得国民政府改变了计划。1939 年 5 月开始动工。1941 年冬，国民政府始有完成此路的决议，但处于前线的西南各路更形急迫，故此路暂缓。1941 年底因工款支绌一度停工，只完成 22.4%。[①] 1942 年 2 月，又以西北交通不可偏废，且玉门发现大量油田，

① 参见交通部统计处编印《中华民国三十一年交通部统计年报》，出版信息不详，第 26 页。

遂决定赶筑，以期早达兰州。[①] 所需材料皆为临时拼凑，路轨、桥梁皆系用陇海东段与平汉路拆下的次要材料，枕木除与甘肃水利林牧公司订有供货合同外[②]，其余皆在秦岭购取林地采伐赶制[③]。但限于材料、人员不足，工程进展缓慢[④]，1942年底只完成了全路的39.73%[⑤]。

1944年5月，交通部长曾养甫视察该路时，督促加紧施工，并与陕甘两省商议，分别征调民工，陕西征调14000人，修筑第一段路基；甘肃征集陇南民工协修第四、五两段路基。该年适逢甘肃“灾情奇重，灾民待救至急”，为了救济灾民且修筑路基，省政府电请中央拨款，以工代赈。[⑥] 1944年7月13日，成立征工处，征募天水、清水、秦安等10县民工22500人修筑第80号隧道西口至天水北道埠80余里土石方第一期工程，该项工程于8月17日开工，10月10日竣工。之后，第二期工程征调天水、秦安、成县等10县民工14750人，1945年1月中旬完竣。两期工程用时仅5个月，比原定时间节省一半，用款少（第一期工程86595142.46元，第二期121542808.02元，共结余42614175.95元）而效率高，“在甘肃是历史上的创举”[⑦]。1945年12月，全路克服工程艰巨（土方15822000立方，石方5172000立方，御土墙64000立方，大桥21座，小桥107座，涵洞354处，隧道126座，最长的600多米，总长20492米，占全线总里程的1/8，超过了关内铁路隧道的总长[⑧]）、技术落后、材料缺乏等困难，1946年元旦完工通车。但该路段“工程草率、设备简陋、大量塌方、线路

---

① 参见凌鸿勋《中华铁路史（1876—1949）》，台湾商务印书馆1981年版，第120页。

② 参见《省建设厅、省水利林牧公司、省水利公司等就征集核办各厅部工作报告、业务统计表、工作计划、各机关主管人员姓名清册、员工待遇一览表等的函、呈》，1941年9月8日，甘肃省档案馆藏，资料号39—1—22，第48—49页。

③ 参见《中华铁路史（1876—1949）》，第121页。

④ 参见凌鸿勋《宝天铁路概况》，《交通建设》第1卷第7期，1943年7月，第2页。

⑤ 参见交通部统计处编印《中华民国三十一年交通部统计年报》，出版信息不详，第26页。

⑥ 参见《甘肃省政府施政报告（1945.11—1946.4）》，1946年5月，甘肃省档案馆藏，资料号4—8—655，第33页；凌鸿勋《宝天铁路征工之意义》，《宝天路刊》第3卷第4期，1944年9月15日，第201—202页。

⑦ 甘肃省政府建设厅编：《宝天铁路征工协修概述》，《甘肃省经济建设纪要（1940.12—1946.12）》第12号，甘肃省图书馆西北地方文献阅览室（图书）藏，抄本；韩清涛：《宝天铁路成功记》，《时兆月报》第4卷第9期，1945年，第7—10页。

⑧ 参见凌鸿勋《本路赶工之检讨》，《宝天路刊》第3卷第4期，1944年9月15日，第194页；韩清涛《宝天铁路成功记》，《时兆月报》第4卷第9期，1945年，第7页。有的记载称共有隧道174座（中央银行经济研究处编印《三十一年上半期国内经济概况》，出版时间不详，第301页），录此备考。

恶劣"[1]，质量较差，全年仅有两三个月可以勉强通车，新中国成立时由于燃料短缺，全线处于瘫痪状态[2]。

宝天段铁路修筑成功，标志着铁路有史以来第一次进入甘肃境内，既畅通了甘肃内外货运，"陇西南方面的土产之输出者和百货布匹之输入者均得以大量运载，一时商民称便"，又为战后复员提供了便利。然而，此段铁路的修筑，也折射出危机与西北地位变化、经济发展之间的关系，民族危机严重时，西北地位上升，各项建设加速进行，原本无修筑计划的宝天铁路在危机声中被提上日程，且限期完成，当时即有人指出，"不算夸大的说，多灾多难的陇海铁路的向西修筑，正显明的指示着国家政局的崎岖坎坷，缓慢停顿，一步一歇息，这是政府对于西北温热抑冷淡的指示仪"[3]。

为了供应陇海路机车用煤，陕西境内先后修筑了 3 条支线。1938 年 8 月，宝鸡至双石铺轻便铁路建成，全长 106.2 公里，1945 年 7 月拆除。1938 年 9 月，渭南至白水轻便窄轨铁路建成，长 82 公里，每月可运煤 2400 吨，1941 年 8 月至 1942 年 12 月底共计运煤 31424 吨，1950 年拆除。[4] 1939 年 6 月至 1941 年 12 月，陇海铁路局会同陕西省政府建成咸（阳）同（官）支线，全长 138.4 公里。同官煤矿为陕西省最大，所产之煤优于他处，最适宜火车之用[5]，双方合资开采，资本总额为 300 万元，按1∶2的比例注资，划定矿区面积约 2656 公顷，共设有 3 个厂，各类工人 2000 名，1941 年产量 8000 余吨，1942 年增为 13000 吨左右，1943 年为 16000 吨[6]。咸同支线"专为输运同官煤矿，供给铁路机煤而修筑"[7]，通

---

① 滕代远：《庆贺天兰铁路胜利通车》，《人民周报》第 40 期，1952 年，第 50 页。

② 参见马永惕《宝天铁路的修建》，载天水市政协委员会文史资料委员会编印《天水文史资料》第 1 辑，1986 年，第 86 页；本刊特约记者《宝天铁路与天兰铁路》，《观察》第 1 卷第 19 期，1947 年 1 月 4 日，第 21 页；中国第二历史档案馆编《中华民国史档案资料汇编》第五辑第三编"财政经济"（七），江苏古籍出版社 2000 年版，第 306 页。

③ 本刊特约记者：《宝天铁路与天兰铁路》，《观察》第 1 卷第 19 期，1947 年 1 月 4 日，第 21—22 页。

④ 参见《本厅政绩交待比较表》，陕西省档案馆藏，资料号 72—2—235，第 17 页；陕西省地方志编纂委员会编《陕西省志·铁路志》，陕西人民出版社 1993 年版，第 10 页。

⑤ 参见冯志旭《开发同官煤矿与改进瓷业计划》，《陕西省地方政务研究会月刊》第 2 卷第 2 期，1935 年，第 17 页。

⑥ 参见《本厅政绩交待比较表》，陕西省档案馆藏，资料号 72—2—235，第 16 页、45 页；中国第二历史档案馆《经济部西北工业考察通讯》（上），《民国档案》1995 年第 4 期，第 58 页。

⑦ 张嘉璈：《战时交通》，1942 年，载秦孝仪主编《中华民国史料丛编·战时交通》，"中央文物供应社" 1976 年版，第 326 页；《经济部西北工业考察通讯》（上），《民国档案》1995 年第 4 期，第 57 页。

车后极大地保证了陇海路机车用煤，大大改善了同官地区的运输条件，为煤炭外运提供了物质上的保障，也使得煤炭产量有了很大增长。咸同支线所经地点，工厂较多，除煤之外，沿线所产棉花、芒硝、石灰皆可就近运输，助益当地经济发展不少。①

（二）公路

1942 年 3 月滇缅公路断绝后，为了运送抗战物资，公路建设的中心转向了西北地区，主要围绕新建与改善展开。新建方面主要有：康青路，自西康康定至青海歇武，长 792 公里，穿越多座高山，条件恶劣，环境艰险，1942 年开工，1944 年 10 月建成通车，与青藏公路相接。青藏路，自西宁至玉树，长 797 公里，海拔高，气候差，施工难度大，1943 年 6 月 29 日开工，穿越大小山脉 19 座，河流 15 道，当年共征用民工 4400 名，兵士 1300 人，1944 年 9 月全线通车。南疆公路，自甘肃敦煌至新疆若羌，全长 739 公里，沿途人烟稀少，水源奇缺，柴草不济，供应线绵长，运输工具简陋，仅依靠毛驴及骆驼勉强供应，冬季时常在零下 30 多度酷寒中工作，1944 年开工，1946 年 1 月全部建成。② 1943 年新筑和改善公路 8 条，全长 4017 公里，主要有川陕路陕段 375 公里，华双路 409 公里，西兰路 704 公里，汉白路 533 公里，甘青路 278 公里，宁平路 375 公里，甘新路 1171 公里。③

战时陕西主要修筑了宝平公路，1940 年 10 月开工；测量长益公路，1942 年 10 月起施测，11 月底完竣，长 174 公里；1942 年整修长坪公路个别路段，整修耀洛路、洛桑路、商雒路，改善韩宜路、渭宜路、汉白路汉安段；新修汉白路安白段（275.5 公里）、褒武路（25.73 公里）、关华公路陕段（28.85 公里）、东关交通沟陕段（14.5 公里）等④，据 1946 年 9 月统计全省公路 35 条，长 4702.94 公里⑤。

甘新公路改善工程处修建了 4 条支线：一是酒架支线，由酒泉通往

---

① 参见《经济部西北工业考察通讯》（上），《民国档案》1995 年第 4 期，第 57 页。

② 参见周一士、胡美璜《中华公路史》上部，台湾商务印书馆股份有限公司 1984 年版，第 269 页；国民政府行政院编《国民政府年鉴》第二回（一），载张研、孙燕京主编《民国史料丛刊》第 933 册，大象出版社 2009 年版，第 243—244 页；郭廓《边疆的新动脉南疆公路》，《联合画报》第 185—186 期，1946 年。

③ 参见《国民政府年鉴》第二回（一），载《民国史料丛刊》第 933 册，第 243—245 页。

④ 参见《本厅政绩交待比较表》，陕西省档案馆藏，资料号 72—2—235；《陕西省政府政绩交代比较表（二）》，陕西省档案馆藏，资料号 72—2—1234（2）；《省政府 1944 年度政绩比较表（二）》，1944 年，陕西省档案馆藏，资料号 72—2—402（2），第 84—89 页。

⑤ 参见《公路概况调查表》，陕西省档案馆藏，资料号 72—4—243，第 32—33 页。

架杠脑包，长330公里；二是桥滚支线，由桥湾至滚坡泉，长154公里；三是马明支线，由马莲井至明水，长98公里；四是安敦支线，由安西至敦煌，长140公里。[①] 分段赶筑兰州经新疆北部与苏联铁路衔接的西北公路，长达3400公里，苏联援华物资就是从这条公路源源不断地运往内地的。[②]

西北地区公路全长5000余公里，初步工程已完成，但多条线路因历史不同，隶属机关亦异，标准不一，赶工费简等因素[③]，各路质量未臻完善。如陕西公路局养护公路均系重要军事路线，长1600余公里，其中1500余公里无路面，900余座桥涵中有600余座系半永久式或临时搭建，平时既易损坏，雨季更易冲毁。[④] 西汉路宝汉段涵洞顶部有的用木材建成，"恐不经久"[⑤]，凤汉段34座桥梁中只有六座为永久式和一座石台洋灰面桥梁，其余皆为半永久式或木桥[⑥]，日久天长，难免损坏。川陕线石方艰巨，多处路基过窄，汉白线路段弯急坡陡，不合标准，沿路桥梁多为临时，木桥多已损坏。华双线也存在弯急坡陡、视距不良、木质桥梁损坏较多的现象。[⑦] 为此，西北公路局1939年先后开工改善，初步工程已大致完成，畅通无阻。1940年，交通部组织陕南改善工程处及西北工程处，续办改善路基翻修和加铺路面改建及加固桥梁等工程。[⑧]

公路的改善主要是甘新公路和西兰公路。甘新公路早在20年代就已具雏形，1937年重新修建，全长1984公里，甘肃境内长1179公里。路基多随地形起伏，甚欠平整，桥梁除极少数石台木面外，概系临时木桥，不合标准。[⑨] 1938年着手进行改善，工程分三期：第一期从是年4月开始，

---

① 参见交通部公路局统计室编《民国三十五年度公路统计年报》，中信印务局1947年版，第5—6页。

② 参见《中国资本主义发展史》第3卷，第537页。

③ 参见《本处工务报告》，《西北公路月刊》第1期，1942年，第7页。

④ 《本厅一九四三、四四年建设事业费》，陕西省档案馆藏，资料号72—2—1030，第11页。

⑤ 顾桑著，魏秉俊译：《西兰西汉公路视察报告》，《公路》第1卷第4期，1935年，第413页。

⑥ 参见全国经济委员会西北办事专员办公处编《西北建设事业概况》，出版者、出版时间不详，第19—20页。

⑦ 参见孙发端等编《交通部公路总局第七区公路工程管理局工作报告（1947年1—8月）》，甘肃省图书馆西北地方文献阅览室（图书）藏，油印本，1947年；沈云龙访问，林能士、蓝旭勇纪录《凌鸿勋先生访问纪录》，"中央研究院"近代史所1982年版，第168页。

⑧ 参见张嘉璈《战时交通》，1942年，载《中华民国史料丛编·战时交通》，第334—337页。

⑨ 参见孙发端等编《交通部公路总局第七区公路工程管理局工作报告（1947年1—8月）》，甘肃省图书馆西北地方阅览室（图书）藏，油印本，1947年。

按标准改修急弯陡坡路段，并将玉门至安西间在疏勒河以南路线改在疏勒河以北的戈壁滩，工程费用100万元。第二期工程自1938年8月至1939年11月底完成，主要是增建桥涵，修建石方路基和铺筑路面，费用150万元。第三期继续修建桥涵和路面，从1940年3月开始，至年底完成，花费50万元，总计300万元，从而使之成为西北的一条重要交通线，尤其对玉门油矿石油的外运，促进甘肃经济的发展，都起到了积极的作用。[①] 中央日报社记者对甘新公路有如下评述："在汽车中从兰州向西北走，眺望着两旁砍伐殆尽的'左侯柳'，禁不住想象过去'久戍人将老，长征马不肥'的苦况。直到抗战为止，汉唐以来一千年间，中州豪杰，驱逐异族，除了'不肥'的战马外，无不是徒步蹈进在黄沙碧草中。伟大的抗战要求，促进了国际的交通；在短短两年间，这一条历尽艰辛的'通西域的走廊'，已蔚然成为全国最现代化的公路。"[②] 更有人将其称为"震惊寰宇之西北通道"[③]。

西兰公路1935年5月通车，但因经费关系，有待改善之处尚多。[④] 改建工程开始于1937年8月，由刘如松总其事。陕西境内工程1938年2月完工，甘肃境内1939年8月完成。1939年10月，交通部在兰州成立西北公程处，接管西兰公路，继续办理东段路面和改善工程，1940年底彻底完成。至此，斥资4494000元修建改善的西兰公路基本畅通无阻。见表13。

表13　**西北各路改善工程统计**

路名	起讫地点	里程（公里）	经费（元）	工程进度	备注
川陕路褒宝段	宝鸡—褒城	240	238000000	完成88%	1945年加强专款计288238594元
宝平路	宝鸡—平凉	176	49000000	完成88%	1944年加强专款计60000000元
西兰路	西安—兰州	713	113290000	已竣工	1945年改善费33590000元，1946年整修费30000000元

① 参见甘肃省公路交通史编写委员会编《甘肃公路交通史》第1册，人民交通出版社1987年版，第235—236页。

② 中国国民经济研究所编：《中外经济年报》（1939年），载《近代中国史料丛刊三编》第60辑，第363页。

③ 王勤堉：《民国以来之中国公路建设》，出版者、出版时间不详，第176页。

④ 参见《全国经济委员会1936年度事业进行计划及经费之支配》，《全国经济委员会会议录》（三），第398页。

续表

路名	起讫地点	里程（公里）	经费（元）	工程进度	备注
华双路	华家岭—双石铺	411	34690000	已竣工	1946年整修费20000000元，修复1944年水毁工程费18100000元
甘新路	兰州—星星峡	1176	46500000	完成90%	1945年度改善费31400000元，改善专款30000000元

资料来源：交通部公路总局统计室编：《公路统计年报（1946年度）》，1947年10月，张研、孙燕京主编《民国史料丛刊》第623册，大象出版社2009年版，第171页。

甘肃还雇用大批民夫、灾民续建和改善了华双、甘青（兰州—西宁）、兰宁、甘川（兰州—昭化）等四条公路，新建了南疆（甘肃敦煌—新疆若羌）、岷夏（岷县—夏河）两条公路，勘测、整修多条大车道和省县道路，至1945年8月抗战胜利，全省共修通干、支线路26条，里程4501.7公里。[①] 同时，随着公路的修建，公路管理机构和规章制度进一步健全完善，对运输抗战物资、外贸物资以及沟通省内交通都起到了重要的作用，甘肃的公路事业又向近代化道路迈进了一大步。

抗战初期，盛世才制订了第一个三年建设计划（1937—1939），将兴修公路作为三年计划中的重大工作。1937年7月，完成迪化至伊犁和迪化至哈密两条公路，此时亦向东西两边展筑，向东延至星星峡，与西北公路相接，向西延至霍尔果斯。1939年5月中旬召开全省公路会议，号召民众出资出力，由省政府补助粮食和器材修筑省内公路，下半年兴修了额敏至塔城、迪化至焉耆、焉耆至阿克苏、阿克苏至喀什、喀什至和田等公路，当年完成1564公里。7—10月，省政府修筑公路362公里，包括迪伊线三台8公里，地窝堡14公里；迪哈线大坂城5公里，七个台至三堡202公里；哈密、奇台、七角井、吐鲁番间的131公里；卧虎不拉沟2公里。改善加宽果子沟公路26公里，建筑大桥4座，新设公路站4座。另有柯坪民众捐修与喀什衔接的公路160余里。[②] 其他改建的公路如迪霍（迪化—霍尔果斯）公路，1940—1942年完成了急转弯改建、路基加宽及大中型桥梁13座和一些小桥，使迪霍公路成为新疆境内较好的公路。至抗战胜利前夕，新疆“全省已经有了3423公里平坦而又美丽的新路”[③]。为了更好地

① 参见《甘肃省建设厅关于民国三十年度施政报告》，1941年，甘肃省档案馆藏，资料号14—2—536，第39—41页；《甘肃公路交通史》第1册，第227页。

② 参见张大军《新疆风暴七十年》第7册，兰溪出版社有限公司1980年版，第3893—3896页。

③ 张大军：《新疆风暴七十年》第8册，兰溪出版社有限公司1980年版，第4722页。

进行公路建设，省政府于1937年秋设立公路工程学校，请苏联专家授课，共有三个班：第一班培养技术员，学生26人，1940年5月毕业；第二班培养监工员，学生50人，1939年底毕业；第三班培养筑路机械驾驶及修理工，学生70人，1939年秋毕业。

宁夏在交通部的资助下，先后改建了兰宁路，全长294公里，1945年11月通车；宁包路和宁平路，全长739公里。

此一时期，除了青藏公路玉树段，青海还先后建成宁张（西宁—张掖）公路、宁夏（西宁—临夏）公路、省鲁（西宁—鲁沙尔）公路、宁贵（西宁—贵德）公路、宁互（西宁—互助）公路。抗战胜利后，公路总长3393公里，通车里程2416公里。[①]

截至1943年底，西北公路合计19715公里，占全国总里程的15.31%，其中有路面的3056公里，土路16659公里，每100平方公里公路密度平均达1.0773，与全国平均密度相去不远，但有路面的公路里程较少，公路质量有待改善。[②]

滇缅抗战到抗战胜利，交通部公路总局在极度艰苦的情况下，仍以拓展后方交通路线，改善重要干线，增进运输效能为目标，拟订计划，全力推行，全国新筑公路4861公里，主要集中在西北地区，合计3325公里，尤以甘肃、新疆两省为多，分别为1195公里和885公里，另外陕西95公里，青海856公里，宁夏294公里。截至1945年底，全国公路总里程为133723公里，其中甘肃6225公里，宁夏2529公里，新疆5738公里，青海3085公里，陕西4330公里，合计21907公里可以通车。[③]

（三）民航业

抗战爆发后，中国民航大受打击，大部分航线停航或缩短。欧亚航空公司被中国政府接管后，在以前的基础上又先后开辟重庆至迪化、哈密至兰州、重庆经兰州至哈密、北平至兰州、昆明至兰州的航线，但大多数航线均飞航次数不足，里程不达标，乘客搭乘里程平均值太低。[④] 为了运送抗战物资，国民政府必须开辟新的航线。而此时苏联亦有意愿，于是双方

① 参见本刊资料室《从数字上看青海》，《西北通讯》第2卷第7期，1948年3月，第21页。

② 参见《中华民国三十三年交通部统计年报》，第92页。

③ 参见《中华公路史》上部，第269页；交通部公路局统计室编《三十三年、三十四年度公路统计年报》，中信印务局1946年版，第13页。

④ 参见简笙簧《抗战期间西北渝哈、渝迪航空线的经营》，载中华文化复兴运动推行委员会主编《中国近代现代史论集》(30)，第26编“对日抗战”下，台湾商务印书馆1986年版，第1234页。

于1939年9月9日签订了《关于组设哈密、阿拉木图间定期飞航协定》，在迪化成立了中苏航空公司。同年12月正式通航，航程1514公里。后因盛世才阻挠，运量十分有限，乘客很少，1941年共运送邮件37吨，1942年骤减至3吨。①

（四）邮政

战时全国分为22个邮区，随着战区扩大，很多邮路被破坏。为维持前方邮务，扩增后方邮务，国民政府采取一系列措施：

第一，调整管理机构，加强管理措施。交通部下设邮政总局和邮政工作效能促进委员会，由邮政总局负责全国邮政事务。总局之下设立邮政管理局、视察室、供应处、联邮处等，管理局为主管机构，“管理局所在地陷落于后方成立管理局、办事处，指挥完整地区之邮务，所有沦陷地带之邮政局、所则统归原沦陷区之管理局管辖。”管理措施方面，各管理局根据本地情况，采取相应措施。为了更好地发挥西北公路运输管理局所辖西兰、天双、甘青、兰平等路客运班车作用，甘肃管理局与西北公路运输管理局就带运轻类邮件订立合同，对轻质邮件如信函、明信片、报纸的运送、交接、签收运费标准及如何结算等作了详细约定。② 鉴于西兰公路以胶轮车运输邮包“商人最感不满”的情况，向总局申请与西兰路试办汽车运输包裹。③

第二，扩充后方邮务。据统计，从1937年至1942年6月底，全国共添设一、二、三等邮局767处，邮政代办所5252处，信柜、邮站13645处，西南、西北约占总数的2/3。1941年1月，西北三个邮区下辖一等局4个，二等局52个，三等局134个，支局11个，代办所644个，比此前明显增多。④

第三，延长邮路。抗战军兴以来，后方民众迁入者日多，需邮迫切，延长邮路势在必行。邮政总局通过开辟铁道、水道、汽车邮路等措施，后方邮路渐有扩充，1941年1月全国邮路里程582533公里，1942年6月底扩充至604946公里。西北地区的各项邮路分别为：陕西总里程为26279

---

① 参见姚峻主编《中国航空史》，大象出版社1998年版，第116页。

② 参见《甘肃邮政管理局与西北公路运输管理局运输邮件合同》，1941年，载《抗战时期西北开发档案史料选编》，第311—313页。

③ 参见《甘肃邮政管理局请在西兰公路试办汽车运输包裹致邮政总局快邮代电》，1943年3月5日，载《抗战时期西北开发档案史料选编》，第330—332页。

④ 参见《国民党中宣部国际宣传处拟〈战时邮政概况〉》，1943年，载《抗战时期西北开发档案史料选编》，第335页。

公里（邮差邮路 24998 公里，铁道邮路 419 公里，汽车邮路 862 公里），甘肃 14325 公里（邮差邮路 13715 公里，汽车邮路 610 公里），新疆 18474 公里（邮差邮路 13438 公里，汽车邮路 5036 公里），远远超过了破坏严重的安徽、河北、山西等省。①

第四，自办运邮汽车。东南、华中沦陷后，后方邮务也因较为滞后或遭破坏而不能正常开展，因此，重要公路干线邮运几乎全靠自备运邮汽车，最多时有运邮汽车 400 多辆，为支援抗战发挥了重要作用。至 1942 年，除了损坏和被征用或备用者以外，尚有 15 条自备汽车运邮线路，全长 4936 公里，其中西北有成都至南郑 570 公里和南郑至宝鸡 255 公里的汽车运邮线路。②

第五，改订邮件资费。抗战全面爆发后，各地物资供应紧张，物价渐次高涨，邮局所需人工、材料、运输等费有增无已，以致出现入不敷出的状况。为了应付这种局面，从 1940 年 9 月 20 日起，邮政总局规定国内邮费增加 60%，1941 年 11 月 1 日再度增加邮费，额度为在现行标准的基础上再增加一倍。尽管两度提高邮费，但仍感收入短绌，因为“所增费率较战前不过十倍，而各地一般物价较战前有增至数十倍乃至百倍以上者”，不得已又于 1942 年 12 月 1 日“照当时资率增加百分之二百有奇”③。

第六，充实办事人员。政府西迁重庆后，带动了后方邮政业务剧增，同时邮务人员顿感缺乏。为了缓解这一困难，邮政总局一方面设法由战区各局抽调干练人员，分配后方服务，一方面招考邮务员数十次，录取将近 7000 人，除未到者及补缺额者外，实际增添约 3000 人。截至 1942 年 9 月底，全国共有各类邮政人员 41516 人。西北地区邮务人员亦有所增加。甘肃共有 999 人，其中邮务长、副邮务长各 1 人，甲等邮务员 20 人，乙等邮务员 85 人，邮务佐 186 人，信差 142 人，邮差及其他工役 564 人；陕西总共 2145 人，包括副邮务长 2 人，甲等邮务员 27 人，乙等邮务员 240 人，邮务佐 450 人，信差 343 人，邮差及其他工役 1083 人；新疆合计 544 人，包括邮务长 1 人，甲等邮务员 4 人，乙等邮务员 53 人，邮务佐 39 人，信差 45 人，邮差及其他工役 402 人。④ 西北各省邮政从业人员 3688 人，从

① 参见《国民党中宣部国际宣传处拟〈战时邮政概况〉》，1943 年，载《抗战时期西北开发档案史料选编》，第 336—337 页。书中新疆邮差邮路 3438 公里，疑为 13438 公里之误。因为 1941 年 1 月时，新疆的邮差邮路即已达 12499 公里，汽车邮路 4181 公里。

② 同上书，第 338 页。

③ 同上书，第 339 页。

④ 同上书，第 346—347 页。

业人员相对较少。但因地位日渐重要，业务迭有扩充。甘肃邮区邮路1941年1月为14591公里（邮差邮路13981公里，汽车邮路610公里）[①] 1943年扩充为17627公里，汽车邮路增至3876公里，村镇邮政也有所扩充，达677公里；全省邮政网点也有了较大发展，一等局4处，二等局14处，三等局57处，支局6处，还有224处邮政代办所和216处村镇信柜，1943年共收寄信函1895万余件，邮递包裹19986件。[②] 青海的邮政也有了发展。截至1949年，青海有一等局1处，三等局5处，邮亭5处，邮政代办所34处。[③] 宁夏据1942年统计，共有二等邮局2所，三等邮局6所，代办所18所，乡村信柜若干处。[④] 其后又有扩充，至1944年8月，宁夏共有邮局11处，支局1处，邮政代办所52处，信柜、代售邮票处及邮站48处。1946年，陕西邮区有局、所、邮站794处，甘肃邮区593处，新疆122处，合计1509处。[⑤]

中华邮政总局为了挽回损失，并进一步扩充邮政事业，服务于抗战大局，在大后方西北和西南开辟新的邮路，增加邮政网点，因此，西北各省的邮政事业在此一时期有了空前的发展。“查自滇缅公路阻断以来，我国陆上国际通路仅有西北一线，该线邮件数量日形增多，而公路车所能发运者至为有限，邮局自备汽车又以车辆无多，零件补充困难，不敷支配，经饬告相关邮区设法加强邮运，以资补救。”[⑥] 因此，甘肃酌情增加邮差，以敷应用，如从1943年9月20日起，甘肃将临潭至岷县因1942年紧缩支出裁减的2名邮差，又酌情恢复，并把以前的间日昼夜兼程改为逐日昼夜兼程。[⑦]

尽管邮务人员较前有所增加，设备有所改善，但邮件的运输效率仍不尽如人意。按照规定，由兰州发出经平凉至西安的邮件4日到达，但根据

---

① 参见《邮路里程》，1941年1月，《统计月报》第61—62期合刊，1941年9月—10月。

② 参见《交通部邮政总局拟〈西北邮政建设计划书〉》，1946年，载《抗战时期西北开发档案史料选编》，第365页；《中华民国三十二年度邮政报告》，转引自李清凌主编《甘肃经济史》，兰州大学出版社1996年版，第215页。

③ 参见青海省邮电管理局史志办公室《青海邮电大事记》，青海省邮电管理局，1996年，第17—23页。

④ 参见汤惠荪《宁夏省农业调查》，《资源委员会季刊》第2卷第2期，1942年6月，第353页。

⑤ 参见《交通部邮政总局拟〈西北邮政建设计划书〉》，1946年，载《抗战时期西北开发档案史料选编》，第365页。

⑥《邮政总局关于甘肃管理局与利通公司订立运邮合同事项卷》，中国第二历史档案馆藏，资料号137（5）—0557，第45页。

⑦ 参见《甘宁青邮区邮路设组添设及增添邮差事宜》，中国第二历史档案馆藏，资料号137（5）—0849，第13、29页。

1944年10月份统计，需时最少的为5日，最多的达13日之久，平均时间为8日，比规定时间晚了一倍。省内运率也不容乐观。以兰州至天水间同一时期邮件为例，规定汽车两日到达，邮差3日到达，但实际每件平均费时7日，费时最多的有11日之久；由兰州至酒泉，汽车规定4日到达，邮差7日到达，但送达时已是8日后了，以致人们普遍表示不满。①

邮件运率较低，原因是多方面的。首先，受运输设备或工具制约较大。西北地区邮运工具“多属旱班邮路”，主要以马差（包括骡、驴、驼）为主，步差为辅，除陕西有419公里铁路邮路外，甘、宁、青、新皆无，而航空邮务截至1942年6月底整个西北地区都付之阙如。其次，邮务活动受天气影响较大。西北邮运以马差为主、步差为辅，邮务人员的活动空间是露天的，一遇雨雪天气，道路湿滑，步履维艰，加之城市间距离较远，中途尚有山岭沟壑阻隔，稍有延误在所难免。最后，就邮务人员数量而言，西北邮区与战前相比虽有长足进展，但由于基础薄弱，人才欠缺，战时邮务人员仍不敷分配，据统计，1942年9月西北邮务人员总数仅占全国的8.88%，因此一些路段仅能安排单差双马或单差单马，影响邮件运送效率。②

二 农田水利

（一）陕西农田水利建设

抗战时期，国民政府制定推行了一系列有关农田水利的法令、法规，如经济部1938年1月拟具《水利建设纲领》，后又颁布《水利法》《办理各县小型农田水利贷款暂行办法》《兴办水利事业奖励条例》《中国农民银行办理小型农田水利工程贷款办法》等，以发展后方水利，扩大粮食生产，提供军糈民食。

陕西在李仪祉的擘划下，战前规划了著名的“关中八惠”。1936年底渭惠渠第一期工程完工后，第二期工程因工款支绌，未能完成。战时继续修浚，此时陇海路西展至工地，筑渠材料运输较易，故进展较快，1937年12月15日完工放水，共支用工款219万余元。流量为每秒30立方米，第一渠长53.1公里，第二渠长21.5公里，第三渠长41.07公里，第四渠长

---

① 参见《余翔麟关于派员视察兰州至宁绥各地邮务情形致邮政总局呈》，1944年11月13日，载《抗战时期西北开发档案史料选编》，第355—358页。

② 参见《国民党中宣部国际宣传处拟〈战时邮政概况〉》，1943年，载《抗战时期西北开发档案史料选编》，第337—347页。

21公里，共计136.67公里[①]，引水、输水、分水等工程“均以钢筋混凝土为主干，跻于现代工程之林，中外专家，交相称誉……陕西水利之信誉，乃传遍全国”[②]。

渭惠渠灌溉面积逐年增加，1937年为51995亩，1938年增至264096亩，1942年增至688761亩，粮棉产量大幅增加[③]，人口较旱灾时增加18%，较修筑前增加8%，地价由旱灾时的平均27元增至1937年的153元，1939年更涨至198元，并且即使想出大价钱在灌区内购地也“至为不易”。“渠水增加了农村经济，经济增加，使农民生活稳定，使死亡率及背井离乡出外谋生者都大大减少”[④]，是“继泾惠渠后，又一新成功”[⑤]。据测算，1938年渭惠渠流域受惠农田达20万亩，平均每亩可增益10余元，共计200万元。[⑥]1939年，又将各渠增修延长，四渠共增修渠道388.82公里，增益300万元。[⑦] 1937年丰收后，农民生活无虑，生产日增，“数年后，可与泾渠农民相齐”[⑧]。

梅惠渠是在原梅公渠的基础上整修而成的，1936年7月兴工修筑，计有分水闸1座，跌水6座，桥梁13座，涵洞5道，斗门30座。[⑨] 1938年

---

① 参见《渭惠渠管理局工作报告》，1939—1940年，陕西省档案馆藏，资料号96—1—475，第74页；傅健《陕西渭惠渠土渠工程》，《水利月刊》第11卷第6期，1936年，第429—438页；傅健《渭惠渠第一渠放水及灌溉》，《陕西水利季报》第2卷第3、4期合刊，1937年，第8页；胡步川《渭惠渠第二期工程纪略》，《陕西水利季报》第5卷第1、2期合刊，1940年，第10页；《二十八年渭惠渠灌溉区域农村经济状况调查》，《陕西水利季报》第5卷第3、4期合刊，1940年，第63页。

② 刘钟瑞：《陕西省水利》，《水利月刊》第14卷第6期，1946年，第305页。

③ 参见国民政府行政院编印《国民政府年鉴》第二回，1944年10月，第十九章第14页附表。

④ 《二十八年渭惠渠灌溉区域农村经济状况调查》，《陕西水利季报》第5卷第3、4期合刊，1940年，第65—66页。

⑤ 傅健：《渭惠渠第一渠放水及灌溉》，《陕西水利季报》第2卷第3、4期合刊，1937年，第8页。

⑥ 参见陈禾章、沈雷春、张韵华编《中国战时经济志》，文海出版社有限公司1973年版，第四章第16页；《二十八年渭惠渠灌溉区域农村经济状况调查》，《陕西水利季报》第5卷第3、4期合刊，1940年，第68页。

⑦ 参见《渭惠渠管理局工作报告》，1939—1940年，陕西省档案馆藏，资料号96—1—475，第82页；赵敏求《跃进中的西北》，新中国文化出版社1941年版，第38页；《二十八年渭惠渠灌溉区域农村经济状况调查》，《陕西水利季报》第5卷第3、4期合刊，1940年，第67—68页。

⑧ 傅健：《渭惠渠第一渠放水及灌溉》，《陕西水利季报》第2卷第3、4期合刊，1937年，第12页。

⑨ 参见《全国经济委员会·全国水利报告汇编》，1937年2月，“中央研究院”近代史所档案馆藏，资料号26—21—007—07，第28—31页。

6 月工程完成，干渠长 121 公里，可灌溉眉县、岐山农田 132000 市亩。[1] 梅惠渠建成后，人们还根据渠道天然落差，建立小型水力站，尤以 1941—1943 年发展最快。各种规模的工厂纷纷改用新式机器设备，增设工业项目。据 1946 年统计，沿渠建立工厂 108 家，旧式水轮 171 座，新式水轮机 185.5 匹马力，总动力 331 匹马力[2]，加上泾惠、渭惠、黑惠和褒惠四渠，估计动力有 13375 匹马力，可利用的有 974 匹马力，工厂 123 家[3]。

抗战时完成的有黑惠渠、泔惠渠、汉惠渠、褒惠渠和织女渠，并设立管理局，另有定惠、涝惠、涡惠只完成了大半，沣惠、湑惠二渠至 1947 年全部完成。在每一渠道完成之后，沿渠栽种树木，既可起到固堤、涵养水分的作用，也增加了当地的林木资源。见表 14。

表 14　　抗战时期陕西修筑水渠概况

渠名	水源	灌溉县份	渠道长度（公里）	灌溉面积（市亩）	兴工时间	完成时间
渭惠渠	渭水	眉县、扶风、武功、兴平、咸阳	177	600000	1935.4	1937 年 12 月第一期工程完成
梅惠渠	石头河	眉县、岐山	121	132000	1936.7	1947 年 10 月完成
黑惠渠	黑峪	周至	55	160000	1938.9	1942 年底全部完成
汉惠渠	汉水	勉县、褒城、南郑	41	110000	1938.12	1941 年 4 月全部完成
褒惠渠	褒水	褒城、南郑	55	140000	1939.9	1942 年 6 月 15 日放水
泔惠渠	泔水	礼泉	5	3000	1943.6	1944 年 1 月全部完成
潼惠渠	潼峪	—	—	10000	1945.8	已完成
沣惠渠	沣水	户县、长安、咸阳	48	150000	1941.9	1947 年 6 月完成放水
湑惠渠	湑水	城固、洋县	41	162000	1941.9	1947 年底完成放水
织女渠	无定河	榆林、米脂、绥德	18	11000	1937	1938 年底完成
定惠渠	无定河	横山、榆林	34	40000	1941.4	已完成 86%

① 参见王成敬《关中水利建设》，《中国银行月报》第 4 卷第 4 期，1949 年，第 72 页。另记载面积为 20 万亩（见《中国战时经济志》，第四章第 16 页）。

② 参见李建华《梅惠渠今昔》，载政协陕西省眉县委员会文史资料研究委员会编印《眉县文史资料选辑》第 6 辑，1990 年，第 129—130、132—133 页。

③ 参见刘钟瑞《陕西省水利》，《水利月刊》第 14 卷第 6 期，1946 年，第 310 页。

续表

渠名	水源	灌溉县份	渠道长度（公里）	灌溉面积（市亩）	兴工时间	完成时间
涝惠渠	涝峪	户县	22	100000	1943.2	已完成85%
涡惠渠	涡水	—	—	21000	1945.8	已完成85%
合计	—	—	617	1639000	—	—

资料来源：黎小苏：《从数字上看陕西》，《西北通讯》第2卷第1期，1948年，第18页；《陕西省水利局施政报告》，陕西省档案馆藏，资料号72—6—6；《陕西省政府交代比较表（一）》，陕西省档案馆藏，资料号72—2—1236（1），第1页；《中国战时经济志》，第四章第16—17页；王成敬：《关中水利建设》，《中国银行月报》第4卷第4期，1949年，第72页。

陕西各渠“工程较进步，有利于民生者兹大，于是陕西水利驰名中外矣”①，对战时军糈民食有重大贡献，“其他各地亦争先仿效。蔚为各地兴办新式水利灌溉工程之模范”②。

1940年12月至1942年2月，陕西汉南水利局为了防止旱涝，在养家河系、濂水河系、黄沙河系等8条河流疏浚渠道272公里，完成土方226837立方米，灌溉面积从1000多亩至30000余亩不等，共计313700亩。③

1941年，陕南水利管理局根据本地雨量、河渠池堰、田亩数量、用水习惯、旧有规章等“一切情况，及农作物与需水相关之理”，综合考虑，创行防御旱潦办法，包括以冬工疏浚；春工加强建筑；用空田加高田埂作小塘，提前储水、蓄水；正式放水前首先在下游提前放水；放水后，上游小麦未熟时，为了满足下游用水需求，可先在下游提前放水；各支渠下游统统提前放水，以争取农时，利于农民插秧。这些措施实施后，并未引起各渠堰民众异议，并取得了一定的效果，1941年在褒水、冷水、濂水三河流域共插秧36870亩，每亩收获一石的话，以市值400元计，可增益14748000元。④“倡行以来，尚著成效”，1941年增加41370亩。⑤南郑、褒城附近抢插水稻10000余亩，增收万石，价值约400万元。⑥

---

① 《陕南各县兴修水利情况（五）》，陕西省档案馆藏，资料号72—6—206（5），第317—318页。

② 王成敬：《关中水利建设》，《中国银行月报》第4卷第4期，1949年，第73页。

③ 参见《陕南各县兴修水利情况（三）》，陕西省档案馆藏，资料号72—6—206（3），第198页。

④ 参见张嘉瑞《创办提前放水插秧报告书》，《陕西水利季报》第7卷第1期，1942年，第45—47页。

⑤ 《陕南各县兴修水利情况（三）》，陕西省档案馆藏，资料号72—6—206（3），第199页。

⑥ 参见《陕南各县兴修水利情况（四）》，陕西省档案馆藏，资料号72—6—206（4），第274页。

此外，推广水稻良种。陕南推广的水稻品种有凤尾粘，在南郑、城固、洋县、西乡推广 5000 亩，亩产约 500 斤，较当地农家种增产 80 斤；白麻粘，1944 年在城固、南郑、褒城、西乡推广 6800 亩，亩产约 500 斤，增产 80 斤；小香谷，1939 年推广，亩产约 650 斤，超过当地种 63%，且谷粒病斑较少。①

汉南水利局还从省水利局聘请人员，结合本区现有人员，于 1941 年 11 月举办堰首训练班，为本地学员讲授水利通则、工程常识、农业、渠堰管理、灌溉等知识，共培训学员 91 名，增强其指导当地农民的业务能力。②

陕西除了发展新式灌溉渠外，还对旧有渠堰进行整修，据统计共整修大小渠堰 1147 处，灌田总面积为 1474700 亩，其中规模较大的 465 处，可灌溉田亩近 70 万亩。③

为了推行于右任 1941 年提出的十年万井计划，1944 年 1 月和 10 月，陕西省建设厅先后选派两期共 14 名学生，赴兰州参加国立西北技艺专科学校举办的凿井训练班，以培养专门凿井人才。④ 十年万井计划是农林部发展小型农田水利的一个组成部分，1941 年 3 月，陕西成立凿井队 3 队，5 月成立 5 队，在秦岭等地开凿自流井及在长安等县开凿水车井，“颇具成效，深得农民之信仰”⑤。陕西省政府 1943 年拟订《陕西省小型农田水利计划（草案）》，其中亦有开凿自流井、水车井、河滩井及改良旧井计划，计划由西安农民银行提供贷款，驻防军队担任义务劳动，本年凿井万口，灌溉面积 50 万亩。⑥ 1944 年 3 月制定《陕西省小型农田水利事业奖励规则》，对卓有成效者予以奖励⑦，

---

① 参见仇元、孙福绥《近年后方各省推广稻麦改良品种概况》，《农业推广通讯》第 7 卷第 6 期，1945 年 6 月。

② 参见《陕南各县兴修水利情况（四）》，陕西省档案馆藏，资料号 72—6—206（4），第 219—222 页。

③ 参见《西北的农田水利》，第 22—24 页。

④ 参见《建设厅十年万井计划（一）》，陕西省档案馆藏，资料号 72—6—113（1）；《建设厅十年万井计划（二）》，陕西省档案馆藏，资料号 72—6—113（2）。

⑤ 《本厅政绩交待比较表》，陕西省档案馆藏，资料号 72—2—235，第 15 页；《陕西省一九四四年小型农田水利计划（一）》，1944 年，陕西省档案馆藏，资料号 72—6—110（1），第 13 页。

⑥ 参见《陕西省一九四四年小型农田水利计划（一）》，1944 年，陕西省档案馆藏，资料号 72—6—110（1），第 12—31 页；《八区今年将凿万井》，《陕行汇刊》第 7 卷第 1 期，1943 年 2 月，第 62 页。

⑦ 参见《省府关于兴办水利事业奖励条件的通知及条例》，陕西省档案馆藏，资料号 72—5—136；《陕西省一九四四年小型农田水利计划（二）》，1944 年，陕西省档案馆藏，资料号 72—6—110（2），第 95—96 页。

并开展水利工作竞赛①。同年，农民银行专门发放凿井贷款200万元，在大荔、朝邑两县试凿水井200口，拟试验成功后再予以推广②，后来确认凿井实为一良法，“经济价值甚为合算”，有一劳永逸之优点③，可以推广，据统计此一时期各地共开凿浅井39959处，灌田面积为295721亩④。这些浅井灌田能力不及旧有渠堰，更不能与新式渠道相提并论，却是新旧灌溉渠道的有益补充，“可以补救渠水灌溉之不及，且各地均能挖凿，分工修筑并进，费时较短，需费甚省而普遍尤易，凡此优点，实非大型水利工程所能及”⑤，对缓解当地旱情，弥补当地灌溉能力的不足也发挥了一定作用。

（二）甘肃农田水利建设

1940年11月，谷正伦任甘肃省主席，谷除了采取措施使兰州设市并走上近代化道路外，对各项经济建设也颇为重视。⑥ 甘肃省临时参议会亦提出多项议案，以发展本省经济。⑦ 在兴修水利方面，甘肃省政府主要倚重农业经济学家张心一，委张以建设厅长之职，而张对此也多所擘划，其最重要者即为甘肃水利林牧公司成立及其举办的一系列工程。

1940年9月，中国银行代表霍宝树到西北考察，与朱绍良商谈了发展西北农田水利的重要性。甘肃省政府邀请中国银行合办一专门机构，以竟事功。⑧ 1941年3月20日，中国银行董事会议议决与甘肃省政府合组公司，4月23日，甘肃省政府与中国银行总管理处订立《甘肃省政府、中国银行总管理处发展甘肃省农田水利及林牧事业合作办法》，翌日，召开公司成立大会，推选宋子文为董事长，张心一、霍宝树、张维（时任甘肃省临时参议会议长）、束云章（时任西安中国银行经理）为常务董事，沈怡

---

① 参见《陕西省一九四四年小型农田水利计划（三）》，1944年，陕西省档案馆藏，资料号72—6—110（3）。

② 参见《本省经济动态》，《陕行汇刊》第8卷第1期，1944年2月，第79页。

③ 李国桢：《凿井灌田与粮食增产》，《农业推广通讯》第4卷第10期，1942年10月，第6页。

④ 参见《西北的农田水利》，第25—26页。

⑤ 《陕西省一九四四年小型农田水利计划（一）》，1944年，陕西省档案馆藏，资料号72—6—110（1），第81—82页。

⑥ 参见王劲《甘宁青民国人物》，兰州大学出版社1995年版，第135—144页。

⑦ 参见《甘肃省参议会财政经济决案、第一次会议记录》，甘肃省档案馆藏，资料号14—2—248，第65—75页。

⑧ 参见甘肃省政府建设厅编《水利林牧公司》，《甘肃省经济建设纪要（1940.12—1946.12）》第59号，甘肃省图书馆西北地方文献阅览室（图书）藏，油印本；甘肃水利林牧公司总管理处编《甘肃水利林牧公司大事记（三十年—三十三年）》，甘肃省图书馆西北地方文献阅览室（图书）藏，1944年，稿本。

为总经理。4 月 26 日，沈怡离兰赴渝延揽各方面专业人才，在渝期间，沈怡确定了三位主要部门主管人选，7 月 10 日返兰。7 月 30 日，公司与甘肃省政府签订《甘肃省政府委托甘肃水利林牧公司办理水利工程合约》，将省府所办永丰、夏惠、泾济、洮惠等渠工程及未支领工款 7169098.29 元，移交公司赓续办理。①

公司总管理处下辖水利、森林、畜牧和业务四个部门，组织严密，各部任务明确②，所需管理费则由水利工程实支工程费中抽取 14%（靖丰渠为 19%）作为用度③。公司成立时，原定资本为 1000 万元，由甘肃省政府与中国银行按3∶7的比例分担。后随着业务增多，又多次注资，1942 年 9 月注资 500 万元，12 月注资 1500 万元，资本总额达 3000 万元④，1944 年增至 6000 万元⑤。

甘肃省水利建设，大体可分为河东与河西两大部分⑥，河西东起乌稍岭与陇坂高原分界，西迄星星峡与新疆接壤，南北两侧有祁连山与合黎

① 参见《甘肃省政府建设厅、水利林牧公司、兰州电厂等就补发留用人员薪津差额、津贴计算表、水利工程查勘队合约及交接办法、安装电表、电灯、电表过户等的公函》，1941 年 7 月 29 日，甘肃省档案馆藏，资料号 39—1—122，第 10—27、46—52 页；甘肃水利林牧公司总管理处编《甘肃水利林牧公司大事记（三十年—三十三年）》，甘肃省图书馆西北地方文献阅览室（图书）藏，1944 年，稿本。

② 参见甘肃水利林牧公司编《甘肃水利林牧公司成立两年概况》，1943 年 8 月，甘肃省图书馆西北地方文献阅览室（图书）藏，油印本。

③ 参见甘肃省政府建设厅编《水利林牧公司》，《甘肃省经济建设纪要（1940.12—1946.12）》第 59 号，甘肃省图书馆西北地方文献阅览室（图书）藏，油印本。工程管理费由两部分组成，甘肃省政府与公司合约中规定的管理费为实支工款的 7% 及甘肃省政府与贷款银行合约中规定的 7% 的工程经费，合计为 14%（见《省建设厅、省水利林牧公司、四川水利局等就甘肃水利考察报告、泾河及泾济渠各种资料、龙西渠工程述要、陇西区水力勘查报告等的公函、函》，1942 年 1 月 27 日，甘肃省档案馆藏，资料号 39—1—219，第 6 页；《省水利林牧公司、汭丰渠工程处等就召集各渠渠务会议、会议日程、参加人员同人通讯录、工作报告等的公函、电》，1943 年 12 月 30 日，甘肃省档案馆藏，资料号 39—1—116，第 7—8 页）。但对于何种经费如放水放淤费是否应列入这 14% 之中，公司与甘肃省政府、中国银行兰州分行亦曾有过多次冲突与协商，最终商定从 1943 年开始，工程管理费比例为 14%。

④ 参见甘肃水利林牧公司编印《甘肃工农业建设资料》，甘肃省图书馆西北地方文献阅览室（图书）藏，抄本；甘肃水利林牧公司编《甘肃水利林牧公司成立两年概况》，1943 年 8 月，甘肃省图书馆西北地方文献阅览室（图书）藏，油印本。

⑤ 参见《省水利林牧公司、汭丰渠工程处等就召集各渠渠务会议、会议日程、参加人员、同人通讯录、工作报告等的公函、电》，1943 年 12 月 30 日，甘肃省档案馆藏，资料号 39—1—116，第 7 页。

⑥ 参见《建设厅关于甘肃省经济建设纪要（农林水利类）、河西水利工程历年成果概述和湟惠渠工程报告书纪要》，1942 年 12 月 20 日，甘肃省档案馆藏，资料号 38—1—11。

山，河西地区东西长1000余公里，南北较狭，总面积约为18万平方公里，占甘肃全省总面积的46%，包括武威、张掖、酒泉、敦煌等17县局。河西地区之外、乌稍岭以东的地区统称为河东。① 从1941年8月开始及战后一段时间内，公司的农田水利建设即是围绕河东与河西两大部分进行。

《合作办法》规定，公司以办理农田水利为主要业务，森林、畜牧为附属事业，农田水利主要工作有五项：一是以最有效的方法，在最短时间内完成已开工各渠，并充分发挥其效能；二是审核计划兴工中的各渠工程，视其经济价值大小，决定修筑次序；三是进行甘肃省水利查勘，以明了各河流可资灌溉或可利用水利情形，以决定第一期五年计划；四是提倡及辅助人民兴办小型灌溉工程，以尽地利而增生产；五是各种研究试验工作，包括建立水文站、保土蓄水计划、研究土壤经济利用和改良水车及研究其他汲水机械。②

公司成立后，1941年10月初，沈怡与总工程师周礼赴河西考察，拟定了《甘肃省发展农田水利三年计划大纲》，大纲确定公司1942—1944年水利建设目标是：第一，查勘掌握全省各种水文资料及水利调查确实而普遍的资料；第二，三年之内实际增加水田60万亩；第三，对研究试验工作要有相当成就，以便日后进一步推广与实施。③ 为了更好地开展工作并取得实效，公司根据河西地区情况，将17县局分为四个区，即武威、张掖、酒泉和敦煌（1943年12月17日改设安西），每区设工作站一处，以酒泉工作站为总站。每站再根据需要配设水文队、测候队及测量队④，其主要工作即为查勘渠道，修筑渡槽，疏浚渠口渠身，修挡水坝，建退水

① 参见《甘肃河西水利工程总规划书（一）》，1947年12月，甘肃省档案馆藏，资料号38—1—8，第1页。

② 参见沈怡《甘肃水利林牧公司概述》，《中农月刊》第2卷第12期，1941年。

③ 参见《甘肃省政府工作报告》，甘肃省档案馆藏，资料号4—8—644，第63页；《甘肃省建设厅关于民国三十年度施政报告》，1941年，甘肃省档案馆藏，资料号14—2—536；《甘肃省发展农田水利三年计划大纲》，甘肃省图书馆西北地方文献阅览室（图书）藏，1941年，油印本。

④ 参见《建设厅关于甘肃经济建设纪要（农林水利类）、河西水利工程历年成果概述和湟惠渠工程报告书纪要》，1942年12月20日，甘肃省档案馆藏，资料号38—1—11；《省水利林牧公司、洮丰渠工程处等就召集各渠渠务会议、会议日程、参加人员同人通讯录、工作报告等的公函、电》，1943年12月30日，甘肃省档案馆藏，资料号39—1—116，第28页；《甘肃省水利林牧公司、省动员委员会关于抄送经营业务、年度贷款、农田水利工作计划、调查表等的公函》，1940年4月8日，甘肃省档案馆藏，资料号14—1—523，第16—17、26页。

闸，修堵决口，整理隧洞等。[①]

1942年5月，公司与资源委员会、黄河水利委员会合组成立3个水利查勘队，勘查各县水利，为开发各河水利及利用水力发电、“电化西北”作准备。[②] 除了查勘，公司还在各县相继设立水文站，1942年设立6处，1944年增设水文地点14处，测候站3处，并在祁连山内查勘河道干流5道，长900公里，荒地9处，可耕地300万市亩以上，查勘蓄水库地点16处，总蓄水量9.4亿立方米。[③]

前期准备完竣后，战时甘肃水利建设在公司擘划下有条不紊地次第展开。

河东水利建设。河东地区多系狭长形，沟多坡陡，地高水深，建筑物多，料具工粮，皆感困难，举办水利工程“未能太抱乐观”[④]。在公司接办前，省政府先后在河东地区修筑了三条较有规模水渠：一为洮惠渠，二为湟惠渠，三为溥济渠。洮惠渠修成后缺乏管理，渠口淤塞，支渠未修，建筑物多毁坏，功效未显。公司接办后，于1942年4月1日设立洮惠渠管理处，负责改进，1943年5月完工，继遭山洪冲毁，后又修理，1944年5月完工，10月移交建设厅接管。湟惠渠距兰州80公里，1939年3月开工，原计划引湟水灌溉达家川农田25000亩，因各种原因，只能灌溉11000亩。公司接办后即着手修浚，1942年5月竣工并放水，干渠长31.10公里，支渠长18.74公里，可灌田3.3万亩。1943年10月16日移交建设厅接管。溥济渠，包括原溥济与济生二渠，位于临洮，全长31公里，引洮河水，可灌田

① 参见《建设厅关于甘肃省经济建设纪要（农林水利类）、河西水利工程历年成果概述和湟惠渠工程报告书纪要》，1942年12月20日，甘肃省档案馆藏，资料号38—1—11，第67—78页。

② 参见《省建设厅、省水利林牧公司、省水利公司等就征集核办各厅部工作报告、业务统计表、工作计划、各机关主管人员姓名清册、员工待遇一览表等的函、呈》，1941年9月8日，甘肃省档案馆藏，资料号39—1—22，第44—45页。《省建设厅、省水利林牧公司、四川水利局等就甘肃水利考察报告、泾河及泾济渠各种资料、龙西渠工程述要、陇西区水力勘查报告等的公函、函》，1942年1月27日，甘肃省档案馆藏，资料号39—1—219，第47—52页。

③ 参见《省建设厅、省水利林牧公司、省水利公司等就征集核办各厅部工作报告、业务统计表、工作计划、各机关主管人员姓名清册、员工待遇一览表等的函、呈》，1941年9月8日，甘肃省档案馆藏，资料号39—1—22，第45—46页；甘肃省政府建设厅编《水利林牧公司》，《甘肃省经济建设纪要（1940.12—1946.12）》第59号，甘肃省图书馆西北地方文献阅览室（图书）藏，油印本。

④《建设厅关于甘肃省经济建设纪要（农林水利类）、河西水利工程历年成果概述和湟惠渠工程报告书纪要》，1942年12月20日，甘肃省档案馆藏，资料号38—1—11，第38页；周礼：《办理甘肃农田水利四年来之认识》，《行政院水利委员会季刊》第3卷第1期，1946年3月31日，第40页。

17000市亩，原溥济渠1939年开工，济生渠1940年开工，1941年粗成，但未放水，公司接办后继续改进，1942年5月放水，继被匪拆坏，又遭山洪，遂再次整修改善，1944年8月移交建设厅接管。①

公司在河东新建的大型水利工程有7处，如果全部完成，则渠道长度近260公里，受益面积达329000市亩，但限于工款等原因，全部完成的只有汭丰渠、永丰渠和永乐渠，概况见表15。

表15 战时甘肃省大型水利工程概况

渠名	长度（公里）	灌溉面积（市亩）	工程费概算（万元）	备注
汭丰渠	13.14	10000	600	1942年5月10日开工，1943年4月底主要工程完工，5月试水，旋被洪水冲毁，又加整修，1944年4月完工，1944年6月移交建设厅接管
永丰渠	35.02	23000	1600	1942年1月开工，完成大部，1946年7月移交省政府续办
永乐渠	25.00	46000	1800	1942年1月开工，1943年6月总干渠及西干渠试水，1946年7月移交省政府接办
靖丰渠	18.00	24000	1500	1942年2月开工，因工款不敷暂停工
兰丰渠	75.10	140000	8000	1940年8月设计测量，1942年7月筹备施工，1943年冬因工款不继暂结束，战后应再规划进行
平丰渠	83.53	80000	2000	1941年8月接办，1943年8月因工款未定，暂行停工，该渠尚有水源问题，战后应再规划进行
登丰渠	7.55	6000	300	1943年4月开工，7月因工款不继暂停工，并移交省政府
总计	257.34	329000	—	—

资料来源：《甘肃省水利林牧公司、省动员委员会关于抄送经营业务、年度贷款、农田水利工作计划、调查表等的公函》，1940年4月8日，甘肃省档案馆藏，资料号14—1—523；《河西水利工程处关于兴修已成各渠概况、工程说明及水利工程规划与计划书一览表》，甘肃省档案馆藏，资料号38—1—7，第46页；甘肃水利林牧公司总管理处编：《甘肃水利林牧公司大事记（三十年—三十三年）》，甘肃省图书馆西北地方文献阅览室（图书）藏，1944年，稿本；甘肃省政府秘书处编印：《甘肃省政府三十一年度政绩比较表》，甘肃省图书馆西北地方文献阅览室（图书）藏，油印本，1943年；甘肃省政府建设厅编：《水利林牧公司》，《甘肃省经济建设纪要》（1940.12—1946.12）第59号，甘肃省图书馆西北地方文献阅览室（图书）藏，油印本；《甘肃省政府工作报告（1946年1—6月）》，1946年6月，甘肃省档案馆藏，资料号4—8—660，第19—20页；《省建设厅、省水利林牧公司、四川水利局等就甘肃水利考察报告、泾河及泾济渠各种资料、龙西渠工程述要、陇西区水力勘查报告等的公函、函》，1942年1月27日，甘肃省档案馆藏，资料号39—1—219，第7—10、39—42页；郭寄峤主编：《甘肃省统计年鉴》（1946年），甘肃省政府统计室1947年印行，第143页。

---

① 参见《甘肃省水利林牧公司、省动员委员会关于抄送经营业务、年度贷款、农田水利工作计划、调查表等的公函》，1940年4月8日，甘肃省档案馆藏，资料号14—1—523。

以上各渠皆为战时公司新建的大型渠道，其中 1944 年 4 月完工的汭丰渠是公司独立承办完工的第一条水渠，“公司以独力完成此渠为荣”①，渠成后泾川县政府立碑纪之，碑的阳面为孔祥熙亲笔题字“泽流亿载”，阴面系谷正伦为之撰写的碑文②。该渠灌溉田地 10000 亩，每亩约可增收小麦 9 市斗。③

但有些渠道直到战后才完成，如登丰渠，1943 年 4 月开工建设，因工款不济，未能完成，直到 1946 年 9 月才全部完成，工费共计 49844000 元。④ 又如兰丰渠，浇灌位于兰州新城关东岗镇田地 13 万亩，此一带地亩“是甘肃省内难得之广大川地”，少量低地靠水车灌溉，但水车兴修及维修费用甚巨，且洪水期易被冲毁，枯水期则车轮不转，大部地势较高之地“纯视天时之雨赐”。1934 年，经委会甘肃水渠设计测量队亦曾订有计划，但因无工款而作罢。抗战爆发后，该渠的修筑再次提上日程，1941 年 2 月，甘肃省政府令水利第一勘测队复测，但因需费甚巨，未能举办。1942 年春，公司乘枯水时期，派测量队实测，并对该计划详加研究，同年秋由周礼负责筹备施工，并改渠名为兰丰渠。1944 年 3 月完成 70%。1943 年春成立工程处，开工建设渠首崔家崖护岸工程，1944 年 3 月完成工程的 90%，同年冬，因工款未齐而停工。⑤

另外值得一提的是平丰渠，该渠的修建过程可谓一波三折，终因陕西省反对而引为憾事，反映出水利社会中水源的重要性和争夺战。

平丰渠原名泾济渠，引泾河水，灌溉“甘境不可多得”的平凉附近平原河滩地，全部土地面积约 87 万亩，每年可产粮 402577 石，但当地人口有 122221 人，全年需要粮食 586228 石，缺口为 18 万石左右。此渠修成后，计划灌地 15 万市亩，即可解决当地民食所需。1940 年甘肃省政府派第二勘测队测量，设计渠长 83 公里，约需款 4000 万元。1941 年 4 月成立泾济渠

---

① 徐盈：《当代中国实业人物志：沈怡》，《新中华》复刊第 3 卷第 10 期，1945 年，第 97 页。

② 参见谷正伦《汭丰渠记》，1944 年 4 月，中国国家图书馆特藏古籍。

③ 参见《省水利林牧公司、陇南畜牧场等关于酪素价格、数量、公司组织章程、函索汭丰渠建设照片、工程计价方式资料等的公函、函》，1944 年 5 月 12 日，甘肃省档案馆藏，资料号 39—1—216，第 39—42 页。

④ 参见《建设厅关于甘肃省经济建设纪要（农林水利类）、河西水利工程历年成果概述和湟惠渠工程报告书纪要》，1942 年 12 月 20 日，甘肃省档案馆藏，资料号 38—1—11，第 8 页。

⑤ 参见甘肃省政府建设厅编《水利林牧公司》，《甘肃省经济建设纪要（1940. 12—1946. 12）》第 59 号，甘肃省图书馆西北地方文献阅览室（图书）藏，油印本；甘肃省政府建设厅编《兰丰渠工程》，《甘肃省经济建设纪要（1940. 12—1946. 12）》第 36 号，甘肃省图书馆西北地方文献阅览室（图书）藏，油印本。

工务所，8月公司接办，改名为平丰渠，并派周礼重新勘测。但在勘测过程中，遭到了陕西省政府及民众的反对，泾济渠水源自泾河，位居上游，该渠的修筑与引水灌溉，在陕西省政府看来，势必影响下游泾惠渠来水，故陕西省政府1941年春多次致函甘肃省政府，反对修筑平丰渠。而此前张心一及平丰渠工程处主任高峰亦赴陕说明情况，认为“确无妨碍”。因为一则泾水支流甚多，除六盘、崆峒两水源外，还有环河、蒲河、马连河等10条河流，其中环河水量最大，占泾惠渠来水量的三分之二①；二则六盘、崆峒两山来水虽注入泾河，但其确实较小，加上河道漫长，渗漏蒸发不可避免，“未出甘境业已消耗”，实无补于泾河水量；三则泾惠渠曾迭增引水量，从每秒16立方米增至17—19立方米，可见泾河尚有余水以资灌溉。甘肃省政府并且指出，在此抗战建国、军糈民食需要殷切之际，修筑该渠并无不妥，再者六盘、崆峒两山之水，若不开发利用，徒任其蒸发渗漏，殊为可惜。②在此情况下，甘肃省将之上诉至黄河水利委员会。

1942年秋，黄河水利委员会派技正宋文田查勘，拟具意见。8月初，适逢工程师联合会第11届年会在兰州举行，甘肃省政府在会上亦将此问题提出研讨，希望借此机会，获致与会者的支持。但与会者一致认为：第一，泾惠渠已为既成事业，应予维护；第二，泾济渠所在的平凉灌溉区域面积广大，在甘肃亦属难得，应在不妨碍泾惠渠水量的前提下促其实现。显然，这种未置可否的骑墙态度无助于甘肃省政府获得修筑该渠的舆论支持，甘肃省的希冀成为镜花水月。③ 9月，水利委员会复派该会技正蔡邦霖、泾洛工程局局长陆士基会同陕西水利局代表刘钟瑞、公司代表郭则溉就此进一步协商，双方达成六点共识，其要点有三：一是在泾河上游建一个或数个蓄水库，以调节陕西泾惠渠及本渠水量，由陕甘两省共同查勘蓄水库地址，上游由甘肃省派队查勘，下游由陕西省查勘，此项工作须在两个月内完成，之后由水利委员会在4个月内完成测量设计，并负责施工；二是甘肃省必须先将渠道及建筑物先行施工，而引水工程则须待水库计划核定后动工，水库完成后才能放水；三是水利委员会核准后，由四联总处

---

① 参见《省建设厅、省水利林牧公司、四川水利局等就甘肃水利考察报告、泾河及泾济渠各种资料、龙西渠工程述要、陇西区水力勘查报告等的公函、函》，1942年1月27日，甘肃省档案馆藏，资料号39—1—219，第32页。

② 参见《省水利林牧公司关于公司召开会议通知、会议记录及各渠主任报告》，1941年9月3日，甘肃省档案馆藏，资料号39—1—114，第63页；《省建设厅、省水利林牧公司、四川水利局等就甘肃水利考察报告、泾河及泾济渠各种资料、龙西渠工程述要、陇西区水力勘查报告等的公函、函》，1942年1月27日，甘肃省档案馆藏，资料号39—1—219，第32页。

③ 参见沈怡《一年来之甘肃水利建设》，《经济建设》第1卷第3期，1943年。

及农民银行拨款。1942 年底至 1943 年春，陕甘两省将勘测水库报告送交水利委员会计划施工，但款项始终未能下拨。1943 年五六月间，甘肃省政府开始筹备工程开工事宜，购买工粮 600 市石，并招承包商至工地报备料单，但因贷款过少而未能进行下去。不得已，1943 年 8 月，将工程紧缩，以期继续办理。1944 年初贷款仍未蒙批准，7 月，进一步紧缩工程。1945 年春，在修渠无望的情况下，将前购工粮全部售卖，5 月正式停工，交由平凉县政府收尾。①

在该渠修建过程中，最初的勘测即遇到了陕西省政府的反对，即使将之上诉至黄河水利委员会调解并利用工程师联合会年会的有利时机争取舆论的支持，也最终未能将款项争取下来，“贷款未蒙批准”或许是陕西省政府的功劳，“因工款关系暂停进行”② 却是甘肃省政府无可奈何的圆场之语。平丰渠真实地反映了因“预测”用水纠纷而产生的省与省之间的“水案”，尽管这只是陕西省政府置自然条件更为恶劣的甘肃省民众的用水要求于不管不顾的单方面“预判”，缺少坚实的现实依据和直接证据，但仍然成功阻止了该渠的修筑，从而折射出水利社会中社会水利之间的微妙关系。

举办河西水利。河西地区根据其地形地貌可分为四个区：一是山麓表面水灌溉区，渗漏严重；二是中部荒区，水源较少，戈壁荒漠面积广大；三是下游泉水灌溉区，地势较低，泉水和草湖较多，相对富饶；四是下游荒区，盐碱化程度较剧。河西水源主要有湟水、大通河、白亭河、黑河、洪水河、讨赖河、疏勒河和党河等，经过历代开发，河渠密布，阡陌纵横，水渠数占全省水渠总数的三分之二③，地位相当重要。河西自“汉唐

---

① 参见《省建设厅、省水利林牧公司、四川水利局等就甘肃水利考察报告、泾河及泾济渠各种资料、龙西渠工程述要、陇西区水力勘查报告等的公函、函》，1942 年 1 月 27 日，甘肃省档案馆藏，资料号 39—1—219，第 32 页。

② 《甘肃省政府、省水利林牧公司、建设厅等就各机关组织业务、计划报告、中央设计局调查公司状况及各方参观公司事业情况等的代电、公函》，1941 年 10 月 25 日，甘肃省档案馆藏，资料号 39—1—2，第 57 页。

③ 参见甘肃水利林牧公司编《甘肃水利林牧公司成立两年概况》，1943 年 8 月，甘肃省图书馆西北地方文献阅览室（图书）藏，油印本。另外，河西水利在甘肃省举足轻重的作用，还可以从以下情况中得到反映：1944 年 4 月，国民政府军政部谕令各省实施军屯，但甘肃省建设厅、地政局、保安处等给出了三个不宜兴办的理由，除了第一条和第二条是冠冕堂皇的推诿之辞外，其第三条“本省所在荒地或以灌溉之困难，或以土质碱性过重，作物耕种难期滋长，实施屯垦势必投资庞大，经费恐有得不偿失之虞，因此本省只宜奖励垦殖，或俟河西水利整修至相当程度时再办”反映了河西水利事关屯垦者至大（见《军政部、甘肃省政府、民乐县政府等就抄发荣军垦区垦务实施办法、开垦荒地、产权情形、荒地督垦、办理人民荒地等事项的指令、呈等》，1943 年 11 月，甘肃省档案馆藏，资料号 26—1—275，第 87—88 页）。

以来，视为重镇，国防军事，夙为要点”①，但清季以还，沟渠失修，农事荒废，各县耕地雍正年间为5533228亩，光绪年间减少至4009049亩②，减少了150余万亩。至清末时减少更剧，据《甘肃清理财政说明书》统计，清末河西共有渠道210余道，灌田面积仅为15000余顷③，大部分土地抛荒。据统计，石羊河、黑河、疏勒河等9条河流域有熟荒1273723市亩，生荒6786590市亩，合计8060313市亩。④“就灌溉工程而言，河西之基本条件固非优良，惟在本省内不失为有利开发之地带。”这种优越的自然条件主要是相对于省内其他狭窄的地方而言，河西平原辽阔，“旷野千里”，有大片平畴相连的土地，确实十分难得，即使对开发甘肃水利颇抱悲观的沈怡到河西考察后亦“不觉希望顿生”⑤。其所存在的问题即是植被脆弱，土地荒漠化程度较为严重，河渠渗漏较剧，有些流量较小的河渠还未到田间地头即已渗漏殆尽。⑥

虽然河西地区因本身地质构造和生态恶化等原因导致土地沙化日益严重，但这种渗漏是可以通过人为努力弥补的，如周礼认为，河西水源可资利用的来源有四：祁连山雨雪水，地下水，管制旧渠用水和减少渗漏渠水⑦，即可以通过修筑防渗防漏水渠或地下水灌溉工程，减少乃至防止渗漏，如果善加开发，则可以带来很大经济价值，“其利甚厚”⑧。有些河流

---

① 《甘肃河西农田水利计划纲要》，甘肃省图书馆西北地方文献阅览室（图书）藏，1943年，第1页。

② 参见中国工程师学会第十三届年会兰州区分会编印《河西水利问题》，甘肃省图书馆西北地方文献阅览室（图书）藏，油印本，1945年6月。

③ 参见《甘肃河西农田水利计划纲要》，第2页；《河西水利工程处关于兴修已成各渠概况、工程说明及水利工程规划与计划书一览表》，甘肃省档案馆藏，资料号38—1—7，第106—137页。

④ 参见《甘肃河西水利工程总规划书（一）》，1947年12月，甘肃省档案馆藏，资料号38—1—8，第10页。

⑤ 《省水利林牧公司、汭丰渠公程处等就召集各渠渠务会议、会议日程、参加人员同人通讯录、工作报告等的公函、电》，1943年12月30日，甘肃省档案馆藏，资料号39—1—116，第8页。

⑥ 参见《建设厅关于甘肃省经济建设纪要（农林水利类）、河西水利工程历年成果概述和湟惠渠工程报告书纪要》，1942年12月20日，甘肃省档案馆藏，资料号38—1—11，第33页。

⑦ 参见周礼《西北水利与国防》，《国防月刊》第1卷第4期，1946年。

⑧ 《酒泉边湾、临水河、中渠铺地下水灌溉工程及下古城坝渠道防洪计划书（一）》，1947年12月，甘肃省档案馆藏，资料号38—1—52，第11、25页；《甘肃河西水利工程总队关于疏勒河、西大河流域灌溉工程规划书（一）》，1947年12月，甘肃省档案馆藏，资料号38—1—56，第24页。

还可以发展附属工业。①

1942年8月15日至9月14日，蒋介石赴甘、青、宁、陕四省巡视，在莅甘期间，蒋介石先后视察了兰州、酒泉、玉门和武威等地，“鉴于河西水利，不但为养民之源，且有卫国实边之效”②，提出“应特别重视甘省河西一带之经济开发，尤应从速开发水利”③，蒋的指示加速了河西水利开发的步伐。22日，蒋介石召见沈怡，“二人在房间里谈了大半天”，沈报告了举办河西水利的目标和所需经费情况。④ 9月2日，行政院会议通过了每年由中央政府国库拨款1000万元，专办河西水利，由公司具体承办，以十年为期的议案。⑤ 公司随后拟定《甘肃河西农田水利计划纲要》及《开发河西农田水利第一期实施计划》，以“扩大灌溉面积，增加粮食生产，保持现有人口，招徕外省移民”为十年建设总目标。⑥ 1942年秋，国民党中央设计院西北建设考察团到甘肃考察时，针对河西水利计划的时间提出异议，认为应从速完成，以便在抗战结束后便可屯垦。⑦ 1944年5月，国民党五届十二中全会通过开发河西水利的十二年计划，将之提升为国家事业而非地方事业，每年所需经费由国库指拨，整个计划从1945年起实行，尽快完成。⑧ 为了落实计划纲要和实施计划，从1943年春天开始，公司在酒泉、武威、民勤等9县着手整理旧渠62处，受益田亩1000239市

---

① 参见《甘肃河西水利工程总队关于疏勒河、西大河流域灌溉工程规划书（一）》，1947年12月，甘肃省档案馆藏，资料号38—1—56，第25页。

② 甘肃省政府统计处编印：《甘肃省统计年鉴》，1948年。

③ 《甘肃省政府统计室、建设厅、省水利林牧公司等就查报省营事业机关之组织资本、业务及盈亏情形等的函、呈》，甘肃省档案馆藏，资料号39—1—23，第36页；重庆市档案馆、重庆市人民银行金融研究所：《四联总处史料》，档案出版社1993年版，第199—200页。

④ 参见沈怡《沈怡自述》，第206—207页。

⑤ 参见《总经理沈怡就筹办省水利林牧公司等的函》，1941年9月27日，甘肃省档案馆藏，资料号39—1—259，第59—60页。

⑥ 《甘肃省水利林牧公司、省动员委员会关于抄送经营业务、年度贷款、农田水利工作计划、调查表等的公函》，1940年4月8日，甘肃省档案馆藏，资料号14—1—523，第24页。

⑦ 参见《建设厅关于甘肃省经济建设纪要（农林水利类）、河西水利工程历年成果概述和湟惠渠工程报告书纪要》，1942年12月20日，甘肃省档案馆藏，资料号38—1—11，第4—5页。

⑧ 参见《甘肃省水利林牧公司、省动员委员会关于抄送经营业务、年度贷款、农田水利工作计划、调查表等的公函》，1940年4月8日，甘肃省档案馆藏，资料号14—1—523，第24页。

亩，每亩约可增产粮食1石，共增产100万石。①

除了整修渠道，蓄水方面最大的成就是修筑鸳鸯池水库（即肃丰渠水利工程，此项工程还包括整理酒泉、金塔两县渠道）。鸳鸯池水库位于金塔南10公里的佳山峡，其修建起因于酒、金两县由来已久的水利纠纷及救济金塔水荒。② 1938年，金塔县长赵宗晋实地勘查后，认为修建水库是解决两县用水问题的唯一良策，于是与酒泉县县长凌子惟联名向省政府呈递报告，请求建设水库。但限于经费，修建水库之事久议未决。有鉴于此，甘肃省主席谷正伦将两县水源争夺战上报至国民政府，求其解决。曾出任甘肃省长、时任水利部长薛笃弼责令调查，之后责成公司修建水库，以从根本上解决此一问题。③ 公司经过勘测，认为修建蓄水库确实可行，因此很快获批修建。

蓄水池工程由美国威斯康星大学毕业、曾任中央大学工学院教授、肃丰渠工程处主任原素欣主持，1943年6月开工，拟在1944年夏完工④，后美国顾问巴里特视察时，建议对堤坝加固，因此工程量、工款及工料数量增加，工期势必延宕。为此，甘肃省政府洽商交通部，由第七区公路局拨

---

① 参见《甘肃省政府统计室、建设厅、省水利林牧公司等就查报省营事业机关之组织资本、业务及盈亏情形等的函、呈》，甘肃省档案馆藏，资料号39—1—23，第58—65页。

② 参见《甘肃省水利林牧公司、省动员委员会关于抄送经营业务、年度贷款、农田水利工作计划、调查表等的公函》，1940年4月8日，甘肃省档案馆藏，资料号14—1—523，第11页；甘肃省政府建设厅编《水利林牧公司》，《甘肃省经济建设纪要（1940. 12—1946. 12）》第59号，甘肃省图书馆西北地方文献阅览室（图书）藏，油印本。金塔地处下游，引水不易，与玉门县亦存在水利纠纷，如1944年11月至1949年3月，农林部甘肃河西关外垦区管理局鉴于安西县东湖及玉门县报恩寺一带有官荒两处，但两处荒地相连，位置适中，碱质较轻，且原有余水可供灌溉，交通便利，附近还有驻军，治安较稳，于是招收本地垦民311人从事开垦。而此地远在清雍正时，两地就有用水协议，即所引昌马大坝河水从柴坝庙处分流，上六下四，即玉门占河水的六成水权，安西占四成，直至垦区设立之前未曾改变。1944年垦场设立后，引发了两县新的争议，安西县请求撤销垦区，恢复到以前的状态（见《甘肃省政府、省地政局、安西、玉门县政府、河西垦区管理局就垦区设立、水利工程、土地管理、垦场租粮等事项的代电、呈等》，1944年10月2日，甘肃省档案馆藏，资料号26—1—235）。因此，安西县的灌溉用水问题十分突出，确有兴建蓄水库的必要。

③ 参见张清江口述、程索群整理《酒金两县水利纠纷记略》，载酒泉市政协委员会编印《酒泉文史资料》第4辑，1991年，第147—149页；郭建中《民国时期酒泉的水规制度》，载酒泉市政协委员会编印《酒泉文史资料》第3辑，1990年，第130—132页；赵发礼《酒金水利纠纷之始末》，载金塔县政协委员会编印《金塔文史资料》第3辑，第118—122页。

④ 参见甘肃省政府秘书处编印《甘肃省政府三十一年度政绩比较表》，甘肃省图书馆西北地方文献阅览室（图书）藏，油印本，1943年。

借卡车，以加强运力；洽商河西警备司令部允准派遣兵士协助；加派水利专员督修，同时追加工款2亿元，此外从1945年5月起，每月征募酒、金两县民工各600名，积极赶修。[①] 在各方共同努力下，1947年5月31日全部完成。水库的修建前后历时42个月，工程量浩大，主要建筑有拦河土坝、溢洪道给水洞、导水墙及管制室，"国内土坝工程之巨，尚无出其右者"[②]。施工时征用金塔县民工423480人次，征用畜力车42840辆，支出经费16亿元。水库池长约7公里，池宽平均约500米，水库北面建一长达220米的水坝，坝高30.26米，总蓄水量为1200万立方米，可灌溉两县7万至10万余亩的田地。[③]

鸳鸯池水库是中国自建的第一个大型土坝水库。[④] 自鸳鸯池水库完成后，金塔县的灌溉问题基本解决，粮食连年增产。根据甘肃省水利局的调查，往年金塔因为水量不足每亩平均仅收小麦一石五斗，1947年利用蓄水库灌溉之后，每亩可增至两石五斗至三石。[⑤] 水库使得酒、金两县呈现出"流进来一潭碧水，倒出去万担金粮"的丰收景象。[⑥] 甘肃省主席郭寄峤特撰写碑铭纪念：

河西天富宜耕农，祁连绵亘伟且雄。
细流奔注雪水融，森漾畦畴悚溃洪。
鸳鸯旧池涵碧空，酒泉金塔清波通。
凿辟水库大乃容，胼胝克竟四年功。
漠漠水田望无穷，渠名肇锡以肃丰。

---

① 参见《甘肃省政府工作报告（1945年1—6月）》，1945年6月，甘肃省档案馆藏，资料号4—8—650，第120页；《甘肃省政府工作报告（1946年1—6月）》，1946年6月，甘肃省档案馆藏，资料号4—8—660，第5、20页。

② 《河西水利工程处关于兴修已成各渠概况、工程说明及水利工程规划与计划书一览表》，甘肃省档案馆藏，资料号38—1—7，第7页；成守铭：《鸳鸯池蓄水库兴建始末》，载金塔县政协委员会编印《金塔文史资料》第1辑，第116页。

③ 参见《甘肃省水利林牧公司、省动员委员会关于抄送经营业务、年度贷款、农田水利工作计划、调查表等的公函》，1940年4月8日，甘肃省档案馆藏，资料号14—1—523，第11、26页；《甘肃肃丰渠鸳鸯池蓄水库铭》，《新甘肃》第1卷第3期，1947年，第61—62页；贾兰坡《由酒泉到金塔》，《西北通讯》第3卷第9期，1948年11月，第24—26页。

④ 参见张心一《我的自述》，载《甘肃文史资料选辑》第23辑，第58页；顾淦臣《鸳鸯池水库工程初建史》，载甘肃省政协委员会文史资料和学习委员会、甘肃省水利厅编《甘肃文史资料选辑》第57辑，第328页。

⑤ 参见贾兰坡《由酒泉到金塔》，《西北通讯》第3卷第9期，1948年11月，第24—26页。

⑥ 参见赵发礼《赵积寿与鸳鸯池水库》，《金塔文史资料》第1辑，第88页。

卓哉懋绩记考工，河山永固此泽同。[①]

小型水利建设。公司在抗战胜利前后还利用银行贷款、国际救济会贷款、河西水利专款在10县修建了一些小型水利工程，主要有：高台三清渠，引黑河水，全长70公里，可灌田5万亩，1945年3月10日开工，10月25日放水，由河西水利专款下拨500万元，但因物价波动甚巨，原预算不敷应用，只择要修筑，共用款4686620元，修成后“收益已较往年加倍”[②]；永昌金龙坝渠，位于永昌垦区，1944年由公司测量完竣，1945年春永昌垦区管理处撤销后，由省政府设立金龙坝工程处兴修，以武威工作站主任张家瑶为处长督修，水渠全长10.3公里，可灌田11300亩，1945年7月25日开工，1946年1月27日全部完成，经费由河西水利专款下拨1200万元[③]；张掖永兴渠，长4公里，可灌田1800亩，7月2日开工，11月20日完成放水；甘谷渭济渠，长15公里，可灌田8000亩，中农行贷款1300万元兴修，修成后总计增加农产8000市石[④]；天水三阳川渠，三阳川位于天水县城北40里，土质肥美，颇宜种植，1942年秋当地农民请求兴修，修成后可灌田26000亩，对于农产“均能大量激增”，棉花可亩产50市斤，1945年6月开工，9月大致完成，适值抗战胜利，未再继续修筑，经费由农民银行贷款30万元[⑤]；靖远复兴新渠，长9公里，可灌田1000余亩，1945年10月2日开工，因发生纠纷致停工多日，12月1日复工。战时新修的小型水利工程，渠道总长度为175.5公里，共可灌溉田亩123800亩。[⑥]

除了修建水渠，公司从1941年9月至1946年，通过修理水车、放淤、筑堤护田、开渠等多种措施，借助合作社或农会贷款，促进小型水利事业发展，经过六年努力，受益县次为81个，建设合作社或农会196个，受

---

① 参见成守铭《鸳鸯池蓄水库兴建始末》，《金塔文史资料》第1辑，第118页。

② 甘肃省政府建设厅编：《高台三清渠》，《甘肃省经济建设纪要（1940.12—1946.12）》第31号，甘肃省图书馆西北地方文献阅览室（图书）藏，油印本。

③ 参见甘肃省政府建设厅编《永昌金龙坝工程》，《甘肃省经济建设纪要（1940.12—1946.12）》第32号，甘肃省图书馆西北地方文献阅览室（图书）藏，油印本。

④ 参见甘肃省政府建设厅编《甘谷渭济渠工程》，《甘肃省经济建设纪要（1940.12—1946.12）》第30号，甘肃省图书馆西北地方文献阅览室（图书）藏，油印本。

⑤ 参见甘肃省政府建设厅编《天水三阳川渠工程》，《甘肃省经济建设纪要（1940.12—1946.12）》第33号，甘肃省图书馆西北地方文献阅览室（图书）藏，油印本。

⑥ 参见《河西水利工程处关于兴修已成各渠概况、工程说明及水利工程规划与计划书一览表》，甘肃省档案馆藏，资料号38—1—7，第47页。

益田亩达583298.45市亩。①

此外，还成立凿井查勘队，发展凿井灌溉，各地的水井灌溉也有了增加，计全省有水井至少7000眼，灌溉面积可达7万亩以上。②延用不衰的水车也在战时有了一定的发展，据公司调查统计，全省范围内皋兰、永靖、靖远等6县计有水车361架，比战前增加107辆，灌溉面积96286亩。③

水利设施兴修与改善的直接结果就是灌溉田亩增加和粮食产量提高。如永丰渠一带，旱田每亩平均收麦四升，而水车田每亩每年可收麦四斗，较之多收三斗六升，水量充足时可种两季，且可种棉花。永丰渠村民“男女老幼，均感欣慰”，县里徐姓村民特地赶到工地向工作人员致谢。④夏惠渠沿岸旱田产量平均为五六升，水田则可收三斗以上。汭惠渠一带旱田每亩收2.5斗，水田可收7斗，几近三倍。“渠成后向之每亩仅产小麦一二斗或全不生产者一变而产三四石，较未灌溉前至少每亩多收获两石。”⑤1945年夏全省苦旱，满目枯槁，而湟惠渠灌溉区禾苗健秀，且产量增加。⑥

河西地区经过几年水利开发，1944年耕地恢复至5341613亩⑦，变成了令人艳羡的粮仓，除个别渠道整理后产量略有下降或与此前持平外，绝大多数收益增加不少⑧。

（三）宁夏的水利发展

宁夏水利此一时期也有一定的发展。组织方面，建设厅原只辖宁夏省水利局，下设10个渠道管理局（唐徕渠水利局、汉延渠水利局、惠农渠水利局、大清渠水利局、云亭渠水利局、灵武县水利局、金积县水利局、

① 参见甘肃省政府建设厅编《贷款举办小型农田水利工程》，《甘肃省经济建设纪要（1940.12—1946.12）》第15号，甘肃省图书馆西北地方文献阅览室（图书）藏，油印本。

② 参见王成敬《西北的农田水利》，中华书局1950年版，第45页。

③ 参见甘肃省银行经济研究室编《甘肃之水利建设》，甘肃省银行总行1945年版。

④ 参见徐盈《当代中国实业人物志：沈怡》，《新中华》复刊第3卷第10期，1945年，第97页。

⑤ 《河西水利工程处关于兴修已成各渠概况、工程说明及水利工程规划与计划书一览表》，甘肃省档案馆藏，资料号38—1—7，第88—100页。

⑥ 甘肃省政府建设厅编《水利林牧公司》，《甘肃省经济建设纪要（1940.12—1946.12）》第59号，甘肃省图书馆西北地方文献阅览室（图书）藏，油印本。

⑦ 参见中国工程师学会第十三届年会兰州分区会编印《河西水利问题》，甘肃省图书馆西北地方文献阅览室（图书）藏，油印本，1945年6月。

⑧ 参见郭寄峤主编《甘肃省统计年鉴》（1946），甘肃省政府统计室1947年印行，第156—157页。

中卫县水利局、中宁县水利局、惠民渠水利局）、夏朔平三县沟洞事务所、河工处及水利督导专员室，1940 年春，裁撤水利督导专员室，添设水利设计组，负责全省水利工程设计。

从 1939 年开始，国民政府每年拨给宁夏建设专款 60 万元，省政府拿出一半用于水利建设。① 1943 年改善旧渠渠道，增加灌溉面积 40772 亩。② 据统计，截至 1944 年，宁夏共有重要水渠 37 条，全长 1394 公里，灌溉面积共计 2727533 亩。除整理旧有渠道及开辟新渠外，1942—1944 年省府还利用兵工疏浚排水沟，减少湖泊面积，增加可耕地，河西区疏浚排水沟 387 公里，可增加耕地面积 20 余万亩。③

（四）青海水利建设

青海在抗战时期及抗战结束后已完成的新式水渠有芳惠渠、曲格河渠、唐乃亥渠、鲁仓渠等，可灌田 55500 亩，并协助各县完成小型水利工程多处，可灌田 7660 亩，总计可灌田 63160 亩。青海已测待修水渠有杨家寨渠、平安镇渠二渠，已勘待测者 31 条。④ 此外，黄河水利委员会还代为查勘水渠 5 处，每渠可灌田 5000 市亩至 8000 市亩不等，拟予以兴修，修成后可灌溉荒地 32000 亩，对于山岭起伏、平地较少的青海来说，“利益不为不大”。据行政院水利委员会 40 年代调查，青海共有水渠 184 道，灌溉田亩 637100 亩。⑤

（五）新疆水利建设

1940 年沙雅挖塔里木河新渠，迪化修理西河坝大堤，惠远修浚 200 余里大荒渠，巩哈修治哈什哈河，乾德疏浚大沙河等。⑥ 1941 年，新疆省政府公布了第二期三年计划，在水利建设计划中，分配水利经费总额为 1182550 元，由两部分构成，一为政府经费 432550 元，一为银行贷款 750000 元，将全省划分为 9 个区，分区实施，总的目标是增加灌溉面积 59300 公顷，如迪化区计划增加 12700 公顷，伊犁区 10000 公顷，哈密区

---

① 参见宁夏省政府秘书处编印《十年来宁夏省政述要·建设篇》，1942 年，第 6 页。

② 参见国民政府行政院《国民政府年鉴》第二回，第二十一章第 5—6 页；

③ 参见李翰园《宁夏水利》，《新西北月刊》第 7 卷第 10、11 期合刊，1944 年 11 月，第 72—75 页。

④ 参见青海省政府建设厅编印《青海省建设概况》，1946 年。

⑤ 参见李清堂《青海水利视察报告》，《行政院水利委员会月刊》第 2 卷第 11、12 期合刊，1945 年 12 月 31 日，第 29—32 页。

⑥ 参见中国第二历史档案馆选编《蒙藏委员会新疆组关于西北政军等情报告选编》，《民国档案》2013 年第 1 期，第 26 页。

3000公顷等。[①] 据1944年10月统计，从1938年至1943年，新疆利用省款和民款共7550000元修筑了16道水渠，灌溉面积1579900亩。[②]

水利设施的改善导致农田大面积增加。据统计，新疆耕地面积1937年为5272667亩，1938年新增加602810亩，1939年增加715855亩，1940年增加844300亩，1941年增加1031200亩，1942年增加1114400亩，达到了9581232亩，五年间增长了4308565亩，增加了将近一倍。[③] 有资料显示，1944年新疆全省水田面积16208495亩，占耕地面积的96.7%，旱地仅547707亩，占3.3%，合计16756202亩。[④]

新疆省政府还通过举办水利训练班，在新疆学院开设水利系等措施，培养各民族水利技术人才51名，以更好地为新疆农田水利事业服务。[⑤]

三　移民垦殖

抗战初期，随着大批难民流入后方，组织难民垦荒不仅于支持抗战有益，亦有生产自救、稳定社会秩序的积极意义。国民政府及各省地方政府皆较重视，采取积极措施发展垦务，因此战时移民垦荒成效显著。

首先，国民政府先后颁布一系列垦荒法令，成立专门垦务机关。1938年，国民党临时全国代表大会通过《战时土地政策大纲》，其主要内容为：设立土地利用指导机关，改善农业生产技术，提高土地利用精度；提出了垦荒移民的方针，设立垦务机关，统筹办理全国垦务，增加土地面积；发展农业合作社；整理地籍；设立土地银行，活泼农业金融；限定地租，严禁撤租。[⑥] 随后，颁布《非常时期垦殖大纲》《非常时期难民移垦规则》，规定垦殖行政中央由经济部会同内政部、财政部、赈济委员会统筹办理，地方由各省设立垦务委员会负责，规定公有荒地分配给垦户耕作，垦竣后可无偿取得所有权。垦殖方式分为国营、省营和民营三种，以地方举办为主。1939年又改颁为《非常时期难民移垦条例》。1940年，国民政府农林部成立，专门负责垦务工作。1941年2月，设置垦务总局，为全国最高垦务机关，负责直接办理实验示范性垦殖和屯垦等业务及调查全国荒地与垦

① 参见《新疆风暴七十年》第8册，第4624页。
② 参见倪超编著《新疆之水利》，商务印书馆1948年1月版，第38—39页。
③ 参见新疆社会科学院历史研究所编著《新疆简史》第3册，新疆人民出版社1980年版，第268—269页。
④ 参见程鲁丁《新疆问题》，文献书局1949年版，第175页。
⑤ 参见《新疆之水利》，第50页。
⑥ 参见荣孟源主编《中国国民党历次代表大会及中央全会资料》，光明日报出版社1985年版，第507—508页。

务概况。后来又颁行《中央补助各省难民垦殖经费办法》《中国农民银行兼办土地金融业务条例》等法令、法规[①]，在移垦机关设立、具体移垦事宜及组织和补助办法等方面作了详细规定。所设垦区分为四种：一是以招垦难民为主，二是屯垦实验区管理处，三是以垦殖实验研究为主，四是垦牧并重的垦牧试验场。[②]

其次，制订较为详细的西部农垦计划。1938 年 6 月，经济部在《抗战建国之经济建设工作报告》中对移民垦荒作了具体规划，在陕西黄龙山地区作大规模垦殖，派专人前往调查，中央政府补助经费，由经济部派员指导协助垦殖。而对于小规模垦殖即招领开垦，亦需杜绝需索陋规，减省手续，宽其升科年限，予以资金接济[③]，便于垦民认领。1939 年，拟定《筹设国营垦区计划纲要》，经行政院核准，计划在川、陕、康、滇、桂、湘、甘等省选择适宜移垦荒区，设置国营垦区 10 处。1942 年，国民政府还计划在豫、皖、湘三省受水灾地区，调移 20 万人口，分送兰州、西安并转赴西北各地从事垦殖工作。

最后，国民政府上层人士比较重视移垦问题。1942 年 9 月 23 日，蒋介石在给行政院副院长孔祥熙的手令中明确提出："西北移民方案应即研究拟定，凡中央及内地各省之机关冗员及其眷属等，似可移往西北工作，又各省灾区之灾民亦可移往西北垦殖。其第一步可先移至河西，其次再移往新疆。中央每年应指定一项经费，专供移民之用，一面再由官民双方联合组织林牧垦殖等公司，由四行放款，作为开发西北之机构，俾有志之士得从事于其间。希即召集农林部、财政部与运输统制局等有关机关共同讨议，拟订方案呈报为要。"27 日，就国民政府军事委员会军事参议院副院长张钫 9 月 9 日与 10 日呈拟移殖河南灾民到河西安置一事，蒋介石再次致函孔祥熙，认为"此事于赈救豫灾、开发西北均关重要，最好由农林部与甘省负责主持为宜"。28 日，蒋介石在审阅朱家骅关于移民西北的呈文后，又致函孔祥熙，对朱家骅提出移民宁夏的事宜作出批示："查西北移垦问题迭经于本月廿一、廿二两日先后手函核办，并据张副院长钫条陈转达各在案，希即并案核办为盼。"10 月 24 日，蒋介石第四次就移民开发西北问题进行批示。其实，在此之前，国民政府即已有裁撤党、军、政各机关冗汰人员的

---

① 参见重庆市档案馆编《抗日战争时期国民政府经济法规》（下），档案出版社 1992 年版，第 3—7 页。

② 参见姚光虞《三年来本部直辖垦区业务概况》，《垦讯》第 3 期，1944 年 2 月 15 日，第 5—10 页。

③ 参见章伯锋、庄建平主编《抗日战争》第 5 卷，第 52—53 页。

打算，在1942年9月22日《蒋介石关于中央党军政各机关裁员三分之一移居西北事致孔祥熙、何应钦令》中，即有“全国军队已定缩编三分之一，目前中央党军政各机关官员太多，人浮于事，似可按照上述原则裁减三分之一”等语，对于拟被裁人员，“即准备分批移送至西昌与西北，从事于屯垦或开发实业等工作……使集中中央及都市之人员得以逐渐移往西北从事开发事业，树立建国之基础”，并拟订第一年移1000—2000户，第二年以后，每年逐渐增加1000户，以十年为限。① 虽然蒋的建议在上层未获集体响应，翁文灏、谷正纲、徐堪等皆表示不同意见，但吴忠信、俞鸿钧、陈立夫等人仍作出积极响应，吴忠信拟具了三项迁移办法，俞鸿钧拟订了裁减人员移殖西北办法纲要，翁文灏和陈立夫则分别提出了几项具体意见。应当指出的是，没有对蒋的建议表示认可的官员如陈树人、周名岳、傅秉常等，并非反对向西北移民，而是考虑更为审慎与周详②，因此可见国民政府上层人士对移垦西北是相当重视的。

由于地方各省的响应，战时移民垦殖取得了一定成效，据垦务总局统计，1941年总局共招收垦民4300多人，增加垦荒面积18000余市亩，协助督导省营民营垦区，举办垦务人员训练班，调查西南西北荒地420万市亩；1942年增收兵民18000余人，增垦荒地84000余市亩，调查西北荒地190余万市亩；截至1944年，共成立垦区13处，前后累计招募难民、荣军71336人，加上移新难民及督导各省收容垦民，数量还要更为巨大，垦荒面积达443249市亩。③

抗战时期西北掀起了一股移民垦荒热潮，先后建有5个国营垦区，分别是陕西黄龙山垦区、黎坪垦区，甘肃岷县垦区、河西永昌垦区和河西关

---

① 《蒋介石关于中央党军政各机关裁员三分之一移居西北事致孔祥熙、何应钦令》，1942年9月22日，载《抗战时期西北开发档案史料选编》，第166页。

② 参见《吴忠信奉蒋介石移屯西北令拟具三项迁移办法致孔祥熙函》，1942年10月3日；《周钟岳关于移屯西北开发西北意见致孔祥熙函》，1942年10月10日；《陈树人关于各机关浮员移屯西北事致孔祥熙函》，1942年10月14日；《翁文灏关于裁员三分之一赴西北从事开发三点意见致孔祥熙函》，1942年10月20日；《俞鸿钧拟呈〈裁减人员移殖西北办法纲要〉致蒋介石函》，1942年10月24日；《谷正纲关于移屯西北问题意见致孔祥熙签呈》，1942年10月26日；《傅秉常关于外交部职员移屯西北问题致孔祥熙函》，1942年10月27日；《徐堪关于移屯西北问题呈蒋介石意见书》，1942年10月30日；《陈立夫关于移屯西北问题十项意见致孔祥熙函》，1942年11月1日，以上函电见《抗战时期西北开发档案史料选编》，第173—187页。

③ 参见沈鸿烈《本局成立二周年纪念词》，《垦讯》第2期，1943年2月15日，第1页；李顺卿《迎三十四年——检讨过去垦务 阐述今后方针》，《垦讯》第7、8期合刊，1945年元旦，第2页。

外垦区。省营垦区有陕西凤翔垦区、眉扶垦区、汧山垦区和泾阳嵯峨山垦区，甘肃有陇南垦殖团，青海有柴达木垦务督办公署，宁夏有云亭渠垦区，新疆也曾于1944年招募河南省难民约10000余人入疆垦荒。[①] 其中以陕甘两省成就较大。

陕西荒地以榆林区为多，关中区、汉中区则较少。1938年5月，陕西成立垦荒委员会，10月15日，省政府公布《非常时期难民移垦规则》，规定垦区分为国营、省营和民营三种，并尽快完成垦区调查与划定、垦民登记、管理办法等。[②] 11月3日，颁发《陕西黄龙山垦区办事处柳川区分处办事细则》，对屯垦事宜作了初步规定。[③] 1939年改组为垦务委员会，具体负责农垦事宜。战时陕西较有成绩的垦区主要有黄龙山垦区、黎坪垦区和汧山垦区。

黄龙山垦区界于陕北与关中之间，扼黄河通秦陇之咽喉，军事地位重要，毗邻韩城、宜川、洛川等8县，交通便利，“广袤八百余里，森林茂密，山产极多，洵为陕省富庶之区”[④]，土壤膏腴，蕴藏极丰，可农可牧，林矿亦富[⑤]，唐、宋、明、清各朝时垦时辍，约有熟荒50万亩。垦区自然条件较为优越，降雨量600毫米左右，土壤适宜农作物生长，但也孳生大量土匪。不足之处是距离省会较远，物资运送、给养发放甚不方便。[⑥] 早在1933年，陕人李象九呈请省政府屯垦，民政、建设两厅制定招垦与屯垦计划，将垦区分为十个区域，分期分批开垦，但限于经费等各种原因，未能实施。[⑦] 1935年，邵力子、杨虎城曾有开发之议，然限于财力、人力

---

① 参见《抗战时期之农林建设概述》，载秦孝仪主编《革命文献》第102辑，“中央文物供应社”1985年版，第2页；陆和健《抗战时期西部农垦事业的发展》，《民国档案》2005年第2期，第89页。

② 参见《黄龙山垦区救济难民卷》，1938—1939年，陕西省档案馆藏，资料号9—2—756，第31—34页。

③ 参见《陕西省黄龙山垦区办事处柳川区分处办事细则》，《陕西省政府公报》，第570期，1938年。

④ 《陕西富庶区域之黄龙山 规定计划实行军垦》，《西北导报》第3卷第11期，1937年7月10日，第8页。

⑤ 参见中国第二历史档案馆编《中华民国史档案资料汇编》第五辑第一编“财政经济”（七），第281页。

⑥ 参见《黄龙山垦区救济难民卷》，1938—1939年，陕西省档案馆藏，资料号9—2—756，第12页。

⑦ 参见《陕西屯垦黄龙山——民建两厅拟具进行计划》，《地政月刊》第1卷第6期，1933年，第8页；实业部中国经济年鉴编纂委员会编《中国经济年鉴》上，商务印书馆1935年版，第A160—161页。

及匪患未平，亦未能实施。① 但战前调查与计划为战时开垦打下了一定的基础。抗战爆发后，移垦再次被提上日程。

1938年3月，国民政府补助经费111000元，黄龙山垦区正式设立②，1939年改为国营，1941年改隶农林部。垦区成立当年招罗豫、鲁、冀等省难民约3万人，开垦荒地78000余亩，种植作物以玉米、粟、小麦为大宗，马铃薯、豆类次之，收获杂粮43000余市担，大麻29万余斤。③ 但垦民流动性较大，时多时少，总体而言呈上升趋势。1939年2月，垦区办事处为3913名难民每人发放给养费9元④，以事招徕，后又增加2535人，1939年6月增至45132人，经费590000元⑤。1939年9月至10月，先后有2457人移送垦区，年底又有5000名难民迁入，还有1.5万余名因水利、垦舍等原因而无法安置。⑥ 1940年底，垦民减至11668人，垦荒面积140000亩；1941年经费454495元，垦民复有增加，达24584人，垦荒面积150014亩，栽培面积143741亩，收获产量186877市担。⑦ 1942年春，河南63县惨遭旱灾，灾民大量沿陇海路向陕西逃亡乞食，其中不少由陕西省赈济委员会移送垦区。⑧ 垦民人数与开垦荒地一度增加，7月底为29500人，开垦荒地178886亩，栽培作物134954亩；10月，垦民增至35860人，开垦荒地176959亩，年底更增为41664人，垦荒面积为229824亩，作物面积达209536亩，收获量242521市担，该年垦殖经费共计1956840元。⑨ 1943年2月时垦民42911人，耕牛5849头，垦荒面积

① 参见《陕西富庶区域之黄龙山 规定计划实行军垦》，《西北导报》第3卷第11期，1937年7月10日，第10页。

② 参见章伯锋、庄建平主编《抗日战争》第5卷，第52—53页。

③ 参见姚光虞《三年来本部直辖垦区业务概况》，《垦讯》第3期，1944年2月15日，第11页；《行政院关于农林工作之报告（对第一届国民参政会第五次大会）》，载《革命文献》第102辑，第366页。

④ 参见《黄龙山垦区救济难民卷》，1938—1939年，陕西省档案馆藏，资料号9—2—756，第14页。

⑤ 参见《难民垦殖》，《统计月报》第48号，1940年8月，第15页。

⑥ 参见《黄龙山垦区救济难民卷》，1938—1939年，陕西省档案馆藏，资料号9—2—756，第4、61页。

⑦ 参见姚光虞《三年来本部直辖垦区业务概况》，《垦讯》第3期，1944年2月15日，第7页；《抗战历年来之农林工作述要》，载《革命文献》第102辑，第196页附表。

⑧ 参见《陕西省政府交代比较表（三）》，陕西省档案馆藏，资料号72—2—1236（3），第133页。

⑨ 参见《抗战历年来之农林工作述要》，载《革命文献》第102辑，第147—148页、196页附表；姚光虞《三年来本部直辖垦区业务概况》，《垦讯》第3期，1944年2月15日，第7页。

229824 市亩，作物栽培面积 209533 市亩[①]；4 月底，共有垦民 50055 人；8 月垦民已增至 52422 人，已垦荒地达 278469 亩，种植作物 248677 亩，收获产量 331965 担[②]。1943 年秋，河南 40 余县遭受蝗灾，灾民又大量来陕，垦民亦有增加。1944 年 4 月，垦区工作基本结束，划归陕西省政府管理。[③]

截至 1944 年 7 月，总计招收垦民 54800 余人，垦荒 331000 余市亩，栽培作物面积 601900 余市亩，收获作物产量 761000 余市石，为西北及全国垦区之冠。[④] 为了加强控制，垦区成立国民党党部、青年团、军委会组训处、警备司令部、保安队及保甲组织，另设邮局、电报局、小额贷款事务所、难童保育院、子弟小学、垦民诊疗所、消费合作社等，较具规模，如学校有 66 所，学生 4552 人[⑤]，“俨然一自治县”，“颇有世外桃源之风”[⑥]。

黄龙山垦区是国民政府在陕西境内设立的规模最大的国营垦区，1941 年 7 月，黄龙设治局建立，除了垦区外还领有韩城、澄城、洛川、宜川、甘泉、白水、鄜县及郃阳 8 县相邻之地。[⑦] 而该设治局最北的洛川县，北距陕甘宁边区南部的富县仅 30 余公里，与中共中央所在地延安仅 70 余公里，这就不能不让人怀疑设立垦区的真正目的是防范中国共产党。此外，垦区关山东南麓发现石油矿蕴藏[⑧]，可开采利用，也是设立垦区的目的之一。

黎坪垦区地界陕西宁强、褒城、勉县、南郑与四川南江、广元 6 县之间，西起广元三道河，东迄褒城黄官岭，北至宁强元坝子，南至南江天场坪[⑨]，

① 参见张锡昌、陈文川等《战时的中国经济》，科学书店 1943 年版，第 128 页。

② 参见《西北建设考察团报告》，第 289 页；《抗战历年来之农林工作述要》，载《革命文献》第 102 辑，第 167 页、196 页附表。

③ 参见《三十三年度国营垦区垦民垦兵垦地累计表（三十三年十月）》，《垦讯》第 7、8 期合刊，1945 年元旦，第 9 页。

④ 参见中华文化复兴运动推行委员会主编《中国近代现代史论集》（30）第 26 编“对日抗战”（下），台湾商务印书馆 1986 年版，第 1208 页。

⑤ 参见姚光虞《三年来本部直辖垦区业务概况》，《垦讯》第 3 期，1944 年 2 月 15 日，第 13 页。

⑥ 参见宋之楚《我们在黄龙山》，《战干月刊》第 213 期，1944 年，第 41 页。

⑦ 参见傅林祥、郑宝恒《中国行政区划通史》中华民国卷，复旦大学出版社 2007 年版，第 403 页。

⑧ 参见《陕黄龙山发现石油》，《矿业周报》第 437 期，1937 年，第 832 页。

⑨ 参见《黎坪垦区调查团卷（二）》，1938 年，陕西省档案馆藏，资料号 72—8—5（2），第 84 页。

交通困难，地势高，无霜期为 150 天，雨量丰沛，年降雨量达 1000 毫米至 1250 毫米，森林广布，土质肥美，矿产蕴藏甚富，山川秀丽，被誉为“东方瑞士”①。垦区初垦于明，清光绪年间曾极一时之盛，后因“植病野兽相因为害，住户渐稀”，民初因土匪扰攘，人民逃亡殆尽，渐趋衰落。②

1940 年 3 月 1 日，国营陕西黎坪垦区管理局成立，初隶属于赈济委员会，1941 年改隶农林部，更名为农林部陕西黎坪垦区管理局。③ 垦区荒地约 30 万亩，可容纳 2 万人④，主要以收容难民与荣誉军人为主，1940 年由赈济委员会拨助 108000 元，4 月 25 日开始招纳难民，但难民只是零星而来，如 4 月报名的垦民有 30 人，5 月为 41 人，6 月有 52 人，7 月仅有 6 人，八九两月 17 人，10—12 月仅为 8 人，总计 154 人，报名而未到者 11 人，实有 143 人，当年垦荒 758.8 市亩，以种植小麦、杂粮为主，兼营药材、核桃、漆蜡，就近售卖。⑤ 改隶农林部后，经费由农林部下拨，计经常费 102024.8 元，事业费 104679 元，垦殖费 341000 元。在经费充裕的情况下，垦民人数猛增至 3100 人，垦荒面积 14038 亩，栽培面积 5068 亩，以玉米、马铃薯、小麦为主，荞麦次之，收获 5090 担。⑥ 1942 年下拨经费 1071928 元，预收垦民 1500 人，至 1942 年 4 月底，共收容垦民 4931 人，垦荒 38125 亩，7 月底增为 5034 人，以陕、豫、川三省难民居多，有耕牛 335 头，栽培作物 33098 亩，当年共收获 98880 市担。⑦ 据记载，其时垦区已有垦民 5093 人，

---

① 《黎坪垦区近况》，《陕行汇刊》第 5 卷第 1 期，1941 年 2 月，第 65 页。

② 《黎坪垦荒调查团卷（二）》，1938 年，陕西省档案馆藏，资料号 72—8—5（2），第 83 页；《黎坪垦区调查团卷（三）》，1938 年，陕西省档案馆藏，资料号 72—8—5（3），第 156 页；张楚宝：《陕西黎坪垦区概述》，《新西北月刊》第 2 卷第 5 期，1940 年，第 30 页。

③ 参见《黎坪垦区调查团卷（三）》，1938 年，陕西省档案馆藏，资料号 72—8—5（3），第 119—120、153 页。

④ 参见《黎坪垦区调查团卷（二）》，1938 年，陕西省档案馆藏，资料号 72—8—5（2），第 86 页；《黎坪垦区近况》，《陕行汇刊》第 5 卷第 1 期，1941 年 2 月，第 65 页。

⑤ 参见《黎坪垦区调查团卷（三）》，1938 年，陕西省档案馆藏，资料号 72—8—5（3），第 153—156 页；《黎坪垦区难民救济》，1941 年，陕西省档案馆藏，资料号 9—2—748，第 52—53 页。

⑥ 参见《黎坪垦区调查团卷（三）》，1938 年，陕西省档案馆藏，资料号 72—8—5（3），第 155 页；《抗战历年来之农林工作述要》，载《革命文献》第 102 辑，第 196 页附表；姚光虞《三年来本部直辖垦区业务概况》，《垦讯》第 3 期，1944 年 2 月 15 日，第 11 页。

⑦ 参见《黎坪垦区调查团卷（三）》，1938 年，陕西省档案馆藏，资料号 72—8—5（3），第 154—155 页；《西北建设考察团报告》，第 289 页；《行政院关于农林工作之报告（对五届十中全会）》，载秦孝仪主编《革命文献》第 103 辑，“中央文物供应社”1985 年版，第 50 页；姚光虞《三年来本部直辖垦区业务概况》，《垦讯》第 3 期，1944 年 2 月 15 日，第 7、13 页。

已开垦荒地43228市亩。[①] 1943年下拨经费1860690元[②]，8月垦区人数5040人，开垦荒地46636亩，种植面积44160亩，收获产量27383担；1944年9月共有垦民5021人，本年收获103970市担。垦区配套设施有国民小学2所，医务所1所，合作社有生产社26个，消费社2个，合作联社1个，互助合作社等。[③] 垦区工作结束后，划归陕西省政府管理。[④]

汧山垦区东至永寿，西界陇县，南邻凤翔，北靠甘肃灵台、崇信、华亭，可垦荒地20余万亩，多为熟荒，“颇有移垦价值”[⑤]。垦区小河遍布，但无水利设施，仅靠雨水润泽田禾。年降水量为400毫米—800毫米，无霜期约为200天，土壤宜于耕作，交通尚称便利，可容纳垦民25000名至50000名。[⑥] 但水源不佳，“饮后发生各种病症”[⑦]。汧山垦区自1940年接受垦民，历年垦民及垦荒面积如下：1940年接收垦民1002人，开垦荒地3116亩；1941年接收990人，开垦面积2356亩；1942年6699人，开垦39318亩；1943年674人，垦荒9000亩；1944年808人，开垦1050亩；1945年374人，开垦1950亩，至1945年先后收容垦民万余名，垦荒54000余亩。[⑧] 所需家具、种子亦购于当地，如1943年所种玉米种子220.37石，即由第八战区官兵生产事业委员会购自麟游县。[⑨]

甘肃荒地面积较多，据30年代中期调查有18321918亩之多[⑩]，致荒

---

① 参见《陕甘垦区已垦荒地卅余万亩》，《乡建通讯》第5卷第1期，1943年4月5日，第18页。

② 参见姚光虞《三年来本部直辖垦区业务概况》，《垦讯》第3期，1944年2月15日，第7页。

③ 参见《抗战历年来之农林工作述要》，载《革命文献》第102辑，第147—148、167、193、196页附表；姚光虞《三年来本部直辖垦区业务概况》，《垦讯》第3期，1944年2月15日，第13页；《三十三年度国营垦区垦民垦兵垦地累计表（三十三年十月）》，《垦讯》第7、8期合刊，1945年元旦，第9页；《行政院关于农林工作之报告（对五届十中全会）》，载《革命文献》第103辑，第50页。

④ 参见《三十三年度国营垦区垦民垦兵垦地累计表（三十三年十月）》，《垦讯》第7、8期合刊，1945年元旦，第9页。

⑤ 《黎坪垦区调查团卷（一）》，1938年，陕西省档案馆藏，资料号72—8—5（1），第16页。

⑥ 参见《汧山垦区卷（一）》，陕西省档案馆藏，资料号72—8—18（1）；李静慈《本省汧山垦区垦殖畜牧计划书》，《陕行汇刊》第5卷第8—10期合刊，1941年8月，第39页；何敬真《陕西“北山”垦区初步调查报告》，《农林新报》第16卷第26—28期，1939年，第30—34页（文中“北山”垦区即指汧山垦区）。

⑦ 《汧山垦区卷（二）》，陕西省档案馆藏，资料号72—8—18（2），第131页。

⑧ 参见黎小苏《从数字上看陕西》，《西北通讯》第2卷第1期，1948年，第14页。

⑨ 参见《一九四三年农业杂项电、函（二）》，1943年，陕西省档案馆藏，资料号72—8—179（2），第131—132页。

⑩ 参见安汉、李自发《西北农业考察》，国立西北农林专科学校1936年版，第151—154页；安汉《甘肃垦务及土地调查》，《西北问题》第1卷第4期，1935年8月15日，第104页。

原因约有五端：一是土质不良，含碱质过重；二是雨量太少，土地干燥，不能耕种；三是气候寒冷，不能生长长期作物；四是地广人稀，无人耕种；五是兵匪扰乱，捐派过重，民逃田荒。① 为了开荒，1932 年 8 月甘肃省政府曾订有《垦务暂行章程》，但自土地法实施及地政局成立以来，原有章程或已失效，或与土地法抵触。1943 年 5 月，甘肃省政府通过新的《甘肃省荒地督垦暂行章程》，以指导垦荒工作。②

甘肃举办垦区的地方不多，主要有天水小陇山和岷县、河西永昌地区和环县等。小陇山地处天水南陲，面积广阔，地形复杂，雨量较丰沛，明清时盛极一时，后因战乱渐趋衰落。③ 军垦实验区开办于 1941 年，规模较小，截至 1942 年 7 月底共有荣誉军人 580 人，开垦荒地 3580 亩，作物栽培面积 815 亩。④

岷县地处陇南，雨水充沛，但气候较冷，交通不便，荒地面积据统计只有 100 顷又 49 亩。⑤ 1941 年 11 月，设立岷县垦区管理局，岷县垦民有 919 人（其中荣军 221 人），开荒 7094 亩，种植面积 5767 亩，收获产量 3432 担。⑥ 以后有所扩充，1943 年有垦民 623 人，荣誉军人 580 人，已垦荒地 3390 市亩，作物栽种面积 1946 市亩。⑦ 1944 年 4 月，垦区工作基本结束，迁至河西关外。⑧

河西屯垦实验区位于酒泉东部，可垦荒地 1417500 亩⑨，地势平坦，适于农作，以难民及荣誉军人为主，1942 年 5 月筹备，7 月在永昌设立甘肃河西屯垦实验区管理局，当年下拨经费 500814 元，计划招收垦民 400 人，士

---

① 参见安汉《甘肃垦务及土地调查》，《西北问题》第 1 卷第 4 期，1935 年 8 月 15 日，第 104 页。

② 参见《省民政厅、建设厅拟制本省荒地督垦暂行章程及地政局的施政报告》，1943 年 1 月 29 日，甘肃省档案馆藏，资料号 15—9—422。

③ 参见张兴创《天水小陇山之森林与社会》，《中农月刊》第 5 卷第 12 期，1944 年，第 54—81 页。

④ 参见陆和健《抗战时期西部农垦事业的发展》，《民国档案》2005 年第 2 期，第 89 页。

⑤ 参见《甘肃省地政工作报告、纲要、计划、细则、规程、章程、办法及华西建设股份有限公司各垦区招垦章程》，1940 年，甘肃省档案馆藏，资料号 26—4—324，第 71 页。

⑥ 参见《抗战历年来之农林工作述要》，载《革命文献》第 102 辑，第 167 页、196 页附表。

⑦ 参见《陕甘垦区已垦荒地卅余万亩》，《乡建通讯》第 5 卷第 1 期，1943 年 4 月 5 日，第 18 页；姚光虞《三年来本部直辖垦区业务概况》，《垦讯》第 3 期，1944 年 2 月 15 日，第 12 页。

⑧ 参见《三十三年度国营垦区垦民垦兵垦地累计表（三十三年十月）》，《垦讯》第 7、8 期合刊，1945 年元旦，第 9 页。

⑨ 参见《行政院关于农林工作之报告（对五届十中全会）》，载《革命文献》第 103 辑，第 52 页。

兵600人，清理荒地684市亩。[①] 1944年5月，改为永昌垦区管理局，10月份垦民人数368人，兵士384人，垦荒3148市亩，作物以燕麦、青稞、小麦、马铃薯为主。[②] 截至1946年7月，共有垦民450人，垦地18511.85亩，房屋419间，播种作物1759.1亩。因垦地太少，"垦民生活殊感艰困"[③]。

1943年，甘肃环县政府在靠近陕甘宁边区的环县进行垦殖，垦区主任赵思忠，1943年招徕垦民200多户，赵病故后，先由马登第继任，但因马仅为当地高小毕业，"识字浅薄、办事困难"，旋于1945年1月调任自卫队队长，而由李林舞代理，后改由赵鸣琴负责办理，但成效不彰。[④] 这其中一个主要原因即是所开荒地绝大多数皆为生荒。生荒对各个垦区的制约是相当明显的。如据记载，河西各河可能引灌的荒地总计为3136900市亩，其中生荒3038900市亩，占荒地总面积的96.88%，各地尚有利用泉水可耕生荒1141300亩[⑤]，短期内难以取得预期的"丰收"效果，更难达到社会舆论的过高期许与美好愿景。

1938年，与宁夏相邻的"绥包继失，战区扩大"，难民大量涌向后方，鉴于此种情况，宁夏省政府1938年制定《宁夏省难民垦荒计划大纲》《宁夏省救济战区难民承垦官荒优待办法》《土地使用新方案》及《宁夏私垦官荒科征罚款暂行办法》《宁夏省荒田清查办法》等本省人民承垦荒地办法，修订《宁夏省借贷农本暂行办法》《宁夏省附征农贷基金办法》，成立宁夏省垦荒办事处，并划出面积为20万亩的垦荒区，对"自动来宁垦荒者，则尽量收容"[⑥]。马鸿逵甚至有移民百万的豪言壮志。[⑦] 1939年10月，成立垦务委员会，设立垦荒办事处，颁布《宁夏省垦荒规程》，指导

---

① 参见姚光虞《三年来本部直辖垦区业务概况》，《垦讯》第3期，1944年2月15日，第7页；《陕甘垦区已垦荒地卅余万亩》，《乡建通讯》第5卷第1期，1943年4月5日，第18页。

② 参见《三十三年度国营垦区垦民垦兵垦地累计表（三十三年十月）》，《垦讯》1945年第7、8期合刊，第9页；姚光虞《三年来本部直辖垦区业务概况》，《垦讯》第3期，1944年2月15日，第12页。

③ 甘肃省政府建设厅编：《永昌垦务处》，《甘肃省经济建设纪要（1940.12—1946.12）》第65号，甘肃省图书馆西北地方文献阅览室（图书）藏，抄本。

④ 参见《甘肃省政府关于处理皋兰县与农业改进所苗圃纠葛、被匪扰害调查、征用西北步兵分校演习场地，清理荒地地权暂行办法及各县行政会议记录，中心工作实施计划，各县长巡视工作报告的训令、指令、呈文等》，1943年9月，甘肃省档案馆藏，资料号4—6—374，第54页。

⑤ 参见中国工程师学会第十三届年会兰州区分会编印《河西水利问题》，甘肃省图书馆西北地方文献阅览室（图书）藏，油印本，1945年6月。

⑥ 宁夏省政府秘书处编印：《十年来宁夏省政述要·地政篇》，1942年，第179页。

⑦ 参见《宁夏能容移民百万》，《农业建设》第2卷第6期，1938年，第410页。

垦荒事宜。[①] 1940 年颁布《奖励开辟荒田办法大纲》，1941 年制订《五十万亩放荒新计划》和《宁夏省垦荒规程》，制定奖励措施，广事宣传，鼓励开垦[②]，计划垦荒 50 万亩，并规定自 1941 年起，免收承领荒地手续费，所开地免税五年，五年之后按收获量 5% 征税。由于土质较好，开垦荒地一般当年即可收获。[③] 1943 年河南 40 余县遭受蝗灾后，移陕灾民较多，除部分就地安置外，豫、陕两省先后组织 9 批 2797 名灾民移送宁夏，以事开垦。[④] 据统计，1938 年至 1941 年 6 月底，宁夏七县放领荒地共计 273341 亩，约占原测荒地 11% 。[⑤] 宁夏省原有荒地 2397978 亩，再加上本应属宁夏但归绥远管理的陶乐设治局的可垦膏腴之地 50 余万亩[⑥]，荒地总面积近 300 万亩，不可谓不多。但经过三年半，开垦不足 30 万亩，成效不是很明显。据 1942 年农林局统计，宁夏已开垦荒地合计 506560 亩，80% 以上为水田。到 1944 年，宁夏全省仍有宜垦荒地 1808488 亩，但乏劳力开垦。[⑦] 除了缺乏劳力外，诸如"交通不便"及中央政令变化[⑧]亦为一端。

此一时期，青海也与其他各省一样，一面调查荒地数量，一面开垦荒地。据统计，青海荒地面积共计 8969000 亩（同仁除外）[⑨]，1938 年、1939 年掀起了军垦、民垦及少数民族垦荒的热潮，各县共开垦荒地 755090 亩。[⑩]

新疆与内地路途遥远，交通不便，但政府亦组织灾民前往开垦，1943 年 6 月，蒋介石指令农林部，以 3000 万元经费向新疆移民 7000 人[⑪]，8 月

---

① 参见施珍《成长中之中国垦殖》，《中农月刊》第 6 卷第 9 期，1945 年，第 35 页。

② 参见《十年来宁夏省政述要 · 地政篇》，第 197 页。

③ 参见《十年来宁夏省政述要 · 建设篇》，第 403 页。

④ 参见《陕西省政府交代比较表（三）》，陕西省档案馆藏，资料号 72—2—1236（3），第 135 页。

⑤ 参见《十年来宁夏省政述要 · 建设篇》，第 302—303 页；宁夏省政府秘书处公报室编印《宁夏省政府公报》第 129 期，1941 年 2 月，第 77 页。

⑥ 参见《十年来宁夏省政述要 · 地政篇》，第 185 页。

⑦ 参见宁夏省政府编印《宁夏资源志》，1946 年，第 16—20 页。如 1943 年宁夏只增加垦民 254 户、1063 口（《民国三十二年度全国公营民营垦务动态调查表》，《垦讯》第 5、6 期合刊，1944 年 11 月，第 6 页）。

⑧ 参见 1938 年 11 月，宁夏省政府"忽奉赈委会电，以难民无移本省之必要，暂缓筹办"（《十年来宁夏省政述要 · 地政篇》，第 179—246 页）。

⑨ 参见安汉、李自发《西北农业考察》，1936 年，第 163—164 页；《青海省建设概况》，青海省建设厅 1946 年编印。

⑩ 参见青海省建设厅编印《青海省建设概况》，1946 年版；本刊资料室《从数字上看青海》，《西北通讯》第 2 卷第 7 期，1948 年 3 月，第 20 页。

⑪ 参见沈鸿烈讲，陈福瑞记《垦务工作之过去及将来》，《垦讯》第 4 期，1944 年 2 月 15 日，第 1 页。

至12月，在陕西省政府协助下，农林部共移送豫省灾民7003人赴疆，以事开垦。[1] 1944年本有移民2万人的打算，但因豫省难民减少而暂停。[2]

移民垦荒是发展农业生产的一个重要途径，可以扩大土地面积，增加生产，解决人民衣食问题，缓解人口激增所带来的人口压力，对安置流民、难民，进而稳定社会秩序确有裨益，历朝历代都很重视，尤其在战争年代或战后，统治者更是大力倡导。抗战时期的移民垦荒之所以取得较为显著的成绩，除了战争年代这一特殊背景外，各省有很大开垦潜力的可耕之地亦为移民垦殖提供了场所。拿陕西来说，据估计，抗战时期陕西已耕地面积约246.1万公顷（一说235.4万顷），仅占全省土地面积的八分之一，可耕地的潜力很大。[3] 战时陕西作为后方大基地之一，对流民和难民的吸引力及容纳量是不言而喻的。难民、流民的大批涌入为垦荒拓地提供了大量的廉价劳动力，加上政府的鼓励和物质资金的支持，取得了一定的成绩。

四　工业

内迁不但为后方各省带来了机器设备，而且也带来了技术人员，极大地促进了后方各省工业的发展。一方面，内迁厂矿自身在后方获得新的发展；另一方面，在内迁厂矿的带动下，后方各省兴起了设厂热潮。

就西北地区而言，陕、甘两省发展最快，新疆次之，青、宁两省最为缓慢。青海除湟水流域外，“毫无工业可言”，西宁附近40年代始有小型工厂，如资源委员会与青海省政府合办的电灯厂，四十一集团军军部所设被服厂，以及马步芳创办的所谓“八大工厂”[4]，但基本是手工操作，“不过较大之旧式作坊耳”[5]。“甚少利用机器，而以手工为主。”[6]

宁夏与青海相似，战时“稍有小型工业之兴起”[7]，据1942年上半年调查，宁夏共有大小工厂15家，资本总额4204500元，筹设中的有电力、

---

① 参见《陕西省政府交代比较表（三）》，陕西省档案馆藏，资料号72—2—1236（3），第135—136页。

② 参见沈鸿烈讲，陈福瑞记《垦务工作之过去及将来》，《垦讯》第4期，1944年2月15日，第2页。

③ 参见郭琦、张岂之、史念海主编《陕西通史》民国卷，陕西师范大学出版社1997年版，第249页。

④ 陈显泽：《海阳化学厂概况》，政协青海省委员会文史资料研究委员会编印《青海文史资料选辑》第17辑，1988年，第69页。

⑤ 《西北建设考察团报告》，第307页。

⑥ 胡元民：《宁夏及青海之工业状况》，《中国工业》第23期，1945年，第25页。

⑦ 《西北建设考察团报告》，第307页。

面粉、水泥、毛织等，资本共计3000万元。[①] 利用机械动力者仅有3家，厂数最多的毛纺业，资本额自5万元至10万元不等，规模较小。[②]

战前新疆工业以省营为主，主要集中在迪化与伊犁两地，南疆各县无机器工业。战时新疆工业已具备了轻重工业的规模，煤矿工业已由土法开采进入半机械化生产，全省煤炭年产量180余万吨；电气工业，全省交流发电机有21部，直流发电机8部，电力总计1725千瓦；机器工业有各类修理机与制造机118架，总马力为2257匹；液体燃料工业每天可以生产原油110吨，可供全省之需；面粉工业，伊犁机器面粉厂每日产粉15000斤，迪化机器面粉厂日产5000斤，1943年筹设日产15000斤的面粉厂一家；印刷业，有印刷机30架，动力69.28瓦，每小时生产面积为56000—85000平方公尺；生丝年产量310吨，较10年前增加了5倍，品质也有提高；皮革工业，迪化、伊犁两区年产100万张。另有机器锯木业、机器清花业、机器榨油业等。1942年中央政府底定新疆之后，盛世才也不失时机地呈请中央协助新疆工业的发展，至1942年，全疆共有轻工业工厂45家。[③] 1944—1945年新建省营制酸厂，年产酸20吨，可获纯利84万元，至1946年底共产淡硫酸22吨又390公斤，浓硫酸13吨又170公斤。1945年8月设立代水泥制造试验厂，当年底试验成功，制代水泥5吨。[④]

陕西和甘肃两省因有内迁工厂助力，与其他三省发展路径不同，故而结果亦有异，表现出厂数多、规模大、资金雄厚、发展快的特点。

从时间上来说，1938—1943年是陕甘两省设厂最多的时期。据陕西建设厅不完全统计，此一时期设立的机器与铁业工厂有15家。[⑤] 1942年经济部核准登记的工厂有222家，1943年5月底增至248家，门类有面粉业、机器铁工业、纺织业等，资本总额6933万余元，动力总数为6969匹马力，

① 参见国民政府行政院编《国民政府年鉴》(二)，载张研、孙燕京主编《民国史料丛刊》第932册，大象出版社2009年版，第445页。

② 参见《西北建设考察团报告》，第307页；国民政府行政院《国民政府年鉴》第二回，第二十一章第6页。

③ 参见《经济部工业司·盛世才呈请协助新疆省工业》，1942年11月—1944年4月，“中央研究院”近代史所档案馆藏，资料号18—22—01—063—01；陈真编《中国近代工业史资料》第3辑，三联书店1961年版，第1372页。

④ 参见《经济部工业司·新疆监察使署调查新疆省35年建设报告》，1947年4月，“中央研究院”近代史所档案馆藏，资料号18—22—01—036—03，第6页。

⑤ 参见《工厂登记(机器、铁工业)》，1942年，陕西省档案馆藏，资料号72—3—1268；《西安市各工厂向经济部呈请工厂登记及附表(一)》，1945—1946年，陕西省档案馆藏，资料号72—3—640(1)；《西安市各工厂向经济部呈请工厂登记及附表(二)》，1945—1946年，陕西省档案馆藏，资料号72—3—640(2)。

未经登记的尚有相当数目。1944 年全省工厂登记 79 家，最多的三个行业分别是纺织业 62 家，机器业 7 家，化学酒精业 4 家，工厂总数达 278 家。[①] 抗战胜利时仍保持在 271 家。[②] 时人将陕西工业在 1938—1942 年的发展称为发达期，此一时期陕西新设厂数较创始期（1931 年前）增加 8 倍，资本增加 95 倍以上，较抬头期（1938 年前）各增加 1 倍多和 3 倍多。[③] 另据统计，1941 年 7 月至 1944 年 2 月，陕西登记公司 91 家，其中经济部核准 38 家，建设厅备案 53 家[④]，仅 1944 年一年就登记 84 家[⑤]，截至 1944 年底公司总数达 175 家[⑥]。

1943 年 10 月，据兰州四联分处调查，兰州工厂数猛增至 212 家（1943 年 5 月甘肃建设厅报告，甘肃有经济部核准登记工厂 164 家，资本总额为 5595 万余元，动力总数为 496 匹马力[⑦]），几乎翻了 9 倍，1944 年 6 月时已增至 236 家、3383 人、1 亿余元[⑧]，远远超过了兰州创办现代工厂以来所有工厂的总和，并且有些工业门类如制药业、面粉业、造纸业、玻璃制造业、工具机与作业机等对兰州乃至甘肃而言是全新的。据统计，1943 年时，甘肃全省有小型纺织厂 168 家，资本总额为 814 万元，本国工人数为 3988 人，加上学徒和外籍工人的话，总数当在 5500 人。如果按成立年份的话，1938 年成立者 8 家，1939 年 23 家，1940 年 44 家，1941 年 47 家，1942 年 18 家，1943 年 28 家。其中兰州最为集中，达 67 家，天水次之，为 16 家。[⑨]“自抗战军兴，七年以来，西北形势愈形重要。兰州更转向繁荣途径，工业欣欣向荣，西北较大工厂，多集中于此。举凡纺织业、毛毡业、弹毛弹花业、铁工业、金属冶炼业、铜器业、银器业、木工业、电气业、制革业、化学业、制

① 参见《本厅一九四四年度工作检讨报告（草稿）》，1944 年，陕西省档案馆藏，资料号 72—7—6，第 14 页。

② 参见《本厅政绩交待比较表》，陕西省档案馆藏，资料号 72—2—235，第 18、39 页；《西北建设考察团报告》，第 305 页。

③ 参见宋国荃《陕西省工业建设之演进》，《陕行汇刊》第 7 卷第 2 期，1943 年 4 月，第 33—34 页。

④ 参见《本厅政绩交待比较表》，陕西省档案馆藏，资料号 72—2—235，第 38 页。

⑤ 参见《本厅一九四四年度工作检讨报告（草稿）》，1944 年，陕西省档案馆藏，资料号 72—7—6，第 14—15 页。

⑥ 参见全国政协文史资料研究委员会编《工商经济史料丛刊》第 2 辑，文史资料出版社 1983 年版，第 75 页。

⑦ 参见《西北建设考察团报告》，第 306 页。

⑧ 参见甘肃省档案馆编《晚清以来甘肃印象》，敦煌文艺出版社 2008 年版，第 9 页。

⑨ 参见朱允明《甘肃省乡土志稿》，甘肃省图书馆西北地方文献阅览室（图书）藏，手抄本，第 133—138 页。

药业、玻璃业、火柴业、造纸业、煤砖业、面粉业、牛奶业、烟草业、纸烟业、营造业等，均有一日千里之势。”[①] 具体情况见表 16。

表 16　　兰州市各种机制工业概况（1942 年以前）

类别	厂数	战前成立数	战前成立占总数百分比	战时成立数	战时成立占总数百分比	资金总额（元）	各业资本占资本总额百分比
制革业	14	1	0.94	13	12.26	2564500	15.11
纺织业	27	2	1.89	25	23.58	1870000	16.95
制药业	3	—	—	3	2.83	1040000	11.81
玻璃业	2	—	—	2	1.89	27000	0.002
机器冶炼业	23	12	11.34	11	10.38	534400	3.13
面粉业	2	—	—	2	1.89	5900000	34.52
造纸业	6	—	—	6	5.66	159680	0.94
化学业	4	—	—	4	3.77	215000	1.26
火柴业	2	1	0.94	1	0.94	209000	1.25
代水泥业	1	—	—	1	0.94	—	0.008
印刷业	12	9	8.49	3	2.83	810000	4.74
纸烟业	1	—	—	1	0.94	—	2.94
营造业	9	—	—	9	8.49	—	7.34
合计	106	25	23.60	81	76.40	13329580	100.00

资料来源：经济部中央工业试验所兰州工作站、甘肃省银行经济研究室、兰州交通银行、甘肃省政府建设厅：《甘肃工业资源兰州市工厂调查》下编《甘肃省兰州市工厂调查报告》，甘肃省图书馆西北地方文献阅览室（图书）藏，兴陇公司印刷厂 1942 年版，第 6—11 页。

说明：“各业资本占资本总额百分比”一栏中，代水泥业、纸烟业与营造业原文表格如此。

在战时西北众多工业门类中，具有代表性的是机制面粉业的发展，以下即以战时陕西面粉业的发展为主，分析其在战时危机下的转机与发展。

在机制面粉厂出现以前，陕西面粉业与中国大多数地方一样，正处于漫长的手工业磨坊时代，加工场所主要是传统的旧式磨坊（或作磨房），磨制方式有旱磨与水磨。旱磨使用畜力或人力为原动力，带动石制磨盘以磨制面粉。利用水力为动力磨制面粉者，是为水磨。磨坊为手工业经济的一种形态，“磨坊之性质，系商店与工场之联合体，大多备磨一二具或二

① 甘肃省贸易公司统计组：《兰州市产业初步调查》，《甘肃贸易》第 5、6 期，1943 年，第 99 页。

三具，以牲口转磨，磨麦成粉，或磨粉制面出售，规模甚小，销售区域多以本地为限”①，一天一套磨（一人一畜）可磨麦一石，约产粉100斤②。西安流传有《推磨》诗，生动传神地刻画了农家女子利用旱磨磨面的场景：“老牛力尽喘东风，耕汗难消借暖烘。明日早粮今夕磨，推来半是女儿功。”③ 1911年，西安城内有旧式磨坊200家，所磨面粉可供十七八万人食用。④ 彬县、长武、兴平、礼泉、乾县、凤翔、岐山等地也是土粉主要产地，除供本地食用外，且运销西安。⑤ 渭南在粮棉收购旺季，坐商、行商多达3500余人，面粉常供不应求。⑥

1914年，西安出现了陕西首家机器面粉厂，但可惜的只是昙花一现。其时，西安官绅集资15万元合办了一家面粉公司，制粉机系由上海购入的美式机器，1914年一二月间开始营业，但“因每月平均折损五六十元”，遂停产。⑦ 此后，陕西机制面粉工业沉寂多年，未有创设，直到1933年孔道斋在渭南西关建立了西北聚记机器棉花打包面粉股份有限公司，该公司以“开发工业，协助建设福利民生”为宗旨，资本额30万元，工人69人，钢磨3部，日产面粉290袋。⑧

1935年初，在开发西北、振兴实业的呼声中，山东实业家苗星垣决定将处于战争前沿及越来越不景气的济南成丰面粉公司扩展至西安。同年8月，苗星垣在西安市玉祥门外购地29亩（后扩至44亩），兴建厂房，1936年1月完工，2月1日正式营业，是为成丰面粉公司。公司原定资本40万元，后增为60万元，1940年增至76.3万元，1941年又增至1363300元。动力方面，有英国产管子式锅炉一部，2000千瓦发电机一

---

① 杨大金：《现代中国实业志》，商务印书馆1938年版，第621页。

② 参见上海市粮食局、上海市工商行政管理局、上海社会科学院经济研究所经济史研究室编《中国近代面粉工业史》，第13页。

③ 王荫樵：《西京指南》上册，中国文化服务社陕西分社1941年印行，第49页。

④ 参见西安市工商行政管理局编印《西安市私营磨粉业社会主义改造历史资料》，初稿，1959年2月，油印本。

⑤ 参见西安市工商联《解放前西安市的粮食业》，载《陕西文史资料》第23辑，1990年，第180页。

⑥ 参见丁剑民《象峰面粉厂改造纪实》，载《渭南文史资料》第4辑，1992年，第159页。

⑦ 刘安国：《陕西交通挈要》，1925年，载张研、孙燕京主编《民国史料丛刊》第621册，大象出版社2009年版，第54—55页；陈光垚：《西京之现况》，西京筹备委员会1933年11月，第8页。

⑧《经济部商业司·渭南西北聚记机器棉花打包面粉公司》，1946年9月—1947年1月，“中央研究院”近代史所档案馆藏，资料号18—23—01—05—21—003；交通银行总管理处编印：《全国工矿资料·全国机制面粉工业概况统计表》，1950年调查，铅印本，第262—278页。

部，300匹马力引擎一部，透平发电机一部，初时装旧式钢磨8部，后又加装新式钢磨12部，美式筛麦机四部，英式清粉机三部，麸皮机三部，美式润麦机一部。该厂由苗星垣任经理，王扶九为厂长，职员46人，工人132人，每年需小麦约20738200余斤，系由本厂自渭南、兴平等地自购自运，每天约制粉3000余袋，可年产梅蝠、双鹿牌面粉344615袋（每袋44.5斤），随产随销，开业当年盈利21万元，1940年盈余527655.72元。[①] 该厂规模较大，功能齐全，除了为职工提供膳宿外，还有中西医诊所、职工子弟小学、浴室、理发室、图书室、篮球场等，亦免费提供服务。此外还开设补习班，工余为工人补习科学文化知识。[②]

同年，华峰面粉公司从开封迁至西安设厂。该公司位于西安北门外车站北，交通便利，占地24.8亩，资本30万元，1941年增至60万元，1936年4月正式营业，全套机器除英国产两座锅炉外，余系德制，有新式磨粉机12部，原料以兴平、礼泉、渭南、绛帐等地所产小麦为主，年需2500万斤左右，自购自运。公司有职员45人，工人165人，每月可产华山牌面粉75000袋，每年产量36万—37万袋。[③] 成丰、华峰所产面粉行销西北各地，供不应求。[④] 据统计，至1936年，陕西有机制面粉工厂3家，资本总额为93万元，日产能力为7490袋。[⑤]

抗日战争全面爆发，民族危机空前严重，随着战局的变化，沿海沿江工业中心相继沦陷，而恰在此一时期，陕西机制面粉业迎来了发展的春天，面粉厂相继在各地涌现。此一时期陕西机制面粉厂主要有两个来源，一是内迁，一是新设。

抗战前，中国的机器面粉业已经过四十多年的发展，分别形成了南以上海、北以哈尔滨为主的面粉工业中心，据统计，1936年全国粉厂实存169

---

① 参见《面粉厂、火柴业工厂有关情况登记表》，1942年，陕西省档案藏，资料号72—3—249，第20—21页。

② 参见《面粉厂、火柴业工厂有关情况登记表》，1942年，陕西省档案馆藏，资料号72—3—249，第21页；晋震梵《西安成丰面粉公司及面粉业概况》，载政协甘肃省委员会文史资料委员会、《西北近代工业》编写组编《西北近代工业》，甘肃人民出版社1989年版，第410—417页；陕西省银行经济研究室编印《西京市工业调查》，1940年，第16—17页；陈宏绪《成丰面粉公司》，《西北经济》第1卷第1期，1948年，第40页。

③ 参见《面粉厂、火柴业工厂有关情况登记表》，1942年，陕西省档案馆藏，资料号72—3—249，第45—46页。

④ 参见国民党中央党部国民经济计划委员会编《十年来之中国经济建设》，扶轮日报社1937年版，第17章第12页；陕西省银行经济研究室编印《西京市工业调查》，第178—179页。

⑤ 参见林刚《对1927—1937年间中国机器面粉工业的若干考察》，载杜恂诚编《汪敬虞教授九十华诞纪念文集》，人民出版社2007年版，第323页。

家，投资总额为6821万元，日生产能力为51万袋，其中上海与江苏占34.5%，哈尔滨与东北其他地区占34.3%，其余各省市占31.2%。[①]

抗战爆发后，为减少损失，支援抗战，以免沦陷工业落入敌手以资敌，国民政府决定尽可能将沿海沿江工业向西迁运。内迁企业以迁入西南地区最多，西北地区则因交通、原料等因素只限于陕西和甘肃两省，其中又以陕西迁入最多。机制面粉工业即属于内迁工业之一。迁陕面粉厂共有6家，分布在西安、宝鸡、渭南和褒城四个交通便利、原料丰富的市县。迁入西安的是泰记和合面粉公司，该公司1933年2月创立于河南许昌，1938年11月迁陕，1941年4月改组复工，资本100万元，经理毛虞岑，主要设备有英国产45匹马力煤气机1部，木炭引擎2部，钢磨3部，职员32人，工人64人，年需小麦45000包，年产和合牌头等粉32500袋，二等粉87500袋，四等粉30000袋，主要销于本地。迁入渭南的是同兴面粉厂，褒城则有三泰面粉公司，而以位于宝鸡的大新面粉厂迁入最早，福新五厂宝鸡分厂规模最大。大新面粉厂1934年原设于河南漯河，1938年10月迁于宝鸡，在十里铺购地70余亩建筑厂房，1939年7月13日正式开工生产，原厂资本10万元，1940年增为30万元，1941年增至90万元，职员34人，工人46人，有英国产200匹马力蒸汽机一部，英国产132匹引擎一部，德国产32千瓦发电机一部，国产34匹水泵四部，德国产钢磨五部，所需原料从本地及虢镇、绛帐、凤翔等地购进，也有青海、宁夏各地小麦，年需小麦7万余包，年产面粉20万袋，主要销于汉中和西安。[②]1939年迁入的是福新系统第五厂，该厂原系荣氏家族企业，1919年设于武汉，资本额30万元，钢磨22部，可日产面粉6000袋，是福新系统的一个大厂，资本雄厚，产量丰富。至1936年时，该厂资本额已达150万元，拥有钢磨38部，工人180人，日产面粉11200袋，全年产量为2469880袋。[③] 该厂于1938年8月底从武汉由水路迁运，主要设备有12部大型钢磨和3000千瓦发电机一组，但在迁运途中，一套1000千瓦发电机沉于汉水，损失较重。1939年，剩余设备运至宝鸡，存放于当地窑洞之中，1941

---

① 参见《中国近代面粉工业史》，“前言”，第4页。

② 参见《面粉厂、火柴业工厂有关情况登记表》，1942年，陕西省档案馆藏，资料号72—3—249，第58—59、35页；佚名：《宝鸡虢镇工业调查报告》，《陕行汇刊》第5卷第2期，1941年4月，第35页；陕西省银行宝鸡办事处《宝鸡经济调查》，《陕行汇刊》第7卷第1期，1943年2月，第52页。

③ 参见《旧中国机制面粉工业统计资料》附录一“旧中国机制面粉工厂一览表”，见该书第222页；表122“茂新、福新各面粉厂发展的规模（截至1936年）”，见该书第186页。

年 11 月中旬复工，职员 13 人，工人 60 人，年需小麦 40 余万担，购于本省各县，可年产面粉 60 余万袋。① 所产面粉除供申新、福新两厂自用外，尚可售于宝鸡附近，因品质甚佳，乐为人所购用。② 本厂附属设施有子弟学校、补习学校、医院、农场、消费合作社、书报室、娱乐室、运动场等。③ 1943 年迁入的是福豫面粉公司，该公司原系李晓东 1937 年 2 月筹设于郑州，机器设备从德国礼和洋行订购，7 月厂房完工时，适逢抗战全面爆发，未能开工。后因零件不齐，一直延宕至 1941 年 6 月。1941 年 10 月 1 日郑州发生紧急战事，遂奉令于 1943 年 2 月迁陕。1944 年 1 月在西安北关复兴路购地建筑厂房，5 月完工后即安装设备，并增资至 3000 万元。1944 年 9 月试机开工，设备计有 195 匹马力蒸汽机 1 部，60 寸钢磨 1 部，40 寸钢磨 2 部，30 寸钢磨 3 部等，每日需麦 10 万斤，购自陕西陇海路粮食集散市场，平均每日可产面粉 1344 袋，全年产量 106959 袋，销于西安市及外省。④

除了内迁粉厂而外，战时陕西各地尤其是西安还掀起了兴建面粉厂的热潮。就性质言，新建面粉厂中既有官僚资本面粉厂，亦有民族资本所开设，但以民营厂为主。就数量而言，新设厂数较之战前有明显增长，达到了 14 家。如 1940 年成立的西北纺建公司第一面粉厂，有工人 96 人，可日产面粉 1040 袋；以后西安又陆续开办了“永丰”“裕丰”“宝成”“建中”等面粉厂。⑤ 永丰面粉公司 1943 年 8 月设立于西安玉祥门，资本额 300 万元，经理为江苏人于松乔，职员 16 人，工人 50 人，双滚钢磨四副，化学钢磨 14 部，年需小麦 720 万斤，购自陕豫两省，年产面粉 12 万袋，销于陕省。⑥ 渭南象峰面粉公司 1941 年 8 月开工，职员 22 人，工人 26 人，年

① 参见《面粉厂、火柴业工厂有关情况登记表》，1942 年，陕西省档案馆藏，资料号 72—3—249，第 74 页；《内迁工厂已相继复工》，《陕行汇刊》第 5 卷第 8、9、10 期合刊，1941 年 8 月。

② 参见周健、张利生、刘述尧《走社会主义康庄大道——宝鸡大新面粉厂的公私合营》，载中共宝鸡市委统战部编《伟大的历史性胜利：宝鸡市资本主义工商业社会主义改造资料汇编》，第 62 页；《陕西省经济调查报告》，载《民国史料丛刊》第 354 册，第 68—69 页。

③ 参见《面粉厂、火柴业工厂有关情况登记表》，1942 年，陕西省档案馆藏，资料号 72—3—249，第 75 页。

④ 参见《福豫面粉公司营业计划书发起人，姓名、经历及认股数目、收支对照表、章程、股东名簿及本厅批文等》，陕西省档案馆藏，资料号 72—3—534。

⑤ 参见《第一区面粉工业同业公会》，1942 年，陕西省档案馆藏，资料号 90—4—98；《同业公会面粉厂公会章程及会议记录等（一）》，1945 年，资料号 82—1—1060（1），第 4 页。

⑥ 参见《永丰面粉厂有关工厂 登记甲乙两种表》，陕西省档案馆藏，资料号 72—3—420，第 14—21 页。

产面粉6万余袋，年需26000余石小麦，购自渭南、蒲城、白水、大荔各县，马力50匹，苏联产钢磨五部，煤气引擎两座，每年可盈余6万元。三泰面粉公司，位于褒城，经理徐滋叔，1942年7月复工，职员10人，工人20人，年需小麦3万包，销量10万袋，行销汉中一带，每年盈余20万元。[①] 渭南除了象峰面粉厂之外，还建立了利民、瑞昕两个厂，但利民、瑞昕二厂因出粉率低、质量差、销路窄等原因，开业不久即告停产，只剩下战前建立的聚记和战时的象峰两个厂，直到解放。可惜的是各厂资料不全，现根据有关记载，将战时陕西新建面粉厂概况整理见表17。

表17 战时陕西各类（官僚资本、民族资本）面粉厂概况统计

名称	设立时间	厂址	资本额（万元）	职工人数	动力设备		钢磨（部）	日产量（袋）
					电动机（部）	马力（匹）		
象峰面粉公司	1941.8	渭南	30	70	2	25	6	300
西安面粉厂*	1940	西安	—	24	3	55	7	480
西北纺建公司第一面粉厂*	1940	西安	—	96	—	—	—	1040
雍兴公司岐山面粉厂*	1940	岐山	500	—	—	—	—	300
战干面粉公司*	1941	西安	5.2	—	—	—	—	—
晋丰面粉厂	1942	西安	20	—	—	—	3	200
民丰面粉厂	1943	西安	285	37	—	—	3	100
永丰面粉公司	1943	西安	300	70	—	51	5	600
复兴面粉厂	1943	西安	—	—	—	—	—	—
福中面粉厂	1943	西安	—	—	—	—	—	—
宝成面粉厂	1944.3	西安	250	25	1	30	3	280
同丰面粉厂	1944.3	西安	150	—	—	—	—	—
福利面粉厂	1944	西安	—	74	1	80	4	370
明德面粉厂	1944	西安	—	—	—	—	—	—
建中面粉厂	1945.11	西安	3000	30	木炭引擎1	105	6	90

资料来源：《旧中国机制面粉工业统计资料》，第239—272、281—283页；《第一区面粉工业同业公会》，1942年，陕西省档案馆藏，资料号90—4—98，第75页；《西安市各工厂向经济部呈请工厂登记及附表（一）》，1945—1946年，陕西省档案馆藏，资料号72—3—640（1），第12—20页。

说明：有*者为官僚资本面粉厂。

---

① 参见《面粉厂、火柴业工厂有关情况登记表》，1942年，陕西省档案馆藏，资料号72—3—249，第20—32页。

抗战军兴，为陕西机器面粉工业带来了前所未有的机遇，但由于处于战争环境，前方军糈需要孔急，各厂皆有磨制军粉任务，在一定程度上影响了其正常发展。①

① 参见《本局关于磨制军用、民用粉管理暂行办法、机制粉分商组织及取缔面粉囤积居奇实施办法等文件（一）》，1942 年，陕西省档案馆藏，资料号 17—6—1049（1）；《华峰面粉公司呈报有关磨军粉情形等文件（一）》，1941—1942 年，陕西省档案馆藏，17—6—421（1）；《华峰面粉公司呈报有关磨军粉情形等文件（二）》，1941—1942 年，陕西省档案馆藏，17—6—422（2）；中国第二历史档案馆《经济部西北工业考察通讯》（上），《民国档案》1995 年第 4 期，第 56 页。陕西磨制军粉始于 1938 年下半年，大公司（日出面粉 3000 袋以上者）每月 20 天，中等公司（日出面粉 500 袋以上者）每月 18 天，小公司（日产不足 500 袋者）每月 17 天，其余时间为磨制民粉时间。除去工厂例行休假和维修机器，各公司自由磨制时间约为一个月 7 天，不得自由营业。华峰面粉公司 1943 年春报告，该公司竟连续三个月未磨制民粉，“厂粉一袋无存，营业因之停顿，社会一般人士纷纷来厂质询”，“各机粉公司每月以三分之二时间磨制军粉，赔贴血本数额至巨，全恃民粉得以畅销”（《本局、省合作事业管理处关于调整面粉供销计划及推销土粉联系办法等文件》，1940—1941 年，陕西省档案馆藏，资料号 17—6—1059，第 58—59 页）。成丰公司与华峰公司同属大公司，磨粉任务相同。据记载，1940 年 12 月 2 日至 1941 年 4 月 15 日，共磨军麦 64518 包，出粉 187902 包；至 1941 年 8 月 9 日，购麦 3880537 斤，磨粉 85503 包；9 月 3 日，购麦 505625 斤，磨粉 88014 包；9 月 23 日，购麦 295173 斤，磨粉 89491 包（《成丰面粉公司关于 1940 年 9 月至 1941 年 9 月份军粮提运报表》，1940 年 9 月—1941 年 9 月，陕西省档案馆藏，资料号 17—6—1734，第 25、78、79、80 页）。福豫公司 1940 年磨制军粉 156966 袋（《福豫面粉公司营业计划书发起人姓名、经历及认股数目、收支对照表、章程、股东名簿及本厅批文等》，陕西省档案馆藏，资料号 72—3—534，第 53 页）。福新公司每月须磨军粉 18 天［中国第二历史档案馆：《经济部西北工业考察通讯》（上），《民国档案》1995 年第 4 期，第 55 页］。军粉磨制对象主要有粮秣处、驻陕军粮局、驻豫军粮局、第九十军等，除此之外，还有性质如同军粉的面粉，如军事委员会工程委员会第三十七工程处拟于 1945 年 7 月在凤翔修筑机场，所需 6 万袋面粉，分别派发宝鸡大新（7500 袋）、福新（7500 袋），雍兴公司蔡家坡动力酒精厂面粉厂（15000 袋），华峰，成丰等公司赶时磨制，这种任务也是各面粉公司无法推脱而必须按照完成的［见《本处 1945 年有关面粉配销等文书（二）》，1945 年，陕西省档案馆藏，资料号 92—4—32（2）相关内容］。此外，各面粉公司还要在各单位驻厂员的监督下，单独磨制粮政局（后改为田粮处）员工自食粉、陇海路员工消费合作社混合粉、中央军校第七分校面粉、陕西省购粮委员会面粉、省政府员工给养粉、保警团队面粉等，这种顺路搭车的现象不在少数。1941 年 11 月 25 日，陕西省粮政局张志俊，出席会议的有军粮局局长萧湘、股长朱企云，会同成丰、和合、大新、三泰、福新、象峰等面粉公司召开商讨磨制军粉办法联席会议，要求各公司进一步增加军粉磨制时间，缩短民粉磨制时间［《本局关于磨制军用、民用粉管理暂行办法、机制粉分商组织及取缔面粉囤积居奇实施办法等文件（一）》，1942 年，陕西省档案馆藏，资料号 17—6—1049（1），第 7 页］。身处劣势的面粉公司只能“按章执行”。民粉磨制时间的进一步压缩对各公司而言都是不小的压力，这种各自为政、“麦出多门”的局面，极易出现停机待料的不经济现象［《华峰面粉公司呈报有关磨军粉情形等文件（一）》，1941—1942 年，陕西省档案馆藏，资料号 17—6—421（1），第 14、21 页；《华峰面粉公司配发各机关、学校、团体、工厂面粉数量报表下》，1942 年，陕西省档案馆，资料号 17—5—346，第 7 页］。因此，磨制军粉也严重影响了陕西面粉业的发展。当然，在国难当头之际，在民族存亡时刻，全国的各项措施应该为大局服务，保证取得抗日战争的胜利是全国最大的政治，但磨制军粉影响西北面粉业的发展却也是不争的事实。

战时陕西机器面粉业的发展，与战前相比可以说成绩斐然，所设工厂数量有了快速增长，大中型工厂新增14家，加上战前所设3家及战时迁入5家，共计22家，增加了近7倍。这可能是中国近代机制面粉工业史上的一个奇迹，至少在西北、西部而言不为过。

面粉业的壮大使得成立同业公会成为可能。1940年10月5日，于乐初、李国伟、祝伯柔等发起成立陕西省面粉工业同业公会，该会“以谋工业之改良发展及矫正同业之弊害为宗旨”[①]，初时只有7家会员单位（成丰、华峰、和合、大新、福新、象峰和三泰）24人，1943年增为8家，1944年10月会员单位发展至12家，新加入的有福豫、永丰、宝成和同丰4厂，1945年3月蔡家坡雍兴公司面粉厂加入，11月建中面粉厂加入，至此会员单位共计14家，5年之内增加了一倍，会员人数达53人[②]，这也从一个侧面反映了战时陕西面粉业的快速发展。

再就分布地域而言，亦较广泛，西安、宝鸡、渭南、褒城、岐山等多个市县都设立了机器面粉厂，其中西安市厂数最多。产量方面，也比战前有了长足进展，尤以雍兴公司岐山面粉厂和福新五厂宝鸡分厂为大，年产量达二十六七万袋，这还是在有些厂家开工不足的情况下的统计，如果机器面粉厂与小型面粉厂全部足年开工，则年产量可达660万袋，每袋以42斤计，为2.67亿市斤。[③] 销场主要集中在陕、甘、宁、豫、皖各省及陇海路沿线各大城市和商埠。表18反映了1941年至1945年陕西部分机器面粉厂的产销情况。

表18　　　　陕西部分机器面粉厂产销概况

公司名称	收购小麦数量（市石）					出粉量（袋）					
	1941	1942	1943	1944	1945	1941	1942	1943	1944	1945	每年产量估计
福豫	—	—	—	—	94906	—	—	—	70899	131628	131528
永丰	—	—	—	—	—	—	—	4722	96610	80403	88507

① 《第一区面粉工业同业公会》，1942年，陕西省档案馆藏，资料号90—4—98；《同业公会面粉厂公会章程及会议记录等（一）》，1945年，陕西省档案馆藏，资料号82—1—1060（1），第4页。

② 参见《第一区面粉工业同业公会》，1942年，陕西省档案馆藏，资料号90—4—98；《同业公会面粉厂公会章程及会议记录等（一）》，1945年，陕西省档案馆藏，资料号82—1—1060（1），第4页。

③ 参见尹仁甫《陕西机制面粉业之前途》，《陕行汇刊》第7卷第6期，1943年12月，第9页。

续表

公司名称	收购小麦数量（市石）					出粉量（袋）					
	1941	1942	1943	1944	1945	1941	1942	1943	1944	1945	每年产量估计
成丰	—	34202	10416	17682	52890	301011	244436	未开磨	250960	208201	251152
雍兴	—	—	—	—	114826	—	—	—	68275	263948	268984
福新	21120	113965	28712	53663	53832	38375	303446	155089	213328	—	266412
大新	75735	—	—	—	—	217519	219312	171611	257261	170131	235167
象峰	63364	—	—	—	—	14829	27152	23763	33983	69381	38566
三泰	—	13565	10473	30914	11230	—	—	30664	38831	31619	55225

资料来源：李国桢主编：《陕西小麦》，美吉印刷社1948年版，陕西省农业改进所发行，第33页。

说明：本表系陕西省农业改进年1946年8月通讯调查结果，公司多未能详细填写，故结果欠完善；2. 各公司成立年份：福豫1944年4月开始制粉，雍兴1944年8月开工，余则不悉。又福记公司设于西安，未填写调查表；3. 数字只有一年的，未予平均。

抗战胜利后不久，全国很快陷入内战的深渊，以至物价飞涨，投机猖獗，机制面粉业也不例外，上海、武汉、重庆、西安等城市游资充斥，小型面粉厂应时而起。据统计，从1946年至1949年，全国新设面粉厂131家，平均每年设厂37.4家。但规模较小，全部新厂平均日产面粉509袋。主要集中武汉、上海、天津、重庆、西安这样的大城市，达89家，占总数的68%。[①] 西安在此一时期兴建了多家小型面粉厂，尤以1948年建立最多。另据统计，“中华民国面粉工业同业公会全国联合会”9个区的219家面粉厂中，第一区陕西省有14家，每天可生产面粉21700袋[②]，这些粉厂钢磨数量相对较少，设备简陋，产量较低，但也适应了人们日常生活的需要，有了一定市场。战后陕西新建小型面粉厂概况见表19。

表19　**战后陕西新建小型面粉厂概况**

厂名	设立年份	厂址	职工人数	钢磨（部）	日产量（袋）	备注
中原面粉厂	1946	西安	—	3	150	—
大华面粉厂	1947	西安	—	—	150	1950年停业

① 参见《旧中国机制面粉工业统计资料》，第5页。

② 参见《中国近代工业史资料》第4辑，第409—411页。

续表

厂名	设立年份	厂址	职工人数	钢磨（部）	日产量（袋）	备注
庆丰面粉厂	1947	西安	40	5	290	1950 年停业
泰记面粉厂	1948	西安	—	3	150	—
元兴面粉厂	1948	西安	—	3	100	—
华兴面粉厂	1948	西安	39	3	160	—
宏丰面粉厂	1948	西安	67	5	360	1950 年停业
信民面粉厂	1948	西安	54	3	325	—

资料来源：上海市粮食局、上海市工商行政管理局、上海社会科学院经济研究所经济史研究室编：《中国近代面粉工业史》，第 502—514 页。

但因开工不足，1948 年，西安各厂实际年产面粉 220 万袋。① 到新中国成立前，西安有大中型面粉公司 10 余家，钢磨 78 部，从业人员 1000 余人，月产面粉 42 万余袋；小型面粉公司 10 余家，钢磨 37 部，从业人数近千人，月产量 36000 余袋，除供应西安市民及附近各县外，还远销其他省市，如徐州、蚌埠、天津等地。②

抗战时期有人在评述陕西面粉厂的分布时，指出其特点有四：一是集中于铁路沿线，二是便于利用水力之地，三是人口集中之地，四是拥有工具、技术和人才。而西安、宝鸡此四点皆备，因此这两地的面粉厂最多。③ 这一评论自有见地，但"便于利用水力"，显然指的是水磨，而非机制粉厂，姑且不论，另外几个原因，确有进一步申述的必要。

第一，陇海铁路的带动作用。在陇海路修至潼关前，西北交通十分落后，货弃于地，各种农产包括小麦无法及时运出，如 20 年代早期，陕西小麦供过于求，价格不及上海四分之一，但因交通不便而无人问津。④ "国内交通不发达，缺乏流通性，致局部的剩余，局部的缺乏，不能互相调剂"，"交通之影响于农产品之贩运买卖其巨"⑤。1930 年 11 月，陇海路灵宝至潼关段开工，1931 年 12 月底完工通车。1932 年 8 月，陇海路潼关至

① 参见《西安磨粉业史料》第二章第 12 页，转引自《中国近代面粉工业史》，第 82 页。
② 参见《西北近代工业》，第 410 页。
③ 参见尹仁甫《陕西机制面粉业之前途》，《陕行汇刊》第 7 卷第 6 期，1943 年 12 月，第 9 页。
④ 参见蔡受百《中国麦产及面粉业概况》，《国闻周报》第 1 卷第 4 期，1924 年，第 16 页。
⑤ 曹慎修：《中国土地问题之研究》，明日书店 1932 年版，第 99 页。

西安段正式开工，1934年12月完工通车，其时“居民惊喜相告，佥谓此后工商业之调剂盈虚，将惟运输便利是赖”[①]，陇海铁路展筑至西安后，“该省始渐为人所注意，远见之士，乃相率至西安、咸阳一带，经营工商业”[②]，铁路沿线日渐繁荣，逐渐成为西北工业重心[③]。时人评述道：“当陇海铁路尚未通达潼关之前，陕西之经济及社会状态实与今日之甘肃、青海相似，及铁路通达潼关而陕西情形一变，及通车至西安而更大异于从前矣。”[④] 1935年陇海铁路通车后，渭南的面粉业也得到新的发展，西安、天津、徐州、郑州、济南、开封等地面粉厂派人前来收购小麦[⑤]，铁路沿线先后建起了纺织、面粉、火柴、化学榨油、机器制造等一系列近代工业，极大地带动了西安乃至西北商业的繁盛。1935年1月，西安至宝鸡段开工，1936年底完工，带动了宝鸡经济的发展。“宝鸡在陇海铁路未到达前，仅一普通县城，至为敝陋，城内不过有资本微薄之商号百余家，自民国二十五年铁路通至本城后，商业始渐繁盛，迨抗战军兴，川陕甘各线公路相续修成，宝鸡当陕甘之要冲，扼南北交通之枢纽……更有迁建之工厂多家，开成西北工业区域，现宝鸡工商业之盛，仅次于西安。”[⑥]抗战爆发后，内迁工厂很多就是经陇海铁路抢运至陕西以至后方的。[⑦] 因此，在分析陕西面粉业快速发展时，陇海铁路极大的带动作用是不容忽视的。

第二，工厂内迁的刺激。正如前文所述，抗战时期陕西机制面粉厂的重要来源是内迁和新设，其中内迁工厂的作用不可小觑。被外人称为“奇观”[⑧] 的工业内迁，开始于1937年七八月间，截至1940年底，内迁民营工厂639家，由国民政府助迁者448家。其中钢铁工业2家，机械工业230家，电器制造业41家，化学工业62家，纺织工业115家，饮食品工业46家，教育用品工业81家，矿业8家，其他工业54家，器材共计12

① 罗家伦主编：《革命文献》第28辑，“中央文物供应社”1963年版，第451页。

② 《陕西省经济调查报告》，载《民国史料丛刊》第354册，第57页。

③ 参见《陕省交通中心之咸阳》，《西北导报》第3卷第9期，1937年6月10日，第24页。

④ 铁道部业务司商务科编：《陇海铁路甘肃段经济调查报告书》，铁道部业务司商务科1935年铅印本。

⑤ 参见宋金喜《渭南近代粮业的发展演变概况》，载渭南市政协文史和学习委员会、渭南市水务局编印《渭南文史资料》第1辑，2002年，第82页。

⑥ 《陕西省经济调查报告》，载《民国史料丛刊》第354册，第75页。

⑦ 参见何敏求、陈尔寿、程潞《中国地理概论》，正中书局1947年版，第174页。

⑧ 〔美〕白修德、贾安娜：《中国的惊雷》，端纳译，新华出版社1988年版，第60—66页。

万吨。迁陕42家，占总数的9.4%。[①] 自1938年至1940年，先后到达陕西的机械、纺织、化工、文教、电器等技术人员达730人左右。[②] 据1939年9月统计，来陕避难技术人员有15人，主要分布在公路、机器、制药、面粉等行业。[③] 据经济部工矿调查处统计，1943年底陕西有工厂343家（未登记及规模较小者未列入），1938—1943年间成立的有252家（其中1938年成立22家，1939年44家，1940年46家，1941年75家，1942年45家，1943年20家），成立时间未能确定者19家，资本总额据经济部统计处1942年底的数据为61702561元，平均资本额为179891元，行业分布亦较广泛，涉及电力、冶铁、五金制造、面粉等35个门类。[④] 独领西北之风骚。有学者指出："这次异常的工业地域分布结构从现代化发达地区向不发达地区的反向空间位移，促进了西部大后方地区社会经济能够有一短暂的跳跃式的超常发展，在一定程度上改变了中国经济现代化的地域空间结构。可以说，这次举国民族工业大迁徙是民国时期西部经济发展的最重要的契机。"[⑤] 这在后方的面粉业也有充分反映。

工厂内迁促进了西北工业包括机制面粉工业在内的长足发展。以宝鸡的发展而言，20世纪20年代时，宝鸡县只是中国众多县份中的一个，除了传统的行政职能之外，工商业皆无足观，工业落后，商号600多家。[⑥] 1934年西汉公路通车后，宝鸡商业渐有起色，商号增多。1937年陇海铁路通车宝鸡之后，宝鸡渐趋繁荣。抗战爆发后，由外地迁来的工厂络绎不绝，新办工厂亦迭有增加，个体手工业也日益增多，并在周边形成了一个"秦宝工业区"，据统计，到1941年，除了机器面粉厂，迁至宝鸡的其他工厂还有申新纱厂、洪顺机器厂、华兴机器厂、民康毛纺厂、民康药棉厂

① 参见郑友揆、程麟荪、张传洪《旧中国的资源委员会（1932—1949）——史实与评价》，上海社会科学院出版社1991年版，第46页。另有与此不一致的统计数字，如中国国民党中央执行委员会宣传部1943年7月编印的《抗战六年来之工矿》（载秦孝仪主编《中华民国史料丛编·抗战建国六周年纪念丛刊》，"中央文物供应社"1976年版，第328页），其数字为四川41.64%，湖南32.35%，陕西5.86%，广西4.42%。

② 参见全国政协文史资料研究委员会编《工商经济史料丛刊》第2辑，文史资料出版社1983年版，第75页。

③ 参见《1942年度建设事业费分配（一）》，陕西省档案馆藏，资料号72—2—1253（1），第31页。

④ 参见《陕西省经济调查报告》，载《民国史料丛刊》第354册，第57—61页。

⑤ 戴逸、张世明：《中国西部开发与近代化》，广东教育出版社2006年版，第43页。

⑥ 参见强寿天《抗战胜利前后宝鸡工商业的变化》，载《宝鸡文史资料》第4辑，1986年，第220—222页。

等，宝鸡俨然成了西北地区、黄土高原上的工业重镇。[①] 以面粉业为例，抗战结束后，“但一般说来，国内面粉工业都是寄足在少数几个通都大邑上的，十分偏远的地方仍旧未脱幼稚阶段……陕西虽有11家，但都是抗战时期在长江下游的各厂所迁去”[②]。

抗战时期陕西面粉业之所以发展迅速，一是因为工厂内迁，另一个不容忽视的原因，是在内迁工厂的带动下，工业总体发展较快，门类齐全，推动或保障了本省面粉行业的发展，“铁路驱使机制粉厂出现，更以机器制造业逐渐发展于各地之结果”[③]。如宝鸡铁工厂除了可以制造工作母机、车床、刨床及细纱机、粗纱机、打包机、造纸机之外，还可以制造修理全套面粉机，成都建成面粉厂、甘肃油矿局面粉厂等处的制粉机器，均由宝鸡申新机器厂所造[④]，位于西安的永丰面粉公司成立于1943年10月，其最大产能为每月15000袋，所用木炭机、钢磨皆产自西京建中机器厂[⑤]，蔡家坡酒精厂改为面粉厂后，其所装设的大型面粉机，亦由西北机器厂制造，可日产面粉500袋[⑥]。渭南象峰面粉厂打麦机、筛麦机等，则是本厂制造的。一些企业碰到技术难题，径直派人赴西安粉厂学习后加以解决。[⑦] “此项建设之成效，可以民营事业所得之生产力量作为标准。……就面粉而言，自每年一百五十万袋，增至四百八十八万袋，计增三倍又半。……凡此皆后方战前及民国三十一年之生产能力互相比较，而确见已有长足进步。”[⑧] 据统计，从1940年至1943年，陕西机制面粉平均产量占后方总产量67%，而1940年高达76%。[⑨]

第三，人口增加导致面粉需求上升。抗日战争造成了中国人口的历史大迁徙，据学者研究，战时各省市难民及流离人口总数为9500多万人。[⑩]

---

① 转引自黄立人《抗战时期大后方经济史研究》，第176页。

② 《中国近代工业史资料》第4辑，第412页。

③ 尹仁甫：《陕西机制面粉业之前途》，《陕行汇刊》第7卷第6期，1943年12月，第9页。

④ 参见上海社会科学院经济研究所编《荣家企业史料》下册，1937—1949年，上海人民出版社1980年版，第216、219、210页。

⑤ 参见《永丰面粉厂有关工厂登记甲乙两种表》，陕西省档案馆藏，资料号72—3—420，第17页。

⑥ 参见傅道伸《我所知道的束云章和雍兴实业公司》，载《陕西文史资料》第17辑，1986年，第291页。

⑦ 参见李百朋《解放前的渭南象峰面粉厂》，载《西北近代工业》，第422—423页。

⑧ 翁文灏、顾翊群：《中国经济建设与农村工业化问题》，1944年1月，载张研、孙燕京主编《民国史料丛刊》第495册，大象出版社2009年版，第550页。

⑨ 参见宋彦科《抗战前后之面粉工业》（中），《公益工商通讯》第2卷第5期，1947年12月15日，第13—14页。

⑩ 参见张根福《抗战时期的人口迁移——兼论对西部开发的影响》，光明日报出版社2006年版，第39页。

人口迁徙的路线，“大致从东部移向西部，以长江为主途。除有一部分沿江迁入江西、湖南、湖北各省外，大都分布于西南西北各省”①。陕西是战时西北地区涌入人口最多的省份。邻近省份如河南、河北、山西等皆有大量人口入陕，如河北战时有难民 6774000 人，除省内各县之间互避及被敌征调出关劳工 250 余万之外，“余均流落后方各省，以陕西、甘肃、四川为最多”，河南“逃往皖、陕、甘、宁、青、新、川、冀、晋、鄂、云南诸省者，达五百二十余万”，其中陕西和甘肃是最主要的分布区，留陕难民达 200 多万。② 1942 年豫省旱灾，此一年逃往陕省难民即达 40 余万，“实数恐尚不止此”③。整个抗战时期，陕西人口总数大约不少于 960 万人，这还不包括流动人口在内。

西安市的人口变化则更为明显。1926 年西安城市人口总数不足 10 万，1934 年底陇海路潼西段修通后，人口迅速增多，1935 年增至 29840 户、154540 人，并且仍在不断增加。七七事变爆发后，晋冀两省民众为躲避战祸，涌入者至多。④“西安绾毂中原，为开发西北之枢纽，人口增加尤为各大都市之冠。”⑤ 1936 年增至将近 19 万人，1937 年突破 20 万，此后除了 1939 年和 1940 年稍有下降之外，其他各年都呈增长态势，1944 年更是达到 378253 人，比 1936 年增加了 18 万有余，将近翻了一番。而据陕西省政府 1944 年统计，西安人口在本年出生 1149 人，死亡 1392 人⑥，也就是说，1944 年西安市的人口呈现出负增长。因此，此一时期西安增加的人口绝大部分是外来人口，包括数量巨大的儿童。⑦ 抗战期间是整个民国时期西安人口增长最为迅速的时期。抗战胜利时则达到 39 万余人，1946 年时更增至 55 万左右，可谓极度膨胀。⑧

除了大城市之外，中小城市、乡镇迁入的人口更多，战争时期产生的大量难民，其迁移有一定的规律，即“大率先往城市；城市不能容纳时，

---

① 孙本文：《现代中国社会问题》第 2 册，商务印书馆 1946 年版，第 260 页。

② 《抗战时期的人口迁移——兼论对西部开发的影响》，第 127—138、51 页。

③ 《一九四三年农业杂项电、函（一）》，1943 年，陕西省档案馆藏，资料号 72—8—179（1），第 36 页。

④ 参见王荫樵《西京指南》上册，第 19 页。

⑤ 《福豫面粉公司营业计划书发起人姓名、经历及认股数目、收支对照表、章程、股东名簿及本厅批文等》，陕西省档案馆藏，资料号 72—3—534，第 5 页。

⑥ 参见《西安市人口出生及死亡》，《统计月报》第 103、104 期合刊，1945 年 4 月，第 9 页。

⑦ 参见国立西北师范学院小学教育通讯研究处《小学教育实际问题》，正中书局 1948 年版，第 160 页。

⑧ 参见《统计月报》第 33 号，1937 年 7 月，第 6 页；第 78 号，1943 年 2 月，第 13 页；第 117—118 期合刊，1947 年 5—6 月，第 30 页。

再入内地市镇或乡区”[①]。因此，陕西中小城市和交通沿线成了难民的主要迁入地，冀、鲁、豫等省难民流落陕南各县为数甚多，南郑、褒城、城固、凤县、宝鸡、华阴、天水等陇海路沿线，皆有大量难民涌入，据研究，战时迁入西北各省的人口有 300 万左右。[②] 并且一个不容忽视的事实是，这 300 万难民大抵皆来自豫、晋、冀、鲁等小麦主产区（华北五省小麦产量约占全国总量的 26% 以上[③]，河北、河南、山西、山东四省小麦食用比例分别为 74%、85%、82%、73%），皆系食面之民（河北、河南、山西、山东四省农民食麦量占主要粮食的比重分别为 14%、30%、27%、19%[④]，平均为 22.5%，高于全国平均水平 6.25%），因此，其对面粉的需求在一定程度上拉动了陕西面粉业的发展。此外，陕西、甘肃等后方省份驻军多，食用面粉量大，再加上内迁高校和中学、银行，外省各地的银楼、剧团、部队家属等，数量甚多。[⑤] 这在三泰面粉厂得到了最好的明证。1942 年底迁建汉中的三泰面粉厂，是汉中首家机器面粉厂，两年中资本即扩大至 1000 万元，生意红火，“面粉紧俏”[⑥]。

第四，开发西北热潮的推动。国民政府成立后，即有开发西北的提议，尤其是 1931 年九一八事变和 1932 年“一·二八事变”发生后，开发西北的呼声更为高涨，一时间国民政府要员、学术团体甚至个人皆蜂拥至西北，进行各类考察，各种开发主张层出不穷，发展交通、开发水利、移民垦殖、发展工业是比较多的被提及的四项主张。在发展工业的设想中，有人制定了详尽的西北面粉工业发展计划，对西北面粉业分期发展所需的设备费、流动资本、原料来源及数量、面粉出产及销售数量、盈亏状况等做了详细测算，论证了西北发展面粉业的必要性和可行性，描绘出了灿烂的发展前景。[⑦] 这些计划虽然限于各种因素，当时并没有立即执行，但毕竟有人在关心西北的面粉业发展，并且在此后不久的 1933 年，陕西渭南

---

① 《现代中国社会问题》第 2 册，第 260 页。

② 参见《抗战时期的人口迁移——兼论对西部开发的影响》，第 51 页注释 3。

③ 参见《蒋中正总统档案：事略稿本》37，“国史馆” 2009 年版，第 279—280 页。

④ 参见《旧中国机制面粉工业统计资料》，第 133—134 页。

⑤ 参见张文德口述、周建民整理《忆青年军二〇六师在汉中》，载《汉中市文史资料》第 8 辑，第 65—69 页；王复忱《略考汉中人口》，载《汉中市文史资料》第 8 辑，第 162—163 页。

⑥ 蒋志德：《抗战时期“三泰”迁汉记》，载汉中市政协文史资料委员会编《抗战时期的汉中》，1994 年，第 103—104 页；蒋志德：《从废墟上奋起的三泰面粉厂》，载《中国资本主义工商业的社会主义改造》，第 508—509 页。

⑦ 参见徐尚《西北面粉工业初步计划》，《云南建设公报》“西北专号”，1931 年，第 F17—F22 页；张人鉴《开发西北实业计划》（见该书第 203—213 页）。该计划拟订于 1933 年前。

即设立了一家面粉厂，1935 年至 1936 年，西安又有两家面粉厂相继设立，并且都是在“开发西北声中”迁入的。①

在开发西北声和国难潮中，西安的政治地位也被大大抬升。九一八事变发生后的第八天，即 26 日下午，蒋介石在听说了日本不接受国联调停，并主张中日直接交涉后，慷慨言曰：“如此则暴日之凶焰将更张矣。倘与之直接交涉，或听其地方交涉，则必无良好结果，我断不能任其嚣张横行，决与之决一死战，以定最后之存亡，与其不战而亡，不如战而亡，盖可以存我中华民族之正气与人格也。余今决心移首都于西北，集中军队主力于陇海路，严阵以待之也。”10 月 3 日上午，蒋介石在与熊式辉谈备战计划时指出：“余意此次无论对日和与战，而西北实为政府之第二根据地（着重号为原书所加——引者注）。万一首都沦落，即当迁于洛阳，将来平时亦以洛阳与西安为陪都也。”② 1932 年 3 月 5 日，国民党四届二中全会通过了《提议以洛阳为行都以长安为西京案》，提议将西安定为陪都，并改名为西京，组设西京筹备委员会，从事建设。③ 之后，国民政府中央执行委员会政治会议决议组设西京筹备委员会，以张继为委员长。1932 年 11 月 17 日，蒋介石在国民党中央执行委员会四届 47 次常务会议上，提议将西安改为直辖市，“兼负建设陪都之专责”④。这一行政上的设置，使得西安的政治地位大为提高，各种建设举措次第展开，西安城市面貌大为改观，人口渐增，商业趋于繁荣，面粉厂的设立也是顺理成章的。因此，西安被国民政府定为陪都是开发西北热潮中又一促进面粉业发展的积极举措。

第五，原料供应较为充足。抗战爆发后，粮食需求较诸以往更为迫切，为了解决战时军糈民食，陕西省采取了多种措施，其中推广改良品种成效显著。战时推广的小麦品种主要有陕农七号、蓝芒麦、蚂蚱麦、泾阳六〇号、泾阳三〇二号和金大二九〇五号等。⑤ 陕农七号由陕西农棉试验

---

① 参见陕西省银行经济研究室编印《西京市工业调查》，第 20 页；贺志云《我所知道的西安面粉业经营情况》，载西安市政协委员会文史资料委员会编《西安文史资料》第 19 辑，西安出版社 1993 年版，第 164 页。

② 周美华编注：《蒋中正总统档案：事略稿本》12，“国史馆”2004 年版，第 101—102、128—129 页。

③ 参见国民党中央常务委员会《提议以洛阳为行都以长安为西京案》，载《革命文献》第 89 辑，“中央文物供应社”1981 年版，第 4 页。

④ 蒋中正等二十五委员：《切实进行长安陪都及洛阳行都之建设事宜案》，载《革命文献》第 89 辑，第 6—7 页。

⑤ 参见仇元、孙福绥《近年后方各省推广稻麦改良品种概况》，《农业推广通讯》第 7 卷第 6 期，1945 年 6 月，第 9 页。

场育成，比普通农家品种增产13%[①]，1937年开始在长安细柳乡推广1237亩，后扩大至关中各县，1939年在渭南、兴平、长安、大荔四县推广7500亩，1940年面积扩大为55000亩，到1941年，种植面积达245678亩，亩产约350斤，较当地种增产70余斤。蓝芒麦系金陵大学西北农事试验场1936年选育，亩产约350斤，平均产量超出农家品种19%，较当地农家种增产70余斤，1937年大量推广，1938年种植面积760亩，1939年面积为10280亩，1940年为63252亩，1944年合计推广面积为109252亩，主要集中在高陵、三原、临潼等县。蚂蚱麦由西北农学院选育，具有生长整齐，成熟较早，品质亦佳等特点，亩产达340斤，较当地农家种增产60余斤，超出普通品种5.3%—27.5%，平均达19.38%，1937年在武功大量繁育，1938年范围扩大至宝鸡、凤翔、乾县等县，1939年繁育面积为190亩，1940年推广至3200亩。金陵大学二九〇五号小麦，在陕南试种成效亦著，加上其他地区，1941年共推广439600余亩，亩产增加15%。泾阳六〇号及泾阳三〇二号均为陕西西北农事试验场选育，1940年在高陵、泾阳、长安等县推广，前者亩产约300斤，较当地种增产27斤，后者亩产240斤，增产19斤，1939年推广17265亩，1940年为182619亩，1941年为439691亩，1942年为934602亩，1943年1500000亩，1944年2614421市亩，1945年1845951亩，1946年1867344亩，1947年面积为2028896亩。[②] 据测算，良种推广后，陕西小麦总产量每年可以增加225万余担。[③] 陕西小麦产量呈现稳定增产之势，为陕西面粉工业的发展提供了源源不断的原料来源。

第四节　战后经济开发的余波

1945年8月15日，日本无条件投降，历经8年的抗日战争以中国的伟大胜利而结束，民族危机基本解除。对西北各省而言，除了欢庆胜利之

---

① 参见中央农业实验所麦作系《中国改良小麦品种名称及特性一览表》，《面粉工业》第1卷第10期，1948年，第9—10页。

② 参见《本厅政绩交待比较表》，陕西省档案馆藏，资料号72—2—235，第12页。

③ 参见《陕西省经济调查报告》，《民国史料丛刊》第354册，第54页；张绍钫、徐树基《陕西农作物改良之成绩及今后之希望》，《陕农月刊》第2卷第2期，1941年，第10—11页；仇元、孙福绥《近年后方各省推广稻麦改良品种概况》，《农业推广通讯》第7卷第6期，1945年6月，第8—18页。

外，因国民政府忙于战后接收事宜，战时的人事安排和规划的经济活动却受到了抗战胜利的负面影响，这一看法相当广泛。“所谓胜利的爆竹一响，后方的工厂便陆续关门。实是毫无夸张的描述。”[①]“可惜的，是胜利之后，人才外流，资金又转向了投机市场，非将若干已开展的生产事业，陷于停顿。连调查与研究工作都不能如往日之继续了，像《西北问题论丛》和《新西北》那样富有价值的刊物早已停刊，就是国内报章杂志内也很少刊载有研究西北问题的专论，继陈正祥先生《西北区域地理》一书，再没有在出版界看到一本有关西北文化经济的专书，甘肃省参议会第一届二次大会开会时，张维议长的致词中曾有：‘几年来所辛苦经营的一点零星建设工作，都因资本人力的影响，近于停顿，不但在战事结束后没有进步，而且连战时反赶不上，推究这个原因，就是地方经济与人才的准备不足……’甘肃如此，再看新疆，三十二年后政府在南疆喀和二区各县所经营发展的改良蚕种、缫丝、丝织以及毛织等厂，自三十四年下半季起，即陷于停顿，专家们纷纷离去，研究工作也再没有人来继续，迪化炼铁厂，经前建设厅长林继庸先生一手建成的那样雄伟的工厂，在水磨沟旁的风雨中已快塌落，硫酸厂，玻璃厂，陶瓷厂也都停了工，甚至于内部设备大半都被盗卖。”[②]

战后从后方抽调人员接收复员厂矿，使大批人员离开了后方企业，如甘肃水利林牧公司总经理常文熙，1945 年 3 月上任，半年后抗战迎来胜利，常被中国银行派往平津参加接收工作；协理许敖楷也同时被派往淮南煤矿局参加复员工作。[③] 甘肃水泥公司张光宇，原是该公司经理，主持公司业务。抗战胜利后，资源委员会从在甘各厂矿企业中抽调高级管理人员及工程技术人员到新收复地区接收厂矿企业，张即被派去青岛接收新厂。后因其所接收的是一个不如甘肃水泥公司的小厂，才又折返兰州。而需要指出的是，该公司建立之初就从战时需要出发，因陋就简，不作长远打算，办厂的人也存有过渡心理[④]，1945 年 10 月，抗战甫一胜利，公司即停工，遣散大部分职工，职员最多时达 40 多人，300 多名工人的工厂，只留

① 《中国经济年鉴》（1947 年，上），《近代中国史料丛刊三编》第 90 辑，第 8 页。

② 萧山：《恢复西北问题调查与研究的工作》，《西北通讯》第 1 卷第 3 期，1947 年 8 月，第 37 页。

③ 参见甘肃省政府建设厅编《水利林牧公司》，《甘肃省经济建设纪要（1940. 12—1946. 12）》第 59 号，甘肃省图书馆西北地方文献阅览室（图书）藏，抄本。

④ 参见张思温《甘肃水泥公司的三起三落》，载兰州市政协文史资料委员会编印《兰州文史资料选辑》第 11 辑，1990 年，第 95、97、99 页。

下 20 人负责看护厂房。新疆金属冶制厂附设耐火材料部原有制造耐火砖业务，且已制造 3 万块，但因抗战胜利，工程师 1945 年底内返，此项业务不得不暂停。陶瓷厂、玻璃制造厂亦是。[①] 1946 年 1 月 6 日，甘肃《民国日报》刊登了题为“时势造就的工业幼苗却遭胜利炮的摧残：兰州工业幼苗”的文章，作者对兰州从抗战时期的“黄河两岸的烟囱高耸入云，机器轧轧”到抗战胜利后“遥见河岸两旁的烟囱依然高高峙立，而冒烟却以无几”这一“全国性的现象”，进行了论述，认为兰州工业幼苗横遭“摧残”其实是胜利后工厂复员带来的后果：“过去努力于西北建设事业的人，类多郁然寡欢!”[②] 因为西北各省建设事业“随着复员的高潮，立陷于停顿与半停顿的状态”[③]。战后次第完成的多为战时开展的一些项目，战后虽有计划，但大多未及实施。

铁路方面，战时凌鸿勋拟订“西北战后十年铁路发展计划”，该计划分两期进行：第一期为六条线路，全长 4826 公里；第二期计划修筑铁路 6235 公里，涉及西北者有哈迪线（哈密—迪化），全长 500 公里，迪乌线（迪化—乌苏），全长 270 公里，两线合计 770 公里[④]，对西北的铁路修筑作了规划，但未及修筑。战后铁道部路政司规划了战后五年铁路建设计划，规定自 1947 年起五年内修筑铁路 12230 公里，新线 34 条，该计划注重发展资源蕴藏富庶的西南及西北，并使内地每一城市均有铁路连接，线路计有 20 条[⑤]，西北有两线：一为包兰铁路，修通后可与入疆的兰州、哈密、迪化、乌苏等相连，成为“政治军事上功用极大”的“东西第一干线”；二为兰州至西宁及展筑至玉树进而沟通西藏的铁路。[⑥] 但这些计划皆未能实施，值得称述的是陇海路天兰段开工。

天兰铁路东起天水，六跨渭河至陇西，过赤山口后沿碱水河西北行，越大营梁分水岭至定西，再沿苦水河，越曲儿岔分水岭入宛川河谷，上溯黄河而达兰州，全长 354.25 公里，1946 年 5 月正式开工，当年工程费 120 亿元，约占全线工程费用的 1/4，并完成土方 500 万立方米。1946 年甘肃遭受旱灾，成立工赈处，在秦安、甘谷等 11 县招工 8

---

① 参见《经济部工业司·新疆监察使署调查新疆省 35 年建设报告》，1947 年 4 月，“中央研究院”近代史所档案馆藏，资料号 18—22—01—036—03，第 6—7 页。

② 《甘肃省机械工业志》编辑室编：《甘肃近代机械工业史料》，兰州大学出版社 1989 年版，第 120 页。

③ 洪文瀚：《论战后的西北经济建设》，《建设评论》第 1 卷第 3 期，1947 年，第 14 页。

④ 参见姜明清编《中华民国交通史料·铁路史料》，“国史馆” 1992 年版，第 90—91 页。

⑤ 参见《中国经济年鉴》（1947 年，上），载《近代中国史料丛刊三编》第 90 辑，第 47 页。

⑥ 参见《中华民国史档案资料汇编》第五辑第三编“财政经济”（七），第 335—336 页。

万人，分甘陇及兰榆两段分别赶修[①]，“成效甚佳”。但该线地僻人稀，运输困难，食粮柴草须由外方运入，全凭人力牲口背驮，“其他材料，亦无一不感缺乏”[②]。尽管“她会带来二十世纪的文明，使这荒漠的黄土原上，发生亘古未有的巨变，得到亘古未有的繁荣。她也许会带来一点刺激，使这寂静的乡村，感到动乱与新奇。但她更会带来无限的力量，使西北的建设能够发展，能够进步”[③]，但到 1948 年 4 月，土石方及桥梁山洞完成了 32%[④]，至新中国成立前，该路只完成了总工程量的 3.6%[⑤]。

抗战胜利后，全国局势发生很大变化，西北的公路不再是抗战物资和国际进出口贸易物资的运输干线，公路建设规模大大缩小，人员调离，经费削减，脚步明显慢了下来，战时规划的路段先后完成。1945 年 11 月，青海省政府奉令筹建青新公路青海段，1946 年 4 月开工，当年完成倒淌河至奴吐勒段 854 公里线路，并修有停车场、驿站、储运站、招待所房屋 471 间。1947 年完成倒沿河至茫崖段，共长 1071 公里，至此青海省境内全部竣工。新疆亦将茫崖至金鸿山口 176 公里路段修通。同一时期，新疆奉令展筑若羌至于阗段 800 公里线路。[⑥] 甘肃修筑了天泉支线，长 21 公里，1946 年 6 月完成；酒金路，长 55 公里，1947 年 3 月完工。河西三支线（酒泉—建国营，马莲井—明水，桥湾—公婆镇）于 1946 年底完成。从 1946 年至 1948 年全国改善公路涉及线路 20 条、6687 公里，如兰宁路长 328 公里，1946 年 7 月完工[⑦]，甘青、青藏两路享堂至倒淌河段，1946 年起彻底改善，1948 年大体完成。川陕公路渭河大桥亦由木桥改为永久式桥梁等。[⑧]

---

① 参见宋春青《国内外地理消息 · 天兰铁路二年后完成》，《地理教学》第 2 卷第 1 期，1947 年 3 月 31 日，第 61—62 页；《天兰铁路两年完成》，《贵州经济建设月刊》第 1 卷第 2、3 期合刊，1946 年，第 48 页。

② 《中华民国史档案资料汇编》第五辑第三编“财政经济”（七），第 323 页。

③ 王新：《兴修中的天兰铁路》，《西北通讯》第 1 卷第 3 期，1947 年 8 月，第 34 页。

④ 参见《中华民国史档案资料汇编》第五辑第三编“财政经济”（七），第 184 页。

⑤ 参见《甘肃省政府工作报告（1946 年 1—6 月）》，1946 年 6 月，甘肃省档案馆藏，资料号 4—8—660，第 17 页；马里千《中国铁路建筑编年简史（1881—1981）》，中国铁道出版社 1983 年版，第 86—90 页。

⑥ 参见《中华民国史档案资料汇编》第五辑第三编“财政经济”（七），第 420 页。

⑦ 参见孙发端等编《交通部公路总局第七区公路工程管理局工作报告（1947 年 1—8 月）》，甘肃省图书馆西北地方阅览室（图书）藏，油印本，1947 年；《中华民国史档案资料汇编》第五辑第三编“财政经济”（七），第 421 页。

⑧ 参见《中华民国史档案资料汇编》第五辑第三编“财政经济”（七），第 419 页。

抗战结束后，甘肃水利事业有所衰落。1946年，甘肃省政府设立水利局，隶属于建设厅，除河西外，其他各地皆归局管。[①] 河西地区水利工作则是林牧公司克服人员变动对公司造成的负面影响[②]，战时规划的一些小型工程，先后完工，1946年6月17日，开工修筑榆中安家坝小型水利工程，11月1日完成，用款261万元，可灌田8000市亩，“每年丰收可期”[③]。1947年规划举办了新的工程，如查勘山丹县地下水和民勤县土质水源情形，推进酒泉洪水坝进水口工程、截引地下灌溉工程、民勤湖田排水工程及夹边沟蓄水库等。[④]

兴修夹边沟水库。夹边沟位于酒泉县城东北15公里，原有耕地3100市亩，其中1300亩利用河滩泉水灌溉，剩余1800亩因1942年灌溉水源上游被截堵，致土地荒芜。1947年6月，河西水利工程总队第五分队查勘后认为如在清水河内建筑蓄水库，节蓄冬季余水即可在来年春季灌溉，每亩年产小麦2石，扣除成本可增产小麦1800市石，按1937年物价可增益9000元，于是拟具计划，并于当年8月开工，土坝共长737米，高4.2米，可蓄水90万立方米，1949年5月完工，“民得其利”[⑤]。小型水利工程也在小规模推进，如1946年通过修理水车、开渠、整修旧渠等方式增加灌溉田亩156497余亩。[⑥] 1947年5—11月，甘肃省政府拟定8项新建工程和6项旧渠工程，共计需要贷款126亿元[⑦]，后来又规划61项，如高台

---

① 参见《建设厅关于甘肃省经济建设纪要（农林水利类）、河西水利工程历年成果概述和湟惠渠工程报告书纪要》，1942年12月20日，甘肃省档案馆藏，资料号38—1—11，第7页。

② 参见甘肃省政府建设厅编《水利林牧公司》，《甘肃省经济建设纪要（1940.12—1946.12)》第59号，甘肃省图书馆西北地方文献阅览室（图书）藏，油印本。《省水利林牧公司、汭丰渠工程处等就召集各渠渠务会议、会议日程、参加人员同人通讯录、工作报告等的公函、电》，1943年12月30日，甘肃省档案馆藏，资料号39—1—116，第29页。

③ 甘肃省政府建设厅编《榆中安家坝小型农田水利工程》，《甘肃省经济建设纪要（1940.12—1946.12)》第34号，甘肃省图书馆西北地方文献阅览室（图书）藏，油印本。

④ 参见《水利部三十六年度水利事业推行概况》，《水利通讯》第13期，1948年1月31日，第7页。

⑤ 《河西水利工程处关于兴修已成各渠概况、工程说明及水利工程规划与计划书一览表》，甘肃省档案馆藏，资料号38—1—7，第23页；《酒泉夹边沟蓄水库工程计划书》，陕西省档案馆藏，资料号72—3—85，第3—6页。

⑥ 参见甘肃省政府建设厅编《贷款举办小型农田水利工程》，《甘肃省经济建设纪要(1940.12—1946.12)》第15号，甘肃省图书馆西北地方文献阅览室（图书）藏，油印本。

⑦ 参见《河西水利工程处关于兴修已成各渠概况、工程说明及水利工程规划与计划书一览表》，甘肃省档案馆藏，资料号38—1—7，第48页。

正义湖水库工程、黑河流域灌溉工程等[1]，若全部实施的话，河西水利灌溉面积可增至7241755市亩，每年可增产小麦7979347.70市石，糜子2686228市石，胡麻60市石及马2000匹，并可利用水力发电，每年供电量为114894080度，若以1937年物价论，则可增32619043.10元。[2] 1949年河西地区拟续修高台马尾湖水库工程、武威黑墨湖地下水灌溉工程等8项工程，如果全部完成，总计可以增加灌溉面积204400市亩，按1937年币值计，每年可增加收益841070元。[3] 但限于时局，皆未能举办。战后甘肃省政府还制定了经济建设方案，范围涉及农林、畜牧、工矿、交通、水利等，但囿于形势，无法实施。[4]

战后陕西水利工程中较重要的是洛惠渠的完成。洛惠渠在战前各项重要工程均已完工，仅余铁镰山第五隧道未能打通，是“关中八惠”渠中难度最大的。抗战爆发后，新式机械无法购得，“虽费尽中外专家心力，试用各种方法”[5]，仍不易奏效，工程延宕再三。1942年秋改线后，作业难度仍较大，只能一边试验一边推进。抗战胜利时也未能完成，增加地方负担不少。[6] 1946年11月26日，全长3377米的隧洞完全打通，为全国水利工程中仅见。[7] 1947年底，全渠完成，支用工费合战前币值3015093.21元（战前支用1801612元，战时与战后支用1213481.21元）。渠道总长98公里，其中总干渠长23公里，东干渠长19公里，西干渠长17公里，中干渠长6公里，中东、中西两渠各长21公里和12公里，流量为每秒15立方米[8]，可以灌溉大荔、朝邑、延长等县田地50万亩。修成放水典礼时，“附近农民，欢欣若狂，奔走相告，扶老携幼，咸来观礼”[9]。国民政府政

① 参见《甘肃河西水利队关于高台正义湖水库工程计划书》，陕西省档案馆藏，资料号72—5—326，第1页；《甘肃水利工程队关于团河流域工程规划书》，陕西省档案馆藏，资料号72—5—382，第1—5页。

② 参见《甘肃河西水利工程总规划书（一）》，1947年12月，甘肃省档案馆藏，资料号38—1—8，第63页。

③ 参见《河西水利工程处关于兴修已成各渠概况、工程说明及水利工程规划与计划书一览表》，甘肃省档案馆藏，资料号38—1—7，第44页。

④ 参见《甘肃经济建设方案》，甘肃省档案馆藏，资料号4—1—313，第1页。

⑤ 薛笃弼：《洛惠渠放水典礼致词》，《水利通讯》第12期，1947年12月31日，第1页。

⑥ 参见陈靖《检讨开工十二年之洛惠渠工程》，《工程》第2期，1946年，第111—113页。

⑦ 参见薛笃弼《洛惠渠放水典礼致词》，《水利通讯》第12期，1947年12月31日，第1页。

⑧ 参见《各县农田水利现状调查案（二）》，1933—1937年，陕西省档案馆藏，资料号96—1—894（2），第85页；中央统计处编《中国水利问题与二十四年之水利建设》，出版时间不详，第50—51页；陆士基《洛惠渠》，出版者不详，1947年，第26页。

⑨ 《陕西洛惠渠完成》，《地理教学》第2卷第4期，1947年12月31日，第27页。

要皆为之题词祝贺，蒋介石题“惠溉农畴”，监察院院长于右任题词：“汉之龙首，今之洛惠。彼十余岁而无成，此十五年而始泻。知科学之成功，更工作人员之勉励。念过去之艰难，应精研夫管制。利普万民，泽及百世。”① 渠成施灌后，小麦及杂粮每亩可增产5 市斗，棉花可增产50 市斤，如果按时值计算，小麦、棉花、杂粮三项共计增收300 万元至500 万元，而“田地之本身增值，尚不在内”②。如果按每亩增加15 元计，则灌区土地本身可增值750 万元。③

战后，青海于1948 年兴修平安渠、长胜渠和庆凯渠，扩修阁公渠，督修礼让渠，截至1949 年，全省共有渠道570 条，灌地面积74. 82 万亩，主要分布在湟水两岸及黄河河谷。④

小　结

抗战爆发后，随着战争进程的推进，国民政府面临的危机较诸战前更加严峻，全国精华地区沦陷殆尽，有效统治区域只有西南与西北，人民流离失所，中华民族面临着亡国灭种的空前危机。为了救亡图存，取得战争的胜利，恢复统治区域，国民政府只能在战争状态下对西南与西北予以有限度的开发与建设。战争初期的工厂内迁为后方注入了强大的新生力量，迁移至后方的设备、人员、技术等促进了后方工业的极大发展，也相应带动了相关产业的进步。抗战进入相持阶段后，国民政府对外军事压力稍有纾缓，有了难得的喘息之机，而此时国共合作出现了裂痕，对中国共产党扎根的西北地区的注意力也迅速上升，“中共及其军队的势力日渐扩充，这使渝府感到最大的不安。便想利用所谓战略的相持阶段的空隙，从军事政治尤其是经济方面，来把西北争到渝府的掌握”⑤。滇缅路被切断后，西北国际通道重要性增加，再加上蒋介石第二次也是最后一次到西北视察，西北的战略地位再次被提升，上升为“建国的根

① 贺明仪主编：《洛惠渠志》，陕西人民出版社1995 年版，第337—338 页。

② 《洛惠渠》，第25 页；全国经济委员会水利处编印：《陕西省水利概况》，1937 年8 月，第243—244 页。

③ 参见全国经济委员会水利处编印《陕西省水利概况》，第244 页。

④ 参见青海省地方志编纂委员会编《青海省志·水利志》，黄河水利出版社2001 年版，第56 页。

⑤ 社评：《重庆政权西北“中央化”的困难》，《申报》1942 年12 月16 日第2 版。

据地”，在国民政府的努力下，新疆问题也得到完美解决，进行经济开发顺理成章。

抗战初期的西北地区与战前相比，也呈现出新的面貌。战火未大规模蔓延，相对较为安宁，工厂、学校及其他内迁机构，为西北带来了新的气象，战前经济建设成果也显现出良性发展势头。战时西北经济开发是在战前基础上展开的，是战前经济开发的延续。随着战争进程的推进，西北经济并未因战争受到太大影响，相反地，得到了前所未有的快速发展，尤其是陕甘两省，可以说是近代以来经济发展的黄金时期，交通、农田水利、移民垦殖、工业皆在此一时期有了快速的发展。交通方面，陇海铁路在战争的阴影下继续西展，在最初的计划订立后的近 40 年步履蹒跚地进入甘肃省境，虽然只是修至天水，但仍然大大有助于沿线经济的发展，也为以后继续西展打下了基础；公路修筑里程也有了大幅增加，特别是西北国际通道的修筑与畅通，有力地支援了抗战，而陕西尤其是陕北公路则是在“剿匪”的企图下迅速扩张，对其经济性考虑欠周①；邮政、电信事业也大有进步；移民垦殖比战前成效更著，多个垦区先后在陕甘两省设立，一定程度上解决了部分难民的生存问题及其他社会问题；工业方面，因陕甘两省距离战区较近，交通相对便利，迁入的工厂较多，门类也更为齐全，再加上人口涌入较众，市场扩大，工业呈现快速增长态势。

战时经济开发仍然显示出目的性多样的特点，与战前相比，军事性更为突出。毫无疑问，争取抗战胜利是国民政府的首要目标，无可非议。然而，极强或过度强调军事性则会掩盖开发的经济性，以致经济开发打了折扣，大部分建设项目在抗战即将胜利或甫一胜利即偃旗息鼓、人走茶凉，亦折射出军事性对经济性的妨碍与消解。

抗战胜利后，国民政府忙于战后复员与接收，大量人员被从后方抽调至光复地区，资金安排亦向战后事项倾斜，对于西北经济建设无暇顾及，加之内战风云急起，各项经济举措及计划只能让位于“更大的”政治，无形中大大放缓了建设的步伐或停顿下来。工业、交通、移民垦殖、农田水利等各方面均受影响，“抗战期中我在大后方辛苦建立的工业，于数年的瘫痪挣扎之下，本年（指 1946 年——引者注）更遭受致命的一击，几将全军覆没。盖后方重工业向赖政府订货为生，胜利以后，政府既无此需

---

① 参见 Lloyd E. Eastman，*The Abortive Revolution*：*China Under Nationalist Rule*，*1927—1937*，Cambridge：Harvard University Press，1974，pp. 209—212。

要，更因努力接收收复区，资金与技术方面不再稍予关注。轻工业方面，则受美货倾销的影响，远不能与之竞争，加之内战扩大，全国经济趋向崩溃之途，社会购买力低而再低，于是停工倒闭者成为普遍的现象”①。在抗战胜利后的第一个国庆日，蒋介石称战后初期经济建设的重心共有两点：一是发展交通，尤以修筑铁路为当前的急务，至少要在十年之内完成 2 万公里；二是培植人才②，但因为内战随之而至，这些美好的计划只能是镜花水月。据统计，1949 年西北地区仅存工业企业 100 余家（不计手工作坊），职工 75000 人，工业产值 5 亿多元，占全国的 3.7%，在当时全国可生产的 46 种主要工业产品中，仅能生产 10 余种。③ 农田水利亦是如此，资金大为减少以至于无，在全国范围内很多水利工程陷于停顿状态或被迫延期与取消。如据统计，1946 年各省因贷款不敷、急待增贷工程有 37 处，面积 160 余万亩；因贷款无着落而不能兴工的有 97 处，面积 370 万亩；继续完成的仅 34 处，面积 130 余万亩，历年此项成绩以 1946 年最差，更无法与抗战时期的热闹场面同日而语。④

---

① 《中国经济年鉴》（1947 年，上），载《近代中国史料丛刊三编》第 90 辑，第 1 页。后方工业的衰落从 1943 年即已露出端倪，但在政府的支持下，颓势一度得到遏制，但抗战甫一胜利，衰落终不可免，这从 1945 年后方主要工业冬季与夏季生产指数的对比中可以看得很明显。

类别	夏季	秋季	冬季	冬季较夏季减少百分比	类别	夏季	秋季	冬季	冬季较夏季减少百分比
总指数	488.26	458.05	386.41	20.86	水泥	285.91	191.44	158.20	44.67
燃料类	392.85	377.48	334.31	14.90	酸碱类	404.92	334.64	238.46	41.11
钢铁类	840.99	791.96	461.74	45.10	日用品类	602.72	552.34	490.36	18.64
机器类	466.17	353.47	205.16	55.99	文具类	542.46	489.29	427.65	21.16

本表取自《中国经济年鉴》（1947 年，上），载《近代中国史料丛刊三编》第 90 辑，第 9 页。1938 年指数为 100。

② 参见关吉玉《十五年来中国经济》，经济研究社辽沈分社 1947 年版，第 139 页。

③ 参见李文彦主编《中国工业地理》，科学出版社 1990 年版，第 370 页。

④ 参见《水利工作概况——薛委员长于三月三十一日在国府纪念周报告词》，《水利通讯》第 3 期，1947 年 3 月 31 日，第 2—3 页。

第四章　评价及原因分析

国民政府时期的西北经济开发已经过去了七八十年，沧海桑田，世事变迁，西北社会也经历了天翻地覆的变化，有些“遗迹”仍然发挥着重要作用，并在诉说着当年轰轰烈烈的开发活动；一些当年的开发者已被载入史册并留存在人们心中，而有些则变得面目全非甚至烟消云散、了无踪影，徒添凭吊者的伤感。开发活动前后持续十几年，然而短短十几年时间也反映出危机中西北社会发展的轨迹。客观地认识和评价国民政府时期的西北经济开发，分析其成效不彰的原因，自有其价值所在。

第一节　是经济开发，还是政治开发？

此次开发，自始至终即受到社会舆论的广泛关注，各种评价亦纷至沓来，与开发活动相始终。品评论说既有肯定褒扬之词，如“‘开发西北’渐由高唱声中而臻于实行，如现在陇海铁路路基修达西安，西北农林专校筹备完成；晋省同蒲铁路之积极赶筑，十年建设计划之努力推行，还有中央负责人员相继出西北之勘察，凡此种种，咸为实行开发西北的明证”①，但亦不乏讥诮批评甚至偏激之语。批评主要集中在三个方面，一是经济目的不纯。有论者认为国民政府是藉着开发西北经济的借口，而实现其“西北中央化”的政治目的。② 二是效果欠佳。如有学者指出，全国经济委员会在开发西北上所做的努力较多，而收效甚少③，“我们所见到的开发的成绩，除了陇海路西展，西兰公路筑成通车，和渭惠渠，泾惠渠几处水利公

① 张景浚：《对于开发西北的怀疑与补救的方法——生产建设》，《新建设》第 2 卷第 3、4 期合刊，1934 年 12 月 1 日。

② 参见永俊《重庆开发西北计划的检讨》，《协建月刊》第 1 卷第 3 期，1942 年，第 19—22 页。

③ 参见梅贻宝《燕大与“开发西北”》，《燕大周刊》第 7 卷第 10 期，1936 年，第 7 页。

程开办外，此外较大的工作还见不到什么”①，所谓开发西北，将成为空洞的口号②。三是开发过程中出现的问题。有人认为，“西北西南的人民希望的是口号变成事实，而不是空空的几句响亮口号，拿西北说‘建设’‘开发’了十余年，连一条大动脉的陇海铁路还没有完成，其他就可想而知了，不过，话又说回来了，‘开发’的成绩是经济劳力圈的划定，我办一个毛织厂，他来一个实业公司，闻其名，光明正大，利用厚生，谁曰不宜，究其实只是一个预备在将来谋‘开发’，赚大钱的‘瞭望哨’，建设的结果是多成立了一些衙门，安插了许多坐领干薪的大人们，民脂民膏耗费了，事业还没有一点影子”③。

20 世纪 80 年代，西北开发进入大陆学界的研究视野，但由于种种原因，此一时期总的评价有失客观公允。如大陆学者认为，“在三四十年代所掀起的‘西北开发’一阵高过一阵的声浪，其愿望也许是美好的。但种种原因决定了它只能是一场甜蜜的梦”，“他们所谓的‘开发’，仅仅是能修起某一条交通道，能开垦出一块土地，能种植出若干亩庄稼，能挖出几吨煤，如此而已。而真正含义的‘开发’则是无从谈起的”④。相较而言，台湾地区的评价较为客观，有学者认为，西北开发取得了不少成果，但距离理想的要求尚远。然而开发对西北的促进作用及对抗战的支援是值得称道的。⑤ 2000 年前后，西北、西部开发再次成为研究的热点，随着资料的日益丰富，成果也不时涌现，此一时期的评价稍显客观与公允。

以上评述立论有据，视角各异，不无道理。笔者认为，国民政府时期的西北经济开发是特定时代的产物，对它的评价应当历史地、客观地看待，而不能脱离社会历史背景。众所周知，近代以来中国一直处于列强包围之下，实现民族独立和国家富强是近代先贤努力探索并为之奋斗的目标，为了实现这一目标，其间经过了自强运动、戊戌变法、清末新政、辛亥革命等一系列尝试，1912 年建立了中华民国。然而，在两千多年专制思想的禁锢和皇权体制的统治下，皇权专制阴魂未散，袁世凯冒天下之大不韪，把共和体制引向了皇权专制，虽然最终失败，但中国却陷入了武人割据、军阀混战的泥淖，前后达十多年。国民政府成立后，开始了黄金十年

① 侯封祥：《开发西北的时期到了！》，《独立评论》第 226 号，1936 年，第 10 页。

② 参见社评《重庆政权西北“中央化”的困难》，《申报》1942 年 12 月 16 日第 2 版。

③ 柏年：《河西归来记》，《西北通讯》第 1 卷第 2 期，1947 年 7 月，第 30 页。

④ 张嘉选：《三四十年代开发青海述论》，《青海师范大学学报》1987 年第 4 期，第 113 页。

⑤ 王聿均：《抗战期间西北经济开发问题》，载中华民国建国史讨论集编辑委员会编《中华民国建国史讨论集》第 4 册《抗战建国史》，1981 年，第 174—204 页。

的建设时期。但是，“中国的经济……在中国历史戏剧的展开中没有占据舞台的中心。它只是配角中的一个——也许只有几句精选的台词——听候皇帝、官僚、外交家、将军、宣传家和党的组织者的吩咐”①。作为一个新生政权，国民政府最大的任务是巩固政权，并在全国范围内建立有效统治，而当时刚刚结束了频繁的军阀混战局面，实现了形式上的统一，西南、西北、华南、东北各省皆处于独立或半独立状态，中国共产党的崛起亦对之构成严重威胁。地处僻远的西北各省经济落后，并未引起中央政府的足够重视，甚至存在极大的漠视，有效统治还没有达到此一地区，虽然一些中央大员发表有关西北的言论，但其着眼点主要是解决和消灭残存的西北军阀，为进军西北制造舆论，而不是开发经济。1928 年西北大旱灾引起了社会各界的关注和中央政府对建设西北尤其是陕甘两省水利的重视，为了救济西北旱灾，国民政府派员调查，拨付赈灾款，建仓储米，抽调赈灾粮，进行了有限度的救济，仍然没有大规模的开发实践。

九一八事变发生后，民族矛盾陡然上升，挽救危亡成了社会舆论的焦点，国民政府试图通过多种途径延宕中日之间的战争，以为长期抵抗并取得最后胜利争取备战时间，西北开始引起中央政府的注意。“一·二八事变”后，国民政府做出了迁都洛阳的举动，并将西安设为西京，加以建设。20 世纪 30 年代中期，一场人类浩劫正在酝酿并最终爆发，中华民族到了最危险的时候，摆在国人面前最重要的问题是如何救亡图存，而不是其他。此时民众喊出的“开发西北”的口号和政府的开发举动，不同程度地体现了一种挽救危亡的心理表达与具体实践，并且在解决西北边疆问题、粉碎帝国主义对中国的野心、保证中国领土完整、发展地方经济等方面取得了实效，具有深远意义。对西北地区而言，此次经济开发是近代以来西北经济发展最快的时期，正是以中华民族危机为主并交织其他危机的大背景带来了西北经济社会发展的大转机，此即所谓“危机下的转机”含义所在。

然而，国民政府开发西北经济最大的考量却是政治的：积极备战以挽救民族危机，修治水利救济西北民食，消灭中国共产党，使西北各省“中央化”以强化国民政府的统治，巩固西北边防，战时提供军糈民食以支援抗战等。上述目的中，除了战前因旱灾而修治水利属于经济层面（但不排除政治意图）外，其他目的皆径直出于政治需要，而且消灭中国共产党、收服西北各省、巩固西北边防是自国民政府成立之初即已预定而未能解决

---

① 〔美〕费正清编：《剑桥中华民国史（1912—1949 年）》上卷，杨品泉、张言等译，中国社会科学出版社 1994 年版，第 146 页。

的问题，因此，政治性主导着开发活动。抗战全面爆发后，争取抗战胜利、实现民族独立成了国民政府面对的最大的政治，而迁都重庆后，西南、西北（1942 年前的新疆与陕甘宁边区除外）亦是国民政府维持有效统治的仅有区域，进行经济开发亦是争取胜利的一个重要途径，可以说自始至终都是政治性在主导着经济开发的目的、方向、内容，一定程度上我们甚至可以认为它是打着经济开发的幌子而进行的政治开发，而非单纯的经济开发。①

毋庸讳言，从经济开发的效果来衡量，确实取得了一定的成绩，而并非“渺若神山”，并且很多方面对西北地区而言都是开创性的。铁路方面，1931 年以前广袤的西北没有一寸铁路，而到 1945 年 12 月，陇海铁路已通车至天水，西北铁路长度约占总里程的 2%。与西北广袤的面积来说虽然短促可怜，但却是开创性的，显然是交通之利器，城市商业亦因铁路而兴盛，也是“战时西北国防上重要建设”②。抗战进入相持阶段后，陇海铁路西段运力大增。据统计，1940 年陇海铁路洛阳宝鸡段共运送兵士 1027149 人，占同年粤汉、湘桂、浙赣、陇海四条铁路总运量的 35.23%；军品 108588 吨，占 22.81%；旅客 3131856 人，占 37.73%；运送货物 387759 吨，占 32.43%。1941 年 1—9 月，这一比例分别为 42.34%、22.96%、33.28% 和 39.52%③，除了旅客人数有所减少外，其余皆呈上升趋势。1942 年 10 月至 1943 年 9 月，陇海、粤桂、湘桂、川滇、黔桂五线共运送旅客 13095805 人，包裹 368730 吨，货物 1600172 吨，而陇海铁路洛阳至宝鸡段与咸同支线分别运送 5540411 人、88190 吨和 473939 吨，分别占 42.31%、23.92% 和 29.62%。④ 新中国成立后，陇海铁路继续发挥重要作用，据 1951 年统计，该路货运吨数平均比国民党统治时期增加 120%，

---

① 1943 年上半年至 1944 年元月，国民政府组织的国父实业考察团，由国民党中央委员、中统局局长叶秀峰担任名誉团长，张彬沉担任副团长，负责实际考察事务，全团人数为 20 人，既有专家学者，也有派往新疆的官员，考察团行程 10781 公里，除了向当地业务部门索取资料和进行讲学外，更为重要的是发动机关学校学习三民主义，向当地机关学校赠送孙中山遗像、蒋介石画像及纪念章，各机关团体一律改挂孙中山先生及蒋介石的画像。见卢桂森《“国父实业考察团”进新的经过》，载政协新疆维吾尔自治区委员会文史资料研究委员会编《新疆文史资料选辑》第 20 辑，新疆人民出版社 1986 年版，第 71—92 页。

② 张嘉璈：《战时交通》，1942 年，载秦孝仪主编《中华民国史料丛编·战时交通》，“中央文物供应社”1976 年版，第 309 页。

③ 张嘉璈：《战时交通》，《中华民国史料丛编·战时交通》，第 321—322 页。

④ 国民政府行政院编：《国民政府年鉴》第二回（一），载张研、孙燕京主编《民国史料丛刊》第 933 册，大象出版社 2009 年版，第 238—239 页。

由西北各省输出输入的土产平均每月在200吨以上，羊毛达1300余吨，从东北等地运来的木材，每月平均达600吨，百货则更多。①

就一省交通状况而言，对比也是至为明显的。以陕西为例，1934年6月底，陕西境内只有12.898公里铁路②，占全国的0.022%，而抗战结束时，已达612公里，机车40辆，客车183辆，每年平均运量为1000万人；货车1264辆，可运送货物2000万吨。公路、电报、电话、邮政等新兴交通门类与此前相比皆有了长足进步，传统的驿运也焕发出新的生机。③蒋介石对此给予充分肯定："贵省为西北要域，各种事业无不突飞猛晋（进）。"④

如果说陕西位于西北东部，离"中心"较近，自然条件、地形地貌等相对较易建设，不足以全面反映西北进步的话，则青海的进步更能凸显"远西北"或"外西北"受惠于经济开发的程度。建省前，公路在青海是"稀罕之物"，而经过十几年的修建，1947年达3393公里，通车里程2416公里，600公里修有路面，基本形成了以西宁为中心的交通网，主要线路皆已通车。电话线里程从无到有、由少到多，截至1947年，线路已有14条，总里程达1100公里。⑤因此有人评论道："青海自从建省到现在，只不过短短的十八年，一切建设，均有相当进步。尤其是最近七八年来，可以说得上'突飞猛进'。"⑥青海是国民政府较少瞩目、各项投入较少的省份，内迁工厂几乎没有，各项建设不若陕西和甘肃，但其交通方面与此前相比仍有很大进步，而西北近年来，"由于事实上的需要，西北的交通，渐被重视，中央及地方通力合作，已有相当成效可言。于是西北情势，乃因陇海路通车关中而一变，继由各主要公路之次第通车而又一变。交通动脉在推动这个古老地区的血液循环，使其有'若返'的气概"⑦，"为西北公路交通奠一始基"⑧。当然，这都是政治指挥棒下呈现的"转机"。

---

① 西北军政委员会贸易部编：《西北商业概况》，西北人民出版社1953年版，第27页。

② 国民政府主计处统计局编：《中华民国统计提要（二十四年辑）》，商务印书馆1936年5月版，第1078页表279"分布各省铁路实有里数（1933年）"。

③ 黎小苏：《从数字上看陕西》，《西北通讯》第2卷第1期，1948年，第22页。

④ 《一九四三年农业杂项电、函（一）》，1943年，陕西省档案馆藏，资料号72—8—179（1），第6—7页。

⑤ 本刊资料室：《从数字上看青海》，《西北通讯》第2卷第7期，1948年3月，第21页。

⑥ 冯云仙：《青海漫谭》，《西北通讯》第1卷第1期，1947年6月，第27页。

⑦ 赵敏求：《跃进中的西北》，新中国文化出版社1941年版，第84页。

⑧ 孙发端等编：《交通部公路总局第七区公路工程管理局工作报告（1947年1—8月）》，甘肃省图书馆西北地方文献阅览室（图书）藏，油印本，1947年。

水利亦不例外。甘肃水利林牧公司的成立及其与甘肃水利的兴修，也体现出强烈的政治性。该公司之所以取得较大成就，除了任用的人才如沈怡、原素欣等是取得较大成绩的一个保证，国民政府基于政治需要而提供的各项支持则是一切建设的前提。冀朝鼎在评述汉武帝所建造的两项治水工程时指出："只有当政府越来越缺乏粮食的时候，只有当由于过分的掠夺与生产的低下，迫使农民不得安宁并要起来造反的时候，才会因为要解决这些问题而指望发展生产，才会去着手发展灌溉工程，并把它作为首要关切的任务。"① 这一观点对于西北水利开发也是适用的，尤其是河西水利，因为开发河西水利是国民政府交办的工作②，具有重要的政治与国防意义，"在任何不利条件下，亦应积极从事，绝无考虑经济价值之余地"③。沈怡对于河西水利重要性认识的逐渐转变充分说明了这一点。

沈怡 1941 年春到西北考察时，认为甘肃农田水利建设的目的只在解决本省的粮食供给问题，但因当时河西水利开发尚未提上日程，各界皆瞩目于河东水利建设，沈此时的"视界没有离开河东"，而沈亦认为"实在觉得困难"，"颇抱悲观"；当年秋沈怡与周礼赴河西考察后，尤其是蒋介石到甘肃，沈陪同蒋视察后，"不觉希望顿生"。1943 年秋，沈怡参加西北建设考察团，沿安西经星星峡到新疆考察时，"前面两种看法，都起了改变"，尤其是对于开发河西水利目的的认识，发生了很大变化，"觉到开发河西并不仅仅解决本省或一地之粮食问题；真正的目的，尚不在此"④。虽然沈怡此时并未明言此项工作的真正目的，但"公共水利工程发展的进程，在很大程度上决定于统治集团用以加强对国家进行控制的政治目的。而要有效地达到这一目的，就要着重在基本经济区这一特定地区发展水利工程，以此作为征服与统治附属地区所需的经济基础"⑤，而"看法都起了改变"的沈的言辞中还是透露出了相当浓厚的政治意味。1944 年 4 月沈怡赴重庆时，蒋介石更是对其指示"以后办理西北水利，愈西愈要注意"，

---

① 冀朝鼎：《中国历史上的基本经济区与水利事业的发展》，朱诗鳌译，中国社会科学出版社 1981 年版，第 70 页。

② 徐盈：《当代中国实业人物志：沈怡》，《新中华》复刊第 3 卷第 10 期，1945 年，第 98 页。

③ 周礼：《西北水利与国防》，《国防月刊》第 1 卷第 4 期，1946 年，第 4 页。

④ 《省水利林牧公司、湳丰渠工程处等就召集各渠渠务会议、会议日程、参加人员同人通讯录、工作报告等的公函、电》，1943 年 12 月 30 日，甘肃省档案馆藏，资料号 39—1—116，第 8 页。

⑤ 《中国历史上的基本经济区与水利事业的发展》，第 34 页。

“甚至关外更见重要”①，其原因即为河西不只经济价值较高，而且更为重要的是，河西是通往新疆的孔道，“河西水利事业之进行关系军事政治以及国防上之价值甚大”②，“酒泉自甘肃油矿局成立以来，日趋繁荣，人口年有增加，食粮供应随之递增，新疆省自伊宁自治后，食粮不足自给，须靠甘肃河西各县供应，外蒙独立后，宁夏省额济纳旗成为国防最前线，屯兵驻守，因地近酒泉，一切补给亦仰赖之，致使酒泉之食粮供应不足，一旦边防有事，酒泉将为国防前哨指挥所，大兵云集，一切补给势将俱增”③，当年左宗棠进兵新疆时即是以河西作为粮食补给后方的。河西水利其实是一种国防水利，而仅非经济水利，“承平之时，有粮可储；边疆有事，则有粮可运，不必再由内部远运出塞”。河西从本质上来说是一个粮库的作用。④ 因此，当1942年8月22日下午蒋介石召见沈怡，详细询问其开发河西水利的计划及所需款项后，许诺一定帮助沈怡。9月2日，当蒋还在宁夏巡视时，行政院即通过了每年补助河西开发水利费1000万元的议案，而且连续补助十年，以致人们认为这是“一件破天荒的大事”，公司人员的兴奋之情“不可名言”⑤。而在新疆问题上，经过1942年的努力，此时已有了中央政府期许的结果，“新疆对中央心理已完全悦服”⑥，从而可以从长远考虑，整体规划西北前途了。因此，蒋介石从政治高度着眼于西北国防，从而重视西北水利建设，并能提供巨额工程费用是水利林牧公司取得较大成绩最主要的原因。

在这些背景下，还有一个不容忽视的因素，即所谓“国家利益”。1941年1月21日，在沈怡去西北之前，蒋介石曾召见沈怡，当蒋问及其去西北办水利的原因时，沈怡说了如下一段耐人寻味的话：“委员长在这

① 《省水利林牧公司、洮丰渠工程处等就召集各渠渠务会议、会议日程、参加人员同人通讯录、工作报告等的公函、电》，1943年12月30日，甘肃省档案馆藏，资料号39—1—116，第8页。

② 甘肃省政府建设厅编《河西水利工程专款》，《甘肃省经济建设纪要（1940.12—1946.12）》第68号，甘肃省图书馆西北地方文献阅览室（图书）藏，油印本。

③ 《酒泉边湾、临水河、中渠铺地下水灌溉工程及下古城坝渠道防洪计划书（一）》，1947年12月，甘肃省档案馆藏，资料号38—1—52，第12页；《甘肃河西水利工程总队关于疏勒河、西大河流域灌溉工程规划书（一）》，1947年12月，甘肃省档案馆藏，资料号38—1—56，第25页。

④ 《建设厅关于甘肃省经济建设纪要（农林水利类）、河西水利工程历年成果概述和湟惠渠工程报告书纪要》，1942年12月20日，甘肃省档案馆藏，资料号38—1—11，第40页。

⑤ 沈怡：《沈怡自述》，传记文学出版社1985年版，第206—207页。

⑥ 周美华编辑：《蒋中正总统档案：事略稿本》51，“国史馆”2011年版，第58—128页。

二十年来一直领导反共，用军事力量想把这问题来解决，由于您看到共产党是今后中国的一个大问题。但共产党何以如此猖獗，简单说来，当前没有饭吃的人太多了。因此我从工程师，尤其在水利工程师的观点看这个问题，觉得今后国家倘能多多注意水利建设，尤其在地广人稀的西北能广事发展灌溉事业，这无疑对于人民生计及国家前途有莫大的助益。我之愿去西北工作，其原因在此。”① 沈怡之言一开始便将自己兴办水利与蒋反共相提并论，其表面上是想解决西北“人民生计”，而根本是为了解决中国共产党与国民党争夺人民的问题，本质上也是为了解决中国共产党的问题，“经营之企图，概从大处着眼，一以整修国家之利益为前提，舍其近利而取其远，弃其小而图其大”②。在消灭中国共产党的问题上，蒋与沈的目标是完全一致的，只是手法不同，蒋主要依靠的是军队，用的是武力，而沈通过开发水利、建设经济从而争取民心则是更为隐蔽、更难以察觉、长期效果并不亚于枪杆子的软手段，是对蒋的有力补充，这应该就是沈所说的“国家前途”之所系。毫无疑问，“国家前途”即是国民政府的前途。这样的话，我们对于霍宝树所说的“筹建甘肃水利林牧公司是中国银行准备为国家向西北地方送的一笔礼”③ 也就能够理解了。而朱绍良曾指出，陕西兴办水利除有助于农民生计外，其“使共匪不易煽惑与渗透，远胜于十万防守之驻军”④，两者可谓一脉相承、遥相呼应。

第二节　原因分析

国民政府时期的西北经济开发经历了战前和战时两个阶段，抗战胜利后基本偃旗息鼓。就时间而言，从国民政府成立至抗战胜利，前后大约18年，除去1928—1931年救济性开发，则剩15年，而在此15年中，8年处于战争时期，战前7年处于局部战争状态。战前除了局部战争与社会失序之外，国民政府还面临诸多困难，西北各省政局交替频繁，经济基础薄弱，地方财政入不敷出，中央经费投入有限，专门人才缺乏，西北各省对

① 《沈怡自述》，第205页。

② 沈怡：《甘肃水利林牧公司概述》，《中农月刊》第2卷第12期，1941年，第86页。

③ 《沈怡自述》，第205、199页。

④ 沈宗瀚：《抗战时期的粮食生产与分配》，载中华文化复兴运动推行委员会主编《中国近代现代史论集》（30）第26编“对日抗战”（下），台湾商务印书馆1986年版，第945页。

开发西北的抵触，等等。“战前西北建设，阻碍亦多：一则西北各省政局常遭变故，政府政令难以完全下达至地方；二则政府财政困难，只能择要进行，以致计划未能一一付诸实现；三则主管推动西北建设之机关，事权未能统一，在事多且杂之情况下，有关西北建设计划之拟定及其实施，虽属可观，但未尽如理想。”① 而抗战时期，国民政府既要倾尽全力保证抗战胜利，还要进行经济建设，顾及广大民众的生产生活；既要求得战争前线的各项供应，又要稳固在后方各省的统治。虞和平在论及“民国时期的资本主义现代化”问题时指出，中国现代化的工业化取得了一些成效，工业资本逐渐增加，区域分布逐渐从东南沿海沿江地区向内陆腹地推进，产业结构逐渐从轻工业向重、化工业发展，但工业化的程度及其对国民生产增长的影响都是有限的，离实现工业化还有很大的差距，主要原因是由于帝国主义列强的侵略和掠夺，民国政府的腐败无能，以及国内政局动荡不安造成的。② 而就西北经济开发活动而言，之所以没有达到理想的效果，其原因更为复杂。

第一，缺乏一个民主、高效的政府及和平稳定的政治社会环境来保证开发活动有序、顺利地进行，这是最根本的原因。

1936 年 9 月 8 日，毛泽东在写给邵力子的信中说：“‘开发西北’，‘建设西北’，先生之志则大矣，先生之办法则不可。日本帝国主义正亦有此大志，正用飞机大炮呼声动地而来，先生欲与之争‘开发’，争‘建设’，舍用同样之飞机大炮呼声动地以去，取消它那一边，则先生之‘开发’‘建设’必不成功，此办法问题也。”③ 毛泽东用“飞机”“大炮”形象地描绘了当时中国动荡的社会环境与民族危机，并进而指出，只有用飞机大炮创造和平稳定的政治环境，才能为开发西北提供适宜的社会环境。然而，当时的中国却不具备从容开发的社会政治环境。

从国际上来看，近代以来，在资本主义列强的压迫和殖民者的掠夺下，中国逐渐沦为半殖民地半封建社会，国家主权逐步丧失，殖民者占领中国的目的只是掠夺原料、开拓市场和积累资本。正如马克思所指出的，贵族只是想征服它，金融寡头只是想掠夺它，工业巨头只是想用低廉销售商品压垮它。④ 殖民主义者“决不容许中国和亚洲实现工业化和政

① 编者：《前言》，载秦孝仪主编《革命文献》第 88 辑，“中央文物供应社”1981 年版，第 3 页。

② 参见虞和平主编《中国现代化历程》第 2 卷，江苏人民出版社 2001 年版，第 913 页。

③ 《致邵力子》，载《毛泽东书信选集》，人民出版社 1983 年版，第 54 页。

④ 参见《马克思恩格斯选集》第 2 卷，人民出版社 1995 年版，第 769 页。

治上的独立”[①]。世界经济危机发生后，这种情况更为严重。日本对中国虎视眈眈，在其大陆政策的指引下，侵略中国的步伐日益加快。而在欧洲，法西斯主义逐渐抬头，德国和意大利相继建立法西斯政权，战争氛围越来越浓。30 年代中后期，日本、德国先后在亚洲和欧洲策划并发动了第二次世界大战，把许多国家拖进了战争的深渊，中国更是备受摧残。

从国内局势来看，1916 年 6 月袁世凯死后，北洋军阀分裂为直系、奉系和皖系三大派系，另有晋系、桂系、滇系、西北军阀等。军阀是一种地区性的军事分裂，常常不关心民众的福利，只依靠军事实力来增加个人的财富和权力。在老舍笔下，“军阀就是虎狼，是毒虫”，对外卑躬屈膝，对内欺侮平民，“见着谁也值三皮带”[②]。各地军阀不是通过发展工商业、改进教育和巩固农业等提供能力和资源，创造真正的资本利润和积累，以达到长期产生更多的流动资本供应军队经费的政策，而是采取剥削的政策，很快耗尽了国民经济。[③] 民国成立初期，军阀、政客之间无休止地争权夺利，连年混战，1912—1923 年间，平均每年有 7 个省处在战争之中；1924—1930 年间，平均每年有 14 个省在战火里。[④] 中原大战波及 851 个县，西北除了宁夏和新疆情况未详外，陕西受波及县 73 个，甘肃 58 个，青海 7 个。[⑤]

20 年代初，吴佩孚、冯玉祥虽有开发西北的提议与活动，但其动机则是抢占地盘，拥兵自重。[⑥] 张凤翙、陆建章、陈树藩等“无一非武人出身的军阀。向他们谈政治，说经济民生，无异于对牛弹琴。希望他们解除民众痛苦，求农村恢复，更是与虎谋皮。瘦的来，肥的走，‘把狗喂成熊’是陕西农民二十余年的痛苦中所得来的经验语”[⑦]。在冯玉祥眼里，陕西地方军阀各据一地，只管鱼肉百姓，吃喝玩乐，纪律败坏，整天抽大烟。[⑧]

① 卿斯美：《辛亥革命时期列强对华政策初探》，载中南地区辛亥革命研究会、湖南省历史学会编《纪念辛亥革命七十周年青年学术讨论会论文选》，中华书局 1983 年版，第 1336 页。

② 老舍：《老张的哲学　赵子曰》，人民文学出版社 1986 年版，第 381、260 页。

③ 参见〔美〕齐锡生《中国的军阀政治（1916—1928）》，中国人民大学出版社 2010 年版，第 146 页。

④ 参见张玉法《中国现代史》上册，东华书局股份有限公司 1977 年版，第 208 页。

⑤ 参见董成勋《中国农村复兴问题》，世界书局 1935 年版，第 18 页。

⑥ 参见大山《西北开发的希望》，《东方杂志》第 21 卷第 12 号，1924 年，第 9 页。

⑦ 冯和法编著：《中国农村经济资料续编》上编，载张研、孙燕京主编《民国史料丛刊》第 497 册，大象出版社 2009 年版，第 580 页。

⑧ 参见冯玉祥《我的生活》（下），黑龙江人民出版社 1981 年版，第 507 页。

军阀混战导致兵差泛滥，摊派丛生。1927 年下半年西北军在关中征粮时，不问存粮多少，统令送到指定地点，然后再抓车抓牲口运走，粮食被抢掠一空。1928 年天旱不雨，谷物歉收，关中遂成为大灾荒的中心，于此可见兵差对农村经济的破坏力之大。[①] 临近战区的陕西兵差在西北各省中最为严重，关中地区尤甚。1927 年下半年河南发生战事，陕西为战区后方，负责供应一切军需，8—12 月间所征收小麦，总值占地丁正税的 97%，永寿、商南、麟游更是高达 216%。[②] 1929—1930 年，全国 1941 个县中负担兵差 823 个，北方比南方更普遍，有 76.94% 的县负担兵差，黄河流域各省达 87.12%。陕西负担兵差的有 73 个县，占 79.35%；甘肃有 51 个县负担兵差，占 77.27%；青海 7 个县全部负担。[③] 甘肃民勤、永昌等县，成年壮丁几被抽拉殆尽，每逢清明，“家家妇孺焚楮招魂者，哀恸之声彻于远近”，因而有“寡妇城”之称。[④]

军阀混战及由此而产生的一系列盗匪横行等社会问题，使中国根本不可能从容有序地进行大规模的经济建设。引泾工程早在 1917 年即有规划，并已完成测量、估工，但因地方秩序不宁、财政无着落而无法进行。1921 年，华洋义赈会倡议测勘修浚而未果，其原因也是时局不靖。[⑤] 交通建设、农业生产亦如是。当时有人抱怨陇海铁路东段在“军事期间，因车辆供给军运，对于商货，每苦乏车输送，以致各站货物堆积。商家因运销停顿，周转不灵，无不大感痛苦”。国民政府成立，北洋军阀统治寿终正寝，但从 1927 年到 1930 年，国民党新军阀开始了历时四年的内战，在此期间“本路灵潼段工程，自兴筑以来，迭经军事，屡作屡辍”，“机车客货车往往全被挪用，对于营业运输，大感困难”[⑥]。1935 年 10 月，青海省政府组织测量了宁玉公路，并修筑了大约 30 公里，但因为“本线所组织测量队人员调赴河西前防随同剿匪部队工作，故未能如既定方针进行”[⑦]。1934

---

① 参见王寅生、薛品轩、石凯福《中国北部的兵差与农民》，载张研、孙燕京主编《民国史料丛刊》第 673 册，大象出版社 2009 年版，第 412 页；冯和法编：《中国农村经济论》，1934 年，第 387—388 页。

② 参见《中国北部的兵差与农民》，载《民国史料丛刊》第 673 册，第 394 页。

③ 参见《中国农村经济论》，第 363 页；《中国北部的兵差与农民》，载《民国史料丛刊》第 673 册，第 388 页。

④ 邵元冲：《西北建设之前提》，《建国月刊》第 14 卷第 2 期，1936 年 2 月 20 日，第 3 页。

⑤ 参见邓云特《中国救荒史》，第 384 页。

⑥ 《陇海铁路工作报告》，载张研、孙燕京主编《民国史料丛刊》第 636 册，大象出版社 2009 年版，第 28—29、83 页。

⑦ 《全国经济委员会·建设中心工作计划》，1936 年 10 月—1937 年 4 月，“中央研究院”近代史所档案馆藏，资料号 26—00—62—001—03，第 13 页。

年1月，孙殿英围攻宁夏，对甘、宁两省皆有较大影响。孤悬塞外的新疆也不是太平之地，“近年来新疆政变迭起，兵戈扰攘，西运货物，完全停滞……故集中兰州之货物，不克向邻省转销”①。

民国时期的中国亦是土匪的乐园。何西亚认为，匪的产生可归结为一般原因和特殊原因两种，一般原因包括内乱影响、经济破产、天灾流行、贫富悬殊；特殊原因一为招抚的诱惑，二为绑票的恶例，三为生活奢华的流弊，四为小说戏剧的恶化，五为传统的侠义观念。② 而这些因素西北各省皆备，因之土匪也非常猖獗。据保守估计，1930年中国土匪总人数达2000万。③ 很多到西北游历、考察的人，最担心的一个问题就是旅途的安全问题，吴生玉指出，1930年陕西各种灾害统计有296次，其中匪患为56次；甘肃灾害总数123次，匪患52次。又据1933年调查统计，陕西罹匪灾者17县，甘肃13县。④ 这些数字应该是非常保守的。

甘肃各县除了旱灾，最可怕的就是匪灾，据1929年上半年甘肃各县政府视察员、华洋义赈会及其他各方面调查报告，土匪陷城、破城、劫掠奸淫无所不为，几乎每县皆有。⑤ 从1929年2月至1930年11月，甘肃多个县城遭受土匪袭扰，有的县城一个月内竟连遭多次袭扰，造成普通老百姓生命财产损失。⑥

陕西汉中无县无匪，后虽被陕西省政府收编，但“人民负担徒增，仍难一夕安居”⑦。1938年7月，陕西有匪县份达52县，尤以川、陕、鄂三省交界巨匪王三春实力最大，最多时有匪众2000余人，枪1000余支。1939年12月，在保安团与当地驻军围剿下，王三春在宁陕被抓获，30余

---

① 潘益民编：《兰州之工商业与金融》，1935年4月，载张研、孙燕京主编《民国史料丛刊》第461册，大象出版社2009年版，第367页。

② 参见何西亚《中国盗匪问题之研究》，载张研、孙燕京主编《民国史料丛刊》第716册，大象出版社2009年版，第10—16页。

③ 参见〔美〕菲尔·比林斯利《民国时期的土匪》，王贤知等译，中国青年出版社1991年版，第16页。

④ 参见鲁珑《开发西北与警政》，《拓荒》第2卷第6期，1934年，第15页。

⑤ 参见康天国编《西北最近十年来史料》，载《近代中国史料丛刊三编》第60辑，文海出版社有限公司1990年版，第107—115页。

⑥ 参见《甘肃解放前五十年大事记》，载《甘肃文史资料选辑》第10辑，甘肃人民出版社1980年版，第114—119、121—127页；《甘肃兵祸惨酷》，《申报》1930年12月28日第2张第7版；《武山县民国大事记》，载政协甘肃省武山县文史委员会编印《武山县文史资料选辑》第2辑，1989年，第168—169页。

⑦ 冯和法编著：《中国农村经济资料》上，华世出版社1978年版，第150页。

股土匪被消灭。[①] 西兰路土匪猖獗，“途中常需派警护送”[②]。

三四十年代马鸿逵对“贺兰王”郭拴子（本名郭永胜）剿抚兼施，但未能奏效，只能任凭其为非作歹，其恶行人们至今仍挂在嘴边。[③] 新疆匪患亦较严重。1932 年，新疆邮区若羌代办所遭匪乱，邮票、家具、档案等被洗劫一空，导致该所停闭三年。[④] 土匪盛行亦妨碍政府文件送达。1936 年 10 月 19 日，行政院长蒋介石称本院寄往青海省政府公文，9 月中旬以来青海迄未收到，而青海呈送行政院文件，需时在两个月以上，查其原因主要是西兰公路因匪患猖獗而阻断，10 月 31 日西兰公路交通恢复后，文件收发才恢复正常。[⑤]

战前如此，战时也不容乐观。1940 年下半年以来，甘、青两省境内“哈萨劫案”频繁发生。尽管当局采取多种措施，但“结果则驯良者听受安抚，强悍者奔逃，并发生军事行动”，被蒙、藏民兵及青海驻军击毙六七百人。同年秋，青海塔济纳旗数千蒙民“受哈匪灾祸，财产一空”，不得已而举族他迁。[⑥] 1941 年，甘肃洮岷区共发生匪乱 216 起，保安厅击毙土匪 5000 余人，投诚者五六千人，缴获枪支 600 余支，牲畜 4000 余头。[⑦] 据甘肃省参议会参议员张笃忠、田俊等在一份提案中报告，仅 1942 年上半年，甘肃各县发生匪案 398 次之多，匪徒人数至 4000 余名，击毙 520 余名，山丹劫车案，陇西、洮沙沿路抢劫案，及扰乱交通运输事项较多，更有哈萨克土匪窜扰河西数年，杀人越货，“其他在敦煌、安西抢杀之案尤为至多，均属有案可稽”，“以至关外各县所有居民无人不以哈匪抢杀为唯一之严重问题，几至社会陡现不安之象”，“而潜伏草莽时劫行旅者尚不在内”[⑧]。1943 年，洮河

① 参见《陕西省政府政绩交代比较表（二）》，陕西省档案馆藏，资料号 72—2—1234（2），第 150 页。

② 国民经济研究所编印：《陕西省地方概况报告》（工业门地方类第九号），出版时间不详，第 6 页。该调查时间为 1936 年 6 月 22 日。

③ 参见万生芳《擒剿土匪郭拴子经过》，载平罗县政协委员会编印《平罗文史资料》第 6 辑，第 7—13 页；《西北消息》，《兴华周刊》第 30 卷第 37 期，1933 年，第 33 页。

④ 参见《邮政总局与甘肃、新疆邮管局筹设敦煌至新疆若羌邮路的密件》，中国第二历史档案馆藏，资料号 137（5）—0006，第 9—22 页。

⑤ 参见《行政院令查寄青海邮件阻滞情形》，中国第二历史档案馆藏，资料号 137（5）—3572，第 2—22 页。

⑥ 中国第二历史档案馆选编：《蒙藏委员会新疆组关于西北政军等情报告选编》，《民国档案》2013 年第 1 期，第 24—25 页。

⑦ 《甘肃省政府三十年度政绩比较表》，甘肃省档案馆藏，资料号 4—4—233，第 44 页。

⑧ 《甘肃经济建设方案》，甘肃省档案馆藏，资料号 4—1—313，第 39—58 页。

惯匪马福善等扰害地方，后在军队和保安团的配合下被剿灭。[①] 1944 年洮河林场亦反映，1943 年有“番匪”骚扰林区、工作致受影响。[②] 甘肃水利林牧公司畜牧部主任黄异生 1943 年 3 月 25 日写给沈怡的信中，亦提到渭源、漳县一带土匪甚为猖狂，发生羊毛改进处工作人员在赴兰途中被抢之事，该部所产猪油无法运至兰州。甘肃酒精厂设立于徽县伏家镇，据该厂沈觐泰厂长报告，伏家镇治安颇以为虑，已呈请第八战区长官司令部派兵驻扎以镇压。即使所设之水文站，亦请求所在地县政府予以保护。[③] 1945 年 11 月，奉派赴党河、疏勒河等地进行测候、观测的甘肃河西水利工程人员，亦不时遭受“哈萨土匪”抢劫，无奈向青海省政府请求予以保护，或配发枪械，以资自卫。[④] 1944 年 7 月至 1945 年 4 月，甘新公路发生三起匪徒埋设地雷炸毁运输车辆、杀害无辜商旅事件。[⑤] 战时陕西土匪亦较为普遍，据 1941 年 4 月报告，难民赴黎坪垦区途中，亦“时生劫杀等案”，垦务局不得不派保安队前去迎接。[⑥] 1944 年，陕西先后在关中、陕南各县消灭土匪几十股，如商县土匪萧同福，勉县匪首陈克金，其他如麟游、安康、蓝田等县亦是。[⑦]

抗战结束后，匪患也未因胜利而消失。依据陕西官方消息，1946 年各地民变武装达 6000 人以上，活动区域 20 余县，陕南巩得芳、王烈所部有 4700 余人，曾与政府军及地方民团进行了百余次大小战斗。陕北各县亦有 200 余人。[⑧]1947 年 1—8 月，第七区公路工程管理局多辆车辆在华家岭、

---

① 参见国民政府行政院编印《国民政府年鉴》第二回，1944 年 10 月，第二十章第 11 页。

② 参见《森林部、省水利林牧公司、洮河林场、中国银行等就拨发林场周转金、购运木料价款等的公函、电、函》，1941 年 9 月 10 日，甘肃省档案馆藏，资料号 39—1—108，第 80 页。

③ 参见《甘肃水利林牧公司、陇南牧场就经营畜牧事业方针、年度工作报告、计划大纲、收支情形等函》，1942 年 11 月 17 日，甘肃省档案馆藏，资料号 22—1—397，第 7—8 页；甘肃水利林牧公司编印：《甘肃工农业建设资料》，甘肃省图书馆西北地方文献阅览室（图书）藏；《第八战区司令部、省建设厅、甘肃水利林牧公司、武威县政府、张掖工作站等就开发河西水利、颁发证明文件等代电、公函、函》，1942 年 9—10 月，甘肃省档案馆藏，资料号 22—1—382，第 50—57 页。

④ 参见《第八战区司令部、省建设厅、甘肃水利林牧公司、武威县政府、张掖工作站等就开发河西水利、颁发证明文件等代电、公函、函》，1942 年 9—10 月，甘肃省档案馆藏，资料号 22—1—382，第 72—74 页；《甘肃河西水利工程总队关于疏勒河、西大河流域灌溉工程规划书（一）》，1947 年 12 月，甘肃省档案馆藏，资料号 38—1—56，第 18 页。

⑤ 参见孙皞《甘新公路间匪徒埋雷毁车杀人见闻》，载《酒泉文史资料》第 4 辑，第 109—111 页。

⑥ 参见《黎坪垦区难民救济》，1941 年，陕西省档案馆藏，资料号 9—2—748，第 54 页。

⑦ 参见《省政府 1944 年度政绩比较表》，1944 年，陕西省档案馆藏，资料号 72—2—402，第 20—28 页。

⑧ 参见《中国经济年鉴》（1947 年，上），载《近代中国史料丛刊三编》第 90 辑，文海出版社有限公司 2001 年版，第 29 页。

城固、秦安等地遭遇劫匪，除了损失财物外，先后有两名旅客被杀害，损失较巨。[①] 新疆在1946—1948年奉令修筑南疆公路时，“哈匪出没无常，困苦情形，可以想见”[②]。迪化和平渠也是在新疆“二二五事件”之后，在风雨飘摇的局势中开工修筑的。[③]

20世纪二三十年代，正是中国地方派系意识浓厚之时，西北各省亦不例外。中原大战后，陕西归政中央，而甘、宁、青皆处于诸马的实际控制之下，中央政令难以宣达。“柴达木区各蒙古王公，即号称明达之左翼盟长，亦向不知有中央，只知有马军长（步芳），对蒙藏委员会之公文多置不复，对各部所发书报，概弃若尘沙，从不一睹。”[④]“甘马”“青马”和“宁马”作为政治上的本土因素，其与中央政府会产生“向心”或“离心”问题，产生积极或消极影响，对地区的现代化亦有影响。[⑤] 当向心运动占主导地位时，国民政府与西北诸马之间你来我往，关系密切，国民政府在财政和西北地方建设上会有更多的投入，社会演进有了相对稳定的外部环境，社会各层面的改造和重建速度明显加快；当离心运动占主导地位时，双方钩心斗角，矛盾加剧，国民政府则会通过部队换防等手段向西北诸马施加政治和军事压力，并以各种借口减少乃至停止下拨甘、宁、青的项目经费，则西北地方建设规划或被搁置，或放慢脚步。[⑥] 因此，1934年蒋介石借孙打马的孙马大战就是势所必然。“‘开发西北’、‘建设西北’之所以仅成为鼓噪一时的口号，而无真正实际的效果，也不能说与‘西北马’的封闭式抗阻无关。”[⑦] 虽然诸马集团没有另立政权、分裂祖国的图谋，并在民族危亡的关键时刻组织力量抗日，但这种政治气氛时好时坏、政令时阻时畅、资金时断时续的状况，在很大程度上阻碍了开发的步伐。

抗战胜利后，国民政府倡言在西北各省垦荒，1945年9月农林部函令青海省政府查报宜垦荒地，但马步芳早已看惯了蒋介石的手法，对此非但没有

---

① 参见孙发端等编《交通部公路总局第七区公路工程管理局工作报告（1947年1—8月）》“附表15”，甘肃省图书馆西北地方文献阅览室（图书）藏，油印本，1947年。

② 中国第二历史档案馆编：《中华民国史档案资料汇编》第五辑第三编“财政经济”（七），江苏古籍出版社2000年版，第420页。

③ 参见《迪化和平渠水利工程纪略》，《水利通讯》第11期，1947年11月30日，第10页。

④ 中国第二历史档案馆选编：《蒙藏委员会新疆组关于西北政军等情报告选编》，《民国档案》2013年第1期，第24页。

⑤ 参见张玉法《中国现代化的区域研究：山东省，1860—1916》下册，“中央研究院”近代史所1982年版，第838页。

⑥ 参见许宪隆《诸马军阀集团与西北穆斯林社会》，宁夏人民出版社2001年版，第230页。

⑦ 高屹：《蒋介石与西北四马》，警官教育出版社1993年版，第8页。

热情积极地响应，反而非常冷淡，仅在表面上将公函照录转发各县，而各县也领会了马的意思，一直拖到第二年年中才陆续上报，且多以“僻处偏远”“地高气凉”敷衍塞责，加上国内形势变幻，此事最终不了了之，与战前在经济利益面前较为主动的态度形成了鲜明对比。正如学者所指出的，“所谓‘开发’、‘现代化’的弦外之音极其复杂，其背后实包裹挟携着激烈的控制与反控制的权力斗争，不同的利益集团和个人往往拉大旗作虎皮，在堂堂正正的‘经济开发’旗号下贩卖私货”①。地方当局对中央政府开发西北的方针政策存有戒心，害怕国民政府向西北渗透，进而被控制、被消灭，故而不能真心实意地密切配合，这在一定程度上妨碍了开发的效果。

有人指出：“开发西北的先决条件如果不具备，一切的进行是多困难的。所谓先决条件是什么呢？大概不外息内争、安政治两种。就第一种说，内争如不早息，今日用兵，明日开火，国家财产陷于绝境，人民的心理时时在惊慌之中，那个愿意去做发展事业的计划，那个愿意去西北投资办理实业呢？再就第二种说，西北各地近年遭空前浩劫，死亡达数百万人。不是由于天灾，实在由于政治不良。政府官吏贪污异常，压迫农民种植鸦片，苛税杂捐，名目繁多，人民一年勤劳的所得，往往不足供纳捐之用。在这种现状之下，西北原有的人民都已不能生存，而欲移民西北，投资开发富源，岂为可能的吗？所以政府假使要开发西北，应当预先革除西北的恶政，使人民有安居的可能，然后方可谈到开发。”② 凌鸿勋对此深有感触：“作铁路的事只要地方太平，材料工款有着落，工程的进行当然容易了，过去都是因为地方有事，作了一点就停了，停了一点又作。”③ 因此，“求取内政之安定，为一切建设之前提”④。张朋园在研究湖南的现代化时，也指出社会安定对湖南发展的重要作用⑤，其实这一点不独对湖南是最重要的，对西北、全国而言亦不可或缺。

国民政府面临的国内政局如此复杂，而如果还指望在基础薄弱的西北地区取得巨大的开发成果，这样的要求近乎苛刻，不可能有达到的希

---

① 戴逸、张世明主编：《中国西部开发与近代化》，广东教育出版社 2006 年版，第 66—67 页。

② 孤岛：《谈谈开发西北》，《晨光》第 2 卷第 28 期，1933 年，第 8 页。

③ 沈云龙访问，林能士、蓝旭勇纪录：《凌鸿勋先生访问纪录》，“中央研究院”近代史所 1982 年版，第 81—82 页。

④ 中国通商银行编：《五十年来之中国经济：1896—1947》，文海出版社有限公司 1973 年版，第 148 页。

⑤ 参见张朋园《中国现代化的区域研究：湖南省，1860—1916》，“中央研究院”近代史所 1983 年版，第 431 页。

望。因此有学者说："民国时期的中国政府面临内忧外患，实在没法子领头发展基础设施与推动经济变迁。"① "建设西北，政治首要清明，要长期的清明……刷新吏治，振作政风，使西北人民安居乐业，这是最起码的条件。不然，地方秩序不稳定，建设工作不免要受摧残破坏，不能顺利推进。即不然，一切建设只是给不肖者造成敛钱发财的机会，把持作恶的工具，便是幸而成就，也决不能垂之久远。"② 所以，和平稳定的国际、国内环境特别是国内环境，是开发西北经济与全面建设首要的保证。

第二，西北地区自然条件较差，无交通区位优势，经济形势要想在短期内有根本改观殊不可能。

张玉法在研究近代山东的现代化问题时指出，一个地区现代化的动力、动向和成败不完全由外来因素和力量决定，而该地区的自然和人文状况才是最基本的因素。并进而指出，一省区现代化的成败决定于以下因素：其一，该省区在传统时代的地位以及传统制度在该省区的破坏状况。其二，中央政府的政策、措施及对该省区影响的程度。其三，地方官和地方领导阶层对该省区地位的自觉状况。其四，该省区所受外力冲击的强度。其五，该省区的地理条件，如地形、气候、物产、资源、交通状况等。其六，该省区的人文条件，如人口素质及其多少、财富分配状况等。③ 如果拿这几个条件去衡量的话，西北地区可说是动力严重不足，状况堪忧。

西北虽然在古代创造了非常灿烂的文化，并几度成为全国政治、经济、文化中心，但随着南方的开发，全国经济、政治重心逐渐南移，文化中心随之迁移，人文不复盛大，且日益被边缘化。近代海禁开放以来，海上交通成为影响地方发展的一大因素，而西北诸省深处内陆，无海陆交通优势，所受现代化外力冲击远远比不上沿海省份。中央政府对西北各省的实质性影响甚为有限，开发效果也不明显。1942 年秋西北的地位被提升至"建国的根据地"，反映了中央政府对西北的进一步重视，但随着抗战临近胜利，这一地位亦逐渐失去，致使开发热潮迅即衰落。地方政府限于自身财力、智识等，想有大的作为也无法施展。自然条件方面，除了矿产资源是西北地区的一大优势外，气候、地形、物产等皆与现代

---

① 卜正民、格力高利·布鲁主编，台湾"国立编译馆"主译，古伟瀛等译：《中国与历史资本主义——汉学知识的系谱学》，新星出版社 2005 年版，第 282 页。

② 秦翰才：《左文襄公在西北》，岳麓书社 1984 年版，第 282 页。

③ 参见《中国现代化的区域研究：山东省，1860—1916》下册，第 831 页。

化的发展要求相去甚远，甚至成为制约发展的羁绊。山东省在现代化上的成就，部分归功于中央政府的提倡和监督①，而西北地区所欠缺的，正是中央政府的重视。

先就地形、气候言。西北地形、地貌多样，但也是最复杂、最难以掌控的。西北旱区面积十分广大，占国土总面积34%的7个干旱区有6个位于西北，昆仑高寒荒漠区、阿里温带荒漠区是无法进行农业活动的地区，约占国土面积的7%。② 除渭河上游与岷县一带雨量充沛稳定外，从甘肃西北部向东一直到宁夏省城一带，是少雨出现较多的地区③，甘肃西部与塔里木盆地之间气候十分干燥，东部山麓山低雪少，除春夏偶有水流外，其余时间概属干涸，酒泉是出现旱月最频繁的地区，达56%。新疆雨泽稀少，塔里木盆地中部则完全没有雨雪，是"无雨地带"。陕西榆林也是极度缺雨区，旱月出现比例为35%。④ "榆林自去岁（1942年）迄今雨雪全无，气候干燥"，1943年3月23日榆林降雪约5寸，当局专门电告省政府主席，可见干燥之甚与需水之迫切。⑤ 常年盛行北风及东北风，风大时遮天蔽日，能见度极低，对农业生产亦有相当大的破坏。⑥

西北地区干旱出现的概率相当大。有学者对1920—1953年间黄河中下游降水进行研究后指出，1920年、1924年、1929年、1935年、1941年5个春季的干旱最为严重，每隔五六年就要出现一次大范围春旱，1928年甘肃的平均雨量只有81.4毫米，比往年平均减少73%，出现连续6季18个月降水负距平，农作物关键需水期几无雨，江河径流降至最低，黄河水量锐减，洮河干枯，泾渭河断流。⑦ 据对1300—2000年间宁夏发生各种气象灾害记录统计分析，旱灾年为374次，平均不到2年就要发生1次旱灾；连续3年出现旱灾的概率为7.3%；持续时间最长为20年，发生在1924—

① 参见《中国现代化的区域研究：山东省，1860—1916》下册，第832页。

② 参见黄秉维《中国的干旱区》，载生产潜力与土地承载力网络试验研究"生产潜力与承载力"课题组《生产潜力与土地承载力网络试验研究》，北京工业大学出版社1991年版，第105页。

③ 参见徐淑英《黄河流域干旱的初步分析》，载叶笃正编《黄河流域的降水》，科学出版社1956年版，第129页。

④ 参见蔡君启《西北》，生活·读书·新知上海联合发行所1949年版，第19页；《黄河流域干旱的初步分析》，载《黄河流域的降水》，第109页。

⑤ 参见《一九四三年农业杂项电、函（一）》，1943年，陕西省档案馆藏，资料号72—8—179（1），第1—2、50页。

⑥ 参见邓静中《河西南疆间之交通路线》，载张研、孙燕京主编《民国史料丛刊》第818册，大象出版社2009年版，第237—238页。

⑦ 参见甘肃水旱灾害编委会《甘肃水旱灾害》，黄河水利出版社1996年版，第3页。

1943 年；最严重的年份为 1927—1929 年。自 1936 年至 1949 年长达 13 年的时间里，宁夏干旱年份达 463 次。[①] 青海自 1644 年至 1949 年的 305 年中，共发生旱灾 249 次，接近 10 年 8 旱。[②] 旱地面积广大的陕、甘两省，情况尤为严重。因此，旱灾在老百姓的头脑中记忆深刻："回忆十七八年间之浩劫，犹令人惨然心恻也。"[③] 严重干旱出现在经济开发时期，因此兴修水利的呼声较高、成绩较著。西北地区"生产力自较薄弱，就是人口的数量，也受这天然的限制"[④]。

再就土壤即地力言。西北地区土壤类型约可分为黑钙土、栗钙土、漠钙土、石灰质冲积土、湿土、盐渍土与漠境沙丘及砾石 7 类。黑钙土腐殖质在 3% 以上，疏松湿润，宜于耕种，散见于青海境内；准黑钙土甘肃、青海东部山地常见，但地势高峻，温度不足，仅青稞、燕麦、马铃薯等可以繁育。栗钙土分布于陕、甘、青大部分地区，腐殖质含量在 1%—4% 之间，松散肥沃，宜于谷类生长。漠钙土发育于西部漠境盆地，分布甚广，腐殖质含量不足 1%，麦类及杂粮皆宜。位于高地的淡灰色棕色漠钙土，因不能灌溉，仅能生长耐旱植物，无农业可言。石灰质冲积土位于河流两旁及扇形冲积地，土质肥沃，浇灌溉之利，为最良农田与牧场。湿土主要分布在河流及湖沼低地，个别地区可种植水稻，余皆为牧场或不宜于耕种之地。盐渍土含盐分甚高，位于河流及湖沼低地，介于冲积土与湿土之间，无农业可言。漠境砂丘及砾石分布于西北地区西部，平沙万里，除戈壁有稀疏碱草外，毫无农业价值可言。

一般认为，好的土壤应具备如下特点：质地宜砂黏适中，过砂过黏皆不宜；构造宜为小粒，过大或无构造皆不佳；腐殖质须为中性，愈多愈好，酸性不宜；石灰质宜适量，不及 0. 3% 或超过 5% 都不适于作物生长；土层愈厚愈好。[⑤] 西北地区土壤大都为风成黄壤，因雨水稀少，皆富含石灰质，未经淋洗，呈微碱性，剖面发育一般不良。碱性土壤只有经过长期雨淋，可溶盐类的浓度才会降至作物旺盛生长的程度，反之则只生茅草或成为不毛之地。黄土本甚肥沃，惜以雨量缺少，直同石田。一经灌溉，石

---

① 参见温克刚《中国气象灾害大典 · 宁夏卷》，气象出版社 2007 年版，第 2、10 页。

② 参见史国枢《青海自然灾害》，青海人民出版社 2003 年版，第 7 页。

③ 《陕西省一九四四年小型农田水利计划（一）》，1944 年，陕西省档案馆藏，资料号 72—6—110（1），第 57 页。

④ 罗家伦：《东北与西北》，载罗家伦先生文存编辑委员会编《罗家伦先生文存》第 1 册，"国史馆"、中国国民党中央委员会党史委员会 1976 年版，第 362 页。

⑤ 参见陈恩凤《中国土壤地理》，商务印书馆 1951 年版，第 68 页。

灰质大为减少，均成肥沃之地，宁夏、陕西皆是。[①] 青海北部土壤几乎未经淋洗，富含石灰质，高地水分缺乏，低地多犯盐碱，耕种难度较大。[②] 华西协合大学考察团所经各地，大都属卤性粉砂黏壤土，有机质含量自0.42%—5.15%，大部分在1.0%左右，有机质均感缺乏。[③] 河西“碱卤充斥”，土壤分为盐渍灰漠钙土、盐渍棕漠钙土及盐渍钙质幼年土三种。如酒泉全境以灰漠钙土及灰棕漠钙土为主，仅27%的土壤宜于耕种，余皆为荒漠土类型，不宜或难以耕种。[④] 水利工程专家指出，灌溉工程必须配以相应的排水设施，否则在干旱环境下，渗漏、用水过量加上不正确的灌溉方法，土壤盐化会加剧，灌溉设施只多仅用3年，土地就不得不弃耕，严重干旱区犹然。[⑤]

因此，“西北之自然环境缺点颇多，地虽大未必全能利用，物虽丰未必易于开发”[⑥]，尤其对大规模移民限制较多。如洮西垦区，多属荒山高地，地势高寒，无霜期为90—120天，“极不适于农作之生长”，荒地面积过于分散，无法大规模垦殖。时人调查后认为，洮西垦区最适宜的耕作方法为三分农业、六分畜牧、一分特作栽培（如药材、亚麻等），而不是人们想象中的传统农业开发。再如玉门县，约有荒地248940亩，但其四周为沙漠，“水利问题最难解决”，且沙随风转，如不从速种草植树，“殆将全部变为沙碛”[⑦]。“即就目前人口密度论，若干地区的生产力，尚不足以维持居民最低限度的生活所需……故欲就现有的经济情况及生产能力，作大量移民之举，殊不可能。”[⑧] 陈正祥对移民西北作了较为客观的分析，并

---

① 参见宁夏省政府地政局编印《宁夏省难民垦荒调查概述》，1939年1月，第2—3页；陕西实业考察团编《陕西实业考察（一）》，《民国史料丛刊》第583册，第526—527页；《全国经济委员会·渭河流域灌溉计划书》，1933年9月，“中央研究院”近代史所档案馆藏，资料号26—00—05—001—09，第14—15页；国立中央大学土壤研究室《西北土壤分析报告》，《农学丛刊》第2卷第1、2期合刊，1935年6月，第243页。

② 参见周昌芸《青海北部及甘肃河西地调查记》，《新亚细亚》第14卷第1期，1944年，第29—38页。

③ 参见华西协合大学西北考察团编《华西协合大学西北考察团报告》，1941年12月，载张研、孙燕京主编《民国史料丛刊》第818册，大象出版社2009年版，第374页。

④ 参见《全国经济委员会·甘肃省建设中心工作计划》，1937年3月，“中央研究院”近代史所档案馆藏，资料号26—00—06—007—01，第9页；张丕介、杜竹铭、徐书琴《甘肃河西荒地区域调查报告（酒泉、张掖、武威）》，农林部垦务总局1942年5月编印，第10页；《农田土壤》，载酒泉市政协委员会、酒泉市博物馆编印《酒泉文史资料》第7辑，第42—43页。

⑤ 参见黄秉维《中国干旱区》，第108页。

⑥ 严重敏：《西北地理》，大东书局1946年版，第1页。

⑦ 徐书琴：《甘肃的两大垦区》，《人与地》第3卷第4期，1943年4月，第8、11页。

⑧ 严重敏：《西北地理》，第205页。

指出，一地容纳的人口数量，应视单位面积土地的生产力而定，不能仅就绝对数字遽加论断，河西有水之处可成沃野，无水之地便是戈壁，人口全部集中于沃野，此外绝少人烟。[①] 这在黑河流域尤为明显。黑河位于河西中部，流经山丹、民乐、张掖等6县，全流域共有耕地2160277市亩，生熟荒地1115810市亩，其中189877市亩因无水引灌或含碱过重而无法开垦，如山丹缺水土地98764市亩，碱地37941市亩；民乐缺水土地126031市亩，碱地28786市亩。[②] 因荒地多系水土不能保持之地，山坡开垦，劳而功少，生产力不易长久保持。[③] 这一点可以从西北灌溉面积占土地总面积及占耕地总面积的比例得到印证。据统计，40年代末陕西常年灌溉面积占土地总面积的比例为1.66%，占耕地总面积为10.3%，宁夏分别为0.46%和59.3%，甘肃为0.7%和15.7%，青海为0.07%和9.8%，新疆为0.72%和94.9%。[④]

舆论普遍认为西北地区人口密度小，这是就国土面积而言，但如果按耕地人口密度来说，新疆耕地人口密度每平方公里283人，南疆为320人，叶城八扎村每户平均拥有农田仅8亩，田场狭小，过于江、浙。[⑤] 河西地区耕地人口密度平均为270人，武威为464人，民勤为554人，鼎新高达609人。[⑥] 40年代的永宁（包括省城宁夏）耕地人口密度为550人，阿拉善旗每平方公里人口密度为0.16人，而耕地人口密度竟达870人，宁夏平均为480余人[⑦]，不可谓稀少。

总之，西北自然条件较差，“天然环境和人力财力不如其他省份”，因此张心一极力主张应该利用抗战时期这一“千载一时”的机会，利用中央经费、外省资金和人才来办理自己办不到的事业。[⑧]

第三，国民政府及西北地方政府无力投巨资进行这一需巨大人力、财

---

① 参见陈正祥《西北区域地理》，商务印书馆1946年版，第7—8页。

② 参见《甘肃水利工程队关于黑河流域工程规划书》，陕西省档案馆藏，资料号72—5—382，第4—8页。

③ 参见蔡无忌《民元来我国之农业》，载朱斯煌《民国经济史》，银行学会1947年印行，第224页。

④ 参见王成敬《西北的农田水利》，中华书局1950年版，第77—79页。

⑤ 参见张之毅《新疆之经济》，中华书局1945年版，第72—73页；《西北的农田水利》，第65页。

⑥ 参见陈正祥《河西走廊》，出版者不详，1943年，第14—15页。

⑦ 参见宁夏省政府编印《宁夏资源志》，1946年，第17—19页。

⑧ 参见张心一《六年来甘肃生产建设（一九四一年至一九四六年）》，载政协甘肃省委员会文史资料研究委员会编《甘肃文史资料选辑》第26辑，甘肃人民出版社1987年版，第2页。

力、物力的经济开发活动。

若论西北经济开发未能取得巨大成效的原因，有一个问题不容回避，即国民政府及西北地方政府投资多少的问题，因为投资多少直接影响西北经济开发的实际效果。“举办任何事业，均非钱莫办，尤其是开发西北这种伟业，非有大宗款项，无论你计划怎样精密，亦是徒然。”① 西北开发资金主要有三个来源，一是中央政府投资，二是地方政府投入，三是社会资金。由于开发活动持续时间较长，涉及部门、领域、人员众多，除个别行业（如纺织业）有一定规划外，多数都为应付战时急需，起伏性很大，且具有投资态度前后遽变，比后方其他地区垄断性更强，腐朽程度也较其他地区严重的特点。② 然而可以肯定的是，由于处于战争或准战争状态，加之各级政府民穷财尽，能用于开发建设的资金实在有限，这也在很大程度上影响了开发的效果。

首先，中央政府的投资。国民政府成立后，面临着相当严峻的财政困难，“国民党政府从中国过去所承袭的最大障碍，就是政府财政”。蒋介石在接掌政权时，中国还没有财政基础，不足以像现代国家一样行动。③ 为了改善财政状况，国民政府着手对税务进行整顿，并取得了较大的成绩。1931 年江淮大水灾和九一八事变后，收入有所下降，但仍然比成立之初增长不少。

虽然收入有所提高，但各类支出也是相当大的，尤其是军费和债务费。海关关务署副署长朱偰曾指出：“当时各海关征起税款，根据不平等条约，都汇存上海英商汇丰银行。这些税款，极大部分拿来偿还外债和对外赔款（如庚子赔款）的本息；另外一部分拿来供海关总税务司署庞大的开支之用；剩下来的一部分，才交给国民党政府，作为海关收入。”④ 关税中竟没有一笔款项是直接地或实质性地用于发展国内工商事业。1926—1936 年间，关款在扣除关务行政开支后，被指定用于偿付“庚子赔款”和其他外债的占 43%；偿付内债占 42%；余下的 15% 用于中央政府一般

---

① 程振章：《“开发西北与建设农业”的先决问题》，《晨光》第 2 卷第 7 期，1933 年，第 12 页。

② 参见陈正卿、赵刚《抗战时期国民党政府西北投资活动述论》，《历史档案》1989 年第 4 期，第 114—119 页。

③ 黄仁宇著，张逸安译：《黄河青山：黄仁宇回忆录》，三联书店 2001 年版，第 222、226 页。

④ 朱偰：《抗战时期海关内幕》，载全国政协文史资料研究委员会编《文史资料选辑》总第 112 辑，中国文史出版社 2000 年版，第 74 页。

开支，其中大部分是军费。[①] 以战前10年而言，1936年军费支出达6.65亿元，是10年中最高的，占27.9%；最低年份为1927年，为1.89亿元，而所占比例却是最高的，达76.7%，10年间军费支出平均为863.1百万元，占总支出比例为43.8%，在各项支出中是最多的。[②] 仅次于军费支出的是债务支出，1927—1935年间，中央政府共偿还债款31.1亿元，其中内债22.1亿元，外债6.3亿元，赔款2.7亿元。[③]

军费、债务费支出所占比重愈大，则政府投向其他方面的资金则愈小。1934年经委会预算西北建设费2246300元，而实际为2116300元，减少13万元。[④] 1936年编列预算时干脆没有西北建设费项目。[⑤] 西汉公路筹款即是一例。西汉公路全路工费原先预计约为250万元，其中经委会下拨40万元，1934年列入计划80万元，加上其他款项，共为1242500元，余下的近130万元迟迟未有着落，而蒋介石限定此路10月底完成，因此，筹款成了头等大事。宋子文"详加核议"，多方筹措，从1934年江西公路基金项目下移拨5万元，挪借各省公路预算事业费55万元，挪用西兰路养路费7万元，压缩公路调查研究经费2万元，共为69万元，尚不敷567500元，只能将"该路各项工程标准，酌量变更"，将原定工费缩减为200万元，即使这样，仍有67500元没有着落，只好"由本会其他经费项下移拨，以资弥补，将来如有不敷，并请按照实际需费情形，准予追加"[⑥]。这样，在牺牲工程质量的前提下，总算解决了西汉路的经费问题。台湾学者指出，当时经济未能显著成长的原因是国防经费占去政府开支的一半，政府花在经济发展和经济改造上的钱有限。[⑦]

抗战全面爆发后，战争区域日益扩大，为了争取抗战早日胜利，加大军费投入是情理之中的，也是符合当时中国实际情况的，因此，抗战时期

---

① 参见郑友揆《中国的对外贸易和工业发展》，上海社会科学院出版社1984年版，第76页。

② 参见中国第二历史档案馆编《中华民国史档案资料汇编》第五辑第三编"财政经济"（一），江苏古籍出版社2000年版，第239页。

③ 参见《中国现代史》下册，第478页。

④ 参见《秘书长关于报送经委会1934年度经济建设费各项分门预算增减数目表案签呈》，载中国第二历史档案馆编《全国经济委员会会议录》三，广西师范大学出版社2005年影印本，第353页。

⑤ 《秘书长关于编送经委会1936年度各项经费概算案签呈》，载《全国经济委员会会议录》三，第365—367、395—396页。

⑥ 《秘书长关于核拨西汉公路工款案签呈》，载《全国经济委员会会议录》（三），第218—219页。

⑦ 参见《中国现代史》下册，第475—480页。

军费总体而言是逐渐增加的。据研究，1941—1948 年，政府总支出的 60%用于军费①，支出最高的 1945 年占总支出的 87.3%，最低年份亦有 53.7%②。战时经济发展费用主要包括四个方面，即一般经济、乡村、交通建设和西北开发，1937—1942 年主要用于前三个方面，1943 年和 1944 年才安排专门的西北开发资金，这笔款项 1943 年占经济发展费用的 12%，1944 年占 17%。③

其次，西北各省的投入。国民政府时期，西北各省收入主要由田赋、契税、营业税、杂税杂捐及杂项收入等构成，其中田赋是大宗。1931 年，陕西全部收入为 13994897 元，其中田赋为 3300367 元，占 23.58%，甘肃占 74.82%，新疆占 44.74%，宁夏占 56.17%，青海占 3.60%④，除了青海田赋收入较少外，其他各省皆是收入的主要来源。各种税捐，主要包括地税、营业税、执照税等。

民国以来，西北各省的财政经常处于入不敷出的境地。陕西自民国以后，干戈扰攘，兼以旱灾频仍，地方财政毫无基础可言，省库枯竭。甘肃辛亥以来，协饷断绝，收支不敷。国民军入甘，军费骤形膨胀，青海、宁夏被划出后，收入锐减，益感不敷。⑤ 青海、宁夏二省新设，财政自形局促。⑥ 新疆也是支出大大超出收入，从 1912 年到 1927 年，累积赤字共 49639000 余元，加上民国前不敷之数，约合 6000 余万元。金树仁上台后，军费激增，从 1933 年起，几乎连年赤字。“民间对于军队及地方机关的供给，实已疲于奔命。”⑦

30 年代，西北各省的财政状况更是恶化，基本处于赤字状态。表 20 基本上反映了 30 年代前期的财政收支情况。

---

① 参见张嘉璈《恶性通货膨胀：中国的经验，1939—1950》，转引自〔美〕胡素珊《中国的内战——1945—1949 年的政治斗争》，王海良、金燕等译，中国青年出版社 1997 年版，第 147 页注释 1。

② 参见《财政年鉴》，第三编第三篇，第 131—150 页，转引自张静如、卞杏英主编《国民政府统治时期中国社会之变迁》，中国人民大学出版社 1993 年版，第 12 页。

③ 参见张嘉璈《一九三九年至一九五〇年中国物价续涨之经验》，马萨诸塞工业技术学院工业技术出版社与约翰威列书局 1958 年版，第 125 页，转引自薛光前编著《八年对日抗战中之国民政府》，台湾商务印书馆 1978 年版，第 274 页。

④ 参见蔡盛琦编注《蒋中正总统档案：事略稿本》35，“国史馆”2009 年版，第 537 页。

⑤ 参见朱镜宙《甘肃财政之过去现在与将来》，《西北问题》第 1 卷第 3 期，1935 年 5 月 15 日，第 52 页。

⑥ 参见充一《陕甘青宁绥五省之财政》，载秦孝仪主编《革命文献》第 90 辑，“中央文物供应社”1981 年版，第 278—280 页。

⑦ 《中国的西北角》，第 285 页。

表 20 历年度陕甘青宁新五省岁入岁出预概算

省别	年度	岁入（元）	岁出（元）	盈余（元）	亏损（元）
陕西	1931	13994897	20781164	—	6786267
	1932	12559517	12626755	—	67238
	1933	11999004	11738462	260542	—
	1934	15016100	15408778	—	392678
	1935	17190124	18453046	—	1262922
	1936	18171522	18479230	—	307708
甘肃	1932	5171648	3130370	2041278	—
	1933	6264489	5486130	778559	—
	1934	3870759	3870795	—	—
	1935	8580751	6310664	2270087	—
	1936	8497358	8487677	9681	—
青海	1931	1975608	1044950	930658	—
	1932	843182	926189	—	83007
	1933	846062	933845	—	87783
	1934	875172	951305	—	76133
	1936	1297330	1553856	—	256526
宁夏	1931	1104732	3260809	—	2156077
	1932	2232973	2203659	29314	—
	1933	1434704	1434704	—	—
	1934	1536748	1536748	—	—
	1935	5584788	4642712	942075	—
	1936	4819006	4604927	214079	—
新疆	1933	4361400	7422800	—	3061400
	1934	6722800	10984000	—	4261200
	1935	7903500	12074550	—	4171050
	1936	10328000	14522000	—	4194000

资料来源：充一：《陕甘青宁绥五省之财政》，载《革命文献》第 90 辑，第 277—278 页。

原表说明：1. 本表多取材于《岁计年鉴》及各省财政厅之报告；2. 表中所列岁入数字，已除去该省国家岁入矿税 942 元，岁出数字亦除去该省军务费 4793140 元。

引者说明：1. 新疆的数据转引自新疆社会科学院历史研究所编著《新疆简史》第 3 册，第 219 页；2. 陕西 1932—1936 年数字，甘肃 1933 年、1936 年数字，宁夏 1935 年、1936 年数字，青海 1936 年数字分别引自宋仲福主编《西北通史》第 5 卷，第 351、344、218、242 页；3. 各省财政收支情形，记载颇不一致，如据朱镜宙记述，甘肃 1934 年岁入共计 789 万余元，岁出 1155 万余元，不敷 366 万余元，见朱镜宙《甘肃财政之过去现在与将来》，载《西北问题》第 1 卷第 3 期，1935 年 5 月 15 日，第 52 页。

从表20可以看出，五省岁入虽然逐年递增，但岁出也呈递增趋势，且增速更快，多数年景收不抵支，尤其是军费增长更速，是导致入不敷出的主要原因。1925年西北各省军费总计17856410元，其中陕西8126773元，甘肃3407569元，新疆6322068元。① 30年代，各省军费有增无减。1931年初，陕西国防军、省防军等驻防军队每月军费73万余元，“其临时杂支及服装等费尚不在内”，九一八事变之后增至89万余元，1932年全年军费636万余元，行政费320余万元，“不敷之数将及三分之二”②。宁夏驻军在西北五省来说是最少的，据1932年统计，省内驻军有马鸿宾新编第七师12000人，马3000匹，枪7000支；独立旅2000人，枪1300支；省府卫队1500人，枪800支，每年省支军费2698750元，占全年全省总支出的79.89%。③其他四省则更多。蒋介石1934年视察西北时指出，“甘肃历年苦于匪患，军队数额庞大，开支浩繁，财政极端困难，建设无由进行”④。青海岁入不过170余万元，而1931年军费竟达160余万元⑤，只能“一半用营买粮草名义，向人民解征，一半则由省政府筹拨”⑥。据统计，1932年新疆约有7师兵力，金树仁时期，新疆每年军费增至22495000余元，再加上购买枪支、子弹费用90余万元，合计达230余万元。⑦

各省历年财政收支呈递增之势，那这些钱款都用到哪去了呢？让我们再来看一看各省的财政支出情况。在当时，一省财政支出按其实际用途大致可分为两大类：一为事业费，包括党务费、行政费、司法费、公安费、财务费等；二为政务费，包括教育文化费、实业费、交通费、卫生费、建设费等，与经济开发投入有关的主要是后者。见表21。

---

① 参见贾士毅《民国续财政史》（三），载张研、孙燕京主编《民国史料丛刊》第913册，大象出版社2009年版，第73页。

② 《于右任等转报杨虎城〈开发西北应先救济陕西请确定实施方案〉的提案》，1933年2月，载《抗战时期西北开发档案史料选编》，第109页。

③ 参见青山《西北五省军政党首领之调查》，《西北问题》第1卷第1期，1932年12月31日，第9页。

④ 蒋介石：《视察豫、鄂、甘、宁、绥、察、鲁、晋、陕、冀等省及北平市之感想》，1934年11月18日，载秦孝仪主编《总统蒋公思想言论总集》第38卷谈话，中国国民党中央委员会党史委员会1984年印行，第23页。

⑤ 参见鸣新《甘宁青何以善后》，《拓荒》第2卷第2期，1934年，第9页。

⑥ 原本：《青海财政概况》，《复兴月刊》第2期，1936年，第6页。

⑦ 参见青山《西北五省军政党首领之调查》，《西北问题》第1卷第1期，1932年12月31日，第9页；潘祖焕《解放前新疆财政概况》，载政协新疆维吾尔自治区委员会文史资料研究委员会编《新疆文史资料选辑》第3辑，新疆人民出版社1979年版，第155页。

表21　　近年来陕甘青宁四省事业费支出

省别	年度	教育文化费（元）	实业费（元）	交通费（元）	卫生费（元）	建设费（元）	合计（元）
陕西	1931	1265993 6.09%	—	—	—	2404253 11.56%	3670346 17.65%
甘肃	1932	584350 4.81%	—	—	—	300000 2.48%	884350 7.39%
	1934	660819 17.07%	—	—	—	405946 10.48%	1066763 27.55%
	1935	989836 15.68%	22873 0.09%	6000 0.09%	53774 0.85%	380448 6.02%	1452931 22.94%
青海	1931	109753 10.50%	—	17520 1.67%	—	49530 4.73%	176803 16.90%
	1932	135409 14.62%	—	9024 0.97%	36000 3.88%	41130 4.44%	221563 23.91%
	1933	140689 15.06%	192 1.02%	9024 0.96%	36000 3.85%	39288 4.20%	225193 24.09%
	1934	135409 14.23%	—	16680 1.75%	36000 3.78%	41130 4.32%	229219 24.08%
宁夏	1931	533603 16.36%	153788 4.71%	—	—	569018 17.45%	1256409 38.52%
	1932	386873 12.07%	—	—	—	179224 5.59%	566097 17.66%
	1933	188054 13.10%	13100 0.91%	—	—	178169 12.41%	379323 26.42%
	1934	141889 9.29%	2682 0.17%	9024 0.59%	36000 2.34%	39288 2.55%	228883 14.94%

资料来源：充一：《陕甘青宁绥五省之财政》，载《革命文献》第90辑，第288—290页。

引者说明：原表所占比例合计数字有误，本书在引用时重新作了计算，其他未作改动。

从表21可以看出，1931—1934年，陕、甘、青、宁四省事业费，最高为1931年度的宁夏，占支出总额的38.52%，甘肃最低的年份只有7.39%，平均仅占21.82%，与国民政府规定的事业费支出“在省区或市县不得少于其总预算总额百分之六十”的比例相差甚远，并且行政费与事业费多含混不清，事业费往往被挪用。① 退一步说，即使事业费全部用于教育、文化、经济建设，其所占比例亦甚小。而实际上，行政费远远大于事业费。据统计，1935年甘肃军费支出占52.45%；行政费占12.23%，教育费占8.3%，财政费6.2%，债务费4.46%，建设费3.48%，公安费3.28%，司法费2.95%，党务费2.80%，地方营业费占2.47%，慈善费

① 参见《陕甘青宁绥五省之财政》，载《革命文献》第90辑，第290—291页。

0.97%，抚恤费0.27%，实业费0.12%，卫生费0.09%，交通费仅占0.01%。[①] 这一情况历年相关无几。据统计，1936年陕、甘、宁、青四省总收入分别为18171522元、8497358元、1297330元和5667556元，总支出分别为18479230元、8487677元、1557856元和5508913元[②]，除宁夏之外，其他三省皆入不敷出。新疆1933年至1942年平均各项支出中，军政费占39%，农牧费占20%，教育费占13%，保健费占13%，省营事业投资占8%，交通费占7%。[③] 见表22。

表22　**1936年度西北四省事业费内容所占比例比较**　(%)

省别	教育文化费	实业费	交通费	卫生费	建设费	营业资本支出	合计
陕西	42.20 (15.37)	4.71 (0.48)	3.71 (4.61)	5.30 (1.85)	19.98 (7.24)	—	100.00 (36.25)
甘肃	66.22 (24.17)	6.26 (2.28)	11.85 (4.32)	4.29 (1.56)	6.15 (2.24)	5.13 (1.87)	100.00 (36.44)
宁夏	77.35 (7.87)	1.17 (0.12)	4.71 (0.48)	16.77 (1.71)	—	—	100.00 (10.18)
青海	62.72 (13.55)	1.10 (0.24)	3.72 (0.80)	16.29 (3.52)	16.16 (3.49)	—	100.00 (21.60)
全国平均	46.44 (13.52)	9.63 (2.80)	5.73 (1.67)	2.55 (0.74)	29.66 (8.63)	5.9 (1.74)	100.00 (29.10)

资料来源：张一凡：《民元来我国之地方财政》，载朱斯煌《民国经济史》上，第184页。

原表说明：1. 事业费包括教育文化费、实业费、交通费、卫生费、建设费、营业资本支出六项；2. 括号内系占各该省总岁出百分比。

表22反映了1936年陕、甘、宁、青四省发展教育、交通、卫生、社会建设等方面的资金比重及与全国的对比，可以看出，陕甘两省事业费分别占总支出的36.25%和36.44%，高于全国平均水平，而宁夏和青海两省则未能达到，尤其是宁夏，仅为三分之一。胡平生在研究宁夏1931—1940年各项支出后认为，分配大致尚妥，但教育文化、建设费太少，有些县如豫旺、中宁、磴口1935年以前根本没有建设费，即使有也是少得可

① 参见朱镜宙《甘肃省政府财政厅二十四年工作择要报告》，1936年，甘肃省图书馆西北地方文献阅览室（图书）藏，第9—10页。

② 参见《历年各省财政收支总表》，《统计月报》第67—68号，1942年3—4月，第5—6页。

③ 参见《新疆之经济》，第55页。

怜，如省城1935年为4057元，金积2940元，宁朔2015.2元，灵武408元，平罗845.5元，中卫800元，盐池只有区区200元，合计11265.7元，且有减少之势。[①] 省支军费庞大，1931年度占总支出的73%，1932年度为80%左右，1934年度为77%，1935年度为24%，1939年度为58%，1940年度为31%。支出最多的前五位分别为省支军费、其他、公安费、行政费和教育文化费，合计为5315231元，占96.48%，除去教育文化支出7.87%属于事业费支出，其他四项为88.61%，比例实属骇人，而建设经费却少得可怜。[②]

凡到过西北的人，对西北的财政窘况都有相同的认识，魏崇阳1934年6月到青海时，对于青海省政府欲增设新的县治一事，殊表疑问，主要原因即是感到"青海目前财政状况，极度困难，维持现有各县，已感捉襟见肘，实无余力再云新设"[③]。

新疆在第一期和第二期的三年计划中，实业费支出也十分有限，比例见表23所列。

表23 **新疆两期三年计划中各项支出比例** （%）

	行政费	军事费	农业费	财务费	教育费	工业费	保健费	交通费	其他
第一期	12.7	50.0	3.4	10.6	7.2	2.6	2.5	1.8	9.4
第二期	13.1	38.6	3.7	12.4	11.5	5.7	3.2	1.5	10.4

资料来源：周泓：《民国新疆交通概综》，《喀什师范学院学报》2002年第5期，第38页。

表23反映出，在新疆两期三年计划支出中，比例最大的仍是军费，虽然第二期与第一期相比减少了11.4%，但仍占首位，而与此形成鲜明对比的是，第一期计划中农业费、工业费和交通费的总和不过7.8%，所占比例不到一成，第二期计划中实业费虽有所增加，但也不过10.9%，这样的投入要想获得大的回报是不可能的。这是战前大致情形。

抗战时期，军费、保安等费用增长，用于开发建设的投资有减无增。马寅初指出，"在县预算中最易使人目眩者，厥为政务与保安两费，几占支出总额80%以上。是故民脂民膏，悉供俸禄饷糈之用，而地方应有之福

① 参见宁夏省建设厅第一科《宁夏省建设汇刊·公牍》第1期，中华印书局1936年12月版，第2—4页。

② 参见胡平生《民国时期的宁夏省（一九二九——九四九）》，第210—211页。

③ 甘肃省图书馆编印：《西北民族宗教史料文摘》青海分册，1986年，第9页。

利事业，几等于零”[①]。以宁夏为例，1937 年教育、经济建设、社会（指卫生、保育、救济、抚恤等社会行政事业经费支出）等支出占总支出的 13.5%，1938 年占 14.71%，1939 年占 16.19%，1940 年占 17.23%，虽逐年增长，但年均只有 15.41%，比战前年均 21.82% 下降了 6.41%，款额之少“实无裨助于该省经建事业之推进”，“既不能发展经济以培养财源，财政终难脱于窘境”[②]。其他各省的情况大同小异。1934—1945 年，青海地方交通费共支出 228.25 万元，占同期财政总支出的 4.69%，主要用于修筑省道的勘察设计和购置工具、炸药、水泥等开支。此一时期，青海总的建设费共支出 372 万元，仅占同期财政支出总数的 0.76%。[③] 表 24 反映了甘肃建设厅 1941—1946 年各项建设事业支出情况。

表 24　　甘肃建设厅 1941—1946 年度各项建设事业费总额　　（单位：元）

科目	1941 年	1942 年	1943 年	1944 年	1945 年	1946 年	合计
工矿	210000	255000	250000	860890	900000	1200000	3675890
农林畜牧	250000	1010000	1461269	31438730	13950162	13950162	62060323
水利	605308	150000	10647688	10550000	1052262897	1052262897	2126478790
交通	1978456	878873	2389781	82396084	242406500	242406500	572456194
电政	—	50000	1375667	—	—	—	1425667
总计	3043764	2343873	16124405	125245704	1309519559	1309819559	2766096864

资料来源：甘肃省政府建设厅编：《甘肃省建设事业费（国省拨款及借款）》，《甘肃省经济建设纪要（1940.12—1946.12）第 67 号》，甘肃省图书馆西北地方文献阅览室（图书）藏，油印本。

最后，其他资金来源。其他资料虽有投入，但所占份额较小，如泾惠渠修筑款项中，有华侨捐款；甘肃水利建设中有援华会拨款[④]、国际救济会贷款[⑤]等，但这些款项为数较少，且不固定。

---

① 马寅初：《财政学与中国财政——理论与现实》下册，商务印书馆 2005 年版，第 629 页。

② 叶祖灏编著：《宁夏纪要》，正论出版社 1947 年版，第 595 页。

③ 参见青海省地方志编纂委员会《青海省志·财政志》，黄山书社 1995 年版，第 255—257 页。建省前，青海省建设费主要指公营产业建设及管理机构经费，建省后，建设费开支除交通费、实业费（公有事业开发及管理经费，建省初期主要包括农事试验场、森林公园和植树造林等项费用）外，其他项目支出很少，主要用于人员工资和机关办公费的开支。

④ 参见甘肃省政府建设厅编《甘肃省建设事业费（国省拨款及借款）》，《甘肃省经济建设纪要（1940.12—1946.12）》第 67 号，甘肃省图书馆西北地方文献阅览室（图书）藏，油印本。

⑤ 参见《河西水利工程处关于兴修已成各渠概况、工程说明及水利工程规划与计划书一览表》，甘肃省档案馆藏，资料号 38—1—7，第 47 页。

投资少必然影响各项建设事业的进行，这一点在农田水利、资源矿山等领域表现尤为显著。[①] 战时甘肃各渠工程概况，前期最少完成工程量的30%，而到了后期，除肃丰渠外，其他各渠都基本停工，不能完工的主要原因即为资金不足。[②] 陕西有些渠道亦因资金不足，战时只完成了局部，未能全部完成，如渭惠渠、沣惠渠、涝惠渠等。[③] 另如牧惠渠，1937 年即已测竣，1940 年计划动工，但因需费较大而作罢。[④]

工矿业也不容乐观。以资源委员会历年拨付后方工矿企业款额而言，1938 年为国家总预算的1%，1940 年为2.8%，1942 年为1.6%，1943 年降至0.9%，1945 年更降到0.7%。而实际金额（折合战前币值数），1937 年为1698.4 万元，1941 年为1106.2 万元，1944 年仅为173.9 万元[⑤]，逐年下降，1944 年仅为1941 年的零头。这些款项再由资委会分配给后方各省，西北各省能分得的款额杯水车薪。

中央政府对西北工业的投资主要集中于抗战时期，但额度十分有限。战时兰州机制工业如制革业、化学业、纺织业、机器业等面临的困难，首当其冲的是周转金不足。[⑥] 严耀秋在1942 年1 月曾抱怨："目前一般工厂最严重的问题，第一就是资金周转问题。"[⑦] 甚至有些常用设备也因资金不足而无法购买，只能向他处商借。1943 年肃丰渠工程处在建办公大楼时，所需油渣向西北公路运输局借用，1944 年4 月靖丰渠、肃丰渠、武威工作站所需几顶帐篷，水利林牧公司所需汽车轮胎亦向资委会甘肃油矿局运输处商借。[⑧]

西北各省地瘠民贫，而各项建设需款孔急且数量巨大，除了政府投

---

① 参见陈正卿、赵刚《抗战时期国民党政府西北投资活动述论》，《历史档案》1989 年第1期，第116 页；国民政府行政院编《国民政府年鉴》（二），《民国史料丛刊》第932 册，第430—431 页。

② 参见房沧浪《西北归来2》，《申报》1945 年11 月25 日第1 版。

③ 参见《陕西省水利局施政报告》，陕西省档案馆藏，资料号72—6—6；《陕西省政府交代比较表（一）》，陕西省档案馆藏，资料号72—2—1236（1），第1 页。

④ 参见《陕南各县兴修水利情况（二）》，陕西省档案馆藏，资料号72—6—206（2），第89—102 页。

⑤ 参见陈真编《中国近代工业史资料》第3 辑，第892 页。

⑥ 参见经济部中央工业试验所兰州工作站、甘肃省银行经济研究室、兰州交通银行、甘肃省政府建设厅《甘肃工业资源兰州市工厂调查》下编《甘肃省兰州市工厂调查报告》，兴陇公司印刷厂1942 年10 月版，第27 页。

⑦ 孙果达：《民族工业大迁徙——抗日战争时期民营工业的内迁》，中国文史出版社1991 年版，第194 页。

⑧ 参见《省水利林牧公司、建设厅、肃丰渠工程处等就函借济南市测量报告、帐篷、小汽车、卡车、评剧服装道具、归还汽油、油渣、洽借千斤吊、钢锯等的公函、函》，1942 年3 月5 日，甘肃省档案馆藏，资料号39—1—204。

资，西北的开发与建设不得不仰给于贷款。水利方面，甘肃省政府向四联总处按年洽借贷款，1941 年总额为 400 万元，1942 年为 2500 万元，1943 年为 4400 万元，主要用于修筑渠道。[①] 1941—1946 年，甘肃办理的各种大型水利借款共计 8 亿元，其中中国农民银行供给九成，中央垫借十分之一。[②] 电力工业，兰州电厂从交通银行借得 350 万元，借期一年半；天水电厂从交通银行借得 150 万元，一年半还清；平凉华亭电厂从交通银行借得 150 万元，以营业收入为还款基金，合约届满前两个月内分月偿还。1940—1942 年三年甘肃电力工业共向四行借款 4438. 5 万元，其中 1940 年为 1995 万元（中央银行业务局承担 6982500 元，中国银行重庆分行 6982500 元，交通银行重庆分行 3995000 元，中国农民银行重庆分行 1995000 元）；1941 年为 14290000 元；1942 年为 10145000 元。[③]

所以，在国困民穷的情况下提出开发西北、建设西北的口号只能是在战争（或准战争）情况下的被动之举，国家和地方根本不可能也无经济力量去大规模投资，进行全面开发和建设。难怪当时有人偏激地说："提出开发西北的口号，正在九一八事变后困难期间，尤其是当榆关事变的时候呼声最高。中国的财政空虚，并非一日，需要开源，非从今日始，何以正值困难，国家日不保夕的当儿，政府要人，隐在车中往来办公的时候，忽而妙想天开的反提出这么一个口号？"[④] 学者研究后也指出："南京政府由于军费和债务的拖累，财政连年赤字，很少能有用于经济建设的开支。"[⑤]

第四，虽然制订了各种计划，但缺乏统一的领导机关和系统的机构指导。

张人鉴在 30 年代初指出："开发西北之进展程度如何，应首先视其组织是否完善，倘组织完善，则办事灵敏，自可收指臂之效，否则上下不相通，彼此无关连，滞阻壅塞，进展维艰。"因此，张人鉴建议在国民党中央的直接监督下成立一个开发西北委员会，这一机构"既不能受各省政府之监督，又不容受各省驻军之掣肘，又因与内地各省有相当关系……其权力范围，得统制并指挥六省党政军各机关"，并在委员会之下分设行政委

① 参见甘肃水利林牧公司编《甘肃水利林牧公司成立两年概况》，1943 年 8 月，甘肃省图书馆西北地方文献阅览室（图书）藏，油印本。

② 参见张心一《六年来甘肃生产建设（一九四一年至一九四六年）》，载《甘肃文史资料选辑》第 26 辑，第 1—3 页。

③ 参见薛月顺编《资源委员会档案史料汇编——电业部分》，"国史馆" 1992 年版，第 65—77 页。

④ 槐三：《开发西北问题的检讨》，《拓荒》第 2 卷第 3 期，1934 年，第 46 页。

⑤ 许纪霖、陈达凯主编：《中国现代化史》第 1 卷（1800—1949），第 380 页。

员会、技术委员会和拓殖银行，对开发西北进行综合管理。[①] 马凌甫也建议由陕、甘、宁、青建设负责人员与专家学者共同组织一个西北建设调查设计委员会，从事调查与设计，然后再图开发。[②] 张人鉴等学者看到了组织机构对开发西北的巨大促进作用，但可惜的是，这一建议当时未被采纳或即使采纳也未被认真执行。相反，国民政府时期机构林立，政出多门，更易频繁，大大影响了开发的效果。公路部门的管理机构，变易最多，可为例证。

1934 年 4 月 14 日，全国经济委员会为了筹备西兰公路运输业务，在西安创设西北公路管理局筹备处，负责筹备事宜。1935 年 1 月 1 日，正式成立西北国营公路管理局，直隶于经委会公路处，以郑为首任局长。同年 10 月郑去职后，赵祖康、曾向午先后接任。1937 年 10 月 29 日，管理局改组为西北公路运输处，经委会派刘景山为处长，专司国际运输及军运。12 月 20 日，西北公路运输处与西北国营公路管理局合并改组为陕甘运输管理局。1938 年 1 月经委会撤销后，改隶为交通部，遂于 2 月 12 日改名为交通部陕甘运输管理局，旋又改为交通部西北公路运输管理局。[③] 其后又历经多次更易，前后达 20 余次之多，主管者先后易人在 10 人以上，管辖机构先后有经委会、交通部、军委会运输统制局、交通部。[④] 战争时期应该根据战局变化、人员变动等作出相应调整，对相关机构裁撤、合并无可厚非，但对于如此频繁的机构、人事更易，很多当事人还是认为弊大于利，不利于战时交通事业的发展，如凌鸿勋指出，"中央对于西北的交通政策上很多变动，六月，中央设一个运输统制局，隶属于军事委员会，公路的事由交通部改归运输统制局管理。我觉得西北公路办了多年所以没有很好的基础，就是由于过去十年，差不多每年变更机构一次，或改组或合并，现在才不到半年，又要归运输统制局管理。因此人事不安定，章则也不能久行，前途很觉困难"，其变易之频繁可用"混乱"来形容[⑤]，最终的结果是事权不一，很难配合。

---

① 参见张人鉴《开发西北实业计划》，著者书店 1934 年版，第 9—10 页。

② 参见马凌甫《青海调查报告》，西北实业调查团，1940 年 6 月，第 32 页。

③ 参见交通部西北公路运输管理局编印《西北公路运输》，1939 年 9 月。

④ 参见孙发端等编《交通部公路总局第七区公路工程管理局工作报告（1947 年 1—8 月）》，甘肃省图书馆西北地方文献阅览室（图书）藏，油印本，1947 年；周一士、胡美璜《中华公路史》上部，1984 年，第 241—261 页；西北公路运输管理局编印《西北公路交通要览》，1940 年 10 月，第 4—6 页。

⑤ 沈云龙访问，林能士、蓝旭勇纪录：《凌鸿勋先生访问纪录》，"中央研究院"近代史所 1982 年版，第 169、164 页。

除了机构裁设频繁，另一个缺点是机构本身效率低下。罗家伦在西北建设考察团考察报告中亦称，国民政府前后设置的西北开发机关绝大多数存在三个流弊，一是名目繁多，如甘肃河西某地，竟有机关名称多至100多个，“沿街一行，触目皆是”，以致形成“人浮于事，机关浮于人”的局面。二是性质重复，如陕西某市一条街上有三个农业机关的招牌，不但养了一批闲散人员，加重了人浮于事的现象，而且权责不清，支出增大，入不敷出。三是工作放任，由于西北地域辽阔，城市之间距离较远等原因，上级机关与具体开发事务机关不在同一地区，再加上通信、交通不便，不能就近指导监督，以致工作放任，效率低下。因此，针对此种情况，罗家伦认为，“欲求西北各项建设事业得有配合性之进展，则必须有统一筹划之机构”，此一机构所担负的职责有五：一是计划研究西北建设事业的方案，向国民政府呈献；二是关于西北建设事业，建立国民政府与各省、各省与各省及各项事业与各项事业之间的联系；三是储备建设专门人才，在从事研究、调查、勘测工作的同时，为各省提供专门建设人才；四是拟具西北建设经费预算，待国民政府核定后督促办理；五是监督考核国民政府在西北设置的各种机关，呈报国民政府。[①] 只有具有上述事、权的机构，方能担当开发建设西北的重任，也才能在工作中如臂使指，收不世之功。

第五，极强的军事性妨碍了经济开发的效果。

这种军事性体现为前后两种性质截然不同的军事对抗，其分水岭则是被有些学者称为“中国现代史上的奇耻大辱”[②] 的九一八事变。第一种对抗是国民党完成北伐、形式上统一全国后，为了进一步巩固来之不易的局面而进行的国内战争；第二种对抗是九一八事变后，日本日益暴露其侵吞中国的野心，直至1937年七七事变发生，再到1945年中国取得胜利的抗日战争。

西北在20世纪二三十年代长期为割据色彩极为浓重的地方军阀所控制，军费开支浩大，中央政府更是如此，所借外债大多用于军事开支，包括“围剿”中国共产党。1931年美麦借款921万美元，名为赈济水灾，实则充当第二、第三次“围剿”经费。1933年美棉麦借款“在洽商时期就已由国民党中央政治会议议决拨充豫、鄂、皖、赣四省‘剿赤’军费”[③]。1933年棉麦借款中，经委会1934年折存数为1500万元，其用

① 《西北建设考察团报告》，第61—63页。

② 〔美〕傅虹霖：《张学良的政治生涯——一位民族英雄的悲剧》，王海晨、胥波译，辽宁大学出版社1988年版，第80页。

③ 杨荫溥：《民国财政史》，中国财政经济出版社1985年版，第65页。

途分配如下：七省联络公路650万元，卫生事业费500万元，江西建设事业费190万元，西北建设事业费250万元，棉麦统制费100万元，蚕丝改良费75万元，茶叶改良费6.4万元，燃料研究费10万元，调查研究费20万元，其余作为预备费。棉麦借款签订后，立法院于6月16日对外宣称，此次借款收入全部用途限于创办及发展基本工业，复兴农村经济，兴办水利，发展重要交通事业等，铁道部亦有将此款项部分用于完成陇海铁路的建议①，不得移充任何对内用兵或其他消费之用。其实不然。郑会欣研究后指出，"国民政府在棉麦借款所得款项中用于统制全国金融的数目约占40%，直接用于反共军事（冠名为南昌行营'剿共'、七省公路及江西建设费用等）占36%强，而真正用于国内经济建设的则微乎其微了"②。

极强的军事性还体现在交通尤其是公路的修筑方面。国民政府修筑赣、鄂、湘、豫及川、陕、甘等省公路，有明显的军事目的，一是备战，另一个更为主要的则是"剿匪"。1933年，蒋介石曾提出"交通剿匪"政策，其主旨是"我们（指军队）到一处地方，一定要政府、军队与人民合作，修好公路线，打通与后方的交通。……所以我们修后方的道路便如同筑前方的堡垒一样重要"③。这其实是效仿熊式辉在江西"剿匪"的要点，即除了办理保卫团和救济农村外，就是发展便利"剿匪"的交通，包括铁路、公路、飞机场、电报、电话及碉堡间电话，这些方面皆是先军用再民用。④ 国民政府积极在西北发展交通，即是借鉴江西"剿匪"的成功经验，陕西所有电话线路皆在1934年、1935年西北"剿匪"军事期间架设，但因为时间仓促，经费有限，故而方式简略，取材欠良。⑤

通往陕北地区的8条公路，其目的则是对中国共产党领导下的陕甘宁边区采取包围战术，如韩宜公路（韩城—宜川），南接渭大韩公路，北去延长，为当时东北方向距中共中央所在地延安最近的一条公路，既可进犯

---

① 参见中国第二历史档案馆编《中华民国史档案资料汇编》第五辑第一编"财政经济"（三），江苏古籍出版社1994年版，第243—244页。

② 郑会欣：《改革与困扰——三十年代国民政府的尝试》，香港教育图书公司1998年版，第166页。

③ 转引自许涤新、吴承明主编《中国资本主义发展史》第3卷，第95页。

④ 参见熊式辉《海桑集——熊式辉回忆录（1907—1949）》，明镜出版社2008年版，第119—163页。

⑤ 参见《本厅一九四三、四四年建设事业费》，陕西省档案馆藏，资料号72—2—1030，第118页；《交通工作报告》，载《革命文献》第28至30辑精装合订本，"中央文物供应社"1978年影印再版，第676页。

延安，又可为第二战区运送补给，“关系军运，不宜延缓”，故大量征集民工、商调兵工、加派督工专员驻工地督催。该路1940年4月测量，7月测毕，11月施工，第二年11月11日便通车。[①] 白宜公路接韩宜公路而达宜川，南与渭白路相接，是关中通往陕甘宁边区东南部的捷径。1943年5月测量，8月征集沿线民工修筑，11月即通车。洛宜公路（洛川—宜川）是咸榆、韩宜两路的联络线，洛川是包围陕甘宁边区的前哨据点。此路1940年6月时曾修有便道，1943年又拨款500万元整修，1944年交通部又拨款1亿元改善和续修，1945年11月基本完工。1948年胡宗南即利用此路运兵增援前方。另有富宜公路（富县—宜川）、韩龙公路（韩城—龙门），皆是围绕陕甘宁边区修筑。[②] 有些工程预算表上标注有“急修”字样，意在加紧完成。[③] 西北公路“始终在军事第一之目标下，由萌芽而茁壮而成长”[④]。钱俊瑞指出：“前几年赤军主力在江西，所以江西公路发展特别快。1935年赤军主力西移到湖南、贵州、四川、陕西一带，于是这些地方的公路运动，也就开展起来了。以四川为中心的川黔、川鄂、川甘、川陕、川康等路，皆先后动工兴筑了。”[⑤] 有学者在论及国民政府修筑公路的初衷时指出，南京政府时期的公路是在军事和战略的压力下修建的，而不是出于经济上的理由，对经济的发展有一定的促进作用。但由于着眼于军事，在路线选择、修筑质量和运输设备上都不能配合。[⑥] 扩大军运，运送军事给养和作战人员是这些公路最主要的用途，而非沟通经济文化，所以东西线路多而南北线路少。[⑦]

国民政府开发西北的动机是能否直接为战争服务，起决定作用的是军事需要而非该地区的发展需要。1938年《国民党政府经济部关于战时经济建设的工作报告》中指出，“工矿业建设，以军需工业为中心”，“迁移厂

---

① 参见《本厅政绩交待比较表》，陕西省档案馆藏，资料号72—2—235，第1页。

② 参见陕西省交通史志编写委员会编《陕西公路史》第1册，人民交通出版社1988年版，第127—136页。

③ 参见《公路概况调查表》，陕西省档案馆藏，资料号72—4—242，第64—65页。

④ 孙发端等编：《交通部公路总局第七区公路工程管理局工作报告（1947年1—8月）》，甘肃省图书馆西北地方文献阅览室（图书）藏，油印本，1947年。

⑤ 时事问题研究会编：《抗战中的中国经济》，抗战书店1940年版，中国现代史资料编辑委员会1957年翻印，第223页。

⑥ 参见《中国资本主义发展史》第3卷，第96页；《一九二七到一九三七年中国财政经济情况》，第360页。

⑦ 参见《华西协合大学西北考察团报告》，载《民国史料丛刊》第818册，第301页。

矿旨在复工，而复工生产尤重军需”[①]。行政院规定，各省新办事业应以与抗战有密切关系非办不可者为限。[②] 1940 年 12 月 1 日，陕西设立企业公司，下设水泥厂，该厂所产水泥多被军事征购，致使公司亏累更巨，再加上物价狂跌，不得已而停办。[③]

第六，各级各类教育落后，各种专业人才缺乏。

开发西北涉及门类众多，大的门类如轻重工业、农业、水利、畜牧、教育等，在在需要人的力量，尤其是技术性人才对经济发展的作用不可替代。关于经济建设中的技术人才，有人作了初步统计，高等人才约 55180 人，初级人才 114300 人[④]，通讯、卫生、交通等行业并未计算在内，如果综合计算的话，当数倍于此。罗家伦 1943 年考察西北时也注意及此，他指出，“储备人才实为建设西北切要之图”，并依据考察门类，初步估算至少需要 98268 人，如果加上战后 10 年所需的铁路、公路及水利人才，则超过 300 万人。[⑤] 罗家伦的估算亦仅限部分行业，“尚有工业、矿业两部门，因需要人材之数目，与其兴办之单位及机器之性质有关，弹性颇大，故未加估计”，“国民教育及中等学校之师资……亦未列入”[⑥]。即使是具体的某一个行业如水利业，其下亦分工较细，包括诸如水利工程、水利设计、水利信息、农田水利、土地规划整理、水利监理、水土保持、水电工程等，皆需要大量的专门人才。西北地域辽阔，需要兴办的水利事业分布又广，因此所需专业人才不在少数。据有人保守估计，如果举办新疆的水利事业，各水利机构至少需要 2633 名各级各类人才，包括高中级技术人员 535 人，低级技术人员 1075 人，特种技术人员 120 人，管理人员 903 人。[⑦] 如据测算，战时完成河西水利开发，需成立测量队、查勘队、水文队、工程队等 50 处，需要各级工程师 297 人，事务员 72 人，监工、测工 355 人，共计 724 人。[⑧] 可见，要全方位开发、

---

① 参见中国第二历史档案馆《国民党政府经济部关于战时经济建设的工作报告》（中），《民国档案》1989 年第 4 期，第 36 页。

② 参见《本厅一九四三、四四年建设事业费》，陕西省档案馆藏，资料号 72—2—1030，第 93 页。

③ 参见《本厅政绩交待比较表》，陕西省档案馆藏，资料号 72—2—235，第 44 页。

④ 参见胡纯如《西北经济建设之根本问题》，载中央训练委员会西北干部训练团、西北问题研究室编印《西北问题论丛》第 2 辑，1942 年 12 月，第 10 页。

⑤ 参见《西北建设考察团报告》，第 57、65 页。

⑥ 罗家伦：《东北与西北》，载《罗家伦先生文存》第 1 册，第 270 页。

⑦ 参见《新疆之水利》，第 82—83 页。

⑧ 参见行政院新闻局编印《河西水利》，1947 年 8 月，第 15—16 页。

建设西北，如果没有大量的专业技术人才，再好、再完美的计划也无人实施，遑论开发与建设。

而就20世纪三四十年代的西北各省来说，开展各项建设所需的专业人才却十分匮乏，即所谓的"有人力而乏人才"①。其实即使人力，西北地区也非常稀少，举办大型工程常有人力不敷使用之感。各种专业人才更是稀缺。据统计，1930—1937年底，西北地区只有1名矿业技师，籍隶陕西，而同期全国登记者共有319人；1928—1937年底，西北只陕西有5名工业技师，而全国总数为1073名；1931—1937年底工业技副全国有244名，竟无一名西北籍人士。② 抗战时期，经济部登记的西北籍工业、矿业及会计人才也是凤毛麟角，屈指可数，见于记载的仅有8名，其中会计师3名③，矿业师1名④，工业技师4名⑤，战后至1947年新增11名⑥。另据统计，1932年底，全国登记的医师有3031人（包括根据变通办法登记者131人），西北仅陕西有3人，其他各省皆无登记。公务人员方面，全国共有公务人员46266人，其中陕西籍483人，甘肃籍181人，新疆籍24人，青海籍仅2人，无宁夏籍，合计为690人，仅占全国公务人员总数的1.49%。1933年

① 《五十年来之中国经济：1896—1947》，第151页。

② 参见《矿业技师登记统计》，《国民政府经济部公报》第1卷第18期，1938年，第827—830页。

③ 参见《经济部核准会计师登记一览表（1938年12月份）》，载中国第二历史档案馆编《国民政府经济部公报》第4册，第2卷第3期，1939年，南京出版社1994年影印版，第83页；《经济部核准会计师登记一览表（1941年4月份）》，《国民政府经济部公报》第7册，第4卷第11、12期合刊，1941年，第385页；《经济部核准会计师检覆及格登记证书（1944年11月至1945年5月份止）》，《国民政府经济部公报》第13册，第8卷第7期，1945年，第276页。

④ 参见《经济部核准矿业技师登记一览表（1942年9—12月份）》，《国民政府经济部公报》第10册，第6卷第7、8期合刊，1943年，第173页。

⑤ 参见《经济部核发工业技师检覆及格登记证书一览表（1943年8月至1944年7月15日止）》，《国民政府经济部公报》第12册，第7卷第8期，1944年，第409页；《经济部核发工业技师检覆及格登记证书一览表（1944年9—10月份）》，《国民政府经济部公报》第12册，第7卷第12期，1945年，第612页；《经济部核发工业技师检覆及格登记证书一览表（1945年1月份）》，《国民政府经济部公报》第12册，第8卷第3期，1945年，第131页；《经济部核发工业技师检覆及格登记证书一览表（1945年4月份）》，《国民政府经济部公报》第12册，第8卷第6期，1945年，第222页。

⑥ 参见《经济部核准登记工业技师一览表（1946年10月至12月）》，《国民政府经济部公报》第12册，第8卷第6期，1945年，第222页；《经济部核准登记工业技师一览表（1947年6—7月份）》，《国民政府经济部公报》第15册，第10卷第8期，1947年，第843—848页；《经济部核发会计师证书一览表（1947年9月份）》，《国民政府经济部公报》第15册，第10卷第10期，1947年，第1062页；《经济部核准登记工业技师一览表（1947年8—9月份）》，《国民政府经济部公报》第15册，第10卷第11期，1947年，第1144—1147页。

全国高等考试3297人中，陕西14人，甘肃4人，宁、青、新三省皆无，结果无一人被录取。[①] 1933年全国登记的各类农业、工业、矿业技师共192人，西北各省仅陕西有一名土木技师。[②] 据统计，1927—1937年全国共有会计师1488人，西北籍贯者无一人；1938—1941年，全国会计师增加451人，共达1939人，西北地区陕西和甘肃各1名，其他各省皆无。曾多次到西北考察的马鹤天深有感触："西北教育，过于幼稚，一省之教育经费，不及江浙一县，（如甘青宁绥各省教育经费少者不足十万，多者不足二十万）一县之学生总数，不及东南一校。（如青海绥远旧有各县全县学生仅三四百人，新辟之县尚不及此）又因荒灾匪灾兵灾之迭来并至，原有经费，积欠年余，旧有学生，大半逃亡。全省仅有中学，一省无一日报，一县无一书记人材。新疆回族，宁青蒙藏族识汉字者，千无一二。"[③]

如果说工厂内迁前西北各省因为较少采用机器作业，各种手工作坊的伙计尚能应付自如的话，那么在内迁之后，这种人才缺乏的局面马上凸显出来。朱家骅指出，要在西北奠定机器工业的基础，绝非短时间内所能办到。因为这不单是由于西北交通不便，机器不容易输入，就是有了机器，没有会用机器的人，也是不行的。而要短期内在西北找很多技艺熟练工人，当然很不容易。[④] 林继庸后来亦回忆："当时办工业最困难的地方是技术人才缺乏，管理亦欠严密。"[⑤] 甘肃高级及中级技术人员，九成以上来自外省。大部分技术工人，也是外省人居多。[⑥] 甘肃水利林牧公司成立时，主要部门负责人皆系从重庆聘请，修筑水渠技工，亦多招自外省，而所需一般会计人员，公司欲从本地招纳，但当地此类人才"亦极缺乏"[⑦]，只得

---

① 参见高等考试典试委员会编《民国二十二年高等考试总报告》，考试院考选委员会1934年印行，第一编第12页，第三编第6页。

② 参见国民政府主计处统计局编《中华民国统计提要（二十四年辑）》，商务印书馆1936年5月版，第194—198页。

③ 马鹤天：《开发西北必先解决西北人民的生活饥荒与知识饥荒》，《新亚细亚》第4卷第5期，1932年，第9页。

④ 参见朱家骅《西北经济建设之我见》，《国民政府资源委员会公报》第1卷第4期，1941年，档案出版社1990年影印版，第97页。

⑤ 《林继庸先生访问纪录》，第199页。

⑥ 参见张心一《六年来甘肃生产建设（一九四一年至一九四六年）》，《甘肃文史资料选辑》第26辑，第3页。

⑦ 参见周礼《办理甘肃农田水利四年来之认识》，《行政院水利委员会季刊》第3卷第1期，1946年3月31日，第35页；《甘肃省政府建设厅、省水利林牧公司兰州农行等就核办各渠工程进行状况、改进工程办法、各项会计报表等的通函、函》，1941年9月2日，甘肃省档案馆藏，资料号39—1—85，第22页。

从省外补充。各渠所需人员，“就地取才，殊感困难”。陇南畜牧场职员亦多从外省招聘。[①] 1942 年 2 月 21 日，中国农民银行总管理处指出，甘肃水利工程人力较缺，尤其是中下级工程人员缺乏，以致工程迟缓，公司不得已只能从外地招用各大学水利、土木两系优秀毕业生，陆续补充到公司。[②]在沈怡、原素欣等人的带动下，公司先后从全国招聘了一批有才能、有经验并且愿意在艰苦地方奉献才华的技术人员，保证了各项工程的顺利进行。[③]

在面粉业与机器业中，本地人才匮乏的现象也极为严重。1940 年 10 月，陕西机制面粉工业同业公会会员共 12 名，仅象峰公司的李百朋系渭南人，其余均来自外省，如山东（3 人）、河南（5 人）、江苏（2 人）和湖北（1 人）。[④] 抗战胜利前，会员单位发展至 14 家 53 人，但亦只增加了两名陕籍人士。[⑤] 机器工业亦然。1946 年 4 月，第四区机器工业同业公会会员 30 家，也是外省籍占绝大多数，陕西籍仅有 1 人。[⑥] 在西南经济建设研究所调查团对陕西专门人才所作的调查中，陕西省水泥厂 7 名人员皆为山西籍，无一本省籍。陕西农业改进所 9 名人员中，陕西籍 4 名，外省 5 名。陕西省公路管理局 10 名技术人员中，陕西籍与外省籍各占一半，但陕西籍人员大多毕业于本省公路人员养成所，而外籍则大学毕业生较多。[⑦]

各种专业人才在宁夏也非常缺乏。据 1944 年统计，宁夏银行共有各级各类职员 73 人，而宁夏籍的仅 3 人，占 4.11%，其中 2 名是练习生，1 名是助理员，都是职位很低的普通人员，自会计以上职务较高者无一本籍人。农林处是省属机关中较大的一个机构，总共有 13 个下属机构，各

---

① 《甘肃水利林牧公司、陇南畜牧场等就组织岷县养蜂场、牛奶制造场等情况报告的函、电》，1942 年 3 月 11 日，甘肃省档案馆藏，资料号 22—1—396。

② 参见《甘肃省政府建设厅、省水利林牧公司兰州农行等就核办各渠工程进行状况、改进工程办法、各项会计报表等的通函、函》，1941 年 9 月 2 日，甘肃省档案馆藏，资料号 39—1—85，第 16、21 页。

③ 参见张庚尧《鸳鸯池水库修建者——原素欣》，载酒泉市政协委员会编印《酒泉文史资料》第 6 辑，1993 年，第 75—78 页。

④ 参见《第一区面粉工业同业公会成立有关文件及章程、名单》，1942—1943 年，陕西省档案馆藏，资料号 17—6—1092，第 31 页。

⑤ 参见《第一区面粉工业同业公会》，1942 年，陕西省档案馆藏，资料号 90—4—98；《同业公会面粉厂公会章程及会议记录等》（一），1945 年，陕西省档案馆藏，资料号 82—1—1060（1），第 4 页。

⑥ 参见《西安市机器、纺织、火柴、面粉等业工会理监事及会员名册及会议记录》，1942 年 12 月—1948 年 5 月，陕西省档案馆藏，资料号 90—1—80，第 268—271 页。

⑦ 参见《本厅经济建设专门人才调查表》，陕西省档案馆藏，资料号 72—1—45，第 60、12—20、22、57 页。

类人员109人，除卫宁植棉办事处、金积烟草试验场及中山公园管理处构成人员以本地人为主外，其余各部门皆是外省人士居多，有的甚至没有本地人，如第二和第五造林处，皆无本地人。卫生处是在全国经济委员会的指导与扶持下发展起来的，1944年共有22名医务人员，本地人有7名，且以会计、办事员居多，共4名，技术人员只有3人，其中2名主任科员，1名技佐，余15人皆为外省籍人士。宁夏水利素称发达，但水利专业人才并不丰富，在水利局41人中，本籍25人，占61%，这在政府部门中算是比例较高的一个部门。地质调查所的10名工作人员中，外省籍的占七成，宁夏籍的有3人，皆为测工。[①] 外省籍人士在政府各部门占据职位较多情况在宁夏并非个别现象，除了宁夏省政府委员皆为外省人士而喜用原籍僚属这一因素外，本地无可用之才也是一个主要因素。

为什么开发西北的人才缺口如此之大？这要从当时西北乃至中国的教育状况寻找原因。国民政府成立初期，教育的发展很不均衡甚至畸形发展，主要表现在：一是侧重高等教育，忽视初级教育；二是侧重中学教育，忽视职业教育；三是大学侧重文、法、商科，轻视理工科；四是重视男子教育，忽视女子教育。

高等教育方面，据1932年国民政府教育部统计，全国专科以上学生籍贯分布数及其与人口比例一项，甘肃省共有199人，每百万人口有33人，在全国仅居第20位；陕西共有236人，每百万人口中有20人，居第23位；宁夏共计20人，每百万人口中有13人，占第26位；青海总共42人，每百万人口中有7人，占第28位。[②] 1934年所刊行的《教育年鉴》统计，全国大专学校103所，1/3集中在上海（共22所）和北平（共10所），西北地区只有2所公立学校：一为甘肃学院，开设文、法科，有学生95人，教员34人，职员21人，常年经费90236元，图书12810册；一为新疆俄文法政学院，内设法科，教员13人，职员6人，学生81人，常年经费为90236元，图书12810册。[③] 陕西直到1936年9月才设立了一所高等院校，即国立西北农林专科学校，下设水利、农艺、森林、园艺、畜

① 参见宁夏省政府秘书处编印《宁夏省政府职员录》，1944年，第41—43、15—22、23、37—39页。

② 参见高良佐《陕甘青宁绥教育之现状》，载《革命文献》第90辑，第401页。

③ 参见国民政府主计处统计局编《中华民国统计提要（二十四年辑）》，第304—315页；刘曼卿《边疆教育》，商务印书馆1937年版，第62页。

牧兽医、农业经济等专业。[①] 宁夏、青海两省皆没有大专院校。因此，西北地区受过高等教育的各类专业人才少之又少，“以甘青宁三省之大，建设需才之孔急，其所储备之人才，尚不及江浙一县大学生之多。且多家境清寒，学费来源无着者”[②]。甘肃从民国初年至1946年，共有专科以上大学毕业生1254人，平均每年37名，若以全省人口论，则平均5000余人中有一名大学生。1933—1936年甘肃籍在外地求学学生仅219名，在国外留学的12名，“较之其他教育发达之省区，实在远不及人”[③]。陕西教育“从质量上讲，那就可差得远了……三三制高中毕业的，更考不上大学的本科（当然不是指的旅馆性质的野鸡学校）”[④]。宁夏“一般中学校的程度较低，卒业者应试大学，往往不得录取，且交通不便，到北平也须半月路程，所以宁夏省的中学卒业生之要升入大学其遇到的困难，实过于交通便利各省之出国留学生”[⑤]。抗战时期高校内迁之后，这种状况发生了一定程度的改变。

抗战爆发后，随着战区扩大，位于战区的高等学校不得不向内地迁移。战时迁入西北的高校有11所，主要分布在陕西9个县市和甘肃的2个县市。迁入西安的有北平大学、北平师范大学、天津北洋工学院、河北省立女子师范学院、东北大学和山西铭贤学院，这6所学校合组为西安临时大学，后来东北大学、铭贤学院先后迁离，其他亦迁往汉中。1939年4月，西安临时大学改名为西北联合大学，7月，工学院、农学院分出，前者与焦作工学院合组为国立西北工学院，后者与西北农林专科学校合组为国立西北农学院。8月，西北联大改为国立西北大学，医学院、师范学院亦分出，分别改称国立西北医学院和国立西北师范学院，西北师范学院后来迁往兰州。[⑥] 私立学校迁入陕西的有山西川至医学专科学校，新设的有

---

① 参见中国文化建设协会编《抗战十年前之中国》，文海出版社有限公司1974年版，第508—509页。

② 马中川：《对甘青宁三省补助旅外学生一事之检讨与呼吁》，《西北通讯》第1卷第4期，1947年9月，第20页。

③ 朱允明：《甘肃历年在国内外专科以上各校毕业生之统计》，《西北通讯》第1卷第2期，1947年7月，第7页；《甘肃省近四年度各级学校学生数比较表》，《甘肃统计季报》第2卷第1—4期合刊，1938年，“教育”第3页。

④ 邱致泽：《从陕西回来》，《时事月报》第6卷第5期，1932年，第287页。

⑤ 刘曼卿：《边疆教育》，第74页。

⑥ 参见侯德础《抗日战争时期中国高校内迁史略》，四川教育出版社2001年版，第56—75页。

陕西医学专科学校和甘肃的国立兽医专科学校与国立西北技艺专科学校。①此一时期，城固高校相对较多，“这么多院校聚集一地，使城固成为大西北的文化中心，大大提高了陕西的文化水平”②，为大后方培养了不少有用的工业人才。但总体而言，西北地区培养的高级人才还远远不能与东南各省相提并论，与开发西北这样的宏图伟业相比，各级人才显然相形见绌。

西北中小学教育的落后，限制了高层次教育的进一步发展及人才的培养，体现在数量上就是参加高等学校入学考试的学生明显低于中小学教育相对发达的省份。兹以1938—1940年西北五省参加高等教育考试的应考人数及录取人数为例，予以说明。见表25。

表25　　1938—1940年西北各省应考生与录取生情况统计

省别	应考生人数				录取生人数			
	1938年	1939年	1940年	三年合计	1938年	1939年	1940年	三年合计
陕西	172	346	323	841	85	61	75	221
甘肃	19	87	99	205	11	15	51	77
青海	—	17	16	33	—	3	2	5
宁夏	4	4	2	10	2	1	—	3
新疆	1	1	1	3	—	—	1	1
西北合计	196	455	441	1092	98	80	129	307
全国总计	11119	20006	18151	49276	5460	5371	7024	17855
占全国比重（%）	1.76	2.27	2.43	2.22	1.79	1.49	1.84	1.72

资料来源：《最近三年度公立各院校统一招生概况统计表》，载杜元载主编《革命文献》第60辑，第132—133页。

说明：西北合计及其占全国比重两栏系引者所加。

从表25可以看出，就年份而言，1938—1940年，西北地区应考生和录取人数总的趋势是增加的，在全国所占的比重也逐年增长，1939年应考生数量增长最快，达455人，增幅也最大，达132%；就地域而言，人数最多、增长最快的是陕甘两省，陕西1938年有应考生172人，1939年翻了一倍还多，三年共计841人，占西北应考学生总数的77.01%。甘肃三

① 参见教育部统计室编《最近全国教育统计》，1939年2月，载杜元载主编《革命文献》第60辑，“中央文物供应社”1972年版，第101—109页。

② 霍本田：《逃亡流浪　流浪逃亡——抗日战争时期大后方生活纪实》，太白文艺出版社2008年版，第270页。

年共有 205 名应考生，年增幅为 18.77%。宁、青、新三省皆不足 40 人，新疆最少，每年仅一人。但我们也要看到，总体而言，西北五省的应考与录取率还是非常低的，三年共有 1092 人应考，被录取 307 人，分别占全国总数的 2.22% 和 1.72%，最多时仅为 2.43%，而录取率最多时也仅有 1.84%，也就是说，全国每 100 个大学生中，西北五省只有 1—2 名。据 1947 年统计，民国时期甘、宁、青三省在上海求学的，甘肃籍 80 余人，青海籍 20 余人，宁夏籍 12 人。[①] 另据统计，截至 1947 年，甘肃受过高等教育者共有 8369 人[②]，仅占总人口的 1.2%，可见西北地区的高层次专业人才异常稀少，"在智战时代，如一省中智识份子稀少，则欲推进该省建设，至为费事费时"[③]。

第七，国民政府兼顾西南与西北开发，而西北与西南相比并不占优。

与西北范围的多说杂陈一样，西南也有四省[④]、五省[⑤]、六省[⑥]乃至七省[⑦]之说，其中以六省说较为普遍。[⑧] 西南与西北共同点较多，政治方面两个地区都处在军阀控制之下，国民政府的势力很难渗入；经济方面，西南地区也是落后的代名词，处于自然经济状态："我国西南及西北各省，在战前原属交通不便之区，其中之大埠，除云南之昆明，四川之万县、重庆、成都，甘肃之兰州尚称发达外，其余均无足观，即上述之数市，较诸沿海大埠，亦示逮远甚。"[⑨] 工业资本总额还不到全国的 1%，工人数仅占 4%，除重庆、昆明等城市有少许加工工业外，西南地区几乎没有近代工业可言。[⑩] 时人对西南与西北地区感叹道："东北破碎了，希望西北的开

---

① 参见马中川《对甘青宁三省补助旅外学生一事之检讨与呼吁》，《西北通讯》第 1 卷第 4 期，1947 年 9 月，第 20—21 页。

② 参见甘肃省政府编印《甘肃省人口统计报告表》，1948 年 3 月，甘肃省图书馆西北地方文献阅览室（图书）藏。

③ 民魂：《为旅省外学生代请津贴》，《新青海》第 3 卷第 5 期，1936 年 5 月 1 日，第 3 页。

④ 参见孙中山《建国方略》，辽宁人民出版社 1994 年版，第 173 页。

⑤ 参见胡焕庸《西南亟应建造之铁道》，《时代公报》第 3 号，1932 年。

⑥ 参见陆象贤《新中国经济地理教程》，一般书店 1941 年 1 月版，第 151 页；余定义《西南六省社会经济之鸟瞰》，《中行月刊》第 16 卷第 3、4、6 期，1938 年。

⑦ 参见陈立夫《如何共同建设西南》，《西南实业通讯》创刊号，1940 年 1 月；江应樑《请确定西南边疆政策》，《边政公论》第 7 卷第 1 期，1948 年，第 1 页；贺湄《中国地理讲话》，实学书局 1944 年版，第 174 页。

⑧ 参见张轲风《历史时期"西南"区域观及其范围演变》，《云南师范大学学报》2010 年第 5 期，第 37—45 页。

⑨ 《十年来之中国经济》，第 587 页。

⑩ 参见周天豹、凌承学《抗日战争时期西南经济发展概述》，西南财经大学出版社 1988 年版，第 4 页。

发。东南颓废了，希望西南的兴奋。但西北饥荒得可痛，西南昏沉得可哂。”①

然而，西南各省自然条件相对优越，人口众多，矿藏丰富，社会普遍认为西南要优于西北，如郭廷以认为，中国的后方，西北是不够条件的，与其经营西北，不如经营四川或西南，因为四川的人力、物力都充足。②西南地区的优越性主要体现在以下几个方面。第一，西南地区自然条件优越，拥有出海口，在战时可以接连境外，起到接济之效，而西北地区深处内陆，无此奥区。③ 西南各省农业较发达，四川是中国内地最大省份，“天然富藏极厚”，米、麦、丝产量极富；云南森林与矿产最富，锡矿世界闻名，个旧每年产量达7000 吨，价值2000 万元以上；贵州亦富于矿藏，煤矿遍布全省；广东为国民革命策源地，“为中国最进步之一省”，“粤省土地肥腴，米、甘蔗、水果之产量极丰，分销全国各地，矿产亦富”；湖南为中国最大产米省份，林场亦多；广西虽然经济贫乏，但“以人力与领袖著名”。六省稻谷产量占全国总产量的57%，小麦占12%，杂粮占26%，具备发展工业所需的原料及人口剧增之后对农产品的消费需要。第二，西南地区人口众多，可以满足抗战时期兵员补充和劳动力需求。1938 年，西南六省人口达1.5 亿人，占中国总人口的1/3，而西北五省约为2500 万人，两者相差太远。④ 第三，国民政府迁都重庆后，西南占有政治优势。在国家层面考虑后方的问题上，西北地区曾经是首选之区，九一八事变之后，蒋介石对西北瞩目较多，“一·二八事变”之后，国民政府曾迁至洛阳办公，将西安改为西京，从事建设。但后来这一设想逐渐被四川、西南取代。1934 年3 月4 日，蒋介石在重庆作了题为“四川应作复兴民族之根据地”的讲演，内中称，“就四川地位而言，不仅是我们革命的一个重要地方，尤其是我们中华民族立国的根据地。无论从那方面讲，条件都很完备。人口之众多，土地之广大，物产之丰富，文化之普及，可说为各省之冠”⑤。1935 年5 月28 日，蒋致电财政部长孔祥熙，有如下指示：“日本

---

① 含凉：《西北和西南》，《珊瑚》第3 卷第1 期，1933 年，第1 页。

② 参见郭廷以口述，张朋园、陈三井、陈存恭等整理《郭廷以口述自传》，中国大百科全书出版社2009 年版，第165 页。

③ 参见丁步武《抗日准备与整理西南》，《人民周报》第2 卷第56 期，1933 年，第12—14 页。

④ 《西南资源与经济建设》，《经济研究》第1 卷第1 期，1939 年9 月1 日，第1—3 页。

⑤ 《蒋委员长讲：四川应作复兴民族之根据地（民国二十四年三月四日在重庆出席四川党务办事处扩大纪念周讲）》，载《中华民国重要史料初编——对日抗战时期》绪编三，第329 页。

在华北似有箭在弦上之势，最近必有举动，彼之目的在扰乱我经济之发展与妨碍我军事之成功。此时我方军事与政治重心全在四川，请兄对于四川经济有关之各种问题，从速解决，并早定川中金融之根本方策，不致发生根本之动摇，如能多解现银入川，以备万一更好。务请急办为盼。”① 以后又多次就筹建四川作出指示。后来，将范围渐扩至西南。② 国民政府在筹建新的经济中心区域时，从地理条件、原料来源、动力来源、产品销路、交通便利程度等多方面考虑，划定了10个重点建设区域：一是湖南省中部及西部，以沅陵、辰溪为中心，是电力、兵工、电器、水泥、纺织工业区，衡阳是轻工业小区；二是川东万县、长寿一带是水电、榨油工业区；三是陕西西安、宝鸡等处；四是重庆附近，为水电工业区，酉阳为汽车修理、炼油的工业小区；五是沱江、岷江流域，为化学工业区；六是贵州东部及中部；七是甘青二省的玉门、兰州、西宁等处；八是西康省；九是云南省，昆明是机械、电器、冶炼工业区；十是广西省内以桂林、柳州、全县等地为中心，是电力、纺织、机械工业区。③ 10个中心区域中有8个位于西南地区，而西北地区仅有陕、甘、青三省5个市县。1936年，国民政府向西南拨款1000万元，做相应准备。经济部成立以后，拟订了《西南西北工业建设计划》，计划规定新的工业基地“以四川、云南、贵州、湘西为主”，并划定范围及其功能，四川是重中之重，规划最多。1939年以前“西南各省之经济建设，闻中央已设有专会积极进行”④，“抗战几年下来，政府的财力物力都集中在西南方面，西北方面难以兼顾”⑤。翁文灏指出，“自抗战以还，政府及人民均集中力量发展西南各省之经济建设事业，而于西北各省，则尚少致力”⑥。因此，西南的建设明显优于西北各省。

再以工厂内迁为例。从迁入内地工厂的数量来看，迁入西南的显然要比西北的多，迁川工厂254家，占总数的57%，再加上迁入湖南、广西的144家，总数达398家，占89%，而迁入西北的仅27家，占6%。当然，这与国家当时的迁移政策有关，如在迁移之初，即“以迁移后设厂之地域分配言，遵照蒋委员长删午机洛代电意旨，以川黔湘西为主，视各地交通

① 《蒋委员长致孔祥熙部长告以我军事与政治重心全在四川请对四川经济有关问题从速解决电》，载《中华民国重要史料初编——对日抗战时期》绪编三，第335页。

② 参见经济部编《经济部二十八年上期工作进度报告》，出版者不详，1939年。

③ 参见《十年来之中国经济》，第1219—1220页。

④ 《李鸿文、董必武、沈钧儒等〈请速筹西北经济建设机关发展西北利源以增强抗战力量案〉》，1939年1月，载《抗战时期西北开发档案史料选编》，第28页。

⑤ 《凌鸿勋先生访问纪录》，第162页。

⑥ 《西北视察纪要》，《国民政府资源委员会公报》第2卷第6期，1942年，第60页。

之便利，原料之供给，需要之性质，分设厂矿”，“四川以交通便利，原料丰富，已成后方工业之中心”①。如造纸业方面，后方共有公营工厂27家，位于四川的14家，占1/2强，贵州、云南各2家，湖南3家，广西、西康、浙江、江西和湖北各1家，而位于西北的只有1家，即陕西的益生造纸公司，该公司预计至1941年12月可日产新闻纸、印刷纸2.5吨。而同时期西南地区的日产额为26.55吨②，是西北地区的10余倍。

1942年，后方各省共有工厂3758个，绝大部分分布在西南地区，川、黔、滇、桂、粤、湘6省工厂数、资本额及动力数分别占后方总数的72.77%、83.77%和74.05%，四川份额更大，分别占44.01%、58.28%和43.22%。③ 就资源委员会在后方经营的工矿业、电业来说，也是西南地区占绝对多数。据统计，截至1945年7月1日，资源委员会在后方所经营的事业共计123家，包括工业58家，矿业38家，电业27家，加上服务部门，共计140处，而位于西北的仅18家，加上兰州办事处，总计为19处，只占13.57%。④

除了优越的自然条件、国家政策考量等因素外，地方政府的积极争取也是一个方面，如工业同样较为落后但思想不落后的川、湘各省当局，先后派人到武汉进行游说、鼓动社会舆论进行广泛宣传、制定优惠内迁办法及自身的强大运输能力也不无关系。四川省政府主席刘湘即云：“四川有原料有人力，但是缺乏资本缺乏技术人才。四川不仅宜于各种工业的发展，尤其适于国防工业动力工业的建设，我可以代表四川同胞欢迎全国企业家、民族产业家、华侨资本家及一切技术专家在四川投资建设。”⑤ 湖南、云南等省也派人游说，力求内迁工厂迁至本省。考虑到当时工厂内迁各方面的因素，“安全、原料、交通三点，可说是确立工业区域的重要条件。就目前情况言，能适合这三个条件的地方，要算是湖南和四川两省。湖南的交通，无论水运铁道，均较内地各省畅达，实际上可说是我国中部的交通枢纽。而湖南之农产与矿产均相当充足，且又毗邻四川，原料的供给，颇为丰有。至于四川，所谓天府之国，其物产之丰富，尽人皆知，毋

① 章伯锋、庄建平主编：《抗日战争》第5卷，四川大学出版社1997年版，第61、24页。

② 参见《十年来之中国经济》，第162—163页。

③ 参见《抗日战争》第5卷，第24—25页。

④ 参见《资源委员会经办事业一览表》，《国民政府资源委员会公报》第9卷第2期，1945年，第43—51页。

⑤ 刘湘：《长期抗战中的四川》，《大公报》1937年12月31日。

待赘述”[1]。这样优越的自然条件，再加上中央政府的政策倾向和地方当局的极力游说，西南成为战时中国政府的首选之区与发展优于西北是情理之中的。

因此，西南地区的开发也是在抗战爆发尤其是国民政府迁渝之后得到明显改善的，虽然西北的开发早于西南，但因西南占有以上所述的诸多优势，开发西北与开发西南相比，西北毫无疑问处于劣势。“在西北与西南的比较上讲，自然西北在今日还显得天老地荒，和落后的现象；而西南各省，虽开发较迟，而进步甚速，比较西北各省，相差很大。”[2] 当时人指出：“国人始终把西南后方看得格外重要，对于西北后方，多少有些漠视，因此一切经营计划，建设纲领，都以西南为重心。”[3]

国民政府虽然未能将陕、甘、宁、青、新五省划为官方眼中的西北地域范围，但相似度较高的地理、气候、民族等特征，使得社会各界与中央政府仍将之作为一个整体看待，所采取的措施与政策也大同小异。然而，由于各省历史、地理、人口、土地、气候等方面的个体特征，各项建设不可能千篇一律，所取得的成果也有相当大的差异。就战前各省开发成效而言，陕西所取得的成绩最大，甘肃次之，宁夏和青海又次之，新疆的效果最弱。战时则是陕、甘两省成效较著，新疆次之，青海、宁夏居后。

---

① 杨智：《抗战与民族工业》，载张研、孙燕京主编《民国史料丛刊》第569册，大象出版社2009年版，第80页。

② 王燕浪：《西南与西北》，国民出版社1943年版，第5页。

③ 唐培基：《重建大西北之光荣》，《西北论衡》第33期，1943年。

结　语

国民政府时期的西北经济开发是由相互交织的危机促动的时间较长、范围广阔、门类众多、成效较大、影响深远的活动。从不同角度来看，这一活动呈现出不同的特点。从目的性而言，并不是纯粹的经济活动，而是带有很强的政治性，这种政治性主要表现在国民政府方面，为了应对危机、实现政治目的而进行的一次较有成效的开发，借助开发活动，国民政府实现了一系列政治目的：通过兴修水利等实际措施救济西北民食，在一定程度上强化了西北民众对中央政府的支持与信赖，弱化了西北各省的离心力，加强了对中央的向心力[①]，凝聚了民族力量；完成了国民政府成立之初并未实现的西北“中央化”，使得中央政教得以在边远地区宣化，加强了对西北各省的控制，尤其是新疆问题的解决，有力地巩固了西北边防安全，维护了国家领土主权的完整；将中国共产党限定在较小的范围，在一定程度上削弱了中国共产党的实力；在后方各省进行的水利修治、交通建设、农业推广、粮食增产等活动，取得了相当大的成绩，有力地支援了抗战[②]；深化了对西北地区的了解，通过多次不同形式、多个层面的考察与调查，中央政府对西北地区更为了解[③]，为以后进行深入开发建设积累了资料。

对西北地区而言，经济开发的政治性体现得则不是非常明显，但存在

---

① 参见沈云龙访问，陈存恭纪录《刘景山先生访问纪录》，“中央研究院”近代史所 1987 年版，第 99 页。

② 参见《蒋中正总统档案：事略稿本》51，第 127 页。

③ 当时很多人对西北的认识都是有偏差的，如有人认为泾惠渠修成后可灌田 2250 万亩以上，黑惠渠可灌田 540 万亩，泾河疏导后可灌田 540 万亩，黄惠渠可灌田 161 万亩（《开凿中的西北四大新渠》），《申报》“星期增刊”1939 年 11 月 26 日第 15 版。有人认为，黄龙山的可耕之田计有 1400 余万亩，可容纳 40 万人，开垦以后，每亩农田收获以四斗计算，共可得粮 580 余万石，每石以 10 元计，每年可得 5800 余万元。见中国第二历史档案馆编《中华民国史档案资料汇编》第五辑第一编“财政经济”（七），江苏古籍出版社 1994 年版，第 281 页。其实情况并非如此乐观，前已述及。

着地方政府与中央政府的博弈。虽然西北诸马及新疆省府并不愿意中央政府通过开发西北向自己渗透，但迫于中央权威与现实需要，还是表现出乐于合作的姿态，以借此向中央政府大张其口，实现自己的企图和壮大自己的力量。1933 年 7 月中美《棉麦借款合同》签订后，10 月 11 日，青海省政府主席马麟即向国民政府提出拨发棉麦借款 500 万元的请求，用以修筑青省汽车路、修治河源及湟水、兴办煤炭工厂、创办电灯公司。[①] 所请未获允准后，10 月 23 日，青海南部边区警备司令部以修筑青海南部边防公路为名，再次请求中央政府划拨棉麦借款 1007020 元（总款额的 5% 弱），但赵祖康认为此路“工程艰巨，目前似非急要，所请拟存，候本会公路扩张至相当程度时统筹办理”，经委会公路处也认为“所拟建筑之路线，人口稀少……似无建筑之价值”[②]。

此一时期经济开发成果却相当大，是西北经济发展的最好机遇期，在主要开发领域取得了相当大的成果，实现了“危机下的转机”，并为 1949 年之后的开发打下了一定的基础，如河西水利事业的发展，1950 年甘肃省人民政府所拟定的 64 件河西水利工程规划书，就是在战时规划的基础上完善的，1951 年拟修水利也是在原有基础上续修或扩修的。[③]

回溯历史可以发现，西北地区被忽视由来已久，随着唐朝的衰落与五代的战乱，以及伴随而来的北方各省的大破坏，北方被忽视的现象就开始出现了。到了宋朝，则更为明显。对于农业社会的中国来说，水利失修则是被忽视的最好例证。冀朝鼎指出：“至于中国文化发祥地的西北地区（特别是陕西），在过去十个世纪里，经济上出现不断倒退的现象，很清楚地看出不能归因于长期的气候变化。相应于这个地区在经济上倒退的时期内，连续干旱的明显证据是不足的，而对倒退现象更为可靠的解释，似乎是因为当时的统治集团，对起着经济基础作用的长江流域的肥沃地区进行了开发，从而就忽视了不大生长作物的陕西省的灌溉事业。”[④] 并进而指出，“大抵宋以前，西北各地，农田水利尚多修举，故富力不偏于南方。自宋以降，西北水利不修；而南方圩田大兴，于是南北之饶瘠迥殊”。到

---

① 参见《全国经济委员会·请拨棉麦借款协助建设》，1933 年 9 月—1934 年 3 月，“中央研究院”近代史所档案馆藏，资料号 26—00—62—001—02，第 101—104 页。

② 《全国经济委员会·建设中心工作计划》，1936 年 10 月—1937 年 4 月，“中央研究院”近代史所档案馆藏，资料号 26—00—62—001—03，第 19—20 页。

③ 参见《甘肃河西水利工程处呈送河西水利工程规划书》，陕西省档案馆藏，资料号 72—5—433。

④ 《中国历史上的基本经济区与水利事业的发展》，第 104—105、30 页。

了明代，西北诸省水利亦均不修，不独河南、山东为然。这种状况一直持续至终清之世。[①] 中国经济中心南移之后，西北逐渐从中心沦为边缘，由先进变为落后。

近代海禁开放以来，东北、东南等地区皆在外力压迫下走上近代发展道路，而西北则因为缺乏外力的冲击、自然条件的限制、交通闭塞、教育落后等因素，仍然在停滞、落后阶段徘徊。但更为深层的原因则是中央政府对发展西北地区经济的忽视，“国家社会平日漠置西北”[②]，而只是一味地强调西北地区的政治性与军事性。

自鸦片战争至新中国成立前，西北经济的发展经历了三个重要时期，一是洋务运动时期左宗棠对西北的重视与开发，此一时期之所以会有左氏的西北之行与西北经济的发展，完全起因于西北地区的危机。清乾隆中后期，西北各地爆发多次反清起义，而咸同年间陕甘回民起义规模则是最大的。同治元年（1862），在太平军起义和云南回民起义的鼓荡下，陕西回民首先揭竿而起，对清廷在陕西的统治造成了极大的威胁。同治五年（1866），捻军入陕，形成“捻回合势”，声势更壮，陕甘总督杨岳斌无力应付，清廷急调左宗棠赴陕镇压起义。同治十一年（1872），陕甘回民起义被镇压。起义被平定后，左宗棠对西北交通、财税、农业、教育、工矿等方面进行了全方位的治理与开发[③]，而机器业的发展则明显折射出危机与发展之间的关系。

兰州机器制造局是甘肃乃至西北近代工业史上第一家企业，具有划时代意义，但从其创建到不同时代的兴废历程，折射出西北地区的危机及其与西北经济社会发展的轨迹。西安、兰州两局皆为军工企业，其创始之初，目的在于为镇压回民起义的左宗棠军队提供军器供应，从而从根本上缓解这场威胁到清廷统治的危机。为了镇压起义，同治八年（1869）左宗棠在西安筹建了一个小型军工厂——西安机器局，制造洋枪、铜帽和开花子弹。同治十一年，该厂迁至兰州，改名为兰州机器制造局，继续生产枪炮。光绪八年（1882），随着左宗棠离任，兰州机器制造局亦停办。

二是清末新政时期。此一时期，兴办实业成为举国上下的共识，西北陕、甘、新三省也因地制宜，在石油开采、矿冶、纺织、火柴、皮革加工等方面迈出了步伐，如延长石油官厂、独山子石油公司皆创办于新政时

---

① 柳诒徵：《中国文化史》下，上海三联书店 2007 年版，第 606—608 页。

② 《论西北建设》，《大公报》1932 年 4 月 26 日第 1 张第 2 版。

③ 参见秦翰才《左文襄公在西北》，岳麓书社 1984 年版。

期，邮电、交通也有了新的发展。但由于经济基础薄弱，资金短缺，人才缺乏，社会动荡等因素，再加上新政时间较短，西北各省近代化的起步仍十分困难。清末彭英甲曾对兰州机器制造局有所恢复，但只能勉力维持。

第三个时期就是国民政府时期。我们还把目光投向兰州机器制造局，该局在国民军时期曾一度恢复，但为时极短。此后基本停办，直到抗战爆发，重被中央政府看重，又焕发出新的生机。抗战时期，在蒋介石的过问下，制造局先后更名为甘肃机器厂、甘肃机械厂，“以供应西北地区机器之需要”，以生产绒毛纺织机、小型动力机、抽水机、鼓风机及各种工具机为主，锅炉、起重机及其他普通机器、工具为辅，1941 年，资源委员会与甘肃省政府合资经营，当年下半年共修制锅炉 4 部，工具机器 19 部，普通机器 5 部，各种工具 1276 件。① 但因为机器陈旧，仪器及图书试验等设备缺乏；订购器材运输困难；资金缺乏；熟练技术工人不易罗致；物价飞涨，生产成本无法控制；当地物资缺乏，所需材料未能就近取给；市面萧条，无大规模新兴事业，成品销路不畅等原因，该厂连年处于亏损状态，遂于 1946 年 4 月停工。② 1947 年重新开工后亦是惨淡经营，直到新中国成立后发展成为拥有 5000 多名职工的国家重点大型企业兰州通用机器厂。③ 正如有人清楚地指出，西北地区危机的发生与经济建设及政治之间存在着微妙的关系：“大抵西北的每一次变乱，必发生或扩大于当地武力不足控制之时。而每一个武力平定变乱之后，必不久又复腐败衰落，以致引起第二次变乱。所以要确保西北地方的安谧，在建设没有完成，或政治没有清明以前，必须先保有随时可用之足够的武力。不过如果没有建设，或政治不够清明，任何武力怕不能永保其不会腐败衰落。”④ 可见，经济建设与政治清明是缓解危机的根本之途。

梳理近代西北经济发展的脉络可以看出，危机在经济发展历程中的重要作用是不容低估的，每当危机来临或严重时，如陕甘回民起义、捻军起义、新疆叛乱这一系列西北地区的内部危机，使得当政者再次认识到了西北的重要性，予以必要的重视并采取了相应的发展经济的举措，使得西北

① 参见《甘肃省政府、参议会、军管司令部、兰州市政府等关于报送工作报告概况、业务情形及税收表件的函》，1942 年 2 月 9 日，甘肃省档案馆藏，资料号 14—2—269，第 84—85 页。

② 参见甘肃省政府建设厅编《甘肃机器厂》，《甘肃省经济建设纪要（1940. 12—1946. 12）》第 54 号，甘肃省图书馆西北地方文献阅览室（图书）藏，油印本。

③ 参见兰通厂办公室《从兰州制造局（甘肃制造局）到兰州通用机器厂》，载《西北近代工业》，第 105—110 页。

④ 《左文襄公在西北》，第 274 页。

稍沾欧风美雨；这种状况并未因清廷的垮台而有所好转，相反，民国肇造后军阀割据的纷乱政局使得西北地区也陷入了纷争，一直持续至国民政府成立。而当更为严重的外部危机如大规模外族入侵时，西北地区的政治地位因全国局势的变化而大大被提升，相应经济建设的力度也更大，此外其他时期并无持续发展西北经济的政策和举措。然而，国民政府成立后这种状况虽有所好转，但亦只是实现了形式上的统一，西北各省处于地方军阀的实际控制之下，各自为政。就中央政府而言，并未立即实施开发战略，只是在内外危机的胁迫下，为了应对纷至沓来的危机而被动采取的政治性极强的开发活动。就时间而言，国民政府的西北经济开发前后持续了十几年，这是近代以来开发西北经济持续时间最长的一次，尽管战前处于时断时续的内战状态，战时 8 年完全处于战争时期，但这一过程并未因战争而中断，反而开发的热潮更为高涨，成果也更为显著。就开发领域来说，也远远超过前朝兴修水利、移民垦殖等传统开发模式，而是注入了新的时代因素，铁路破天荒地进入西北地区，新式工业先后设厂，虽然规模都较为有限，但其开创性是不容忽视的，并且这些领域都是步入现代社会不可或缺的必要元素，符合历史发展潮流，也是进入现代社会后进一步发展的基石。开发成果也是有目共睹的，铁路、公路、航空、邮政、电讯线路的开辟与修建，使得西北各省的基础设施有了较大程度的改善。

分析国民政府时期乃至近代以来西北地区经济发展轨迹，我们可以看出，经济开发的时期也是危机加重的时期，并且危机越严重，西北地位的重要性上升越快，则越能得到中央政府的重视，随之开发力度也越大，取得的成果也越丰富。反之则越小，以至于无。这是危机对于西北地区发生转机的促进作用。反过来，西北地区经济社会的各种转变与发展在一定程度上缓解了国民政府面临的危机。

国民政府对西北经济的实质性开发起源于在陕西投资兴修泾惠渠、梅惠渠等水利工程，这一过程一直持续至 1949 年。正如前文所述，泾惠渠各项工程修竣后，不但提高了各种农作物的产量，人们的衣食有了保障，还增强了当地农民抵抗旱灾的能力，人们不再因为旱灾而轻易背井离乡，对土地的依赖一如既往，也使得河渠周边的农村焕发出新的生机，社会趋于稳定，各级学校、银行、手工业作坊也再次回到了正常状态，就连以前所没有的机制面粉厂也选择在此落脚，人民生活日益向好的方向迈进[①]，对缓解国民政府在当地的有效治理大有裨益。“据查在两渠（绥远的民生

① 参见《泾惠渠》，第 20—21 页。

渠和陕西的泾惠渠——引者注）未曾兴办之时，附近一带田地，若雨多则泛滥为灾，雨少则旱荒成灾，地主视若石田，贱价亦无人承受，现在皆已成为膏腴沃野，年岁丰稔；虽十倍于从前价目，亦难获得。”① 黄炎培在陕西游历时了解到，泾阳 1934 年秋收时，大商店每家生意每日甚至在 1000 元以上，家给人足，可想而知。② “乡村房舍，修盖一新，中小学校，相继设立，随着农村经济力量之增加，泾、原、高县城市乡镇，渐趋繁荣，棉商菌集，银行商号，日渐增多……该区内之繁荣实受泾惠渠之赐。”③

抗战时期各大水利设施的兴修与灌溉面积的扩大及粮食增产，在为后方提供必要的军糈民食的同时，对舒缓中央政府的治理压力、树立中央政府在地方基层民众中的威信也有很大的作用。甘肃水利林牧公司总经理沈怡曾指出：“今后国家倘能多多注意水利建设，尤其在地广人稀的西北能广事发展灌溉事业，这无疑对于人民生计及国家前途有莫大的助益。”④ 这里所说的“莫大的助益”毫无疑问是水利建设成功后对当地民生的改善与国民政府有效统治的有力维护。

就内迁工厂而言，不但能在四年内基本完成复工，而且还在新的迁入地实现了新的发展，不断有新厂创设，1938 年开设 209 家，1939 年新增 419 家，1940 年新开 517 家，1941 年增设 866 家，1942 年开设 1138 家，1943 年新设 1049 家，后方工厂总数达 5266 家，资本总额 4. 87 亿元，工人 359600 多人。⑤ 如以产值论，除了防毒面具增长较慢外，其余皆飞速增长，尤以陶瓷砖瓦增幅最快，1940 年产品价值是 1938 年的 853 倍。而油漆颜料业则实现了零的突破，1938 年时没有企业生产此类产品，到 1940 年底，产品价值迅速增至 132. 87 元。并且随着市场的扩大，企业资产也迅速增长。

---

① 李维城：《开发西北之刍议》，《西北问题》第 1 卷第 3 期，1935 年 5 月 15 日，第 27 页。

② 参见《黄炎培西北归来谈话河南陕西两省情形》，《申报》1935 年 5 月 27 日第 3 张第 9 版。

③ 《泾惠渠》，第 19 页。

④ 沈怡：《沈怡自述》，第 205 页。

⑤ 参见张宪文《中华民国史纲》，河南人民出版社 1985 年版，第 582 页。

征引文献

一　档案资料

（一）未刊档案

1. 《本处1945年有关面粉配销等文书（二）》（1945年），陕西省档案馆藏，资料号92—4—32（2）。
2. 《本局、省合作事业管理处关于调整面粉供销计划及推销土粉联系办法等文件》（1940—1941年），陕西省档案馆藏，资料号17—6—1059。
3. 《本局关于磨制军用、民用粉管理暂行办法、机制粉分商组织及取缔面粉囤积居奇实施办法等文件（二）》（1942年），陕西省档案馆藏，资料号17—6—1049（2）。
4. 《本局关于磨制军用、民用粉管理暂行办法、机制粉分商组织及取缔面粉囤积居奇实施办法等文件（一）》（1942年），陕西省档案馆藏，资料号17—6—1049（1）。
5. 《本局关于西安市各面粉公司机粉管制售粉数目清册》（上、下）（1944年），陕西省档案馆藏，资料号17—5—60。
6. 《本厅经济建设专门人才调查表》，陕西省档案馆藏，资料号72—1—45。
7. 《本厅一九四三、四四年建设事业费》，陕西省档案馆藏，资料号72—2—1030。
8. 《本厅一九四四年度工作检讨报告（草稿）》（1944年），陕西省档案馆藏，资料号72—7—6。
9. 《本厅政绩交待比较表》，陕西省档案馆藏，资料号72—2—235。
10. 《成丰面粉公司关于1940年9月至1941年9月份军粮提运报表》

（1940 年 9 月—1941 年 9 月），陕西省档案馆藏，资料号 17—6—1734。
11. 《第八战区司令部、省建设厅、甘肃水利林牧公司、武威县政府、张掖工作站等就开发河西水利、颁发证明文件等代电、公函、函》（1942 年 9—10 月），甘肃省档案馆藏，资料号 22—1—382。
12. 《第一区面粉工业同业公会》（1942 年），陕西省档案馆藏，资料号 90—4—98。
13. 《第一区面粉工业同业公会成立有关文件及章程、名单》（1942—1943 年），陕西省档案馆藏，资料号 17—6—1092。
14. 《福豫面粉公司营业计划书发起人姓名、经历及认股数目、收支对照表、章程、股东名簿及本厅批文等》，陕西省档案馆藏，资料号 72—3—534。
15. 《甘宁青邮区邮路设组添设及增添邮差事宜》，中国第二历史档案馆藏，资料号 137（5）—0849。
16. 《甘肃河西水利队关于高台正义湖水库工程计划书》，陕西省档案馆藏，资料号 72—5—326。
17. 《甘肃河西水利工程处呈送河西水利工程规划书》，陕西省档案馆藏，资料号 72—5—433。
18. 《甘肃河西水利工程总队关于疏勒河、西大河流域灌溉工程规划书（一）》（1947 年 12 月），甘肃省档案馆藏，资料号 38—1—56。
19. 《甘肃河西水利工程总规划书（一）》（1947 年 12 月），甘肃省档案馆藏，资料号 38—1—8。
20. 《甘肃经济建设方案》，甘肃省档案馆藏，资料号 4—1—313。
21. 《甘肃省参议会财政经济决案、第一次会议记录》，甘肃省档案馆藏，资料号 14—2—248。
22. 《甘肃省地政工作报告、纲要、计划、细则、规程、章程、办法及华西建设股份有限公司各垦区招垦章程》（1940 年），甘肃省档案馆藏，资料号 26—4—324。
23. 《甘肃省建设厅关于民国三十年度施政报告》（1941 年），甘肃省档案馆藏，资料号 14—2—536。
24. 《甘肃省水利林牧公司、省动员委员会关于抄送经营业务、年度贷款、农田水利工作计划、调查表等的公函》（1940 年 4 月 8 日），甘肃省档案馆藏，资料号 14—1—523。
25. 《甘肃省政府关于处理皋兰县与农业改进所苗圃纠葛、被匪扰害调查、征用西北步兵分校演习场地，清理荒地地权暂行办法及各县行政会议记录，中心工作实施计划，各县长巡视工作报告的训令、指令、呈文等》(1943 年 9 月)，甘肃省档案馆藏，资料号 4—6—374。

26. 《甘肃省政府、省水利林牧公司、建设厅等就各机关组织业务、计划报告、中央设计局调查公司状况及各方参观公司事业情况等的代电、公函》(1941 年 10 月 25 日)，甘肃省档案馆藏，资料号 39—1—2。

27. 《甘肃省政府建设厅、省水利林牧公司兰州农行等就核办各渠工程进行状况、改进工程办法、各项会计报表等的通函、函》(1941 年 9 月 2 日)，甘肃省档案馆藏，资料号 39—1—85。

28. 《甘肃省政府建设厅、水利林牧公司、兰州电厂等就补发留用人员薪津差额、津贴计算表、水利工程查勘队合约及交接办法、安装电表、电灯、电表过户等的公函》(1941 年 7 月 29 日)，甘肃省档案馆藏，资料号 39—1—122。

29. 《甘肃省政府统计室、建设厅、省水利林牧公司等就查报省营事业机关之组织资本、业务及盈亏情形等的函、呈》，甘肃省档案馆藏，资料号 39—1—23。

30. 《甘肃省政府三十年度政绩比较表》，甘肃省档案馆藏，资料号 4—4—233。

31. 《甘肃省政府二十八年度行政计划》(1939 年)，甘肃省档案馆藏，资料号 4—4—235。

32. 《甘肃省政府赍禁烟禁毒工作情形的呈文》(1937 年 1 月 18 日)，甘肃省档案馆藏，资料号 15—6—374。

33. 《甘肃省政府工作报告（1945 年 1—6 月）》(1945 年 6 月)，甘肃省档案馆藏，资料号 4—8—650。

34. 《甘肃省政府施政报告（1945. 11—1946. 4）》(1946 年 5 月)，甘肃省档案馆藏，资料号 4—8—655。

35. 《甘肃省政府工作报告（1946 年 1—6 月）》(1946 年 6 月)，甘肃省档案馆藏，资料号 4—8—660。

36. 《甘肃省政府、参议会、军管司令部、兰州市政府等关于报送工作报告概况、业务情形及税收表件的函》(1942 年 2 月 9 日)，甘肃省档案馆藏，资料号 14—2—269。

37. 《甘肃省政府、省地政局、安西、玉门县政府、河西垦区管理局就垦区设立、水利工程、土地管理、垦场租粮等事项的代电、呈等》(1944 年 10 月 2 日)，甘肃省档案馆藏，资料号 26—1—235。

38. 《甘肃水利工程队关于团河流域工程规划书》，陕西省档案馆藏，资料号 72—5—382。
39. 《甘肃水利林牧公司、陇南畜牧场等就组织岷县养蜂场、牛奶制造场等情况报告的函、电》（1942 年 3 月 11 日），甘肃省档案馆藏，资料号 22—1—396。
40. 《甘肃水利林牧公司、陇南牧场就经营畜牧事业方针、年度工作报告、计划大纲、收支情形等函》（1942 年 11 月 17 日），甘肃省档案馆藏，资料号 22—1—397。
41. 《各县农田水利现状调查案（二）》（1933—1937 年），陕西省档案馆藏，资料号 96—1—894（2）。
42. 《工厂登记（机器、铁工业）》（1942 年），陕西省档案馆藏，资料号 72—3—1268。
43. 《公路概况调查表》，陕西省档案馆藏，资料号 72—4—242。
44. 《公路概况调查表》，陕西省档案馆藏，资料号 72—4—243。
45. 《行政院令查寄青海邮件阻滞情形》，中国第二历史档案馆藏，资料号 137（5）—3572。
46. 《河西水利工程处关于兴修已成各渠概况、工程说明及水利工程规划与计划书一览表》，甘肃省档案馆藏，资料号 38—1—7。
47. 《华峰面粉公司呈报有关磨军粉情形等文件（二）》（1941—1942 年），陕西省档案馆藏，17—6—422（2）。
48. 《华峰面粉公司呈报有关磨军粉情形等文件（一）》（1941—1942 年），陕西省档案馆藏，17—6—421（1）。
49. 《华峰面粉公司配发各机关、学校、团体、工厂面粉数量报表（上、下）》（1942 年），陕西省档案馆藏，资料号 17—5—346。
50. 《黄龙山垦区救济难民卷》（1938—1939 年），陕西省档案馆藏，资料号 9—2—756。
51. 《建设厅关于甘肃省经济建设纪要（农林水利类）、河西水利工程历年成果概述和湟惠渠工程报告书纪要》（1942 年 12 月 20 日），甘肃省档案馆藏，资料号 38—1—11。
52. 《建设厅十年万井计划（二）》，陕西省档案馆藏，资料号 72—6—113（2）。
53. 《建设厅十年万井计划（一）》，陕西省档案馆藏，资料号 72—6—113（1）。
54. 《交通部、甘肃省政府关于欧亚航空公司开发西北航线的训令、指令、公函等》(1931 年 9 月 24 日)，甘肃省档案馆藏，资料号 4—6—353。
55.《泾惠渠管理局工作报告（五)》(1941—1943 年)，陕西省档案馆藏，资料号 96—1—540（5)。
56.《经济部工业司 · 盛世才呈请协助新疆省工业》(1942 年 11 月—1944 年 4 月)，“中央研究院”近代史所档案馆藏，资料号 18—22—01—063—01。
57.《经济部工业司 · 新疆监察使署调查新疆省 35 年建设报告》(1947 年 4 月)，“中央研究院”近代史所档案馆藏，资料号 18—22—01—036—03。
58.《经济部核准陕西省工厂登记分类表（二)》(1945 年)，陕西省档案馆藏，资料号 72—3—567（2)。
59.《经济部商业司 · 渭南西北聚记机器棉花打包面粉公司》(1946 年 9 月—1947 年 1 月)，“中央研究院”近代史所档案馆藏，资料号 18—23—01—05—21—003。
60.《酒泉边湾、临水河、中渠铺地下水灌溉工程及下古城坝渠道防洪计划书（一)》(1947 年 12 月)，甘肃省档案馆藏，资料号 38—1—52。
61.《酒泉夹边沟蓄水库工程计划书》，陕西省档案馆藏，资料号 72—3—85。
62.《军政部、甘肃省政府、民乐县政府等就抄发荣军垦区垦务实施办法、开垦荒地、产权情形、荒地督垦、办理人民荒地等事项的指令、呈等》(1943 年 11 月)，甘肃省档案馆藏，资料号 26—1—275。
63.《黎坪垦区难民救济》(1941 年)，陕西省档案馆藏，资料号 9—2—748。
64.《黎坪垦区调查团卷（二)》(1938 年)，陕西省档案馆藏，资料号 72—8—5（2)。
65.《黎坪垦区调查团卷（三)》(1938 年)，陕西省档案馆藏，资料号 72—8—5（3)。
66.《黎坪垦区调查团卷（一)》(1938 年)，陕西省档案馆藏，资料号 72—8—5（1)。
67.《面粉厂、火柴业工厂有关情况登记表》(1942 年)，陕西省档案藏，资料号 72—3—249。
68.《汧山垦区卷（二)》，陕西省档案馆藏，资料号 72—8—18（2)。
69.《汧山垦区卷（一)》，陕西省档案馆藏，资料号 72—8—18（1)。
70.《全国经济委员会 · 分期整理开发汉中区水利计划》，“中央研究院”

近代史所档案馆藏，资料号26—00—05—001—01。
71.《全国经济委员会·甘肃省建设中心工作计划》（1937年3月）“中央研究院”近代史所档案馆藏，资料号26—00—06—007—01。
72.《全国经济委员会·甘肃水利过去情形及将来计划》（1934年5月），“中央研究院”近代史所档案馆藏，资料号26—00—06—007—04。
73.《全国经济委员会·检送洛惠渠展览品参加陕西省水利成绩展览会》（1936年1月—1936年2月），“中央研究院”近代史所档案馆藏，资料号26—43—002—05。
74.《全国经济委员会·建设中心工作计划》（1936年10月—1937年4月），“中央研究院”近代史所档案馆藏，资料号26—00—62—001—03。
75.《全国经济委员会·宁夏拟修新建各渠图说》，“中央研究院”近代史所档案馆藏，资料号26—00—56—001—05。
76.《全国经济委员会·宁夏渠道概要》，“中央研究院”近代史所档案馆藏，资料号26—00—56—001—04。
77.《全国经济委员会·青海省黄河水利复兴农村计划》（1935年4月—1936年1月），“中央研究院”近代史所档案馆藏，资料号26—00—62—001—04。
78.《全国经济委员会·请拨棉麦借款协助建设》（1933年9月—1934年3月），“中央研究院”近代史所档案馆藏，资料号26—00—62—001—02。
79.《全国经济委员会·全国水利报告汇编》（1937年2月），“中央研究院”近代史所档案馆藏，资料号26—21—007—07。
80.《全国经济委员会·陕北灌溉工程建议书》（1935年9月—1936年4月），“中研究院”近代史所档案馆藏，资料号26—00—05—001—13。
81.《全国经济委员会·渭河流域灌溉计划书》（1933年9月），“中央研究院”近代史所档案馆藏，资料号26—00—05—001—09。
82.《全国经济委员会·水利局泾惠渠灌溉成绩统计表》（1934—1936年），“中央研究院”近代史所档案馆藏，资料号26—00—05—001—08。
83.《全国经济委员会·赈济事项》（1934年3月—1935年8月），“中央研究院”近代史所档案馆藏，资料号26—00—56—001—01。
84.《全国经济委员会·整理南褒参河大堰计划大纲》，“中央研究院”近代史所档案馆藏，资料号 26—00—05—001—02。
85. 《森林部、省水利林牧公司、洮河林场、中国银行等就拨发林场周转金、购运木料价款等的公函、电、函》（1941 年 9 月 10 日），甘肃省档案馆藏，资料号 39—1—108。
86. 《陕南各县兴修水利情况（二）》，陕西省档案馆藏，资料号 72—6—206（2）。
87. 《陕南各县兴修水利情况（三）》，陕西省档案馆藏，资料号 72—6—206（3）。
88. 《陕南各县兴修水利情况（四）》，陕西省档案馆藏，资料号 72—6—206（4）。
89. 《陕南各县兴修水利情况（五）》，陕西省档案馆藏，资料号 72—6—206（5）。
90. 《陕西省水利局施政报告》，陕西省档案馆藏，资料号 72—6—6。
91. 《陕西省一九四四年小型农田水利计划（二）》（1944 年），陕西省档案馆藏，资料号 72—6—110（2）。
92. 《陕西省一九四四年小型农田水利计划（三）》（1944 年），陕西省档案馆藏，资料号 72—6—110（3）。
93. 《陕西省一九四四年小型农田水利计划（一）》（1944 年），陕西省档案馆藏，资料号 72—6—110（1）。
94. 《陕西省政府交待比较表（三）》，陕西省档案馆藏，资料号 72—2—1236（3）。
95. 《陕西省政府交待比较表（一）》，陕西省档案馆藏，资料号 72—2—1236（1）。
96. 《陕西省政府政绩交待比较表（二）》，陕西省档案馆藏，资料号 72—2—1234（2）。
97. 《陕西邮管局自置汽车运邮建议》，中国第二历史档案馆藏，资料号 137（5）—0917。
98. 《省府关于兴办水利事业奖励条件的通知及条例》，陕西省档案馆藏，资料号 72—5—136。
99. 《省建设厅、省水利林牧公司、省水利公司等就征集核办各厅部工作报告、业务统计表、工作计划、各机关主管人员姓名清册、员工待遇一览表等的函、呈》（1941 年 9 月 8 日），甘肃省档案馆藏，资料号 39—1—22。
100. 《省建设厅、省水利林牧公司、四川水利局等就甘肃水利考察报告、泾河及泾济渠各种资料、龙西渠工程述要、陇西区水力勘查报告等的公函、函》（1942 年 1 月 27 日），甘肃省档案馆藏，资料号 39—1—219。

101.《省民政厅、建设厅拟制本省荒地督垦暂行章程及地政局的施政报告》（1943 年 1 月 29 日），甘肃省档案馆藏，资料号 15—9—422。

102.《省水利林牧公司、建设厅、肃丰渠工程处等就函借济南市测量报告、帐篷、小汽车、卡车、评剧服装道具、归还汽油、油渣、洽借千斤吊、钢锯等的公函、函》（1942 年 3 月 5 日），甘肃省档案馆藏，资料号 39—1—204。

103.《省水利林牧公司、陇南畜牧场等关于酪素价格、数量、公司组织章程、函索汭丰渠建设照片、工程计价方式资料等的公函、函》（1944 年 5 月 12 日），甘肃省档案馆藏，资料号 39—1—216。

104.《省水利林牧公司、汭丰渠工程处等就召集各渠渠务会议、会议日程、参加人员同人通讯录、工作报告等的公函、电》（1943 年 12 月 30 日），甘肃省档案馆藏，资料号 39—1—116。

105.《省水利林牧公司关于公司召开会议通知、会议记录及各渠主任报告》（1941 年 9 月 3 日），甘肃省档案馆藏，资料号 39—1—114。

106.《省政府 1944 年度政绩比较表（二）》（1944 年），陕西省档案馆藏，资料号 72—2—402（2）。

107.《省政府三十年度工作计划（民政部分）》（1941 年），甘肃省档案馆藏，资料号 15—14—315。

108.《实业部渔业司·潘世淮条陈开发西北以改良畜牧为先决问题》（1933 年 11 月—1933 年 12 月），“中央研究院”近代史所档案馆藏，资料号 17—27—213—05。

109.《同业公会面粉厂公会章程及会议记录等（一）》（1945 年），陕西省档案馆藏，资料号 82—1—1060（1）。

110.《渭惠渠管理局工作报告》（1939—1940 年），陕西省档案馆藏，资料号 96—1—475。

111.《西安、成丰、泰记和合面粉厂产销面粉数量日报表》，陕西省档案馆藏，资料号 17—3—165。

112.《西安市各工厂向经济部呈请工厂登记及附表（二）》（1945—1946 年），陕西省档案馆藏，资料号 72—3—640（2）。

113.《西安市各工厂向经济部呈请工厂登记及附表（一）》（1945—1946 年），陕西省档案馆藏，资料号 72—3—640（1）。

114. 《西安市机器、纺织、火柴、面粉等业工会理监事及会员名册及会议记录》（1942 年 12 月—1948 年 5 月），陕西省档案馆藏，资料号 90—1—80。
115. 《一九四三年农业杂项电、函（二）》（1943 年），陕西省档案馆藏，资料号 72—8—179（2）。
116. 《永丰面粉厂有关工厂登记甲乙两种表》，陕西省档案馆藏，资料号 72—3—420。
117. 《邮政总局关于甘肃管理局与利通公司订立运邮合同事项卷》，中国第二历史档案馆藏，资料号 137（5）—0557。
118. 《邮政总局与甘肃、新疆邮管局筹设敦煌至新疆若羌邮路的密件》，中国第二历史档案馆藏，资料号 137（5）—0006。
119. 《总经理沈怡就筹办省水利林牧公司等的函》（1941 年 9 月 27 日），甘肃省档案馆藏，资料号 39—1—259。

（二）已刊档案

1. 蔡盛琦编注：《蒋中正总统档案：事略稿本》35，“国史馆”2009 年版。
2. 高素兰编注：《蒋中正总统档案：事略稿本》22，“国史馆”2005 年版。
3. 高素兰编注：《蒋中正总统档案：事略稿本》28，“国史馆”2007 年版。
4. 高素兰编注：《蒋中正总统档案：事略稿本》31，“国史馆”2008 年版。
5. 高素兰编注：《蒋中正总统档案：事略稿本》39，“国史馆”2009 年版。
6. 陕西省档案馆：《冯玉祥对西北开发的史料》，《历史档案》1990 年第 1 期。
7. 王正华编注：《蒋中正总统档案：事略稿本》17，“国史馆”2005 年版。
8. 薛月顺编：《资源委员会档案史料汇编——电业部分》，“国史馆”1992 年版。
9. 叶健青编注：《蒋中正总统档案:事略稿本》37，“国史馆”2009 年版。
10. 中国第二历史档案馆编：《曾问吾建议打通甘新大道以畅中苏交通意见书》，《民国档案》2006 年第 2 期。
11. 中国第二历史档案馆编：《国民党政府经济部关于战时经济建设的工作报告》（上、中、下），《民国档案》1989 年第 3、4 期，1990 年第 1 期。
12. 中国第二历史档案馆编：《国民政府赈济 1942 年青海牛瘟档案史料》，《民国档案》1996 年第 2 期。
13. 中国第二历史档案馆编：《蒋介石令裁各机关官员移屯西北及筹议办法

三件》，《民国档案》2004 年第 3 期。
14. 中国第二历史档案馆编：《经济部西北工业考察通讯》（上、下），《民国档案》1995 年第 4 期、1996 年第 1 期。
15. 中国第二历史档案馆编：《抗战时期工厂内迁史料选辑》（一、二、三），《民国档案》1987 年第 2—4 期。
16. 中国第二历史档案馆编：《柳国明拟〈东北难民移垦西北计划〉》，《民国档案》2003 年第 1 期。
17. 中国第二历史档案馆编：《蒙藏委员会新疆组关于西北政军等情报告选编》，《民国档案》2013 年第 1 期。
18. 中国第二历史档案馆编：《南京国民政府成立初期新疆办理禁烟情况史料选》，《民国档案》2013 年第 2 期。
19. 中国第二历史档案馆编：《全国经济委员会农业处转运之西北农业、畜牧业和社会经济考察报告》，《民国档案》2001 年第 2、3 期。
20. 中国第二历史档案馆编：《陕西实业考察团建议该省实业计划致行政院函暨实业部核办情形》，《民国档案》2001 年第 1 期。
21. 中国第二历史档案馆编：《水利委员会拟送“西北水利十年建设计划初稿”》，《民国档案》2000 年第 4 期。
22. 中国第二历史档案馆编：《翁文灏拟〈中国西部经济近期发展备忘录〉》，《民国档案》2005 年第 2 期。
23. 中国第二历史档案馆编：《新疆省政府呈送全国经济委员会〈建设新疆计划书〉》，《民国档案》1994 年第 2 期。
24. 中国第二历史档案馆编：《有关蒋介石注意西北开发及改进党政等事项的公函》，《民国档案》2002 年第 3 期。
25. 中国第二历史档案馆编：《酝酿制定“西南西北及江南三区轻工业开发计划”史料两件》，《民国档案》2000 年第 2 期。
26. 中国第二历史档案馆编：《长江通讯社西北考察团史料两件》，《民国档案》2000 年第 3 期。
27. 中国第二历史档案馆编：《中华民国史档案资料汇编》第五辑第三编“财政经济”（一）、（四）、（七），江苏古籍出版社 2000 年版。
28. 中国第二历史档案馆编：《中华民国史档案资料汇编》第五辑第一编“财政经济”（一）、（二）、（三）、（七）、（九），江苏古籍出版社 1994 年版。
29. 中国社会科学院近代史研究所《近代史资料》编辑部、中国第二历史档案馆合编，马振犊主编：《抗战时期西北开发档案史料选编》，中国社会科学出版社2009年版。
30. 周美华编辑:《蒋中正总统档案:事略稿本》12,“国史馆”2004年版。
31. 周美华编辑:《蒋中正总统档案:事略稿本》13,“国史馆”2004年版。
32. 周美华编辑:《蒋中正总统档案:事略稿本》32,“国史馆”2008年版。
33. 周美华编辑:《蒋中正总统档案:事略稿本》50,“国史馆”2011年版。
34. 周美华编辑:《蒋中正总统档案:事略稿本》51,“国史馆”2011年版。
35. 周琇环编注:《蒋中正总统档案:事略稿本》36,“国史馆”2008年版。

二 著作

(一) 前人著作

1. 甘肃水利林牧公司编印:《甘肃工农业建设资料》,甘肃省图书馆西北地方文献阅览室(图书)藏,油印本,1942年。
2. 《甘肃河西农田水利计划纲要》,甘肃省图书馆西北地方文献阅览室(图书)藏,1943年。
3. 《甘肃建设厅通志材料》,甘肃省图书馆西北地方文献阅览室(图书)藏,1929年,抄本。
4. 甘肃省政府民政厅编印:《甘肃省禁烟总报告》,甘肃省图书馆西北地方文献阅览室(图书)藏,1940年。
5. 甘肃省政府秘书处编印:《甘肃省政府三十一年度政绩比较表》,甘肃省图书馆西北地方文献阅览室(图书)藏,油印本,1943年。
6. 甘肃水利林牧公司编:《甘肃水利林牧公司成立两年概况》,1943年8月,甘肃省图书馆西北地方文献阅览室(图书)藏,油印本。
7. 孙发端等编:《交通部公路总局第七区公路工程管理局工作报告(1947年1—8月)》,甘肃省图书馆西北地方文献阅览室(图书)藏,油印本,1947年。
8. 《泾惠渠农村概况》,行政院新闻局1948年9月印行。
9. 《陇海铁路陕甘沿线经济调查报告书》,出版时间、出版者不详。
10. 《秘书长关于报送经委会1934年度经济建设费各项分门预算增减数目表案签呈》,中国第二历史档案馆编《全国经济委员会会议录》(三),广西师范大学出版社2005年影印本。
11. 《民国二十四年全国水利建设报告》,1937年2月。

12. 《陕西谣谚初集》，陕西省教育厅编辑室 1935 年版。
13. 《西北写真》，出版者不详，1930 年。
14. 《中国经济年鉴》（1947 年，上），载《近代中国史料丛刊三编》第 90 辑，文海出版社有限公司 2001 年版。
15. 《中国邮政概述》，出版者不详，1941 年 6 月。
16. 安汉、李自发：《西北农业考察》，东南印刷所 1936 年 4 月版。
17. 安汉：《西北垦殖论》，国华印书馆 1932 年 11 月版。
18. 北洋政府陆军部编：《陆军行政纪要》，文海出版社 1971 年版。
19. 蔡君启：《西北》，生活·读书·新知上海联合发行所 1949 年版。
20. 曹慎修：《中国土地问题之研究》，明日书店 1932 年版。
21. 曾问吾：《中国经营西域史》，商务印书馆 1936 年版。
22. 柴绍武：《伟大的西北》，总动员出版社 1945 年版。
23. 陈恩凤、李宗可、马秀藻：《青海省中部荒区调查报告》，农林部垦务总局 1942 年 12 月印行。
24. 陈赓雅：《西北视察记》，甘肃人民出版社 2002 年版。
25. 陈光垚：《西京之现况》，西京筹备委员会 1933 年 11 月版。
26. 陈万里：《西行日记》，甘肃人民出版社 2002 年版。
27. 陈言：《陕甘调查记》，北方杂志社 1937 年版。
28. 陈友琴：《现代中国经济略史》，商务印书馆 1928 年版。
29. 陈泽溎：《宁夏省经济概要》，中国殖边社 1934 年版。
30. 陈正祥：《河西走廊》，出版者不详，1943 年 11 月版。
31. 陈正祥：《西北区域地理》，商务印书馆 1946 年版。
32. 程鲁丁：《新疆问题》，文献书局 1949 年版。
33. 戴季陶：《西北》，新亚细亚学会 1931 年 10 月版。
34. 董成勋：《中国农村复兴问题》，世界书局 1935 年版。
35. 杜重远：《盛世才与新新疆》，生活书店 1938 年版。
36. 范宝信：《陕西省政述要》，陕西省政府统计室 1947 年 7 月版。
37. 冯和法编著：《中国农村经济资料》上，华世出版社 1978 年版，初版于 1933 年。
38. 傅作霖编著：《宁夏省考察记》，正中书局 1935 年 7 月版。
39. 甘肃省政府编印：《甘肃省人口统计报告表》（1948 年 3 月），甘肃省图书馆西北地方文献阅览室（图书）藏。
40. 甘肃省政府建设厅编：《甘肃省经济建设纪要（1940. 12—1946. 12）》第 12、15、17、30、31、33、34、36、54、59、65、67、68 号，甘肃

省图书馆西北地方文献阅览室（图书）藏，油印本。
41. 甘肃省政府统计处编印：《甘肃省统计年鉴》，1948 年。
42. 甘肃水利林牧公司总管理处编：《甘肃水利林牧公司大事记（三十年—三十三年）》，甘肃省图书馆西北地方文献阅览室（图书）藏，1944 年，稿本。
43. 高等考试典试委员会编：《民国二十二年高等考试总报告》，考试院考选委员会 1934 年印行。
44. 高良佐：《西北随轺记》，甘肃人民出版社 2003 年版。
45. 葛定华编著：《国民经济建设要论》，正中书局 1937 年版。
46. 谷正伦：《汭丰渠记》，1944 年 4 月，中国国家图书馆特藏古籍。
47. 顾颉刚：《西北考察日记》，甘肃人民出版社 2002 年版。
48. 顾执中、陆诒：《到青海去》，商务印书馆 1934 年版。
49. 顾执中：《西行记》，甘肃人民出版社 2003 年版。
50. 关吉玉：《十五年来中国经济》，经济研究社辽沈分社 1947 年 3 月版。
51. 关吉玉：《中国战时经济》，国民政府军事委员会委员长行营 1936 年版。
52. 郭步陶：《西北旅行日记》，大东书局 1932 年版。
53. 国立暨南大学西北教育考察团：《西北教育考察报告书》，国立暨南大学出版课 1936 年 7 月版。
54. 国民经济建设运动委员会总会编印：《中央农业实验所及全国稻麦改进所概况》，1937 年 4 月。
55. 国民经济研究所编印：《陕西省地方概况报告》（工业门地方类第九号），出版时地不详，该报告调查时间为 1936 年 6 月。
56. 国民外交丛书社编：《新疆问题》，中华书局 1929 年 9 月第 2 版。
57. 国民政府行政院编印：《国民政府年鉴》第二回，1944 年 10 月。
58. 国民政府铁道部业务司商务科编：《陇海铁路西兰线陕西段经济调查报告书》，1935 年。
59. 国民政府主计处统计局编：《中国土地问题之统计分析》，正中书局 1941 年版。
60. 国民政府主计处统计局编：《中华民国统计提要（二十四年辑）》，商务印书馆 1936 年 5 月版。
61. 韩稼夫：《工业化与中国农业建设》，商务印书馆 1946 年版。
62. 韩启桐编著：《中国对日战事损失之估计（1937—1943）》，中华书局 1946 年 1 月版。

63. 何敏求、陈尔寿、程璐编著:《中国地理概论》,正中书局 1946 年 11 月版。
64. 何让:《甘肃田赋之研究》,成文出版社有限公司 1977 年版。
65. 贺湄:《中国地理讲话》,实学书局 1944 年版。
66. 洪涤尘:《新疆史地大纲》,正中书局 1936 年版。
67. 胡博渊:《开发我国后方各省金矿之建议》,中山文化教育馆 1939 年版。
68. 黄奋生:《边疆屯垦员手册》,青年出版社 1944 年版。
69. 黄奋生编著:《边疆人物志》,正中书局 1945 年版。
70. 黄河水利委员会导渭工程处编印:《陕西渭惠渠计划书》,1935 年 1 月。
71. 蒋经国:《伟大的西北》,宁夏人民出版社 2001 年版。
72. 蒋经国:《西北—赣南》,中华正气出版社 1942 年 9 月版。
73. 蒋君章编著:《新疆经营论》,正中书局 1936 年 11 月版。
74. 蒋廷黻:《中国近代史》,上海古籍出版社 1999 年版。
75. 交通部公路局统计室编:《民国三十五年度公路统计年报》,中信印务局 1947 年版。
76. 交通部公路局统计室编:《三十三年、三十四年度公路统计年报》,中信印务局 1946 年版。
77. 交通部交通史编纂委员会、铁道部交通史编纂委员会编印:《交通史邮政编》第 2 册,1931 年 7 月。
78. 交通部统计处编印:《中华民国三十一年交通部统计年报》,出版信息不详。
79. 交通部西北公路运输管理局编印:《西北公路运输》,1939 年 9 月。
80. 金士宣:《中国铁路问题论文集》,交通杂志社 1935 年 4 月版。
81. 金澍荣、杨少松:《西北中等学校师资之改进》,国立西北师范学院师范研究所 1942 年 8 月版。
82. 金祖孟编著:《中国地理通论》第一集,中华书局 1945 年版。
83. 经济部编:《经济部二十八年上期工作进度报告》,出版地不详,1939 年。
84. 经济部统计处编印:《后方工业概况统计(1942 年)》,1943 年 5 月。
85. 经济部中央工业试验所兰州工作站、甘肃省银行经济研究室、兰州交通银行、甘肃省政府建设厅:《甘肃工业资源兰州市工厂调查》,兴陇公司印刷厂 1942 年 10 月印行。

86. 军事委员会禁烟总会编印：《二十四年度禁烟年报》，出版地、出版者不详，1936 年 10 月。
87. 开发西北协会：《西北文物展览会目录》，出版时地不详。
88. 康天国：《西北最近十年来史料》，西北学会 1931 年版。
89. 〔苏〕克拉米息夫著，王正旺译：《中国西北部之经济状况》，商务印书馆 1933 年版。
90. 李承绪：《西北富藏与平绥铁路》，北平交大 1935 级毕业论文。
91. 李国桢：《陕西小麦》，美吉印刷社 1948 年印行。
92. 李书田等：《中国水利问题》上册，商务印书馆 1936 年版。
93. 林和成：《中国农业金融》，中华书局 1936 年 9 月版。
94. 林竞：《蒙新甘宁考察记》，甘肃人民出版社 2003 年版。
95. 林鹏侠：《西北行》，甘肃人民出版社 2002 年版。
96. 刘柏石：《云亭渠》，宁夏区政协文史委员会藏，手稿。
97. 刘虎如：《青海西康两省》，商务印书馆 1933 年版。
98. 刘曼卿：《边疆教育》，商务印书馆 1937 年版。
99. 刘文海：《西行见闻记》，甘肃人民出版社 2003 年版。
100. 陇海铁路潼西段工程局编印：《陇海铁路潼西段工程纪略》，1934 年。
101. 陇海铁路西段工程局编印：《陇海铁路西宝段工程纪略》，1936 年 12 月版。
102. 鲁涵之、张韶仙编纂：《西京快览》，西北快览社 1936 年 4 月版。
103. 鲁迅文艺学院编：《陕北民歌选》，光华书店 1948 年版。
104. 陆士基：《洛惠渠》，出版地不详，1947 年。
105. 陆亭林：《西宁等处实习调查日记》，载萧铮主编《中国地政研究所丛刊·民国二十年代中国大陆土地问题资料》第 198 册，成文出版社有限公司 1977 年版。
106. 陆象贤：《新中国经济地理教程》，一般书店 1941 年 1 月版。
107. 罗家伦：《西北建设考察团报告》，“国史馆”1968 年版。
108. 罗家伦主编：《革命文献》第 28 至 30 辑精装合订本，“中央文物供应社”1978 年版。
109. 罗家伦主编：《革命文献》第 26 辑，“中央文物供应社”1984 年版。
110. 马大正主编：《民国边政史料续编》第 27、28 册，国家图书馆出版社 2010 年版。
111. 马鹤天：《西北考察记·青海篇》，国民印务局 1936 年版。
112. 马鸿亮：《国防线上之西北》，经纬书局 1936 年版。

113. 《马克思恩格斯选集》第 2 卷，人民出版社 1995 年版。
114. 马凌甫：《青海调查报告》，西北实业调查团 1940 年 6 月版。
115. 马寅初：《财政学与中国财政——理论与现实》下册，商务印书馆 2005 年版。
116. 马玉麟：《陕西实习调查日记》，载萧铮主编《中国地政研究所丛刊·民国二十年代中国大陆土地问题资料》第 196 册，成文出版社有限公司 1977 年版。
117. 马振犊：《抗战时期西北开发档案史料选编》，中国社会科学出版社 2009 年版。
118. 《毛泽东书信选集》，人民出版社 1983 年版。
119. 矛盾等：《西北行》，中国旅行社 1943 年版。
120. 缪凤林：《西北问题一夕谈》，新中国文化出版社，出版时间不详。
121. 倪超编著：《新疆之水利》，商务印书馆 1948 年 1 月版。
122. 倪迥人速记，马国霖编辑：《西北情况演讲周演讲集》，西北导报社 1937 年版。
123. 倪锡英：《西京》，中华书局 1936 年 11 月版。
124. 宁夏省建设厅第一科编：《宁夏省建设汇刊·公牍》第 1 期，中华印书局 1936 年 12 月版。
125. 宁夏省政府编印：《宁夏资源志》，编者刊，1946 年 1 月。
126. 宁夏省政府地政局编印：《宁夏省难民垦荒调查概述》，1939 年 1 月。
127. 宁夏省政府建设厅编印：《宁夏战时工业（二）》，1943 年 1 月。
128. 宁夏省政府建设厅编印：《宁夏战时工业（一）》，1941 年。
129. 宁夏省政府秘书处编印：《宁夏省政府职员录》，1944 年。
130. 宁夏省政府秘书处编印：《十年来宁夏省政述要·地政篇》，1942 年。
131. 宁夏省政府秘书处编印：《十年来宁夏省政述要·建设篇》，1942 年。
132. 宁夏省政府秘书处公报室编印：《宁夏省政府公报》第 129 期，1941 年 2 月。
133. 农产促进委员会编印：《二十九年度农产促进委员会主办事业效果报告书》，1941 年 1 月。
134. 潘益民：《兰州之工商业与金融》，商务印书馆 1935 年 4 月版。
135. 庞松舟：《地方财政》，出版者不详，1939 年 4 月。
136. 秦含章：《中国农业经济问题》，新世纪书局 1931 年版。
137. 秦晋：《宁夏到何处去》，天津益世报 1947 年版。

138. 秦孝仪主编:《革命文献》第 88、89、90 辑,“中央文物供应社”1981 年版。
139. 秦孝仪主编:《革命文献》第 102、103 辑,“中央文物供应社”1985 年版。
140. 秦孝仪主编:《中华民国社会发展史》第 1 册,“近代中国出版社”1985 年版。
141. 秦孝仪主编:《中华民国史料丛编·抗战建国六周年纪念丛刊》,“中央文物供应社”1976 年版。
142. 秦孝仪:《中华民国史料丛编·战时交通》,“中央文物供应社”1976 年版。
143. 秦孝仪主编:《中华民国重要史料初编——对日抗战时期》绪编第 3 册,中国国民党中央委员会党史委员会 1981—1985 年版。
144. 青海省政府建设厅编印:《青海省建设概况》,1946 年。
145. 青海省政府民政厅编:《最近之青海》,新亚细亚学会 1934 年版。
146. 全国经济委员会编印:《全国经济委员会会议纪要》第 7 集,1935 年 7 月。
147. 全国经济委员会水利处编印:《陕西省水利概况》,1937 年 8 月。
148. 全国经济委员会西北办事专员办公处编:《西北建设事业概况》,出版信息不详。
149. 任美锷、张其昀、卢温甫:《西北问题》,科学书店 1943 年 6 月版。
150. 茹焘之:《战时农业生产》,战争丛刊社 1937 年 12 月版。
151. 陕西泾惠渠管理局编印:《泾惠渠报告书》,1934 年 12 月。
152. 陕西省水利局编印:《李仪祉先生逝世三周年纪念刊》,1941 年 3 月。
153. 陕西省水利局渭惠渠工程处编印:《渭惠渠第一期工程纪略》,1936 年。
154. 陕西省银行经济研究室编:《西京市工业调查》,秦岭出版公司 1940 年印行。
155. 陕西赈务会编印:《陕西赈务汇刊》,1930 年 4 月。
156. 时事问题研究会编:《抗战中的中国经济》,抗战书店 1940 年版,中国现代史资料编辑委员会 1957 年翻印。
157. 实业部中国经济年鉴编纂委员会编:《中国经济年鉴》上,商务印书馆 1935 年版。
158. 实业部中国经济年鉴编纂委员会编:《中国经济年鉴续编》,商务印书馆 1935 年 9 月版。

159. 宋志伊:《战后工业建设计划》,出版信息不详。
160. 孙本文:《现代中国社会问题》第2册,商务印书馆1946年版。
161. 《孙中山全集》第1、2、6卷,中华书局1981—1985年版。
162. 太平洋书店编:《中国农村问题·佃农问题·农民负担》,太平洋书店1933年版。
163. 谭熙鸿主编:《十年来之中国经济》,中华书局1948年版。
164. 铁道部业务司商务科编印:《陇海铁路甘肃段经济调查》,铁道部业务司商务科1935年版。
165. 汪公亮编著:《西北地理》,正中书局1936年版。
166. 汪昭声:《西北建设论》,青年出版社1943年版。
167. 王金绂:《西北地理》,立达书局1932年版。
168. 王金绂:《西北之地文与人文》,商务印书馆1935年2月版。
169. 王勤堉:《民国以来之中国公路建设》,出版信息不详。
170. 王树基编著:《甘肃之工业》,甘肃省银行总行1944年8月版。
171. 王桐龄:《陕西旅行记》,文化学社1928年2月版。
172. 王望:《新西安》,中华书局1940年版。
173. 王文萱编著:《战时移垦边疆问题》,正中书局1939年12月版。
174. 王燕浪:《西南与西北》,国民出版社1943年版。
175. 王荫樵:《西京指南》上册,中国文化服务社陕西分社1941年印行。
176. 渭北引泾水利工程局:《渭北引泾水利工程报告》,出版信息不详。
177. 吴蔼宸:《新疆纪游》,商务印书馆1935年版。
178. 吴震华:《西北徒步一瞥》,同仁书店1935年版。
179. 伍启元:《中日战争与中国经济》,商务印书馆1940年1月版。
180. 西北导报社编:《邵力子先生民国二十四年演讲集》,西北导报社1936年6月版。
181. 西北公路运输管理局编印:《西北公路交通要览》,1940年10月。
182. 西北公路运输局编印:《到西北去》,1944年3月。
183. 席微庸:《西北》,中华平民教育促进会编审委员会1937年版。
184. 萧梅性:《兰州商业调查》,陇海铁路管理局1935年2月版。
185. 谢晓钟:《新疆游记》,甘肃人民出版社2003年版。
186. 行政院编:《国民政府年鉴》,中心印书局1943年7月版。
187. 行政院新闻局编印:《河西水利》,1947年8月。
188. 行政院新闻局编印:《近年来的农田水利》,1947年。
189. 行政院新闻局编印:《民用航空》,1947年10月。

190. 徐旭：《西北建设论》，中华书局 1945 年第 2 版。
191. 徐盈：《抗战中的西北》，生活书店 1938 年版。
192. 徐正学：《农村问题——中国农村崩溃原因的研究》，中国农村复兴研究会 1934 年 9 月版。
193. 许公武：《青海志略》，商务印书馆 1945 年第 2 版。
194. 薛桂轮：《西北视察日记》，申报馆 1934 年版。
195. 严重敏：《西北地理》，大东书局 1946 年版。
196. 杨大金：《现代中国实业志》上，商务印书馆 1938 年版。
197. 杨文洵、韩非木、葛绥成等编：《中国地理新志》，中华书局 1935 年版。
198. 杨荫溥：《民国财政史》，中国财政经济出版社 1985 年版。
199. 杨钟健：《西北的剖面》，甘肃人民出版社 2003 年版。
200. 叶佩高：《开发西北意见书》，出版时地不详，约在 1931 年出版。
201. 叶祖灏编著：《宁夏纪要》，正论出版社 1947 年 6 月版。
202. 张恨水、李孤帆：《西游小记 · 西行杂记》，甘肃人民出版社 2003 年版。
203. 张樑任：《中国邮政》中卷，1935 年，《民国丛书》编辑委员会编《民国丛书》第二编 40，上海书店 1990 年版。
204. 张丕介、杜竹铭、徐书琴等：《甘肃河西荒地区域调查报告（酒泉、张掖、武威）》，农林部垦务总局 1942 年 5 月印行。
205. 张其昀：《中国经济地理》，商务印书馆 1935 年第 2 版。
206. 张人鉴：《开发西北实业计划》，著者书店 1934 年版。
207. 张锡昌、陈文川等：《战时的中国经济》，科学书店 1943 年版。
208. 张研、孙燕京主编：《民国史料丛刊》第 95、312、319、325、353、354、395、420、461、495、497、498、561、565、569、583、584、621、623、636、673、709、716、753、818、819、823、913、931、932、933、983 册，大象出版社 2009 年版。
209. 张扬明：《到西北来》，商务印书馆 1937 年版。
210. 张渊：《皋兰田赋之研究》，成文出版社有限公司 1977 年版。
211. 张之毅：《新疆之经济》，中华书局 1945 年 5 月版。
212. 张宗汉编：《甘肃中部之砂田》，中国农民银行土地金融处 1947 年 3 月印行。
213. 赵敏求：《跃进中的西北》，新中国文化出版社 1941 年版。
214. 郑伯彬：《日本侵占区之经济》，资源委员会经济研究室 1945 年印行。
215. 中国工程师学会第十三届年会兰州区分会编印：《河西水利问题》，甘肃省图书馆西北地方文献阅览室（图书）藏，油印本，1945 年 6 月。
216. 中国国民党中央党部国民经济计划委员会主编：《十年来之中国经济建设》，扶轮日报社 1937 年版。
217. 中国国民党中央执行委员会宣传部编：《抗战六年来之工矿》，中国国民党中央执行委员会宣传部 1943 年 7 月印行。
218. 中国国民经济研究所：《中外经济年报》（1939 年版），中国国民经济研究所 1940 年印行。
219. 中国经济建设运动委员会总会编印：《中央暨各省市经济建设事业一览》，1937 年 2 月。
220. 中国文化建设协会编：《抗战十年前之中国》，文海出版社有限公司 1974 年版。
221. 中国文化建设协会编：《十年来的中国》，商务印书馆 1937 年 7 月版。
222. 中华国民拒毒会编印：《中国烟祸年鉴》（1927 年秋至 1928 年秋），出版者不详，1928 年 7 月。
223. 中华西北协会编印：《青海》，出版地不详，1934 年 10 月第 2 版。
224. 中央统计处编：《中国水利问题与二十四年之水利建设》，出版时地不详。
225. 中央训练委员会西北干部训练团、西北问题研究室编印：《西北问题论丛》第 2 辑，1942 年 12 月。
226. 中央银行经济研究处编印：《三十一年上半期国内经济概况》，出版时间不详。
227. 钟觉民：《西北屯垦计划说略》，出版信息不详。
228. 周开庆：《西北剪影》，中西书局 1943 年版。
229. 周振鹤：《青海》，商务印书馆 1939 年 4 月版。
230. 朱镜宙：《甘肃省政府财政厅二十四年工作择要报告》，甘肃省图书馆西北地方文献阅览室（图书）藏，1936 年。
231. 朱斯煌：《民国经济史》，银行学会 1947 年印行。
232. 朱敦春：《我们的西北》，国民图书出版社 1943 年版。
233. 朱允明：《甘肃省乡土志稿》，甘肃省图书馆西北地方文献阅览室（图书）藏，手抄本。
234. 庄晚芳：《西北纪行》，艺声图书出版社 1948 年版。

235.《左宗棠全集·书牍》，岳麓书社 2009 年版。

（二）今人论著

1. “中央研究院”近代史研究所编：《抗战前十年国家建设史研讨会论文集（1928—1937）》，上册，编者刊，1984 年。
2.《甘肃省机械工业志》编辑室编：《甘肃近代机械工业史料》，兰州大学出版社 1989 年版。
3.《新民主主义革命时期陕西大事记述》，陕西人民出版社 1980 年版。
4.〔美〕阿瑟·恩·杨格：《一九二七至一九三七年中国财政经济情况》，陈泽宪、陈霞飞译，中国社会科学出版社 1981 年版。
5.〔美〕埃德加·斯诺：《斯诺文集》第 3 卷，新华出版社 1984 年版。
6.〔美〕埃德加·斯诺：《西行漫记》，董乐山译，三联书店 1979 年版。
7.〔美〕艾格妮丝·史沫特莱：《伟大的道路——朱德的生平和时代》，梅念译，三联书店 1979 年版。
8. 巴金：《百年激流——巴金回想录》，南海出版公司 2000 年版。
9.〔美〕白修德、贾安娜：《中国的惊雷》，端纳译，新华出版社 1988 年版。
10. 本书编委会编：《中国西北文献丛书》总第 128、133、139 册，兰州古籍书店 1990 年版。
11.〔加〕卜正民、格力高利·布鲁主编，台湾“国立编译馆”主译、古伟瀛等译：《中国与历史资本主义——汉学知识的系谱学》，新星出版社 2005 年版。
12.〔加〕卜正民、若林正编：《鸦片政权：中国、英国和日本，1839—1952 年》，弘侠译，黄山书社 2009 年版。
13. 陈秉渊：《马步芳家族统治青海四十年》，青海人民出版社 2007 年版。
14. 陈恩凤：《中国土壤地理》，商务印书馆 1951 年版。
15. 陈禾章、沈雷春、张韵华编：《中国战时经济志》，文海出版社有限公司 1973 年版。
16. 陈慧生、陈超：《民国新疆史》，新疆人民出版社 2007 年版。
17. 陈少校：《西北军阀记》，致诚出版社 1981 年版。
18. 陈舜卿主编：《陕甘近代经济研究》，西北大学出版社 1994 年版。
19. 陈天锡：《戴季陶先生编年传记》，载沈云龙主编《近代中国史料丛刊续编》第 43 辑，文海出版社有限公司 1974 年版。
20. 陈育宁主编：《宁夏通史》近现代卷，宁夏人民出版社 1993 年版。

21. 陈真编：《中国近代工业史资料》第3、4辑，三联书店1961年版。
22. 陈真、姚洛编：《中国近代工业史资料》第1辑，三联书店1957年版。
23. 陈志让：《军绅政权——近代中国的军阀时期》，广西师范大学出版社2008年版。
24. 程霖、王昉、张薇：《中国近代开发西部的思想与政策研究（1840—1949）》，上海人民出版社2007年版。
25. 重庆市档案馆、重庆市人民银行金融研究所：《四联总处史料》，档案出版社1993年版。
26. 重庆市档案馆编：《抗日战争时期国民政府经济法规》下，档案出版社1992年版。
27. 崔永红：《青海通史》，青海人民出版社1999年版。
28. 戴逸、张世明主编：《中国西部开发与近代化》，广东教育出版社2006年版。
29. 杜元载主编：《革命文献》第60辑、第61辑，“中央文物供应社”1972年版。
30. 樊伯钦编著：《新疆邮政简史》，新疆人民出版社2003年版。
31. 〔美〕菲尔·比林斯利：《民国时期的土匪》，王贤知等译，中国青年出版社1991年版。
32. 〔美〕费正清编：《剑桥中华民国史（1912—1949年）》上卷，杨品泉、张言等译，中国社会科学出版社1994年版。
33. 冯迈：《青海地理概观》，青海人民出版社1958年版。
34. 《冯玉祥选集》中册，人民出版社1998年版。
35. 冯玉祥：《我的生活》下，黑龙江人民出版社1981年版。
36. 冯玉祥著，余华心整理：《冯玉祥自传》，军事科学出版社1988年版。
37. 〔美〕傅虹霖：《张学良的政治生涯——一位民族英雄的悲剧》，王海晨、胥波译，辽宁大学出版社1988年版。
38. 傅林祥、郑宝恒：《中国行政区划通史》中华民国卷，复旦大学出版社2007年版。
39. 傅学文编：《邵力子文集》，中华书局1985年版。
40. 傅振伦：《蒲梢沧桑》，华东师范大学出版社1997年版。
41. 甘肃省档案馆编：《晚清以来甘肃印象》，敦煌文艺出版社2008年版。
42. 甘肃省地方史志编纂委员会、甘肃省地震志编纂委员会：《甘肃省志·地震志》，甘肃人民出版社1991年版。
43. 甘肃省公路交通史编写委员会编：《甘肃公路交通史》第1册，人民交通出版社 1987 年版。
44. 甘肃省图书馆书目参考部编：《西北民族宗教史料文摘》青海分册，甘肃省图书馆 1986 年版。
45. 甘肃水旱灾害编委会：《甘肃水旱灾害》，黄河水利出版社 1996 年版。
46. 高屹：《蒋介石与西北四马》，警官教育出版社 1993 年版。
47. 侯扬方：《中国人口史》第 6 卷，复旦大学出版社 2005 年版。
48. 顾潮：《历劫终教志不灰——我的父亲顾颉刚》，华东师范大学出版社 1997 年版。
49. 顾维钧：《顾维钧回忆录》第 2 分册，中华书局 1985 年版。
50. 广东省集邮协会、佛山市集邮协会：《中国早期航空邮政（1920—1941）》，人民邮电出版社 1993 年版。
51. 郭琦、史念海、张岂之：《陕西通史》民国卷，陕西师范大学出版社 1998 年版。
52. 郭廷以口述，张朋园、陈三井、陈存恭等整理：《郭廷以口述自传》，中国大百科全书出版社 2009 年版。
53. 郭绪印、陈兴唐：《爱国将军冯玉祥》，河南人民出版社 1987 年版。
54. 国家地震局兰州地震研究所编：《陕甘宁青四省（区）强地震目录（1177—1982 年）》，陕西科学技术出版社 1985 年版。
55. 〔美〕哈里森·索尔兹伯里：《长征——前所未闻的故事》，过家鼎、程镇球、张援远等译，解放军出版社 1986 年版。
56. 汉斯·希伯研究会编：《战斗在中华大地——汉斯·希伯在中国》，山东人民出版社 1990 年版。
57. 何应钦：《八年抗战》，“国防部”史政编译局 1982 年印行。
58. 贺明仪主编：《洛惠渠志》，陕西人民出版社 1995 年版。
59. 胡平生著：《民国时期的宁夏省（一九二九— 一九四九）》，台湾学生书局 1988 年版。
60. 〔美〕胡素珊：《中国的内战——1945—1949 年的政治斗争》，王海良、金燕等译，中国青年出版社 1997 年版。
61. 胡序威：《西北地区经济地理（陕西·甘肃·宁夏·青海）》，科学出版社 1963 年版。
62. 黄立人：《抗战时期大后方经济史研究》，中国档案出版社 1998 年版。
63. 黄仁宇：《黄河青山：黄仁宇回忆录》，张逸安译，三联书店 2001 年版。
64. 黄炎培：《黄炎培日记》第 5 卷，华文出版社 2008 年版。

65. 侯德础：《抗日战争时期中国高校内迁史略》，四川教育出版社 2001 年版。
66. 霍本田：《逃亡流浪　流浪逃亡——抗日战争时期大后方生活纪实》，太白文艺出版社 2008 年版。
67. 冀朝鼎：《中国历史上的基本经济区与水利事业的发展》，朱诗鳌译，中国社会科学出版社 1981 年版。
68. 江南：《蒋经国传》，中国友谊出版公司 1984 年版。
69. 姜伯勤：《唐五代敦煌寺户制度》，中华书局 1987 年版。
70. 姜明清编：《中华民国交通史料·铁路史料》，"国史馆" 1992 年版。
71. 蒋廷黻：《蒋廷黻回忆录》，岳麓书社 2003 年版。
72. 交通部交通史编纂委员会、铁道部交通史编纂委员会编：《近代交通史全编》第 39 册，国家图书馆出版社 2009 年版。
73. 居之芬、张利民主编：《日本在华北经济统制掠夺史》，天津古籍出版社 1997 年版。
74. 老舍：《老张的哲学　赵子曰》，人民文学出版社 1986 年版。
75. 李清凌主编：《甘肃经济史》，兰州大学出版社 1996 年版。
76. 李文海：《中国近代十大灾荒》，上海人民出版社 1994 年版。
77. 李文彦主编：《中国工业地理》，科学出版社 1990 年版。
78. 李玉、于川主编：《民国四大报纸社论篇名索引》，国家图书馆出版社 2011 年版。
79. 凌鸿勋：《中华铁路史（1876—1949）》，台湾商务印书馆 1981 年版。
80. 刘光华主编：《甘肃通史》中华民国卷，甘肃人民出版社 2009 年版。
81. 刘鸿石主编：《民国时期（1911—1949）总书目》政治卷，北京图书馆出版社 1996 年版。
82. 刘奕频、张继书：《西北的气候》，陕西人民出版社 1988 年版。
83. 柳诒徵：《中国文化史》下，上海三联书店 2007 年版。
84. 陆仰渊、方庆秋：《民国社会经济史》，中国经济出版社 1991 年版。
85. 罗家伦先生文存编辑委员会编：《罗家伦先生文存》第 1 册，"国史馆"、中国国民党中央委员会党史委员会 1976—1989 年版。
86. 罗荣渠、牛大勇：《中国现代化历程的探索》，北京大学出版社 1992 年版。
87. 罗荣渠：《现代化新论——世界与中国的现代化进程》，北京大学出版社 1993 年版。
88. 马大正：《跬步集》，兰州大学出版社 2003 年版。

89. 马鸿逵：《马少云回忆录》，龙文出版社股份有限公司 1994 年版。
90. 马里千：《中国铁路建筑编年简史（1881—1981）》，中国铁道出版社 1983 年版。
91. 马啸：《左宗棠在甘肃》，甘肃人民出版社 2005 年版。
92. 米暂沉：《杨虎城将军传》，中国文史出版社 1986 年版。
93. 芈一之编著：《青海地方史略》征求意见稿，中共青海省委统战部民族处 1978 年印行。
94. 宓汝成：《帝国主义与中国铁路：1847—1949》，上海人民出版社 1980 年版。
95. 彭竹册主编：《民国时期（1911—1949）总书目》经济卷，北京图书馆出版社 1993 年版。
96. 〔美〕齐锡生：《中国的军阀政治（1916—1928）》，中国人民大学出版社 2010 年版。
97. 秦翰才：《左文襄公在西北》，岳麓书社 1984 年版。
98. 秦孝仪主编：《总统蒋公思想言论总集》卷 33、37、38，中国国民党中央委员会党史委员会 1984 年印行。
99. 青海省地方志编纂委员会编：《青海省志・财政志》，黄山书社 1995 年版。
100. 青海省地方志编纂委员会编：《青海省志・水利志》，黄河水利出版社 2001 年版。
101. 青海省邮电管理局史志办公室编：《青海邮电大事记》，青海省邮电管理局 1996 年版。
102. 青海省志编纂委员会：《青海历史纪要》，青海人民出版社 1987 年版。
103. 全国政协文史资料研究委员会工商经济组编：《回忆国民党政府资源委员会》，中国文史出版社 1988 年版。
104. 荣孟源主编：《中国国民党历次代表大会及中央全会资料》，光明日报出版社 1985 年版。
105. 陕西省地方志编纂委员会编：《陕西省志・铁路志》，陕西人民出版社 1993 年版。
106. 陕西省交通史志编写委员会编：《陕西公路史》第 1 册，人民交通出版社 1988 年版。
107. 陕西省交通史志编写委员会编：《陕西公路运输史》第 1 册，陕西人民出版社 1988 年版。
108. 陕西省银行经济研究室编：《陕西经济十年（1931—1941）》，西安市档案局、西安市档案馆 1997 年版。
109. 上海社会科学院经济研究所编：《荣家企业史料》下册，1937—1949 年，上海人民出版社 1980 年版。
110. 上海社会科学院历史研究所编：《“八一三”抗战史料选编》，上海人民出版社 1986 年版。
111. 上海市粮食局、上海市工商行政管理局、上海社会科学院经济研究所经济史研究室编：《中国近代面粉工业史》，中华书局 1987 年版。
112. 沈怡：《沈怡自述》，传记文学出版社 1985 年版。
113. 沈云龙访问，林能士、蓝旭勇纪录：《凌鸿勋先生访问纪录》，“中央研究院”近代史研究所 1982 年版。
114. 沈云龙访问，陈存恭纪录：《刘景山先生访问纪录》，“中央研究院”近代史研究所 1987 年版。
115. 生产潜力与土地承载力网络试验研究“生产潜力与承载力”课题组：《生产潜力与土地承载力网络试验研究》，北京工业大学出版社 1991 年版。
116. 史革新等编著：《帝国主义侵略下的旧中国》，北京师范大学出版社 1991 年版。
117. 史国枢：《青海自然灾害》，青海人民出版社 2003 年版。
118. 〔日〕松本真澄：《中国民族政策之研究：以清末至 1945 年的“民族论”为中心》，鲁忠慧译，民族出版社 2003 年版。
119. 宋仲福主编：《西北通史》第 5 卷，兰州大学出版社 2005 年版。
120. 孙果达：《民族工业大迁徙——抗日战争时期民营工厂的内迁》，中国文史出版社 1991 年版。
121. 台湾“教育部”编：《中华民国建国史》，“国立编译馆”1989 年版。
122. 〔美〕托马斯·罗斯基：《战前中国经济的增长》，唐巧天、毛立坤、姜修宪译，浙江大学出版社 2009 年版。
123. 韬奋：《经历》，三联书店 1978 年版。
124. 田澍：《西北开发史研究》，中国社会科学出版社 2007 年版。
125. 汪受宽：《西部大开发的历史反思》，兰州大学出版社 2009 年版。
126. 王成敬：《西北的农田水利》，中华书局 1950 年版。
127. 王国祯：《青海气象史》，气象出版社 2004 年版。
128. 王劲：《邓宝珊传》，甘肃人民出版社 2005 年版。
129. 王劲：《甘宁青民国人物》，兰州大学出版社 1995 年版。
130. 王聿均、孙斌编：《朱家骅先生言论集》，“中央研究院”近代史研究所 1977 年版。
131. 魏永理:《中国西北近代开发史》，甘肃人民出版社 1993 年版。
132. 温克刚:《中国气象灾害大典·宁夏卷》，气象出版社 2007 年版。
133. 闻黎明:《闻一多传》，人民出版社 1992 年版。
134. 吴相湘:《三生有幸》，中华书局 2007 年版。
135. 西安市工商行政管理局编印:《西安市私营磨粉业社会主义改造历史资料》初稿，1959 年 2 月，油印本。
136. 西北军政贸易委员会编:《西北商业概况》，西北人民出版社 1953 年版。
137. 新疆社会科学院历史研究所编著:《新疆简史》，新疆人民出版社 1980 年版。
138. 熊式辉:《海桑集——熊式辉回忆录（1907—1949）》，明镜出版社 2008 年版。
139. 徐安伦、杨旭东:《宁夏经济史》，宁夏人民出版社 1998 年版。
140. 许道夫:《中国近代农业生产及贸易统计资料》，上海人民出版社 1983 年版。
141. 许涤新、吴承明主编:《中国资本主义发展史》第 3 卷，人民出版社 2003 年版。
142. 许纪霖、陈达凯主编:《中国现代化史》第 1 卷（1800—1949），学林出版社 2006 年版。
143. 许宪隆:《诸马军阀集团与西北穆斯林社会》，宁夏人民出版社 2001 年版。
144. 宣侠父:《西北远征记》，文史资料出版社 1982 年版。
145. 薛毅:《国民政府资源委员会研究》，社会科学文献出版社 2005 年版。
146. 严中平等编:《中国近代经济史统计资料选辑》，科学出版社 1955 年版。
147. 杨效平:《马步芳家族的兴衰》，青海人民出版社 2007 年版。
148. 姚峻主编:《中国航空史》，大象出版社 1998 年版。
149. 叶笃正:《黄河流域的降水》，科学出版社 1956 年版。
150. 叶遇春主编:《泾惠渠志》，三秦出版社 1991 年版。
151. 尹伟先主编:《西北通史》第 4 卷，兰州大学出版社 2005 年版。
152. 余鼎章主编:《杨虎城研究》，陕西人民出版社 1991 年版。
153. 虞和平:《中国现代化历程》，江苏人民出版社 2001 年版。
154. 袁林:《西北灾荒史》，甘肃人民出版社 1994 年版。

155. 翟松天：《青海经济史》近代卷，青海人民出版社 1998 年版。
156. 张大军：《新疆风暴七十年》第 5—9 册，兰溪出版社有限公司 1980 年版。
157. 张根福：《抗战时期的人口迁移——兼论对西部开发的影响》，光明日报出版社 2006 年版。
158. 张海鹏、陈育宁主编：《中国历史上的西部开发——2005 年国际学术研讨会论文集》，商务印书馆 2007 年版。
159. 张静如、卞杏英主编：《国民政府统治时期中国社会之变迁》，中国人民大学出版社 1993 年版。
160. 张朋园、林泉访问，林泉纪录：《林继庸先生访问纪录》，“中央研究院”近代史研究所 1983 年版。
161. 张朋园：《中国现代化的区域研究：湖南省，1860—1916》，“中央研究院”近代史研究所 1983 年版。
162. 张宪文：《中华大辞典》，江苏古籍出版社 2001 年版。
163. 张宪文：《中华民国史纲》，河南人民出版社 1985 年版。
164. 张晓京：《近代中国的“歧路人”——罗家伦评传》，人民出版社 2008 年版。
165. 张玉法：《中国现代化的区域研究：山东省 1860—1916》下册，“中央研究院”近代史研究所 1982 年版。
166. 张玉法：《中国现代史》，东华书局股份有限公司 1977 年版。
167. 章伯锋、庄建平主编：《抗日战争》第 3 卷、第 5 卷，四川大学出版社 1997 年版。
168. 章伯锋、庄建平主编：《抗日战争·军事》下，四川大学出版社 1997 年版。
169. 章伯锋、庄建平主编：《血证——侵华日军暴行纪实日志》，成都出版社 1995 年版。
170. 郑会欣：《改革与困扰——三十年代国民政府的尝试》，香港教育图书公司 1998 年版。
171. 郑友揆、程麟荪、张传洪：《旧中国的资源委员会——史实与评价》，上海社会科学院出版社 1991 年版。
172. 郑友揆：《中国的对外贸易和工业发展》，上海社会科学院出版社 1984 年版。
173. 政协甘肃省委员会文史资料委员会、本书编写组：《西北近代工业》，甘肃人民出版社 1989 年版。

174. 中国第二历史档案馆编：《冯玉祥日记》一，江苏古籍出版社 1992 年版。
175. 中国科学院经济研究所、中央工商行政管理局资本主义经济改造研究室编：《旧中国机制面粉工业统计资料》，中华书局 1966 年版。
176. 中国人民政治协商会议全国委员会文史资料研究委员会编：《工商经济史料丛刊》第 2 辑，文史资料出版社 1983 年版。
177. 中国社会科学院近代史研究所中华民国史研究室主编：《救国会》，中国社会科学出版社 1981 年版。
178. 中国通商银行编：《五十年来之中国经济：1896—1947》，文海出版社有限公司 1973 年版。
179. 中华文化复兴运动推行委员会主编：《中国近代现代史论集》（30），第 26 编“对日抗战”下，台湾商务印书馆 1986 年版。
180. 中南地区辛亥革命研究会、湖南省历史学会编：《纪念辛亥革命七十周年青年学术讨论会论文选》，中华书局 1983 年版。
181. 周飞舟：《制度变迁和农村工业化：包买制在清末民初手工业发展中的历史角色》，中国社会科学出版社 2006 年版。
182. 周立三：《新疆维吾尔自治区经济地理》，科学出版社 1963 年版。
183. 周天豹、凌承学：《抗日战争时期西南经济发展概述》，西南财经大学出版社 1988 年版。
184. 周伟洲：《西北少数民族地区经济开发史》，中国社会科学出版社 2008 年版。
185. 周一士、胡美璜编著：《中华公路史》上部，台湾商务印书馆股份有限公司 1984 年版。
186. 朱信泉、宗志文主编：《民国人物传》第 7 卷，中华书局 1993 年版。
187. 珠海文史研究学会主编：《罗香林教授纪念论文集》（下），新文丰出版股份有限公司 1992 年版。
188. 宗志文、朱信泉主编：《民国人物传》第 3 卷，中华书局 1981 年版。

三　报刊

（一）时人论述

1. 《宝天路刊》第 3 卷第 4 期，1944 年。

2.《边疆》第2卷第1、11期，1937年。
3.《边政公论》第1卷第5、6期，1942年；第7卷第1期，1948年。
4.《财政评论》第5卷第2期，1941年；第13卷第3期，1945年。
5.《察哈尔实业杂志》第1卷第2期，1925年。
6.《晨光》第1卷第7期，1933年；第2卷第28期，1933年。
7.《晨熹》第1卷第3期，1935年。
8.《大公报》1929年4月25日，1930年5月24日，1931年2月20日、3月4日、4月10日，1937年12月31日，1943年2月28日。
9.《道路月刊》第4卷第3号，1923年；第12卷第1号，1924年；第40卷第1期，1933年；第41卷第1号，1933年。
10.《地理》第4卷第1、2期，1944年。
11.《地理教学》第2卷第1、4期，1947年。
12.《地政月刊》第1卷第6、12期，1933年。
13.《东方杂志》第21卷第12号，1924年；第22卷第6期，1925年；第31卷第21号，1934年。
14.《独立评论》第226号，1936年。
15.《复兴月刊》第4卷第8期，1936年；第5卷第2期，1937年。
16.《甘行月刊》第1卷第4、5期，1941年。
17.《甘肃贸易》第1卷第2、3、5、6期，1943年。
18.《甘肃统计季报》第2卷第1—4期合刊，1938年。
19.《工程》第15卷第6期，1942年；第2期，1946年。
20.《公路》第1卷第4期，1935年。
21.《公益工商通讯》第1卷第4期，1947年；第2卷第5期，1947年；第3卷第6期，1948年。
22.《观察》第1卷第19期，1947年。
23.《广播周报》第92期，1936年；复刊第60期，1947年。
24.《广东妇女》第4卷第10期，1943年。
25.《贵州经济建设月刊》第1卷第2、3期，1946年。
26.《国防月刊》第1卷第4期，1946年。
27.《国衡》第1卷第8期，1935年。
28.《国民外交杂志》第3卷第7期，1934年。
29.《国民政府公报》第791号，1931年6月8日。
30.《国民政府经济部公报》，第1卷第18期，1938年；第2卷第3期，1939年；第4卷第11—12期合刊，1941年；第6卷第7—8期合刊，

1943 年；第 7 卷第 8、12 期，1944 年；第 8 卷第 3、6、7 期，1945 年；第 10 卷第 8、10、11 期，1947 年。
31. 《国民政府资源委员会公报》第 1 卷第 1、3、4 期，1941 年；第 2 卷第 6 期，1942 年；第 3 卷第 4 期，1942 年；第 9 卷第 2、4 期，1945 年；第 11 卷第 4—5 期合刊，1946 年。
32. 《国闻周报》第 1 卷第 4 期，1924 年；第 5 卷第 32、41 期，1928 年；第 13 卷第 26 期，1936 年。
33. 《湖南省银行经济季刊》第 1 卷第 3 期，1943 年。
34. 《湖南实业杂志》第 54 号，1922 年。
35. 《华年》第 1 卷第 3 期，1932 年。
36. 《建国月刊》第 14 卷第 2 期，1936 年 2 月 20 日。
37. 《建设评论》第 1 卷第 3 期，1947 年；第 1 卷第 4 期，1948 年。
38. 《交通建设》第 1 卷第 2、7 期，1943 年。
39. 《交通职工月报》第 2 卷第 2、3、6 期，1934 年。
40. 《教育杂志》第 17 卷第 1 号，1925 年。
41. 《京报副刊》第 225—255 期，1925 年 9 月。
42. 《经济丛报》第 1 卷第 1—30 期，1939 年。
43. 《经济汇报》第 6 卷第 8 期，1942 年；第 7 卷第 10 期，1943 年。
44. 《经济建设》创刊号，1942 年；第 1 卷第 2 期，1942 年；第 1 卷第 3、4 期，1943 年。
45. 《经济研究》第 1 卷第 1 期，1939 年。
46. 《拒毒月刊》第 106 期，1936 年；第 108 期，1937 年。
47. 《开发西北》第 1 卷第 1、2、3 期，1934 年；第 2 卷第 4、5 期，1934 年；第 3 卷第 1、2 期，1935 年。
48. 《科学的中国》第 6 卷第 5 期，1935 年。
49. 《垦讯》第 2 期，1943 年；第 3、4 期，1944 年；第 7、8 期，1945 年。
50. 《矿业周报》第 437 期，1937 年。
51. 《老实话》第 3 卷合订本，第 27—38 期，1934 年。
52. 《联合画报》第 185—186 期，1946 年；第 208 期，1947 年。
53. 《良友》第 171 期，1941 年。
54. 《粮政季刊》第 8 期，1948 年。
55. 《粮政月刊》第 2 卷第 1 期，1944 年。
56. 《迈进月刊》第 1 卷第 4 期，1935 年。

57. 《蒙藏月报》第 6 卷第 1 期，1936 年；第 7 卷第 2 期，1937 年。
58. 《民鸣杂志》第 3 卷第 3、4 期，1931 年。
59. 《农林新报》第 16 卷第 26—28 期，1939 年。
60. 《农情报告》第 2 卷第 4、8、12 期，1934 年；第 3 卷第 11 期，1935 年；第 4 卷第 7 期，1936 年；第 5 卷第 1 期，1937；第 6 卷第 10 期，1938 年。
61. 《农声》第 184、185 期合刊，1935 年。
62. 《农学丛刊》第 2 卷第 1、2 期，1935 年。
63. 《农业建设》第 1 卷第 4 期，1937 年；第 2 卷第 6 期，1938 年。
64. 《农业经济集刊》第 1 期，1944 年。
65. 《农业推广通讯》第 1 卷第 4 期，1939 年；第 4 卷第 10 期，1942 年；第 5 卷第 3 期，1943 年；第 7 卷第 6 期，1945 年。
66. 《气象杂志》第 11 卷第 1—6 期，1935 年。
67. 《钱业月报》第 4 卷第 7 号，1924 年；第 15 卷第 5 号，1935 年。
68. 《清华周刊》第 11 次增刊，1925 年；第 38 卷第 5 期，1932 年；第 45 卷第 2 期，1936 年。
69. 《人民周报》第 2 卷第 56 期，1933 年。
70. 《人与地》第 3 卷第 4 期，1943 年。
71. 《珊瑚》第 3 卷第 1 期，1933 年。
72. 《陕行汇刊》第 5 卷第 1、2 期，8—10 期合刊，1941 年；第 7 卷第 1、2、6 期，1943 年；第 8 卷第 1 期，1944 年。
73. 《陕农月刊》第 2 卷第 2 期，1941 年。
74. 《陕西建设月刊》第 1 期，1935 年。
75. 《陕西省地方政务研究会月刊》第 2 卷第 2 期，1935 年。
76. 《陕西省银行汇刊》第 9 期，1936 年。
77. 《陕西省政府公报》第 570 期，1938 年。
78. 《陕西实业杂志》第 11 期，1924 年。
79. 《陕西水利》第 1 卷第 1 期，1933 年。
80. 《陕西水利季报》第 2 卷第 3、4 期，1937 年；第 5 卷第 1—2 期合刊、3—4 期合刊，1940 年；第 7 卷第 1 期，1942 年。
81. 《上海民国日报》1929 年 9 月 27 日。
82. 《申报》1930 年 12 月 28 日，1931 年 12 月 25 日，1932 年 7 月 19 日、7 月 22 日、7 月 26 日、7 月 31 日、8 月 2 日、9 月 27 日、10 月 27 日、11 月 7 日、12 月 18 日、12 月 23 日，1933 年 2 月 19 日、2 月 25

日、4月10日、6月7日、7月2日、10月22日、12月2日、12月22日，1934年3月2日、3月15日、7月31日、8月17日、8月20日，1935年2月28日、3月17日、5月27日、9月18日，1936年3月15日、8月23日，1937年6月22日、6月25日、7月5日，1939年1月26日、1月28日、1月30日，1940年8月10日、10月5日、10月18日，1941年6月25日、6月30日、7月17日、8月8日、8月30日、9月16日，1942年4月23日、9月23日、12月16日，1943年2月21日，1945年11月25日。

83.《申报月刊》第3卷第5、8号，1934年。

84.《时代公报》第3号，1932年。

85.《时事月报》第6卷第5期，1932年；第13卷第6期，1935年；第14卷第19期，1936年。

86.《时兆月报》第1卷第5期，1943年；第4卷第9期，1945年。

87.《实业统计》第1卷第5—6号合刊，1933年；第2卷第2期，1943年。

88.《实业杂志》第1期，1912年；第1卷第2期，1925年。

89.《水利月刊》第3卷第1—2期，1932年；第11卷第6期，1936年；第14卷第6期，1946年。

90.《水利通讯》第3、11、12期，1947年；第13期，1948年。

91.《行政院水利委员会季刊》第3卷第1期，1946年。

92.《天津棉鉴》第3卷第11、12期，1933年。

93.《天山月刊》第1卷第5期，1934年。

94.《统计月报》第38号，1939年；第48号，1940年；第67、68、71、72号，1942年；第78、83—84号合刊，1943年；第117—118号合刊，第123、124期，1947年。

95.《统计月刊》第2、3期，1934年。

96.《拓荒》第2卷第1、2、3、4、5、6期，1934年。

97.《文化建设》第1卷第3期，1934年；第1卷第6、7期，1935年。

98.《西北》第1期，1929年。

99.《西北刍议》创刊号，1935年。

100.《西北春秋》第4、6、7期，1934年。

101.《西北导报》第1卷第11、12期，1936年；第3卷第1、7、9、11期，1937年。

102.《西北公路月刊》第1期，1942年。

103.《西北经济》第 1 卷第 1 期，1948 年。
104.《西北经济通讯》第 1 卷第 1 期，1941 年。
105.《西北论衡》第 5 卷第 6 期，1937 年；第 6 卷第 9 期，1938 年；第 33 期，1943 年。
106.《西北论坛》第 1 卷第 3 期，1947 年；第 1 卷第 6 期，1948 年。
107.《西北农林》创刊号，1936 年。
108.《西北农学社刊》第 1 卷第 1 期，1935 年。
109.《西北实业》第 1 卷第 1 期，1946 年。
110.《西北世纪》第 4 卷第 3 期，1949 年。
111.《西北通讯》第 1 卷第 1、2、3、4 期，1947 年；第 2 卷第 1、3、7、9 期，1948 年。
112.《西北文化月刊》第 1 卷第 1、2 号，1947 年。
113.《西北问题》第 1 卷第 1 期，1934 年；第 1 卷第 3、4 期，1935 年。
114.《西北向导》第 15 期，1936 年 8 月 21 日。
115.《西北学术》第 1 期，1943 年。
116.《西北研究》第 1 卷第 1 期，1938 年。
117.《西北言论》创刊号，1932 年。
118.《西北周刊》第 15 期，1925 年。
119.《西北专刊》第 4 期，1932 年。
120.《西北月刊》第 1 期，1933 年。
121.《西南实业通讯》创刊号，1940 年；第 8 卷第 4 期，1943 年。
122.《西农青年》第 1 卷第 2 期，1940 年。
123.《乡建通讯》第 5 卷第 1 期，1943 年。
124.《协建月刊》第 1 卷第 3 期，1942 年。
125.《新东方》第 3 卷第 7 期，1932 年。
126.《新甘肃》创刊号，1932 年；第 1 卷第 2、3 期，1947 年。
127.《新建设》第 2 卷第 3、4 期，1934 年。
128.《新经济》第 7 卷第 9 期，1942 年。
129.《新青海》第 1 卷第 4、5 期，1933 年；第 3 卷第 5、6 期，1935 年；第 4 卷第 10、12 期，1936 年；第 5 卷第 4 期，1937 年。
130.《新文化》第 1 卷第 11 期，1934 年。
131.《新西北》第 1 卷第 3、4 期，1932 年。
132.《新西北月刊》创刊号，1939 年；第 2 卷第 5 期，1940 年；第 7 卷第 1、10、11 期，1944 年。

133. 《新新疆》第1卷第1期，1943年。
134. 《新亚细亚》第1卷第5期、第2卷第4期、第3卷第6期，1931年；第4卷第5期，1932年；第6卷第1期，1933年；第11卷第1、2期，1936年；第14卷第1、2期，1944年。
135. 《新中华》第1卷第1、10、11、22期，1933年；第2卷第21期，1934年；第3卷第4期，1935年；复刊第3卷第10期，1945年。
136. 《兴华周刊》第30卷第37期，1933年。
137. 《盐政周刊》新年号，1935年。
138. 《燕大周刊》第7卷第10期，1936年。
139. 《伊斯兰青年》第4期，1934年。
140. 《译丛月刊》第5卷第2期，1943年。
141. 《益世报》1934年2月1日。
142. 《银行周报》第13卷第29期，1929年；第17卷第13期，1933年。
143. 《禹贡》第5卷第10期，1936年。
144. 《云南建设公报》“西北专号”，1931年。
145. 《战干月刊》第213期，1944年。
146. 《政府公报》第1239号，1919年7月19日。
147. 《政治期刊》第3期，1934年。
148. 《中国边疆》第3卷第3、4期，1944年。
149. 《中国工业》第23期，1945年。
150. 《中国经济》第1卷第6期，1933年；第1卷第4、5期，1943年。
151. 《中国经济统计》创刊号，1940年。
152. 《中国棉讯》第2卷第1—23期，1948年。
153. 《中国农民》第4卷第5、6期合刊，1945年。
154. 《中国银行月报》第4卷第4期，1949年。
155. 《中行月刊》第12卷第3期，1936年；第16卷第3、4、6期，1938年。
156. 《中农经济统计》创刊号，1940年；第3卷第10期，1943年。
157. 《中农月刊》第2卷第12期，1941年；第5卷第12期，1944年；第6卷第9期，1945年；第9卷第1期，1948年。
158. 《中央党务公报》第3卷24期，1941年。
159. 《中央日报》1934年4月26日，1942年9月23日。
160. 《中央周报》第304期，1934年4月2日；第333期，1934年10月22日。

161.《中央周刊》第5卷第27期，1942年。
162.《资源委员会季刊》第2卷第2期，1942年6月。
163.《资源委员会月刊》第1卷第5期，1939年。

（二）今人论述

1. 曹敏：《民国时期省外资本对陕西工业的投资》，《宝鸡文理学院学报》2000年第4期。
2. 陈崇凯：《杨虎城开发陕西的经济思想与贡献》，《渭南师专学报》1997年第2期。
3. 陈正卿、赵刚：《抗战时期国民党政府西北投资活动述论》，《历史档案》1989年第4期。
4. 迟景德：《中国对日抗战损失调查之研究》，《“国史馆”馆刊》复刊第2期，1987年。
5. 邓绍辉：《近代新疆石油工业述略》，《新疆大学学报》1992年第2期。
6. 高红：《冯玉祥开发大西北的理念及其贡献》，《江淮文史》2000年第4期。
7. 葛生华：《兰州近代工业发展述论》，《西北史地》1991年第4期。
8. 何景雷、伏阳：《民国时期新疆民航业研究》，《新疆大学学报》1998年第2期。
9. 侯家驹：《抗战期间我国交通建设》，“中央研究院”近代史研究所编《抗战建国史研讨会论文集（1937—1945）》上册，1985年。
10. 贾晓慧、华道云：《〈大公报〉与20世纪30年代西北开发》，《西北工业大学学报》2002年第2期。
11. 李敏：《张学良开发建设西北思想初探》，《文博》1992年第5期。
12. 李清凌：《1980年以来西北开发史研究》，《中国边疆史地研究》2004年第6期。
13. 李庆东：《“一考察二研究三建设”——安汉与他的西北开发三部曲》，《陕西行政学院学报、陕西省经济管理干部学院学报》2001年第2期。
14. 卢艳香：《孙殿英屯垦青海事件之重考——以“蒋介石档案”为中心》，《民国档案》2013年第3期。
15. 陆和健：《抗战时期西部农垦事业的发展》，《民国档案》2005年第2期。
16. 潘晓霞：《1934年蒋介石西北之行》，《抗日战争研究》2013年第2期。

17. 祁若雄：《解放前新疆石油开采述略》，《新疆经济研究》1990 年第 4 期。
18. 任军利：《陕西近代交通网的形成及特点》，《宝鸡文理学院学报》2000 年第 3 期。
19. 单冠初：《日本侵华的“以战养战”的政策》，《历史研究》1991 年第 4 期。
20. 申晓云：《抗日战争时期国民政府的西北开发》，《浙江大学学报》2007 年第 5 期。
21. 沈社荣：《国民政府与“开发西北”》，《固原师专学报》1994 年第 3 期。
22. 沈社荣：《九一八事变后“开发西北”思潮的兴起》，《宁夏大学学报》1995 年第 4 期。
23. 沈社荣：《试析 30 年代的“移民西北”说》，《固原师专学报》1997 年第 5 期。
24. 唐润明：《抗战时期中国西部开发的理论》，《历史档案》2005 年第 4 期。
25. 滕代远：《庆贺天兰铁路胜利通车》，《人民周报》1952 年第 40 期。
26. 王炳华：《从考古资料看古代新疆的农业生产》，《新疆社会科学研究》1982 年第 10 期。
27. 王广义、赵世明：《抗战时期国民政府西北工业建设政策与绩效》，《西北第二民族学院学报》2005 年第 2 期。
28. 王荣华：《1980 年以来西北近代经济史研究述评》，《宁夏大学学报》2003 年第 1 期。
29. 王树槐：《抗战前后的西京电厂》，“国史馆”馆刊编辑委员会编《“国史馆”馆刊》复刊第 20 期，“国史馆”1996 年版。
30. 王小平：《盛世才时期新疆的农业机械化运动研究》，《石河子大学学报》2007 年第 2 期。
31. 王聿均：《抗战期间西北经济开发问题》，中华民国建国史讨论集编辑委员会编《中华民国建国史讨论集》第 4 册《抗战建国史》，1981 年。
32. 王致中：《抗日战争时期的西北城市工业》，《兰州学刊》1989 年第 3 期。
33. 吴忠礼：《宁夏建省溯源》，《宁夏大学学报》1984 年第 2 期。
34. 徐新吾、杨淦、袁叔慎：《中国近代面粉工业历史概况与特点》，《上海社会科学院学术季刊》1987 年第 2 期。
35. 杨才林：《20 世纪中国西北开发思想比较论纲》，《社会科学战线》2005 年第 2 期。
36. 杨洪、朱小秋：《试论西北近代交通建设》，《西北大学学报》1994 年第 4 期。
37. 杨乃良：《一次成效甚微的西北开发——民国时期西北建设研究》，《青海师范大学学报》2001 年第 1 期。
38. 杨乙丹：《“开发大西北”的创新意愿与效果约束——评 20 世纪 30 年代国民政府的西北开发》，《古今农业》2007 年第 4 期。
39. 岳珑：《抗日时期的陕西工业》，《西北大学学报》1989 年第 2 期。
40. 岳文莉：《开发西北协会的成立及其对西北建设的影响述论》，《青海师范大学学报》2002 年第 1 期。
41. 张嘉选：《三四十年代开发青海述论》，《青海师范大学学报》1987 年第 4 期。
42. 张轲风：《历史时期“西南”区域观及其范围演变》，《云南师范大学学报》2010 年第 5 期。
43. 张力：《近代国人的开发西北观》，《“中央研究院”近代史研究所集刊》第 18 期，1989 年。
44. 张力：《全国经济委员会与西北开发》，珠海文史研究所学会主编《罗香林教授纪念论文集》下，新文丰出版股份有限公司 1992 年版。
45. 张力：《陕甘地区的石油工业，1903—1949》，“中央研究院”近代史研究所编《中国现代化论文集》，“中央研究院”近代史研究所 1991 年版。
46. 张奇、杨红伟；《论抗日战争时期中国西北地区的农业开发》，《甘肃社会科学》2002 年第 4 期。
47. 张寿彭：《西北近代铁路建设刍议》，《开发研究》1996 年第 1 期。
48. 张用建；《抗战前十年国民政府开发西北的政策取向》，《四川大学学报》2002 年第 5 期。
49. 张玉法：《中华民国史研究在台湾》，《近代中国史研究通讯》1989 年第 8 期。
50. 张正涛：《汉晋时期的粮食加工机械》，《中国历史博物馆馆刊》1989 年总第 11 期。
51. 章金波：《抗战时期国人的西北开发观》，《喀什师院学报》2001 年第 3 期。

52. 赵夏：《马鹤天先生对边疆考察和研究的贡献》，《中国边疆史地研究》2003 年第 4 期。
53. 周泓：《民国新疆交通概综》，《喀什师范学院学报》2002 年第 5 期。
54. 朱东芹：《墨西哥排华初探》，《八桂侨刊》2002 年第 2 期。
55. 朱立芸：《近代西北金属矿业开发简论》，《开发研究》2000 年第 5 期。

四　文史资料

1. 《宝鸡文史资料》第 4 辑。
2. 《大通文史资料》第 1 辑。
3. 《甘肃工商史料》第 1 辑。
4. 《甘肃文史资料选辑》第 1、3、10、20、23、26、57 辑。
5. 《汉中市文史资料》第 3、8 辑。
6. 《贺兰文史资料》第 2 辑。
7. 《金塔文史资料》第 1、3 辑。
8. 《酒泉文史资料》第 3、4、6、7 辑。
9. 《兰州文史资料选辑》第 8、11 辑。
10. 《眉县文史资料选辑》第 6 辑。
11. 《门源文史资料选辑》第 3 辑。
12. 《宁夏文史资料》第 14 辑。
13. 《平罗文史资料》第 6 辑。
14. 《青海文史资料选辑》第 9、17 辑。
15. 《陕西文史资料》第 11、17、20、21 辑。
16. 《商州文史资料》第 8 辑。
17. 《塔城市文史资料》第 3 辑。
18. 《天水文史资料》第 1 辑。
19. 《潼关文史资料》第 8 辑。
20. 《渭南文史资料》第 1、4 辑。
21. 《文史资料选辑》总 112 辑。
22. 《武山文史资料选辑》第 4 辑。
23. 《西安文史资料》第 19 辑。
24. 《新疆文史资料》第 1、3、13、20、28 辑。
25. 《永昌文史资料选辑》第 1 辑。

五　英文资料

1. *China Handbook, 1937—1944. A Comprehensive Surver of Major Development in China in Seven Years of War*, Chungking: Chinese Ministry of Information, 1944.

2. Eastman, Lloyd E. *The Abortive Revolution: China Under Nationalist Rule, 1927—1937*, Cambridge: Harvard University Press, 1974.

3. Francis H. Nichols 著，李国庆整理：*Though Hidden Shensi*，广西师范大学出版社 2008 年英文版。

4. "Nationatists, Muslim Warlords, and the 'Great Northwest Development in Pre-Communist China'", *China and Eurasia Forum Quarterly*, Vol. 5, No. 1, 2007.

5. Yao, S. K. "*Aviation*", *The Chinese Year Book, 1935—1936*, Shanghai: Commercial Press, 1935, Reprint, Nendeln, Liechtenstein: Kraus-Thomson, 1968.

后　记

从2000年步入西北开发史研究领域，到如今已经过了15个春秋。从最初的兴趣所在与桑梓之情，到后来兴味渐浓，再到现在远离故乡，心中永远牵挂着西北这片热土。

在查找资料与书稿写作过程中，很多人曾多方关心并提供帮助。在此，谨表谢意。

我的硕士导师王劲先生长于西北史研究，在我读研期间即悉心指导，现在虽退休有年，远赴美国含饴弄孙，但他对我的关心却从未停止，多次打来越洋电话，询问我的生活、工作、学习情况，并鼓励我和爱人有机会要出去长长见识，谆谆教导使人备感温暖。兰州大学历史文化学院张克非教授一直以来对我的成长作出了关键指导，让人心存感念。南京大学历史系崔之清教授、胡阿祥教授、李玉教授，中国第二历史档案馆郭必强研究馆员，浙江师范大学人文学院龚国庆教授皆对本项研究提出了中肯意见。

博士生导师马俊亚先生以其丰富的理论学养与宽阔的学术视野，对我的学业进步不遗余力；马老师积极的生活态度亦使我获得了无穷的生活动力，这也是我宝贵的精神财富。原宁夏大学历史系教授、现任职于惠州学院的沈社荣教授也在我查找资料之初提供了细心的帮助。中国第二历史档案馆林宇梅老师惠赐所编最新出版档案资料，使本文资料更显厚实。《抗日战争研究》主编高士华先生，杭州师范大学图书馆陶水木馆长、人文学院胡悦晗老师，南京大学历史系孙扬、辽宁省社会科学院王春林两师兄及其他与会学者在“第一届抗日战争史青年学者研讨会”上对书稿中的一小部分提出了中肯修改意见，使我的思路更为清晰。宁夏社会科学院薛正昌研究员、孙颖慧编审、范宗兴编审，北方民族大学刘茂海教授、丁明俊教授、丁万录教授、谢海涛副教授等都是以前在银川时或切磋学问或提供过帮助的古道热肠之人。原单位同事周永军两次帮我处理繁琐的课题经费报销事宜，省去了我来回奔波之苦，亦节省了不少时间。硕士师姐刘亚妮亦牺牲休息时间，热心赴甘肃省档案馆为我补充资料。陕西省档案馆马巧玲、张雪平、杨雪等老师，甘肃省档案馆王西山副处长、王禄明副处长等也热情接待，让我赴西安、兰州查档期间收获不小。在兰州期间，并蒙甘肃政法学院教授阮兴、马铭等师兄大力相助，让我查档之行更为顺利。宁夏、青海两省区档案馆限于各种原因，民国时期档案未能开放，深以为憾，但宁夏档案馆相关负责人提供的馆藏文献资料，亦有些许助益。二档馆的丰富馆藏让人眼花缭乱，近年正在进行数字化处理，开放度有限，我亦择要摘录不少，在此一并致谢。

游子走得再远，也走不出父母的牵挂；家人所有的付出，只待用心报答。在我读博或查阅资料期间，父母和家人替我分担了许多家务琐事，使我能安心出门。家人无言的奉献总是自己不敢懈怠的动力所在与回报的方向。

甲午马年春日

于浙师大老家属区住所